普通高等教育"十一五"国家级规划教材（高职高专教育）

DIANGONG JICHU

# 电工基础

（第二版）

主　编　王世才

副主编　陈　晶

编　写　郑安豫

主　审　崔海文　李兆民

中国电力出版社

CHINA ELECTRIC POWER PRESS

# 内 容 提 要

本书为普通高等教育"十一五"国家级规划教材（高职高专教育）。

本书在内容选择上，以满足学生学习后续课程、培养必要的综合职业能力为依据，选择必需的、实用的内容；在内容安排上，按照本学科知识的演进顺序和逻辑顺序，力争达到组织合理、层次分明、条理清晰；在内容表现形式上，注重于把握深度，避免繁琐的数学推导和深奥的理论论证，突出基本概念、基本原理和基本方法；在语言表达方面，力求概念准确、文字严谨，同时努力做到深入浅出、通俗易懂、简洁流畅。本书阐述了电路的基本理论及磁场、磁路的基本概念。全书共分八章，主要内容为电路变量、基本元件及基本定律，电路的基本分析方法，单相正弦交流电路，三相正弦交流电路，含有互感元件的电路，非正弦周期电流电路，动态电路的暂态分析和磁路与交流铁心线圈。每章末均附有小结和习题。

本书可作为高职高专、成人高校的电力技术类、自动化类、机械类等工科专业的教材，也可供有关工程技术人员参考。

## 图书在版编目(CIP)数据

电工基础/王世才主编. —2 版. —北京：中国电力出版社，2011.12（2021.5 重印）

普通高等教育"十二五"规划教材. 高职高专教育

普通高等教育"十一五"国家级规划教材. 高职高专教育

ISBN 978 - 7 - 5123 - 2569 - 2

Ⅰ.①电…　Ⅱ.①王…　Ⅲ.①电工学－高等职业教育－教材　Ⅳ.①TM1

中国版本图书馆 CIP 数据核字（2011）第 281747 号

---

出版发行：中国电力出版社
地　　址：北京市东城区北京站西街 19 号（邮政编码 100005）
网　　址：http://www.cepp.sgcc.com.cn
责任编辑：乔　莉（010－63412535）
责任校对：黄　蓓
装帧设计：郝晓燕
责任印制：钱兴根

---

印　　刷：北京雁林吉兆印刷有限公司
版　　次：2007 年 7 月第一版　2011 年 12 月第二版
印　　次：2021 年 5 月北京第十四次印刷
开　　本：787 毫米×1092 毫米　16 开本
印　　张：16.5
字　　数：399 千字
定　　价：38.00 元

---

# 前　言

　　本书第一版于 2007 年出版，在近五年的教学实践中，编者对原教材中一些内容的详略处理，一些章节的讲述方法，某些部分深度的把握有了新的认识。在广泛征集使用本教材的老师和学生的意见之后，编者认为有必要对原书进行适当的修改。

　　此次修改的指导思想依然是：以适应高职学生的接受能力和本课程的知识结构特点为出发点，以便于"教"和"学"为宗旨；保留原版本的结构体系，保持原书内容必需、实用，叙述清楚、简洁，概念准确，深度适中等编写特点；修订的重点是加强应用，降低难度。

　　本版与第一版比较，具体变动和调整如下：

　　（1）删除了电容元件的电压与电流之间的关系式（积分式），电感元件的电流与电压之间的关系式（积分式），"铁磁性物质磁化"一节中的反铁磁性物质、亚铁磁性物质、轨道磁矩、自旋磁矩等概念的论述。

　　（2）增加了"基尔霍夫电压定律的表达形式 $\sum u = \sum e$"，以适应电机学等专业基础课和专业课的需要。

　　（3）改写了"电路的等效变换"一节的部分内容；改编了［例 2-2］、［例 2-18］、［例 6-1］、［例 7-7］等例题。

　　（4）增加了第一、二、三、四、七章等重点章节的例题和习题。

　　（5）给出了习题答案。

　　参加本书编写和修订的有安徽电气工程职业技术学院老师王世才（一、二章）、陈晶（六、七、八章）和郑安豫（三、四、五章）。谨向热情给予我们指正的老师和读者致以衷心的感谢。

　　由于编者水平所限，书中疏漏、不妥和错误之处在所难免，恳请读者批评指正。

编　者

2011 年 12 月

# 第一版前言

本书是在编者多年讲授的《电工基础》讲稿的基础上，几经修改和完善而成的。在编写过程中，编者的指导思想是：从高职高专学生的知识基础和能力结构的特点出发，以便于教师讲授和学生学习为宗旨，力求写出本教材的特色。编者力图使本教材具有下述特点：

（1）选材恰当，安排合理。在教材内容的选择上，以培养目标为出发点，以满足学生学习后续课程及培养必要的职业能力的需要为依据，以教学学时为约束条件，选择必需的、实用的教材内容；在教材内容的安排上，从便于教学出发，按照本学科知识的演进顺序和逻辑顺序，对教材内容进行合理地安排。书中每章末附有小结和习题。小结完整、概括地归纳、总结了本章内容，描绘出本章知识的框架，引导学生认清知识的经纬。习题具有明确的针对性，为了使学生能够深刻地理解书中的基本概念，习题中选编了一定量的选择题。

（2）层次分明，条理清晰。在内容的表现形式上，编者力求达到重点突出、层次分明、条理清晰。书中对每一节的内容都进行了明确的层次划分，每一部分都编写了简明、贴切的标题；每一段分析讨论的结果都有明确的结论；对于每一种分析方法，书中都总结出简明扼要的步骤。

（3）深入浅出，简洁流畅。在教材内容的处理上，注重于把握深度，力求简化，尽量避免高深或繁琐的数学推导和深奥的理论论证，突出基本概念、基本原理和基本方法。对于一些定理、定律及公式，书中只给出其内容或结果，不作证明或推导，意在突出定理、定律及公式的应用。对于学生易于混淆的概念，对于一些较难理解的概念和方法，注意选择学生易于接受的表现方式来阐释，尽量应用实例加以解释和说明。在文字表述方面，力求概念准确、文字严谨，同时努力做到深入浅出、通俗易懂、简明扼要。

书中用楷体排印了部分内容。对于这部分内容，教师在讲授时，可根据专业的需要、学时的多少、学生的实际水平等决定取舍；有些内容可以让学生自学，不必全在课堂上讲授。考虑到知识的内在联系和演进顺序，本书中第八章的内容可以提前讲授，其中第一节"磁场的基本物理量"可放在第一章的第五节"电感元件"之前讲授。若该课程分两学期讲授，考虑到与《电机学》等后续课程的配合问题，也可将第八章的其余内容提前讲授。

本书由安徽电气工程职业技术学院王世才编写，由哈尔滨电力职业技术学院崔海文、李兆民主审。由于编者的学识水平所限，书中疏漏、错误和不妥之处恐所难免，敬请读者批评指正。

编 者

2007 年 6 月

# 目　录

# 第一章 电路变量、基本元件及基本定律

## 第一节 电路及电路模型

### 一、电路的组成和作用

电路是由若干电气设备或器件按照一定方式连接起来而构成的电流通路。电路广泛存在于现代社会的各个领域。电路的结构形式多种多样，它所完成的任务也各不相同。就其功能而言，大体上可分为两类：①传输和转换电能；②传递和处理信号。

用以传输和转换电能的电路由电源、负载和中间环节三个部分组成。电源是提供电能的设备，它将其他形式的能量转换为电能；负载是取用电能的设备，它将电能转换为其他形式的能量；中间环节是连接于电源和负载之间的部分，它起着传输、分配和控制电能等作用。

电力系统就是这一类电路最典型的例子。图 1-1 所示为一个简单电力系统的示意图。电力系统中的发电机是电源，它向系统提供电能，它将汽轮机或水轮机供给它的机械能转换为电能。系统中的电灯、电动机等用电设备为负载，它们从系

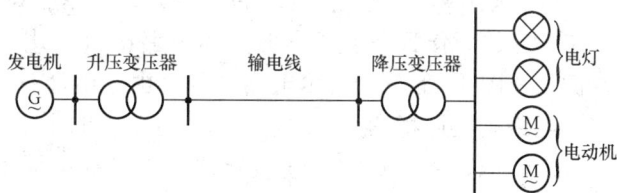

图 1-1 简单电力系统的示意图

统中吸取电能，电灯和电动机分别将电能转换为光能和机械能。系统中的输电线路、变压器和开关（图中未画出）等设备为中间环节，它们起传输、分配、控制电能的作用。

传递和处理信号的电路由信号源、负载和中间环节三个部分组成。信号源是提供电信号的设备，它将其他形式的信号转换为电信号；负载是接受和转换电信号的设备，它可以把电信号转换为其他形式的信号；中间环节是连接于信号源与负载之间，用以传递和处理电信号的设备。广播电视系统、通信系统、控制系统及计算机中的电路，大都是以传递和处理信号为主要目的而设置的。下面以有线电视系统为例来说明这一类电路的组成。有线电视系统主要由接收天线、放大器、传输线路、电视机等设备组成。有线电视接收站中的天线从空间接收由卫星或电视台发射出来的载有电视信号的电磁波，经过放大器放大处理后，由传输线路传送到各用户的电视机中。在电视机中，通过调谐、变频、放大、检波等环节进行一系列加工处理，最后将处理后的视频信号和音频信号分别送到显像管和扬声器。显像管将视频信号还原成图像，扬声器将音频信号还原成伴音，这样便产生了有声有色、声像并茂的电视节目。有线电视系统中的天线对于系统内的电路而言就是信号源，它为系统内电路提供电信号。电视机的显像管和扬声器就是负载，它们接受电路提供的电信号，并把它转换为光信号和音响信号。有线电视系统中接于天线与显像管、扬声器之间的各环节的电路单元及开关等器件都是中间环节。

### 二、电路模型

上面所说的电路是实际电路，它是由实际的电气设备或器件组成的。电路理论研究的

电路是由实际电路抽象出来的理想化的电路模型，也就是由理想的电路元件按照特定方式相互连接而组成的电路。理想电路元件是具有某种确定的电磁性质，其特性能够用数学的手段来精确定义的基本模型。理想电路元件往往简称电路元件。理想电路元件是人们为了模拟实际电路而构想出来的理想化的基本构造单元。理想电路元件的建立渊源于对实际电路器件的分析和认识。例如，一个白炽灯通有电流时，它要消耗电能，使之变为光能及热能，这表明它具有电阻性；同时其中还会产生磁场，储存磁场能量，这说明它也具有电感性；严格地说，其中还将产生电场，储存电场能量，也就是说，它还具有电容性。但是，在通常情况下，白炽灯的电感和电容都很小，可以忽略不计。于是可以认为，白炽灯是一个具有单一电阻性的电路元件。人们正是根据白炽灯这类器件的电阻性给出了电阻元件的定义，建立了电阻元件的概念。同样，一个电感线圈在工作状态下，也将同时具有电阻性、电感性和电容性。如果在某一工作条件下其电阻和电容可以忽略，则可以认为电感线圈就是一个仅具有电感性的电路元件。于是，人们根据电感线圈的电感性建立了电感元件的概念。如此等等，正是基于对于电阻器、电感线圈、电容器、发电机、电流发生器等实际电路器件或设备的分析和认识，才建立了电阻元件、电感元件、电容元件、电压源、电流源等理想电路元件的基本概念。

在一定的工作状态下工作的实际电路都可以用一个由理想电路元件组成的电路来模拟。例如，图 1-2（a）所示电路是一个由干电池、开关、导线和小灯泡连接起来而构成的实际电路。我们将图 1-2（a）所示电路中的干电池用理想电源 $U_S$ 与电阻元件 Rs 的串联组合来模拟，将小灯泡、连接导线（设导线电阻为零）、实际开关分别用电阻元件 R、理想导线、理想开关来模拟，于是，就得到了一个由理想电路元件组成的电路，如图 1-2（b）所示。图 1-2（b）所示电路就是图 1-2（a）所示实际电路的电路模型。由以上分析可知，用理想电路元件或它们的组合来模拟实际电路中的电气设备和器件，从而得到一个由理想电路元件组成的电路，这种由理想电路元件所组成的电路，称为对应的实际电路的电路模型。

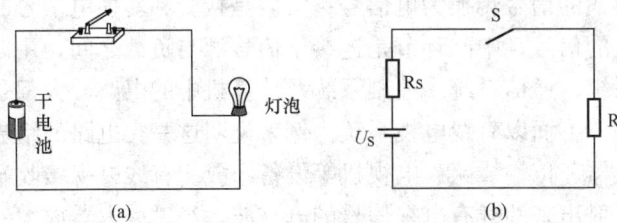

图 1-2   实际电路与电路模型
(a) 实际电路；(b) 电路模型

用理想电路元件或它们的组合模拟实际电路中的电气设备或器件，就是建立电气设备或器件的物理模型，简称为建模。建模过程是对实际电气设备或器件的抽象和概括的过程。模型是对一定的工作条件和精确度要求而言的，同样一个设备或器件，在不同的工作条件下可能采用不同的模型；在工作条件相同而精确度要求不同的情况下，所采用的模型也可能不同，这是需要注意的问题。

## 第二节　电路的物理量

用以描述电路性状的物理量有电压、电流、电动势、电功率、电能、电荷和磁链等。本节只讨论前五个物理量。

**一、电压和电位**

1. 电压的定义

处于电场中的电荷要受到电场力的作用，当电荷在电场中运动时，电场力要对电荷做功。单位正电荷在电场中从 a 点移到 b 点时电场力所做的功，称为 a、b 两点间的电压。例如，在给定点 P 处有一正电荷 $q_0$，如图 1-3 所示。设电量为 $dq$ 的正电荷在 $q_0$ 的电场中从 a 点经任意路径 $l$ 移到 b 点时，电场力对它所做的功为 $dw_{ab}$，则 a、b 两点间的电压为

$$u_{ab} = \frac{dw_{ab}}{dq} \qquad (1-1)$$

图 1-3　电压与电位

在国际单位制中，电压的单位为伏特，简称伏，用 V 表示；还可以在 V（伏）的前面加国际单位制词头，构成十进制倍数和分数单位，如 kV（千伏）、mV（毫伏）、μV（微伏）等。

2. 电位的定义

在电场中任选一点作为参考点，电场中某点与参考点之间的电压称为该点的电位。也就是说，电场中某一点的电位等于单位正电荷从该点移到参考点时电场力所做的功。例如，在图 1-3 中，若选取 0 点作为参考点，用 $v_a$ 表示 a 点的电位，则有

$$v_a = u_{a0} = \frac{dw_{a0}}{dq} \qquad (1-2)$$

式中，$dw_{a0}$ 为正电荷 $dq$ 从 a 点移到 0 点时电场力对它所做的功。电位的单位与电压相同。

根据电位的定义可确定，参考点的电位为零。可见，参考点是人为规定的零电位点。若规定电荷在参考点处所具有的电位能为零，则电场中某点的电位就是单位正电荷在该点处所具有的电位能。参考点的选择，原则上是任意的，而在实际工作中，参考点的选择是根据处理问题的需要而定的。电位的大小决定于电场的性质、给定点的位置及参考点的选择。参考点选择不同，电场中各点的电位将有不同的数值。所以说，电位是一个相对量。

3. 电压与电位的关系

当电量为 $dq$ 的正电荷从 a 点经参考点 0 移到 b 点（如图 1-3 所示）时，电场力所做的功为

$$dw_{ab} = dw_{a0} + dw_{0b} = dw_{a0} - dw_{b0}$$

根据电压的定义可确定，a、b 两点间的电压为

$$u_{ab} = \frac{dw_{ab}}{dq} = \frac{dw_{a0}}{dq} - \frac{dw_{b0}}{dq} = v_a - v_b \qquad (1-3)$$

可见，电场中任意两点间的电压等于这两点的电位之差，故电压又称电位差。

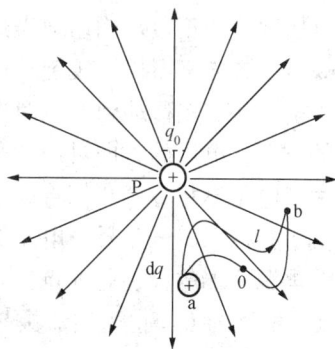

两点间的电压的大小取决于电场的性质及这两点在电场中的位置，而与参考点的选择无关。

4. 电压的实际方向和参考方向

电荷在电场中运动时，电场力可能做正功，也可能做负功，这取决于电场和电荷的性质。

当 $v_a > v_b$ 时，$u_{ab} > 0$，正电荷从 a 点移至 b 点的过程中，电场力做正功；当 $v_a < v_b$ 时，$u_{ab} < 0$，正电荷从 a 点移至 b 点的过程中，电场力做负功。可见，电压是具有正负之分的代数量，电压的正负表明了电场力做功的正负及电压所对应的两点电位的高低。为了简便地确定电压数值的正负，确切地表达电压数值的正负的物理意义，以便于分析和计算，人们给电压规定了方向。习惯上规定，两点间电压的方向为从高电位点指向低电位点。换句话说，如果正电荷从 a 点移动到 b 点时电场力做正功，则 a、b 两点间电压的方向就是从 a 点指向 b 点的方向。电压的方向可用"＋""－"极性来表示。若两点之间的电压不等于零，则表明这两点电位不相等。我们将高电位点称为电压的正极，标以"＋"号；将低电位点称为电压的负极，标以"－"号。电压的方向就是从"＋"极指向"－"极的方向。例如，在图 1 - 4 中，电源两端的极性是 a 点为正极，b 点为负极，它表示电源两端电压的方向是从 a 点指向 b 点。电压的方向也可用箭头来表示，箭头的指向是从高电位点指向低电位点，例如，图 1 - 4 中电阻 $R$ 旁的虚线箭头就是用以表示电阻两端电压的方向的。

对于较为复杂的电路来说，未经计算，往往难以判断出其中电压的实际方向。对于交流电路而言，其中电压的实际方向是随时间变化的，因而电压的实际方向往往无法在电路图上确切地标出。但是，分析计算电路是以已知电压、电流等物理量的方向为前提的。没有方向无法确定电路中的物理量之间的关系，无法建立描述电路性状的方程，因而也就无法分析计算。为此人们引入了参考方向这一概念。为了分析计算电路的方便，人为地给电压、电流、电动势等物理量选定一个方向，并约定：当物理量的实际方向与所选定的方向相同时，其值为正；当物理量的实际方向与所选定的方向相反时，其值为负。这个人为选定的方向称为物理量的参考方向。

电压参考方向的表示方法有三种：

（1）用"＋""－"极性表示。表示电压参考方向的极性称为参考极性。参考极性是人为假定的极性，它与电压的真实极性无关；"＋"极表示假定的高电位点，"－"极表示假定的低电位点。电压的参考方向是从参考极性的"＋"极指向"－"极。例如，图 1 - 4 中电阻 $R$ 两端的"＋""－"号就是用以表示电压 $U$ 的参考方向的参考极性。

（2）用箭头表示。箭头指向是从参考极性的"＋"极指向"－"极。例如，图 1 - 4 中电阻 $R$ 旁的两实线箭头分别表示电压 $U'$ 和 $U''$ 的参考方向。

（3）用双下标表示。例如，$U_{ab}$ 表示电压的参考方向是从 a 指向 b。

在理解"参考方向"这一概念时，应注意以下两点：

（1）物理量的实际方向是确定的、客观存在的，而参考方向是任意选定的，它本身并不反映电路中的真实物理状况；

（2）物理量数值的正负及表示若干物理量之间关系的方程式都是相对一定的参考方向而言的，脱离参考方向，它们也就失去了意义。

在图 1 - 4 所示电路中，电源电压的数值及真实极性是已知的。根据电源电压的数值和真实极性可以确定电阻 $R$ 两端电压的绝对值为 3V，其实际方向如图中虚线箭头所示。若设

电阻 $R$ 两端的电压为 $U'$，选定其参考方向与实际方向相同，则 $U'=3V$；若设电阻 $R$ 两端的电压为 $U''$，选定其参考方向与实际方向相反，则 $U''=-3V$。可见，参考方向选择不同，物理量数值的正负符号也不同。为了确定图 1-4 所示电路中电阻 $R$ 上的电压与电流之间的关系，必须选择电流的参考方向。若设电流为 $I$，选择其参考方向如图中箭头所示，则有 $U'=RI$，$U''=-RI$。可见，参考方向选择不同，表示物理量之间关系的方程式将不同。

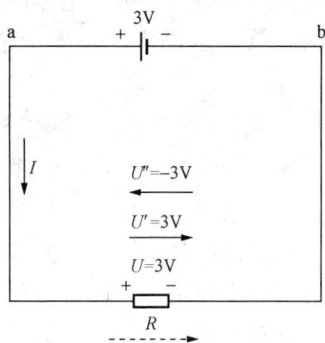

图 1-4　电压的参考方向

## 二、电流

### 1. 电流的含义

电流是指电荷有规则的定向运动。电荷定向运动是电场作用的结果。我们利用图 1-5 来说明产生电流的物理过程。电源内部存在着一种非静电力，通常称为电源力，它能够使电源内部的正、负电荷分离，使之聚积于电源两端。聚积于电源两端的正负电荷在其周围空间建立电场，使电源两端产生电压。当我们用导线将负载（图中的灯泡）与电源连接起来构成通路时，金属导体中的自由电子及电源负极上的负电荷在电场力的作用下，向电源正极作定向运动，因而在电路中形成电流。到达电源正极的负电荷将与聚积于电源正极的正电荷中和。可以想象，如果仅有电场力的作用，如此下去，电源两极上的电荷将逐渐减少，电源两端的电压及导体中的电流也都将逐渐减小，直至等于零。然而，事实并非如此，因为电源内部的非静电力能够克服电场力的作用，不断地将电源负极的正电荷经电源内部推向电源的正极，使两极上的电

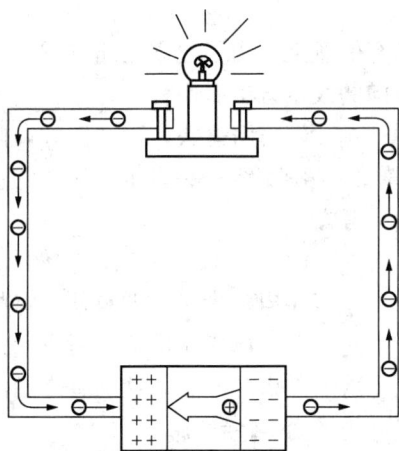

图 1-5　电流的产生

荷不断地得到补充，从而使电源两极的电荷维持恒定。因此，电路中能够形成持续不断的电流。

由以上分析可知，产生持续的电流（指传导电流）需要两个条件：①存在由导体构成的闭合回路；②电路中存在电源（超导体例外）。

电流的强弱用电流强度来描述。单位时间内通过导体任一横截面的电量，称为电流强度，简称电流，用 $i$ 表示。若在 $dt$ 时间内，通过导体任一横截面的电量为 $dq$，当电流的参考方向与电荷运动方向一致时（如图 1-6 所示），电流强度为

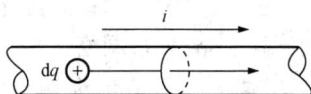

图 1-6　电流强度

$$i = \frac{dq}{dt} \tag{1-4}$$

由以上叙述可知，"电流"这一词具有两种不同的含义，它既可以表示"电荷定向运动"这种物理现象，又可表示"电流强度"这一物理量。因此，电流的具体含义需要根据具体语境来确定。

　　在国际单位制中，电流的单位为安培，简称安，用 A 表示；也可以在 A（安）的前面加国际单位制词头，构成十进制倍数和分数单位，如 kA（千安）、mA（毫安）、μA（微安）等。

　　2. 电流的实际方向和参考方向

　　在电路中，形成电流的电荷通过任意电路元件时，存在两种可能的运动方向：从一端流入另一端流出，或反之；形成电流的运动电荷可能是正电荷，也可能是负电荷，或两者兼有。在分析计算电路时，需要明确形成电流的具体情况。为了确切地描述电流形成的情况，人们给电流规定了方向。习惯上规定，正电荷定向运动的方向为电流的方向。因为负电荷沿某一方向运动与等量正电荷反方向运动所产生的电磁效应相同（霍耳效应例外），所以规定，负电荷定向运动所形成的电流的方向与负电荷定向运动的方向相反。根据上述规定及电源和负载的特性可确定，在直流电路中，负载处的电流方向总是从高电位点指向低电位点，而电源内部的电流方向总是从低电位端指向高电位端。电流方向可以用箭头来表示，如图 1-7 中虚线箭头就是用以表示导体中电流方向的。

　　为了确定电流数值的正负，并确切地描述正负号所具有的意义，为了建立电路方程，以便分析计算电路，需要选定电流的参考方向。电流参考方向的表示方法有两种：

　　（1）用箭头表示。例如，图 1-7 中实线箭头表示电流 $I$ 的参考方向。

　　（2）用双下标表示。例如，$I_{ab}$ 表示电流参考方向是从 a 点指向 b 点，$I_{ba}$ 表示电流参考方向是从 b 点指向 a 点，这两者之间的关系为 $I_{ab} = -I_{ba}$。

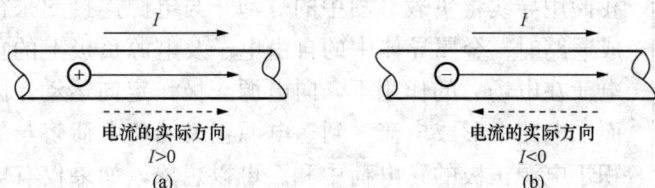

图 1-7　电流的参考方向
(a) 电流为正值；(b) 电流为负值

　　由参考方向的定义可知，在实际方向确定的情况下，电流数值的正负取决于参考方向的选择，当电流的实际方向与其参考方向一致时，电流为正值〔如图 1-7（a）所示〕；当电流的实际方向与其参考方向相反时，电流为负值〔如图 1-7（b）所示〕。反过来，电流数值的正负反映着电流的实际方向与其参考方向之间的关系。若电流为正值，则表明电流的实际方向与参考方向相同；若电流为负值，则表明电流的实际方向与其参考方向相反。

　　3. 关联参考方向和非关联参考方向

　　具有两个引出端钮的电路称为二端电路，也称二端网络。二端网络的两个引出端钮构成一个端口，故二端网络又称一端口网络。网络两引出端钮之间的电压称为端口电压；流经网络引出端钮的电流称为端口电流。对于一个二端网络来说，其端口电压和电流的参考方向之间没有相互依赖和相互约束的关系，因而它们可以独立地、任意地选定。如果电流的参考方向是从电压的参考极性的正极指向负极，即两者参考方向一致，则把这种电压和电流的参考方向称为关联参考方向，如图 1-8（a）所示；如果电压和电流的参考方向

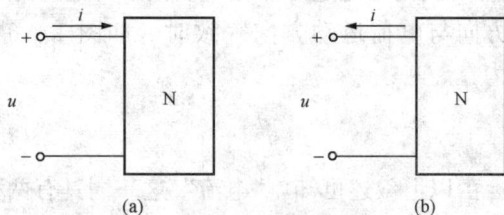

图 1-8　关联参考方向与非关联参考方向
(a) 关联参考方向；(b) 非关联参考方向

不一致，则称为非关联参考方向，如图 1-8（b）所示。

**三、电动势**

1. 电动势的定义

我们知道，电源是提供电能的设备，电源提供电能是通过电源内部的非静电力对运动电荷做功来实现的。从这个意义上讲，电源就是产生非静电力的装置。在工作状态下，在电源内部，正电荷在非静电力的推动下从电源的负极移至电源的正极，在这个过程中，非静电力克服电场力对电荷做功，从而将其他形式的能量转变为电能。电源的类型不同，电源内部所形成的非静电力的性质也不同。在干电池、蓄电池中非静电力就是化学作用；在光电池中非静电力就是光电作用；在普通的发电机中非静电力就是电磁感应作用。

将单位正电荷从电源负极经电源内部移到电源正极时非静电力所做的功，称为电源的电动势。若电源内部的非静电力将电量为 $dq$ 的正电荷从电源负极经电源内部移到正极所做的功为 $dw$，则该电源的电动势 $e$ 可表示为

$$e = \frac{dw}{dq} \tag{1-5}$$

电动势的单位和电压的单位相同。

2. 电动势的实际方向和参考方向

为了分析计算的方便，人们也给电动势规定了方向。习惯上规定：电动势的方向为在电源内部自电源的负极指向正极，即电动势的方向为在电源内部由低电位端指向高电位端。

在分析和计算时，需要选定电动势的参考方向。电动势的参考方向有三种表示方法：

（1）用参考极性表示。如图 1-9（a）所示，参考极性的"＋"极表示假定的高电位端，"－"极表示假定的低电位端。

（2）用箭头表示。如图 1-9（b）所示，箭头指向是从参考极性的"－"极指向"＋"极。

（3）用双下标表示。如图 1-9（c）所示，$e_{ab}$ 表示电动势的参考方向是从 a 点指向 b 点。

如同电压、电流一样，电动势也是一个具有正负之分的代数量。电动势为正值，表明电动势的实际方向与参考方向一致；电动势为负值，表明电动势的实际方向与参考方向相反。

前面已讲到，在电源内部电荷将受到两种力的作用，即非静电力和电场力的作用。当电荷在电源内部运动时，这两种力都要对电荷做功。表征这两种力做功本领的物理量分别是电动势和电压。因此，一个电源的特性既可用电动势来表征，也可用电压来表征。对于理想的电源，当单位正电荷从电源负极经电源内部移到正极时，非静电力和电场力对电荷所做功的量值（指绝对值）是相等的。因此，理想电源的电动势 $e_S$ 和电压 $u_S$ 的量值是相等的，即 $|e_S| = |u_S|$。根据物理量的实际方向、参考方向及其正负符号三者之间的关系可知，当 $e_S$ 和 $u_S$ 的参考方向一致时［见图 1-10（a）］，$e_S$ 和 $u_S$ 的符号相反；当 $e_S$ 和 $u_S$ 的参考方向相反时［见图 1-10（b）］，$e_S$ 和 $u_S$ 的符号相同。因此，当 $e_S$ 和 $u_S$ 的参考方向一致时，$e_S = -u_S$；当 $e_S$ 和 $u_S$ 的参考方向相反时，$e_S = u_S$。

大小和方向均不随时间变化的电压、电流、电动势，分别称为恒定电压、恒定电流、恒定电动势，或分别称为直流电压、直流电流、直流电动势，分别用大写字母 $U$、$I$、$E$ 表示。大小或方向随时间而变的电压、电流、电动势，分别称为时变电压、时变电流、时变电动势，分别用小写字母 $u$、$i$、$e$ 表示。大小和方向随时间作周期性变化的电压、电流、电动

势，分别称为周期电压、周期电流、周期电动势。在一个周期内平均值为零的周期电压、周期电流、周期电动势，分别称为交流电压、交流电流、交流电动势，统称为交流电。

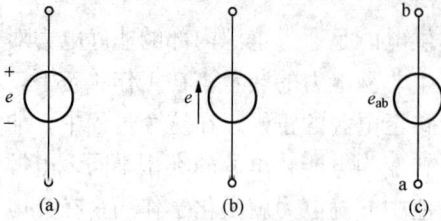

图 1 - 9 电动势参考方向的表示方法
（a）用参考极性表示；（b）用箭头表示；
（c）用双下标表示

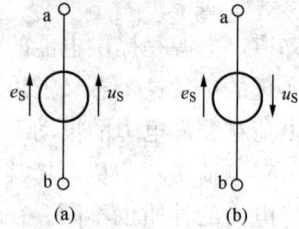

图 1 - 10 理想电源的电动势 $e_S$ 和电压
$u_S$ 之间的关系
（a）$e_S$ 和 $u_S$ 的参考方向一致，$e_S = -u_S$；
（b）$e_S$ 和 $u_S$ 的参考方向相反，$e_S = u_S$

### 四、电功率

当二端网络两端外加电压时，电路中将建立电场；在电场力的作用下，自由电荷定向移动，从而形成电流；电流通过电路时，电路内的电场对运动电荷做功。电场力对运动电荷所做的功称为电功。电场力在单位时间内对运动电荷所做的功，称为电功率，用 $p$ 表示。

设在 $dt$ 时间内，电场力对运动电荷所做的功为 $dw$，则电功率为

$$p = \frac{dw}{dt} \tag{1 - 6}$$

因为电场力对运动电荷所做的功等于电场能量的变化量，也等于运动电荷所具有电位能的变化量，所以电功率就是电能对时间的变化率。

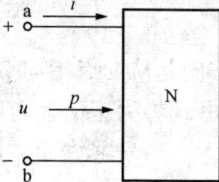

图 1 - 11 二端网络的功率

设二端网络的端口电压为 $u$，端口电流为 $i$，电压和电流取关联参考方向，如图 1 - 11 所示。若在 $dt$ 时间内，有电量为 $dq$ 的正电荷，从 a 点经二端网络内部移到 b 点，则这期间电场力所做的功为

$$dw = udq$$

二端网络所吸收的瞬时功率为

$$p = \frac{dw}{dt} = u\frac{dq}{dt} = ui \tag{1 - 7}$$

可见，二端网络的瞬时功率等于网络端口电压的瞬时值与端口电流的瞬时值的乘积。

对于直流网络有

$$p = UI$$

在国际单位制中，功率的单位为瓦特，简称瓦，用 W 表示；也可在 W（瓦）前面加国际单位制词头，构成十进制倍数和分数单位，如 MW（兆瓦）、kW（千瓦）、mW（毫瓦）等。

一个二端网络与外电路接通时，可能吸收功率，也可能发出功率。若正电荷是从网络的"＋"极经网络内部移到"－"极，则电场力对电荷做正功，正电荷所具有的电位能减少，网络吸收电能，电能在网络中转化成其他形式的能量。反之，若正电荷是从网络的"－"极经网络内部移到"＋"极，则电场力对电荷做负功，正电荷所具有的电位能增加，网络发出电能，

在网络中其他形式的能量转化成电能。注意，此处所说的极性都是指真实极性而不是参考极性。据此，可得出下述结论：当二端网络的端口电压和端口电流的实际方向一致时，该网络吸收功率；当二端网络的端口电压和端口电流的实际方向相反时，该网络发出功率。

在二端网络的端口电压和端口电流的参考方向选定后，也可根据功率 $p$ 值的正负来确定网络是发出功率，还是吸收功率。当电压和电流取关联参考方向时，$p=ui$ 表示网络吸收功率，若 $p$ 为正值，则表明该网络确实吸收功率；若 $p$ 为负值，则表明该网络实际上是发出功率。当电压和电流取非关联参考方向时，$p=ui$ 表示网络发出功率，若 $p$ 为正值，则表明网络确实发出功率；若 $p$ 为负值，则表明网络实际上是吸收功率。

**【例 1 - 1】**　二端网络的端口电压和端口电流的参考方向以及它们的取值如图 1 - 12 所示，试求它们的功率，并判断它们是吸收功率，还是发出功率。

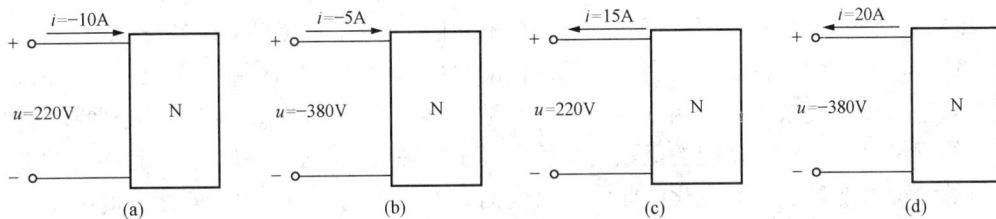

图 1 - 12　[例 1 - 1] 的图

**解**　图 1 - 12（a）中，$p=ui=220\times(-10)=-2200\text{W}=-2.2\text{kW}$，因为 $u$ 和 $i$ 取关联参考方向，且 $p=ui<0$，所以该网络发出功率 2.2kW。

图 1 - 12（b）中，$p=ui=(-380)\times(-5)=1900\text{W}=1.9\text{kW}$，因为 $u$ 和 $i$ 取关联参考方向，且 $p=ui>0$，所以该网络吸收功率 1.9kW。

图 1 - 12（c）中，$p=ui=220\times15=3300\text{W}=3.3\text{kW}$，因为 $u$ 和 $i$ 取非关联参考方向，且 $p=ui>0$，所以该网络发出功率 3.3kW。

图 1 - 12（d）中，$p=ui=(-380)\times20=-7600\text{W}=-7.6\text{kW}$，因为 $u$ 和 $i$ 取非关联参考方向，且 $p=ui<0$，所以该网络吸收功率 7.6kW。

**五、电能**

电场所具有的能量称为电能。当电流通过二端网络时，电场力对运动电荷做功，电场力做功的过程正是能量转换和传递的过程。当电场力对运动电荷做正功时，网络从外电路吸收电能，在网络内部电能转换为其他形式的能量（也可能还是电场能量）；当电场力对运动电荷做负功时，网络向外电路发出电能，在网络内部其他形式的能量转换为电能。因为

$$p = \frac{\mathrm{d}w}{\mathrm{d}t}$$

所以　　　　　　　　　　　　　　$\mathrm{d}w = p\mathrm{d}t$

二端网络在 $t_1$ 到 $t_2$ 期间内所吸收或发出的电能 $W$ 为

$$W = \int_{t_1}^{t_2} p\mathrm{d}t \tag{1-8}$$

可见，任意二端网络在 $t_1$ 到 $t_2$ 期间内所吸收或发出的电能等于网络的电功率在区间 $[t_1,t_2]$ 上对时间的定积分。直流电路在时间 $T$ 内吸收或发出的电能为

$$W = pT = UIT$$

在国际单位中，能量的单位为焦耳，简称焦，用 J 表示；在工程上常用的电能单位为 kW·h（千瓦·时），kW·h 俗称"度"。

# 第三节　电　阻　元　件

## 一、电阻元件的定义

电阻元件是从电阻器、白炽灯、电炉等实际器件抽象出来的理想化模型，电阻元件的定义正是在分析认识这些实际器件的本质特性的基础上给出的。在正常工作状态下，电阻器、白炽灯、电炉等实际器件的电感效应和电容效应很小，可以忽略。忽略电感效应和电容效应，这些器件所表现的物理行为是消耗电能，即将电能转换为非电磁形式的能量。因为它们只消耗电能而不能够储存电能，所以它们在任一时刻的电压（或电流）仅由同一时刻的电流（或电压）所决定，而与该时刻以前的电流（或电压）无关。这就是这些器件所具有的本质属性，这种本质属性在数学上的表现就是它们的电压与电流存在着一种确定的代数关系。这里所谓确定的代数关系，是指两变量之间的函数关系可由坐标平面上唯一一条曲线所决定。其蕴含的意义是，两变量之间的函数关系可以用坐标平面上的曲线来表示，且曲线的形状不随变量的波形（变量随时间变化的曲线）改变而改变。由此可知，对于一个忽略电感效应和电容效应的电阻器件而言，任意时刻，其电压与电流之间的关系可以用 $i-u$ 坐标平面上唯一的一条曲线来表示，该曲线的形状与电压和电流的波形无关。

电路元件是用描述其本质属性的两个电路基本变量之间的函数关系来定义的。在以上分析的基础上，我们给出电阻元件的定义：如果一个二端元件，在任意时刻，其电压 $u$ 与电流 $i$ 之间的关系可以由 $i-u$ 平面上的一条曲线来确定，则该二端元件称为电阻元件。

如果电阻元件的电压与电流之间的关系曲线在所有时间都是 $i-u$ 平面上的一条通过原点的直线 [见图 1-13 (b)]，则该电阻元件称为线性电阻元件。线性电阻元件的图形符号如图 1-13 (a) 所示。如果电阻元件的电压与电流之间的关系曲线是非线性的 [见图 1-14 (b)、(c)、(d)]，

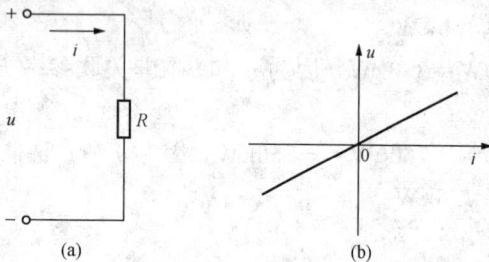

图 1-13　线性电阻元件的图形符号及其伏安特性曲线
(a) 图形符号；(b) 伏安特性曲线

则该电阻元件称为非线性电阻元件。非线性电阻元件的符号如图 1-14 (a) 所示。

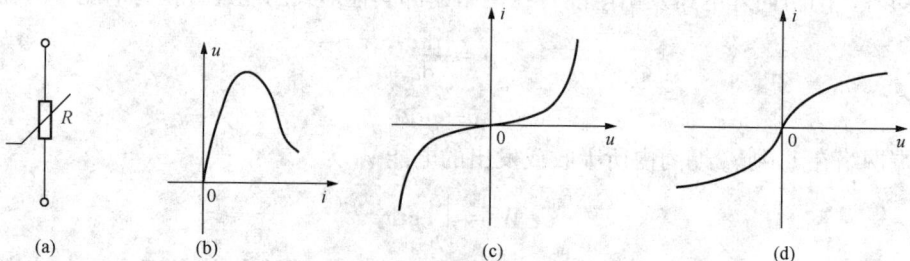

图 1-14　非线性电阻元件的图形符号及伏安特性曲线
(a) 图形符号；(b) 负温度系数热敏电阻器的伏安特性曲线；
(c) 普通二极管的伏安特性曲线；(d) 对称性压敏电阻器的伏安特性曲线

　　本教材只讨论线性的且参数不随时间变化的元件。参数不随时间变化的线性元件称为线性定常元件。因此，往后不加特别说明时，所说的元件都是指线性定常元件。

## 二、电阻元件的伏安关系

　　电路元件的电压与电流之间的关系称为元件的伏安关系，也称为伏安特性。表示伏安关系的函数曲线称为伏安特性曲线。由线性电阻元件的定义可知，线性电阻元件的电压与电流成正比，线性电阻元件是满足于欧姆定律的电阻元件。电路元件的电压与电流之间的关系式与电压和电流的参考方向有关。当电压和电流取关联参考方向时，电阻元件的伏安关系为

$$u = Ri \text{ 或 } i = Gu \qquad (1-9)$$

式中，$R$ 为电阻元件的参数，称为电阻元件的电阻，线性电阻元件的电阻 $R$ 是一个正实常数。在国际单位制中，电阻的单位为欧姆，简称欧，用 $\Omega$ 表示；也可在 $\Omega$（欧）的前面加国际单位制词头，构成十进制倍数或分数单位，如 $M\Omega$（兆欧）、$k\Omega$（千欧）等。式中 $G = \dfrac{1}{R}$，$G$ 称电阻元件的电导。线性电阻元件的电导 $G$ 也是一个正实常数，在国际单位制中，电导的单位为西门子，简称西，用 S 表示。

　　在电压和电流取关联参考方向的情况下，线性电阻元件的伏安特性曲线如图 1-13（b）所示，这是一条通过原点的，位于一、三象限的直线。

　　如果电阻元件的电压和电流取非关联参考方向，则它的伏安关系为

$$u = -Ri \quad \text{或} \quad i = -Gu \qquad (1-10)$$

这种情况下，线性电阻元件的伏安特性曲线是 $i-u$ 平面上的一条通过原点的，位于二、四象限的直线。

　　非线性电阻元件的电压 $u$ 与电流 $i$ 之间的关系 $u = f(i)$ 是非线性函数。非线性函数的函数图像不是直线，或是直线但不通过原点。图 1-14（b）所示曲线为负温度系数热敏电阻器的伏安特性曲线；图 1-14（c）所示曲线为普通二极管的伏安特性曲线；图 1-14（d）所示曲线为对称性压敏电阻器的伏安特性曲线。

## 三、电阻元件的功率

　　当电压和电流取关联参考方向时，电阻元件消耗的瞬时功率为

$$p = ui = Ri^2 = \frac{u^2}{R} = Gu^2 \qquad (1-11)$$

　　因为 $R$ 和 $G$ 是正实常数，故功率 $p$ 恒为非负数。这表明线性电阻元件任何时刻都不会发出电能，它总是吸收电能并将所吸收的电能转换成热能而耗散掉。所以线性电阻元件是一个耗能元件。

　　电阻元件在 $t_1$ 到 $t_2$ 期间内吸收的电能为

$$W = \int_{t_1}^{t_2} p\,\mathrm{d}t = \int_{t_1}^{t_2} Ri^2\,\mathrm{d}t = \int_{t_1}^{t_2} \frac{u^2}{R}\,\mathrm{d}t$$

　　在直流电路中，电阻元件在 $T$ 时间内吸收的电能为

$$W = pT = UIT = RI^2T = \frac{U^2}{R}T$$

　　**【例 1-2】**　一个额定值为 0.5W、$200\Omega$ 的碳膜电阻，正常工作状态下允许加在它两端的最大电压是多少？在它两端外加 8V 电压时，它所消耗的功率是多少？

　　**解**　正常工作状态下，允许加在电阻两端的最大电压应是其额定电压，该电阻的额定电压为

$$U_N = \sqrt{RP_N} = \sqrt{200 \times 0.5} = 10(\text{V})$$

电阻两端外加 8V 电压时，它所消耗的功率为

$$P = \frac{U^2}{R} = \frac{8^2}{200} = 0.32(\text{W})$$

# 第四节　电容元件

## 一、电容器的电容

由两个彼此靠近、相互绝缘的导体构成的，能够储存电荷和电场能量的电路器件，称为电容器。组成电容器的两导体称为电容器的极板，两极板之间的绝缘物质称为绝缘介质，也称电介质。最简单的电容器就是平行板电容器，它是由彼此靠近、相互平行、同样大小的两块金属板组成的。

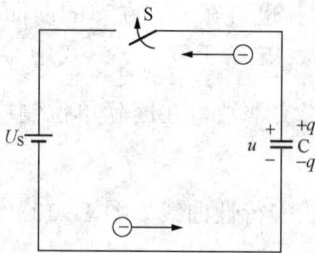

图 1-15　电容器的电容

若将电容器接到直流电源上（如图 1-15 所示），在电源电压作用下，与电源正极相连接的电容器极板和导线中的自由电子，经电源内部移向电容器的另一极板。这样，与电源正极相连接的电容器极板，因失去电子而带正电，而与电源负极相连接的极板，因得到电子而带负电。结果，电容器两极板分别带有等量异号的电荷。若将电源移去，由于两极板上的正负电荷之间存在着相互吸引的电场力的作用，且两极板之间又为绝缘介质所绝缘，电荷不能中和，所以极板上的自由电荷能够长久地储存下去。极板上储存的电荷必将在两极板之间建立电场，储存电场能量。因此，电容器是一种能够储存电荷和电场能量的器件。

为了表征电容器储存电荷的能力，引入了电容这一物理量。电容器任一极板上所储存的电荷量 $q$（绝对值）与两极板间的电压 $u$（绝对值）的比值称为电容器的电容，用 $C$ 表示，即

$$C = \frac{q}{u}$$

在国际单位制中，电容的单位为法拉，简称法，用 F 表示；也可以在 F（法）的前面加上词头，构成十进制单位和分数单位，如 $\mu\text{F}$（微法）、pF（皮法）等。

根据电容的定义，可求得平行板电容器的电容为

$$C = \varepsilon \frac{S}{d}$$

式中，$\varepsilon$ 为绝缘介质的介电常数，F/m（法/米），它是表征绝缘介质特性的物理量，它的大小是由绝缘介质的性质决定的；$S$ 为电容器每块极板的面积，$\text{m}^2$；$d$ 为两极板内表面间的距离，m。

我们从平行板电容器电容的计算公式这一特例，可以看出影响电容器电容大小的因素。电容器电容的大小取决于电容器极板的形状、尺寸、相对位置和极板间所充有的绝缘介质的性质。对于绝缘介质为各向同性的线性介质的电容器而言，当其极板的几何形状、尺寸和相对位置确定时，其电容 $C$ 是个正实常数。

### 二、电容元件的定义

电容元件是由实际电容器抽象出来的理想化的模型。实际的电容器除了具有储存电荷和电场能量的主要作用外，还有消耗电能的作用。因为电容器两极板间的绝缘介质不可能是理想的，其电阻不可能无穷大。因此，在外加电压的作用下，绝缘介质中总多少有些电流通过，这种电流（即泄漏电流）会在绝缘介质的电阻（即绝缘电阻）上引起能量损耗。同时，绝缘介质在电场作用下会产生极化，介质在极化过程中也会产生能量损耗。如果电容器的耗能性质必须考虑，则电容器的电路模型中除电容元件外，还应含有电阻元件。如果电容器的耗能性质可以忽略，且不考虑其电感效应，则电容器就可以用电容元件来模拟。忽略耗能的作用和电感效应，电容器只具有储存电荷、建立电场、储存电场能量的作用。因为电容器具有储存电荷和电场能量的作用，所以电容器某一时刻的电压值不仅取决于该时刻的电流值，还与该时刻以前的电流值有关。这就决定了电容器的电压与电流之间的关系不是一种确定的代数关系。但电容器某一时刻所储存的电荷值仅取决于该时刻的电压值，而与该时刻以前的电压值无关。也就是说，电容器所储存的电荷 $q$ 与电压 $u$ 之间存在着一种确定的代数关系。因此，对于一个确定的电容器，任意时刻，其电荷与电压之间的关系可以用坐标平面上的一条确定的函数曲线来表示，该函数曲线形状不随电压或电荷的波形改变而改变。鉴于上述原因，我们用电荷与电压的函数关系来定义电容元件。电容元件的定义如下：如果一个二端元件在任一时刻所储存电荷 $q$ 与其端电压 $u$ 之间的关系能够用 $u-q$ 平面上的一条曲线来确定，则称该二端元件为电容元件。电容元件的图形符号如图 1-16 （a）所示。

如果电容元件所储存的电荷 $q$ 与端电压 $u$ 之间的关系曲线在所有时间内均为 $u-q$ 平面上的一条通过原点的直线，则该电容元件称为线性电容元件。讨论电容元件的电荷 $q$ 与电压 $u$ 之间的关系时，同样需要选定参考方向。假定电容元件一个极板储存的电荷为 $+q$，另一个极板储存的电荷为 $-q$；选定带有 $+q$ 电荷的极板为电压 $u$ 的参考极性的"＋"极，选定带有 $-q$ 电荷的极板为电压 $u$ 的参考极性的"－"极，如图 1-16 （a）所示。在这种参考方向下，有

$$q = Cu \tag{1-12}$$

式中，$C$ 为电容元件的参数，称为电容元件的电容，对于线性电容元件，$C$ 是一个正实常数。

根据式（1-12），可作出电容元件的电荷与电压之间的关系曲线，如图 1-16 （b）所示。可见，线性电容元件的电荷与电压之间的关系曲线是 $u-q$ 平面上的一条通过原点的直线。

如果电容元件所储存的电荷 $q$ 与端电压 $u$ 之间的关系曲线是非线性的，则该电容元件称为非线性电容元件。非线性电容元件的电荷与电压的关系曲线不是 $u-q$ 平面上的通过原点的

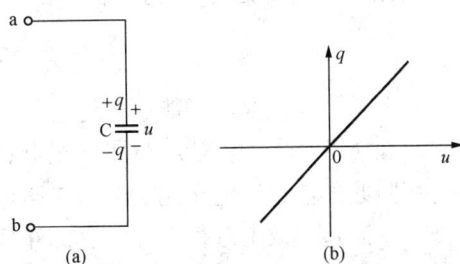

图 1-16　线性电容元件的图形符号及特性曲线
（a）图形符号；（b）特性曲线

直线。例如，变容二极管的 $q$ 与 $u$ 的关系曲线如图 1-17 （a）所示；非线性平行板电容器的 $q$ 与 $u$ 的关系曲线如图 1-17 （b）所示；MOS 电容器的 $q$ 与 $u$ 的关系曲线如图 1-17 （c）所示。

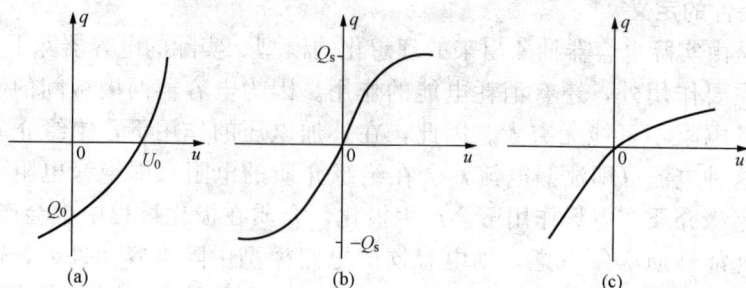

图 1-17　非线性电容元件的特性曲线

(a) 变容二极管的特性曲线；(b) 非线性平行板电容器的特性曲线；
(c) MOS 电容器的特性曲线

### 三、电容元件的伏安关系

当电流参考方向选定为从电容元件外部指向 $+q$ 所在极板时，有

$$i = \frac{\mathrm{d}q}{\mathrm{d}t}$$

当电压和电流取关联参考方向时，即当电压参考方向为从 $+q$ 所在极板指向 $-q$ 所在极板时，有

$$i = \frac{\mathrm{d}q}{\mathrm{d}t} = \frac{\mathrm{d}(Cu)}{\mathrm{d}t} = C\frac{\mathrm{d}u}{\mathrm{d}t} \tag{1-13}$$

若 $u$ 和 $i$ 取非关联参考方向，则有

$$i = -C\frac{\mathrm{d}u}{\mathrm{d}t} \tag{1-14}$$

式 (1-13) 与式 (1-14) 表明，某一时刻电容元件的电流与该时刻电容元件电压的变化率成正比。如果电压不变化，即 $\frac{\mathrm{d}u}{\mathrm{d}t}=0$，则 $i=0$。可见，在直流电路中，电容元件相当于开路，这表明电容元件具有隔断直流的作用。若电容元件电压变化越快，即 $\frac{\mathrm{d}u}{\mathrm{d}t}$ 越大，则电流 $i$ 越大。这标志着电容元件是一个动态元件。

### 四、电容元件的储能

在电压和电流取关联参考方向的情况下，任意时刻，电容元件从外电路吸收的功率为

$$p = ui = Cu\frac{\mathrm{d}u}{\mathrm{d}t}$$

电容元件能够储存电场能量，但它并不消耗电能。也就是说，它不能把电能转换为非电磁能量。在 $p>0$ 时，电容元件处于充电状态，在充电过程中，电容元件从外电路吸收电能，并将吸收的能量以电场能量的形式储存在它所建立的电场之中。在 $p<0$ 时，电容元件处于放电状态，在放电过程中，电容元件将原来储存在电场之中的电场能量以电能的形式输送给外电路。在充放电过程中，电容元件本身是不消耗能量的。因此，电容元件是一个储能元件，而不是耗能元件。根据能量转化和守恒定律可知，电容元件在某一时刻 $t$ 所储存的总电场能量，应等于从 $-\infty$ 到 $t$ 时刻它所吸收的全部电能，即

$$w = \int_{-\infty}^{t} p\mathrm{d}\tau = \int_{-\infty}^{t} Cu\frac{\mathrm{d}u}{\mathrm{d}\tau}\mathrm{d}\tau = C\int_{u(-\infty)}^{u(t)} u\mathrm{d}u$$

$$= \frac{1}{2}Cu^2(t) - \frac{1}{2}Cu^2(-\infty)$$

可以认为，$t = -\infty$ 时，$u(-\infty) = 0$。这样，电容元件在任意时刻 $t$ 储存的电场能量为

$$w = \frac{1}{2}Cu^2(t) \tag{1-15}$$

式中，$u(t)$ 为 $t$ 时刻电容元件的电压值。

式（1-15）表明，电容元件在任意时刻所储存的电场能量与该时刻它的端电压的平方成正比。

### 五、电容元件的串联和并联

在实际工作中，当遇到一个电容器的电容和耐压不能满足要求时，需要将若干个电容器并联或串联起来使用。因此，有必要讨论电容元件串并联的问题。

1. 电容元件的串联

若干个电容元件依次一个接一个地连接起来，构成一条支路，这种连接方式称为电容元件串联，如图 1-18（a）所示。

电容元件串联电路具有下述特点：

（1）电容元件串联电路中各电容元件所带电量相等。将 $n$ 个电容元件串联电路的两端接到电源上，当第一个电容元件左边的极板上带上电量为 $+q$ 的电荷时，其右边极板上由于静电感应而产生电量为 $-q$ 的电荷，这部分负电荷来自于第二个

图 1-18　电容元件的串联
(a) 串联电路；(b) 等效电路

电容元件左边的极板，因而第二个电容元件左边极板上出现电荷量 $+q$；由于第二个电容元件左边极板上出现电荷量 $+q$，其右边极板上又由静电感应而产生电荷量 $-q$，于是第三个串容元件右边极板上又出现电荷量 $+q$，如此等等。因此，串联的每一个电容元件都带有相等的电荷量 $q$，即

$$q_1 = q_2 = \cdots = q_n = q \tag{1-16}$$

（2）电容元件串联电路的等效电容的倒数等于各个串联电容元件电容的倒数之和。若干个电容元件串联电路可用一个电容元件来等效替代，即图 1-18（a）所示电路可用图 1-18（b）所示电路等效替代。对于图 1-18（a）所示电路，有

$$u = u_1 + u_2 + \cdots + u_n = q\left(\frac{1}{C_1} + \frac{1}{C_2} + \cdots + \frac{1}{C_n}\right)$$

对于图 1-18（b）所示电路，有

$$u = \frac{q}{C}$$

若两电路等效，则应有

$$\frac{1}{C} = \frac{1}{C_1} + \frac{1}{C_2} + \cdots + \frac{1}{C_n} \tag{1-17}$$

（3）电容元件串联电路中各电容元件的电压与其电容成反比。因为

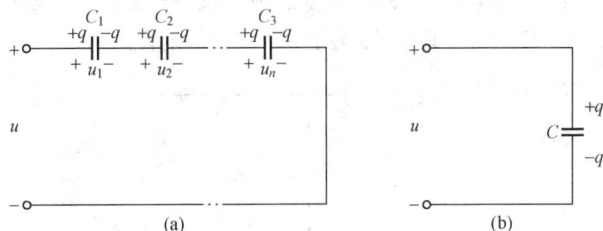

$$u_1 = \frac{q}{C_1}, u_2 = \frac{q}{C_2}, \cdots, u_n = \frac{q}{C_n}, u = \frac{q}{C}$$

所以

$$u_1 : u_2 : \cdots : u_n = \frac{1}{C_1} : \frac{1}{C_2} : \cdots : \frac{1}{C_n} \qquad (1-18)$$

$$u_k = \frac{C}{C_k}u$$

对于两个电容元件串联的电路，则有

$$C = \frac{C_1 C_2}{C_1 + C_2} \qquad (1-19)$$

$$u_1 = \frac{C}{C_1}u = \frac{C_2}{C_1 + C_2}u \qquad (1-20)$$

$$u_2 = \frac{C}{C_2}u = \frac{C_1}{C_1 + C_2}u \qquad (1-21)$$

2. 电容元件的并联

若干个电容元件的两端分别连接在一起，构成两个公共节点和多条支路，这种连接方式称为电容元件并联，如图 1-19（a）所示。

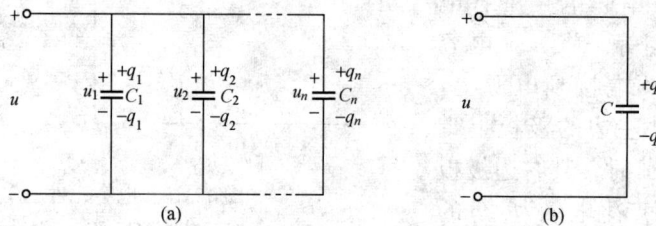

图 1-19  电容元件的并联
(a) 并联电路；(b) 等效电路

电容元件的并联电路具有下述特点：

（1）电容元件并联电路中各电容元件的电量与其电容成正比。因为并联时加在各电容元件上的电压相同，即

$$u_1 = u_2 = \cdots = u_n = u$$

又因为

$$q_1 = C_1 u, \ q_2 = C_2 u, \ \cdots, \ q_n = C_n u$$

所以

$$q_1 : q_2 : \cdots : q_n = C_1 : C_2 : \cdots : C_n \qquad (1-22)$$

（2）电容元件并联电路的等效电容等于各个并联电容元件的电容之和。若干个电容元件并联电路可以用一个电容元件来等效替代，即图 1-19（a）所示电路可用图 1-19（b）所示电路来等效替代。对于图 1-19（a）所示电路，有

$$q_1 + q_2 + \cdots + q_n = (C_1 + C_2 + \cdots + C_n)u$$

对于图 1-19（b）所示电路，有

$$q = Cu$$

若两电路等效，则应有

$$q = q_1 + q_2 + \cdots + q_n$$
$$C = C_1 + C_2 + \cdots + C_n \tag{1-23}$$

**【例 1-3】**　图 1-20（a）所示电容元件的电容 $C = 10\mu F$，图中电压 $u$ 的波形为图 1-20（b）所示三角波。试求：

（1）电容元件的电流 $i$，并绘出其波形；

（2）电容元件储能的最大值。

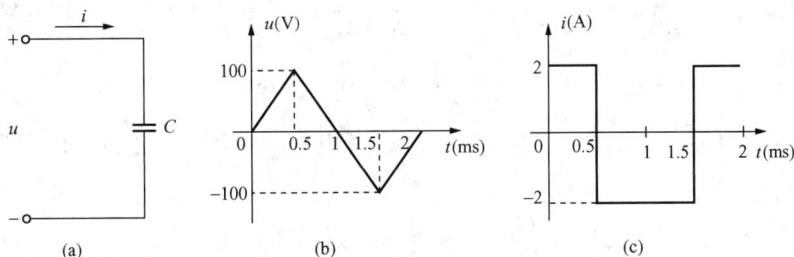

图 1-20　［例 1-3］的图

（a）电路；（b）$u$ 的波形；（c）$i$ 的波形

**解**　（1）在 $0 < t < 0.5\text{ms}$ 期间

$$\frac{\mathrm{d}u}{\mathrm{d}t} = \frac{100}{0.5 \times 10^{-3}} = 2 \times 10^5 (\text{V/s})$$

$$i = C\frac{\mathrm{d}u}{\mathrm{d}t} = 10 \times 10^{-6} \times 2 \times 10^5 = 2(\text{A})$$

在 $0.5\text{ms} < t < 1.5\text{ms}$ 期间

$$\frac{\mathrm{d}u}{\mathrm{d}t} = \frac{-100-100}{(1.5-0.5) \times 10^{-3}} = \frac{-200}{1 \times 10^{-3}} = -2 \times 10^5 (\text{V/s})$$

$$i = C\frac{\mathrm{d}u}{\mathrm{d}t} = 10 \times 10^{-6} \times (-2) \times 10^5 = -2(\text{A})$$

在 $1.5\text{ms} < t < 2\text{ms}$ 期间

$$\frac{\mathrm{d}u}{\mathrm{d}t} = \frac{0-(-100)}{(2-1.5) \times 10^{-3}} = 2 \times 10^5 (\text{V/s})$$

$$i = C\frac{\mathrm{d}u}{\mathrm{d}t} = 10 \times 10^{-6} \times 2 \times 10^5 = 2(\text{A})$$

根据所求得各时间段的电流，作出电流的波形，如图 1-20（c）所示。

（2）从电压波形图中可以看出，电压的最大值为

$$u_{\max} = 100\text{V}$$

所以电容元件储能的最大值为

$$W_{\max} = \frac{1}{2}Cu_{\max}^2 = \frac{1}{2} \times 10 \times 10^{-6} \times 100^2 = 5 \times 10^{-2}(\text{J})$$

**【例 1-4】**　图 1-21 所示电路中，电容元件的电容 $C_1 = C_2 = C_3 = 3\mu F$，各电容元件的耐压均为 250V，各电容元件均未曾充过电。试求：

（1）在电路端口加上 $U = 180\text{V}$ 的直流电压后，各电容元件的电压；

（2）电路端口电压最大不能超过多少？

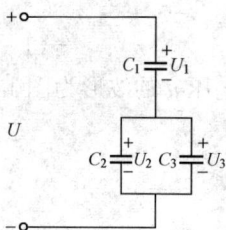

图 1-21　[例 1-4]的图

**解**　（1）$C_2$ 与 $C_3$ 并联的等效电容为

$$C_{23} = C_2 + C_3 = 3 + 3 = 6(\mu F)$$

二端电路的等效电容为

$$C = \frac{C_1 C_{23}}{C_1 + C_{23}} = \frac{3 \times 6}{3 + 6} = 2(\mu F)$$

各电容元件的电压为

$$U_1 = \frac{C_{23}}{C_1 + C_{23}} U = \frac{6}{3 + 6} \times 180 = 120(V)$$

$$U_2 = U_3 = \frac{C_1}{C_1 + C_{23}} U = \frac{3}{3 + 9} \times 180 = 60(V)$$

（2）因为 $C_1 < C_{23}$，所以 $U_1 > U_2 = U_3$，要保证电容元件都不被击穿，应保证 $U_1$ 不超过 250V。当 $U_1 = 250$V 时，有

$$U_2 = \frac{C_1}{C_{23}} U_1 = \frac{3}{6} \times 250 = 125(V)$$

这时电路端口电压为

$$U = U_1 + U_2 = 250 + 125 = 375(V)$$

所以，电路端口电压不能超过 375V。

# 第五节　电　感　元　件

## 一、电感线圈的自感系数和自感电压

### 1. 自感系数

用导线绕制成一定形状的线圈，使之具有一定的电感量，这种线圈称为电感线圈或电感器。图 1-22 所示线圈的匝数为 $N$。当线圈中通入电流 $i$ 时，将在线圈周围建立磁场，产生磁通 $\phi$。设穿过各匝线圈的磁通量分别为 $\phi_1$，$\phi_2$，…，$\phi_N$，则与线圈交链的磁链为 $\psi = \phi_1 + \phi_2 + \cdots + \phi_N$。若穿过每匝线圈的磁通均为 $\phi$，即 $\phi_1 = \phi_2 = \cdots = \phi_N = \phi$，则与线圈交链的磁链为 $\psi = N\phi$。这种由线圈中电流产生的，通过线圈自身的磁通 $\phi$ 和磁链 $\psi$ 分别称为自感磁通和自感磁链。

磁通和磁链都是标量，但为了分析计算的方便，需要给磁通和磁链规定方向并选定参考方向。习惯规定，磁通的方向为磁感应线穿过某一给定曲面的穿透方向；规定磁链的方向与磁通方向相同。在 $\phi$ 的参考方向与 $i$ 的参考方向符合右手螺旋定则的情况下（如图 1-22 所示），自感磁链与线圈中的电流之比，称为线圈的自感系数，简称自感，用 $L$ 表示，即

$$L = \frac{\psi}{i} \qquad (1-24)$$

式中各量均用国际单位制，自感 $L$ 的单位为亨利，简称为亨，用 $H$ 表示。也可在 H（亨）前面加上词头，构成十进制倍数和分数单位，如 mH（毫亨）、$\mu H$（微亨）等。

根据自感的定义式，不难导出长直密绕螺线管自感

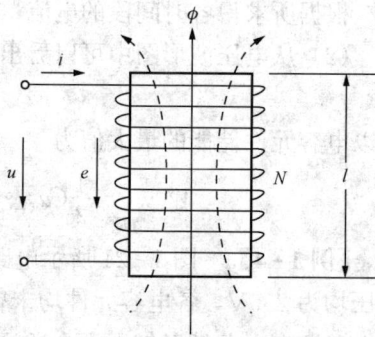

图 1-22　电感线圈的自感

的计算公式❶为

$$L = \frac{\mu S}{l} N^2 \qquad (1-25)$$

式中，$l$ 为螺线管长度，m；$S$ 为螺线管的截面积，$\mathrm{m}^2$；$N$ 为线圈匝数；$\mu$ 为螺线管内所充有的材料（磁介质）的磁导率，$\mathrm{H/m}$。

由式（1-25）可知，线圈的自感与线圈的几何形状、尺寸、匝数及线圈周围的磁介质的性质有关。当线圈的形状、尺寸、匝数均固定时，若线圈内部的磁介质为各向同性的线性材料，则线圈的自感为一正实常数。

2. 自感电压

当线圈中的电流 $i$ 变化时，电流 $i$ 所产生的穿过线圈的磁通 $f$ 将随之而变化，因而线圈中将产生感应电动势。这种由于线圈中电流变化而在线圈自身中产生感应电动势的现象称为自感现象，所产生的感应电动势称为自感电动势。在自感电动势产生的同时，线圈中建立相应的电场，线圈两端产生相应的电压。这种由于线圈中的电流变化而在线圈两端产生的电压称为自感电压。

当自感电动势 $e$ 和自感磁链 $\psi$ 的参考方向符合右手螺旋定则（如图 1-22 所示）时，根据电磁感应定律，可得

$$e = -\frac{\mathrm{d}\psi}{\mathrm{d}t} \qquad (1-26)$$

若线圈的自感 $L$ 为定值，当线圈中电流 $i$ 的参考方向与自感电动势 $e$ 的参考方向一致（如图 1-22 所示）时，有

$$e = -\frac{\mathrm{d}\psi}{\mathrm{d}t} = -L\frac{\mathrm{d}i}{\mathrm{d}t} \qquad (1-27)$$

当自感电压 $u$ 和自感磁链 $\psi$ 的参考方向符合右手螺旋定则时，有

$$u = -e = \frac{\mathrm{d}\psi}{\mathrm{d}t} \qquad (1-28)$$

当 $u$ 和 $i$ 的参考方向一致时，有

$$u = L\frac{\mathrm{d}i}{\mathrm{d}t} \qquad (1-29)$$

应当注意到，若 $u$ 和 $e$ 的参考方向与 $\psi$ 的参考方向不符合右手螺旋定则，则有

$$e = \frac{\mathrm{d}\psi}{\mathrm{d}t} \qquad (1-30)$$

$$u = -\frac{\mathrm{d}\psi}{\mathrm{d}t} \qquad (1-31)$$

若 $u$ 和 $e$ 的参考方向与 $i$ 的参考方向不一致，则有

$$e = L\frac{\mathrm{d}i}{\mathrm{d}t} \qquad (1-32)$$

$$u = -L\frac{\mathrm{d}i}{\mathrm{d}t} \qquad (1-33)$$

## 二、电感元件的定义

电感元件是由实际电感线圈抽象出来的理想化的模型。实际线圈在工作状态下不仅能够

---

❶ 此公式的推导过程见第八章第三节。

　　建立磁场，储存磁场能量，而且还能建立电场，储存电场能量，同时，还要消耗能量。这是因为线圈导线具有电阻，线圈之间、线圈导线与大地之间具有电容（称为分布电容），线圈周围的磁介质中也可能产生能量损耗。因此，在磁介质中的损耗、线圈的电阻和分布电容均需要考虑的情况下，线圈的电路模型应该是电阻元件、电容元件和电感元件的组合。当实际线圈的电阻、电容和磁介质中能耗可以忽略时，实际线圈就成为一个具有单一电磁性质的理想元件——电感元件。

　　因为电感线圈具有储存磁场能量的作用，因而它的电压的瞬时值不仅决定于该时刻的电流值，而且还与该时刻以前的电流值有关。故电感线圈的电压与电流之间的关系不是一种确定的代数关系。其电压与电流之间的函数关系曲线不是确定的，而是随电流或电压的波形改变而改变的。电感线圈某一时刻的电流值仅取决于该时刻的磁链值，而与该时刻以前的磁链值和该时刻以后的磁链值无关。这就是说，电感线圈的电流和磁链之间存在着一种确定的代数关系。对于一个确定的电感线圈，无论其电流和磁链的波形如何，其磁链 $\psi$ 与电流 $i$ 之间的函数关系可用 $i-\psi$ 平面的一条确定的曲线来表示，因此，常用 $\psi$ 与 $i$ 的函数关系来定义电感元件。现给出电感元件的定义如下：如果一个二端元件，在任意时刻，它的磁链 $\psi$ 与它的电流 $i$ 之间的关系能够用 $i-\psi$ 平面上的一条曲线来确定，则该二端元件称为电感元件。电感元件的一般图形符号如图 1-23（a）所示。

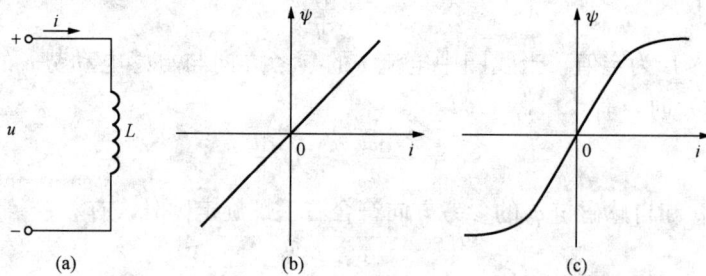

图 1-23　电感元件的图形符号及特性曲线
（a）图形符号；（b）线性电感元件的特性曲线；
（c）以超导磁合金作为铁心材料的电感线圈的特性曲线

　　如果电感元件的磁链 $\psi$ 与电流 $i$ 之间的关系曲线在所有时间内都是 $i-\psi$ 平面上的一条通过原点的直线，则这种电感元件称为线性电感元件。当磁链 $\psi$ 和电流 $i$ 的参考方向选取符合右手螺旋定则时，根据自感的定义可确定，线性电感元件的磁链 $\psi$ 与电流 $i$ 之间的关系为

$$\psi = Li$$

式中，$L$ 为电感元件的参数，称为电感元件的电感，线性电感元件的电感 $L$ 为一个正实常数。

　　根据上式可作出线性电感元件的 $\psi$ 与 $i$ 的关系曲线，如图 1-23（b）所示。这是 $i-\psi$ 平面上一条通过原点，位于一、三象限的直线。

　　若 $\psi$ 和 $i$ 的参考方向不符合右手螺旋定则，则 $\psi$ 与 $i$ 的关系为

$$\psi = -Li$$

这种情况下，$\psi$ 与 $i$ 的关系曲线是 $i-\psi$ 平面上的一条通过原点，位于二、四象限的直线。

　　如果电感元件的磁链 $\psi$ 与电流 $i$ 之间的关系曲线是非线性的，则这种电感元件称为非线

性电感元件。非线性电感元件的 $\psi$ 与 $i$ 的关系曲线在 $i-\psi$ 平面上不是一条通过原点的直线。例如，以超导磁合金作为铁心材料的电感线圈的 $\psi$ 与 $i$ 的关系曲线如图 1-23（c）所示。

### 三、电感元件的伏安关系

当电感元件的电压的参考方向与磁链的参考方向符合右手螺旋定则时，有

$$u = \frac{\mathrm{d}\psi}{\mathrm{d}t} \tag{1-34}$$

当电压 $u$ 和电流 $i$ 取关联参考方向时，有

$$u = \frac{\mathrm{d}\psi}{\mathrm{d}t} = \frac{\mathrm{d}(Li)}{\mathrm{d}t} = L\frac{\mathrm{d}i}{\mathrm{d}t} \tag{1-35}$$

若 $u$ 和 $\psi$ 的参考方向不符合右手螺旋定则，则有

$$u = -\frac{\mathrm{d}\psi}{\mathrm{d}t} \tag{1-36}$$

若 $u$ 和 $i$ 的参考方向为非关联参考方向时，则有

$$u = -L\frac{\mathrm{d}i}{\mathrm{d}t} \tag{1-37}$$

式（1-35）表明，电感元件某一时刻的电压值与该时刻电流的变化率成正比。若电流不变，即 $\frac{\mathrm{d}i}{\mathrm{d}t}=0$，则 $u=0$；这表明，在直流电路中电感元件相当于短路。电流变化越快，即 $\frac{\mathrm{d}i}{\mathrm{d}t}$ 越大；则电压也就越大；这标志着电感元件是一种动态元件。

### 四、电感元件的储能

当电感元件中有电流通过时，必将在电感元件中建立磁场，元件中将储存磁场能量，因此，电感元件是一个储能元件。

在电压 $u$ 和电流 $i$ 取关联参考方向的情况下，电感元件从外电路吸收的功率为

$$p = ui = Li\frac{\mathrm{d}i}{\mathrm{d}t}$$

当 $p>0$ 时，$|i|$ 增加，磁场增强，电感元件处于增磁状态，这时电感元件从外电路吸收电能，并把它转变为磁场能量储存于其内部的磁场中。当 $p<0$ 时，$|i|$ 减小，磁场减弱，即电感元件处于减磁状态，这时电感元件将原先储存于磁场中的磁场能量转变为电能，输送给外电路。可以证明，在能量传输和转换过程中，电感元件本身并不消耗电能，即它不会把电能转换为非电磁能量。因此，电感元件不是耗能元件。

既然电感元件不消耗能量，那么它在任何时刻所储存的总磁场能量，必然等于它在此时刻以前的全部历史过程所吸收的能量总和。因此，电感元件在 $t$ 时刻所储存的总磁场能量，应等于从 $t=-\infty$ 到 $t$ 时刻电感元件所吸收的全部能量，即

$$w = \int_{-\infty}^{t} p\,\mathrm{d}\tau = \int_{-\infty}^{t} Li\frac{\mathrm{d}i}{\mathrm{d}\tau}\mathrm{d}\tau = \int_{i(-\infty)}^{i(t)} Li\,\mathrm{d}i$$

$$= \frac{1}{2}Li^2(t) - \frac{1}{2}Li^2(-\infty)$$

取 $t=-\infty$ 时的电流值 $i(-\infty)=0$，所以有

$$w = \frac{1}{2}Li^2(t) \tag{1-38}$$

式中，$i(t)$ 为 $t$ 时刻电感元件的电流值。

式（1-38）表明，电感元件在某一时刻所储存的磁场能量与该时刻电流瞬时值的平方成正比。

【例 1-5】 图 1-24（a）所示电路中，电感元件的电感 $L=100\text{mH}$，其电流 $i$ 的波形如图 1-24（b）所示。求电感元件的电压，并画出其波形。

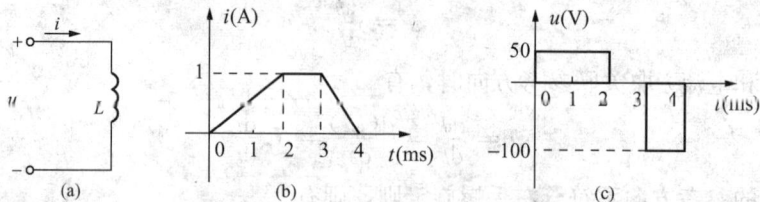

图 1-24 ［例 1-5］的图
（a）电路；（b）$i$ 的波形；（c）$u$ 的波形

**解** 在 $0<t<2\text{ms}$ 期间

$$u = L\frac{\mathrm{d}i}{\mathrm{d}t} = 100\times10^{-3}\frac{1}{2\times10^{-3}} = 50(\text{V})$$

在 $2\text{ms}<t<3\text{ms}$ 期间

$$u = L\frac{\mathrm{d}i}{\mathrm{d}t} = 100\times10^{-3}\frac{1-1}{(3-2)\times10^{-3}} = 0(\text{V})$$

在 $3\text{ms}<t<4\text{ms}$ 期间

$$u = L\frac{\mathrm{d}i}{\mathrm{d}t} = 100\times10^{-3}\frac{0-1}{(4-3)\times10^{-3}} = -100(\text{V})$$

由上述计算结果可画出电压 $u$ 的波形，如图 1-24（c）所示。

【例 1-6】 一个电感元件的电感 $L=200\text{mH}$，$t<0$ 时，通过电感元件的电流 $i=0$；$t>0$ 时，电流 $i=10\mathrm{e}^{-2t}\text{A}$。试求：

（1）作为时间函数的电感元件的电压 $u$；

（2）作为时间函数的电感元件的功率 $p$；

（3）$t=0.5\text{s}$ 时，电感元件储存的能量。

**解** （1）设电流和电压取关联参考方向，则有

$$u = L\frac{\mathrm{d}i}{\mathrm{d}t} = 200\times10^{-3}\times10\times(-2)\mathrm{e}^{-2t} = -4\mathrm{e}^{-2t}(\text{V})$$

（2）电感元件的功率为

$$p = ui = -4\mathrm{e}^{-2t}\times10\mathrm{e}^{-2t} = -40\mathrm{e}^{-4t}(\text{W})$$

（3）$t=0.5\text{s}$ 时，电感元件的储能为

$$W = \frac{1}{2}Li^2\times0.5 = \frac{1}{2}\times200\times10^{-3}\times(10\mathrm{e}^{-2\times0.5})^2 = 1.353(\text{J})$$

## 第六节 电压源和电流源

按电源参数来分类，理想电源元件可分为电压源和电流源两种。

**一、电压源**

电压源是从电池、发电机、信号发生器等实际电源抽象出来的理想化的电路模型。电池

是大家非常熟悉的一种电源器件。作为电源的电池，它的功能就是提供电能。电池内部的非静电力使电池两极分别带有正负电荷，从而建立电场，产生电压。当电池与负载接通时，在电场力的作用下，电荷作定向运动，形成电流，电流通过负载，负载获得电能。在电池外部的电路中，电场对运动电荷做功，电能转变为其他形式的能量；在电池内部，非静电力对运动电荷做功，其他形式的能量转换为电能。单位正电荷从电池的正极移到负极时电场力所做的功就是电池的端电压；单位正电荷从电池的负极经电源内部移到正极时非静电力所做的功就是电池的电动势。电动势和电压是从不同角度来表征电源作功能力的物理量，它们是电源的特征量。由上述分析可知，电池提供电能是通过提供电压来实现的，因此，也可以说，电池就是一个电压源。实践证明，电池接上负载后，不仅要向外电路提供电能，而且自身也要消耗电能；带上负载后，电池的端电压将随负载的改变而改变。因此，从电路模型角度来说，电池具有内电阻。如果忽略电池内部的能耗，即忽略电池的内电阻，则作为电源使用的电池只有提供电能的功能，且电池端电压是恒定的。也可以说，忽略内电阻后，电池就是一个能够提供恒定电压的电气器件。忽略内电阻的电池就是一个理想的电压源。据此，我们可给出作为理想化电路元件的电压源的定义。

1. 电压源的定义

如果一个二端元件与任一电路连接后，其两端的电压总能保持规定值 $u_S$，而与通过它的电流大小无关，则该二端元件称为电压源。定义表明，电压源具有下述两个基本特性：

（1）电压源的端电压是由它本身确定的，是它本身所固有的，与流过它的电流无关，即与其所接的外电路无关；

（2）电压源的电流不是完全由它本身所确定的，而是随其所接外电路的改变而改变的。

2. 电压源的分类

在理解电压源定义时，我们应当注意到，电压源的电压 $u_S$ 不随电流的改变而改变，但它可能随时间 $t$ 而改变。$u_S$ 与 $t$ 之间的函数关系是由电压源本身决定的，也就是说，电压 $u_S$ 随时间变化的规律是由电压源内在因素决定的，而与电压源所接外电路无关。根据电压源电压 $u_S$ 与时间 $t$ 之间的变化关系，可将电压源分为两类。

（1）如果电压源所规定的电压 $u_S$ 随时间而变，则该电压源称为时变电压源。电压源的一般图形符号如图 1-25（a）所示。例如，某一电压源的电压 $u_S$ 随时间按正弦规律变化，其电压 $u_S$ 与时间 $t$ 的关系曲线，如图 1-25（c）所示。图中，$U_m$ 为正弦电压的最大值；$T$ 为正弦电压的周期。

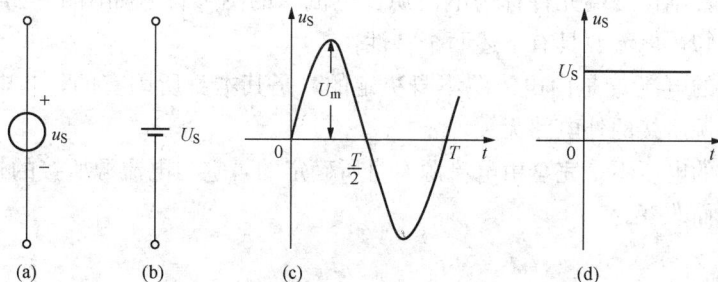

图 1-25　电压源的图形符号及电压波形

（a）一般图形符号；（b）直流电压源图形符号；（c）时变电压源电压 $u_S$ 与 $t$ 的关系曲线；

（d）直流电压源电压 $u_S$ 与 $t$ 的关系曲线

（2）如果电压源所规定的电压 $u_S$ 是一个与时间无关的常数，则该电压源称为恒定电压源，也称直流电压源。直流电压源有时用图 1 - 25 （b）所示图形符号来表示。直流电压源电压 $u_S$ 与时间 $t$ 的关系曲线如图 1 - 25 （d）所示，图中 $U_S$ 为一常数。

3. 电压源的伏安关系

根据电压源的定义可确定电压源的伏安特性方程。当电压源两个引出端钮之间的电压 $u$ 和电压源所规定的电压 $u_S$ 的参考方向取为一致时 ［如图 1 - 26 （a）所示］，有

$$u = u_S \tag{1 - 39}$$

设在某一时刻 $t$，电压 $u_S$ 的值 $u_S(t) > 0$；根据上述伏安特性方程式，可作出电压源在 $t$ 时刻的伏安特性曲线，如图 1 - 26 （b）所示。可见，任一时刻 $t$，电压源的伏安特性曲线是 $i-u$ 平面上的一条平行于 $i$ 轴的直线。当 $u_S$ 随时间而改变时，这条直线的位置也将随之而改变。电压为 $U_S$ 的直流电压源的伏安特性曲线是 $i-u$ 平面上一条通过点 $(0, U_S)$、平行于 $i$ 轴的直线，它的位置不随时间而改变，如图 1 - 26 （c）所示。

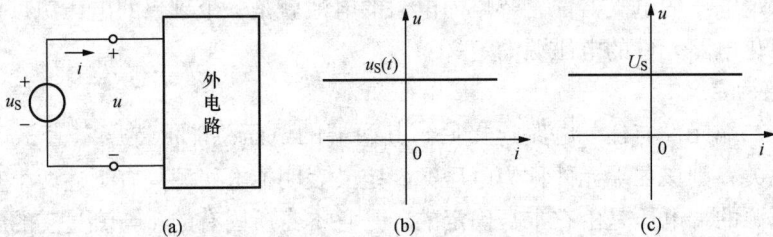

图 1 - 26　电压源的伏安特性曲线

(a) 电压和电流的参考方向；(b) 时变电压源 $t$ 时刻的伏安特性曲线；
(c) 直流电压源的伏安特性曲线

若电压源电压 $u_S$ 等于零，则电压源的伏安特性曲线与 $i$ 轴重合。这表明，不管通过电压源的电流为何值，电压源的端电压恒等于零。电压等于零的支路相当于短路，因此这种电压源实际上就是短路。

**二、电流源**

电流源是由恒流源、电流发生器等实际电源器件抽象出来的另一种理想化的电源模型。

1. 电流源的定义

如果一个二端元件与任一电路连接后，总能够对外电路提供规定的电流 $i_S$，而不论其端电压的大小如何，则该二端元件称为电流源。电流源的图形符号如图 1 - 27 （a）所示。由电流源的定义可知，电流源具有下述两个特性：

（1）电流源的电流 $i_S$ 是由电流源本身决定的，是其本身所固有的，与电流源的端电压无关，即与电流源所接的外电路无关。

（2）电流源的电压不是完全由电流源本身所确定的，它与电流源所接的外电路有关，即随外电路的改变而改变。

2. 电流源的分类

电流源的电流 $i_S$ 是不随电压而变的，但它可能随时间而变，它是某种确定的时间函数。电流源电流 $i_S$ 与时间 $t$ 之间的函数关系是由电流源本身决定的，也就是说，电流 $i_S$ 随时间 $t$ 变化的规律是电流源本身所固有的，与电流源所接的外电路无关。电流源也可分为两类：

（1）如果电流源所规定的电流 $i_S$ 随时间而变，则该电流源称为时变电流源。

（2）如果电流源所规定的电流 $i_S$ 是一个与时间无关的常数，则该电流源称为恒定电流源，也称直流电流源。

3. 电流源的伏安关系

根据电流源的定义可确定电流源的伏安关系。当通过电流源引出端的电流 $i$ 的参考方向和电流源所规定的电流 $i_S$ 的参考方向一致时〔如图 1-27（a）所示〕，电流源的伏安特性方程式为

$$i = i_S \tag{1-40}$$

设在时刻 $t$，电流 $i_S$ 的值 $i_S(t) > 0$，根据电流源的伏安特性方程可作出电流源在 $t$ 时刻的伏安特性曲线，如图 1-27（b）所示。可见，任意时刻 $t$，电流源的伏安特性曲线是 $i-u$ 平面上的一条平行于 $u$ 轴的直线。对于时变电流源，当 $i_S$ 随时间而改变时，这条直线位置也将随之而改变。电流为 $I_S$ 的直流电流源的伏安特性曲线是 $i-u$ 平面上的一条通过点（$I_S$，0）、平行于 $u$ 轴的直线，它的位置不随时间而改变，如图 1-27（c）所示。

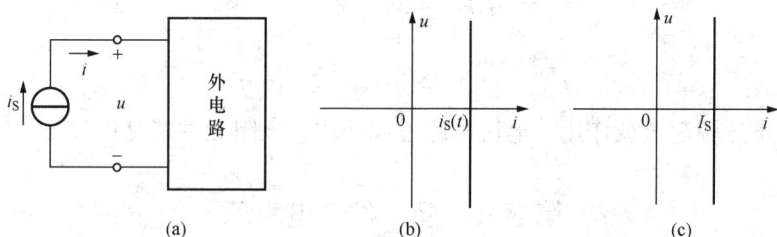

图 1-27 电流源的图形符号和伏安特性曲线

（a）图形符号及参考方向；（b）时变电压源 $t$ 时刻的伏安特性曲线；（c）直流电流源的伏安特性曲线

若电流源的电流为零，则电流源的伏安特性曲线与 $u$ 轴重合。这表明，不管电流源两端的电压为何值，其电流恒等于零。电流等于零的支路相当于开路，因此，这种电流源实际上就是开路。

**三、电压源和电流源的功率**

我们将电压源和电流源称为理想的电源元件，但是，实际上，它们既可作电源使用，也可作负载使用。作电源使用时，它们向外电路发出功率，输出电能；作负载使用时，它们从外电路吸收功率，吸取电能。电压源和电流源在电路中究竟是吸收功率，还是发出功率，是电源，还是负载，应按照第二节中所叙述的方法来判断。

电压源和电流源所在支路的电压和电流，习惯上取非关联参考方向，如图 1-26（a）、图 1-27（a）所示。在此参考方向下，电压源或电流源发出的功率为

$$p = ui$$

当 $p > 0$ 时，电压源或电流源发出功率，作为电源使用；当 $p < 0$ 时，电压源或电流源吸收功率，作为负载使用。

**【例 1-7】** 在图 1-28 所示电路中，$U_S = 6V$，$R = 10\Omega$，$I_S = 2A$，试求电路中各元件的功率，并确定其是电源还是负载。

**解** 这是单一回路的电路，回路中的电流由电流源规定。

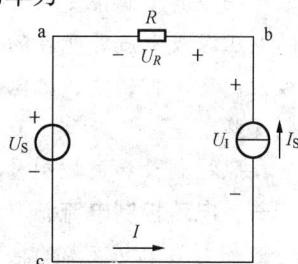

图 1-28 〔例 1-7〕的图

所以

$$I = I_s = 2A$$

依据欧姆定律得

$$U_R = RI = 10 \times 2 = 20(V)$$

取 c 点作为参考点，则 a 点电位为

$$V_a = U_S = 6V$$

根据电压与电位的关系可知，h 点的电位为

$$V_b = V_a + U_R = 6 + 20 = 26(V)$$

电流源电压为

$$U_I = U_{bc} = V_b = 26(V)$$

电压源吸收的功率为

$$P_U = U_S I = 6 \times 2 = 12(W)$$

电流源发出的功率为

$$P_I = U_I I_s = 26 \times 2 = 52(W)$$

电阻吸收的功率为

$$P_R = U_R I = 20 \times 2 = 40(W)$$

在该电路中，电压源起负载作用，电流源起电源作用，电阻元件总是负载。

## 第七节　受　控　电　源

　　根据电源工作的独立性来分类，电源可以分为独立电源和受控电源两大类。第六节中我们所讨论的电压源和电流源都是独立电源。所谓独立电源，是指电源参数（电压源的电压及电流源的电流）不依赖于电路中其他支路的电压或电流的电源，即电源参数不受电路中其他支路的电压或电流控制的电源。电压不受其他支路的电压或电流控制的电压源称为独立电压源。电流不受其他支路的电压或电流控制的电流源称为独立电流源。独立电压源和独立电流源习惯上分别简称为电压源和电流源。所谓受控电源，是指电源参数受电路中其他支路的电压或电流控制的电源。电压受其他支路的电压或电流控制的电压源称为受控电压源。电流受其他支路的电压或电流控制的电流源称为受控电流源。受控电源简称受控源，也称非独立电源。

　　本课程所讨论的受控电源是一种理想电路元件，是由实际电路器件抽象出来的一种模型。受控电源是从半导体管、电子管等电子器件抽象出来的理想电路元件。理论上讲，受控电源是一个具有两条支路的二端口网络。这两条支路分别称为控制支路和被控制支路。被控制的电压源或电流源所在的支路称为被控制支路，被控电压源的电压及被控电流源的电流称为被控制量，控制电压源电压或电流源电流的电压或电流称为控制量，控制量所在支路称为控制支路。

　　按照控制量和被控制量之间的不同组合，受控电源有四种基本形式。

### 一、电流控制电流源（CCCS）

　　一条支路中电流源的电流受另一条支路中的电流的控制，这两条支路组合成的二端口网络称为电流控制电流源。电流控制电流源的图形符号如图 1-29（a）所示。

电流控制电流源两端口的伏安特性方程为

$$u_1 = 0$$
$$i_2 = ai_1$$

式中，$a$ 称为电流传输比，也称电流控制比，是一无量纲的数。

## 二、电流控制电压源（CCVS）

一条支路中电压源的电压受另一条支路中的电流的控制，这两条支路组合成的二端口网络称为电流控制电压源。电流控制电压源的图形符号如图 1-29（b）所示。

电流控制电压源两端口的伏安特性方程为

$$u_1 = 0$$
$$u_2 = ri_1$$

式中，$r$ 称为转移电阻，$\Omega$。

## 三、电压控制电流源（VCCS）

一条支路中电流源的电流受另一条支路电压的控制，这两条支路组合成的二端口网络称为电压控制电流源。电压控制电流源的图形符号如图 1-29（c）所示。电压控制电流源两端口的伏安特性方程为

$$i_1 = 0$$
$$i_2 = gu_1$$

式中，$g$ 称为转移电导，S。

## 四、电压控制电压源（VCVS）

一条支路中电压源的电压受另一条支路电压的控制，这两条支路组合成的二端口网络称为电压控制电压源。电压控制电压源的图形符号如图 1-29（d）所示。

电压控制电压源两端口的伏安特性方程为

$$i_1 = 0$$
$$u_2 = \mu u_1$$

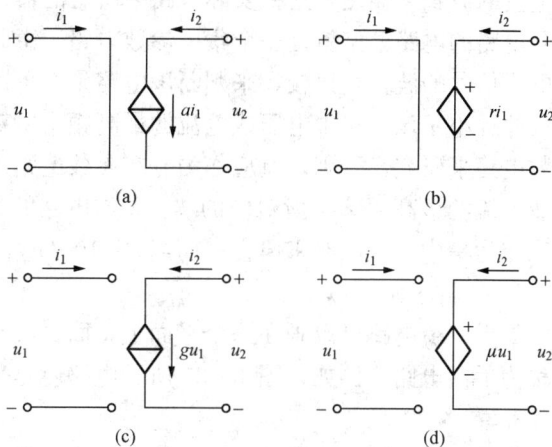

图 1-29　受控电源图形符号

(a) 电流控制电流源；(b) 电流控制电压源；
(c) 电压控制电流源；(d) 电压控制电压源

式中，$\mu$ 称为电压传输比，也称电压控制比，是一无量纲的数。

当 $a$、$r$、$g$、$\mu$ 为常数时，被控制量与控制量成正比，这种受控源称为线性受控源。

【例 1-8】 求图 1-30 所示电路中的电压 $u_2$。已知：电流传输比 $a=40$，电压源电压 $u_S=40\text{mV}$。

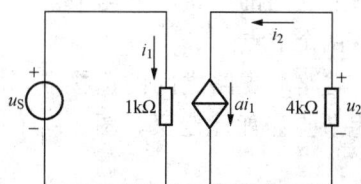

图 1-30　[例 1-8] 的图

**解**

$$i_1 = \frac{40 \times 10^{-3}}{1 \times 10^3} = 40 \times 10^{-6}(\text{A}) = 40(\mu\text{A})$$

$$i_2 = ai_1 = 40 \times 40 = 1600(\mu\text{A}) = 1.6(\text{mA})$$

$$u_2 = -1.6 \times 10^{-3} \times 4 \times 10^3 = -6.4(\text{V})$$

## 第八节　基尔霍夫定律

### 一、有关电路的一些名词

#### 1. 集中参数电路

根据电路参数的分布性分类，可将电路分为分布参数电路和集中参数电路。电路参数分布于电路各部分的电路称为分布参数电路。由集中参数元件相互连接而构成的电路，称为集中参数电路。用以模拟集中参数器件的理想元件，称为集中参数元件。集中参数元件是不占有空间尺寸（集中在空间一点）的理想元件。任意实际电路器件总是具有一定的尺寸、占有一定的空间，而不可能是一个点。如果实际电路器件的外形尺寸远小于其中的电压或电流的波长，其外形尺寸相对电压或电流的波长而言可以忽略不计，以致其参数可以看作集中在空间一点，则这样的电路器件称为集中参数器件。这一定义表明，当实际器件的外形尺寸远小于通过其中的电压或电流的波长时，元件参数的分布性对电路性能的影响可以忽略。如果实际电路的尺寸远小于电路中的电压或电流的波长，则该电路中的所有器件尺寸必然小于电压或电流的波长，显然，这种实际电路中所有的器件都可以用集中参数元件来模拟，因而这种实际电路的电路模型就是一个集中参数电路。由此可知，可以根据实际电路尺寸与其中传输的电磁信号的波长相比较，来判断该电路是否可以抽象为集中参数电路。如果一个实际电路的尺寸远小于该电路中电压或电流的最高频率所对应的波长，则该实际电路就可以作为集中参数电路来研究，否则，就应作为分布参数电路来研究。大体上可以这么界定：当电路中电压或电流的最高频率 $f$ 所对应的波长 $\lambda$ 与电路的最大几何尺寸 $l$ 之间满足 $\lambda \geqslant 100l$ 时，电路可以作为集中参数电路来研究；而当 $\lambda < 100l$ 时，则应作为分布参数电路来研究。

#### 2. 平面电路

如果一个电路可以画在一个平面上，而又没有任何两条支路在非节点处交叉，这样的电路称为平面电路。例如，图 1-31 所示电路就是平面电路。

#### 3. 支路

电路中流过同一电流的每一个分支称为支路。通过支路的电流称为支路电流；支路两个端点之间的电压称为支路电压。例如，图 1-31 所示电路中有三条支路：acb、ab、adb。

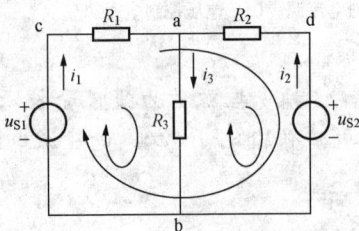

图 1-31　基尔霍夫定律的说明

在现代电路理论中，电路中的每一个二端元件称为一条支路。如此定义，图 1-31 所示电路中有五条支路：ac、cb、ab、ad、db。

#### 4. 节点

电路中三条或三条以上支路的连接点称为节点。图 1-31所示电路中有 a 和 b 两个节点。

在现代电路理论中，支路与支路之间的连接点，即元件之间的连接点，称为节点。如此定义，图 1-31 中 a、b、c、d 均为节点。

#### 5. 回路

电路中由若干条支路构成的闭合路径称为回路，图 1-31 中有三个回路：abca、adba、adbca。

6. 网孔

在平面电路中，内部不存在支路的回路称为网孔。图1-31所示电路中回路abca和adba为网孔。

**二、基尔霍夫电流定律（KCL）**

定律表述：在集中参数电路中，任一时刻，通过任一节点的所有支路电流的代数和等于零。定律的数学表达式为

$$\sum i = 0 \qquad\qquad (1-41)$$

此处"代数和"中的正负号是根据电流的实际方向或参考方向来确定的，大多数情况下，都是根据参考方向来确定。若流出节点的电流前面取"＋"号，则流入节点的电流前面取"－"号，或反之。对节点应用KCL所建立的方程称为节点电流方程，简称节点方程，也称KCL方程。例如，对图1-31所示电路中的节点a应用KCL，可得

$$i_1 + i_2 - i_3 = 0$$

此式可写成

$$i_1 + i_2 = i_3$$

此式表明，流入某一节点的电流等于流出该节点的电流。由此可以得到KCL的另一种表述：在集中参数电路中，任一时刻，流入任一节点的电流之和 $\sum i_r$ 等于流出该节点的电流之和 $\sum i_c$。其数学表达式为

$$\sum i_r = \sum i_c \qquad\qquad (1-42)$$

KCL不仅适用于电路中的节点，还可以推广应用于电路中任一选定的闭合面。推广应用后的KCL可表述为：在集中参数电路中，任一时刻，穿过任一闭合面的所有支路电流的代数和等于零。在支路电流的代数和中，若流出闭合面的电流前面取正号，则流入闭合面的电流前面取负号，或反之。推广后的KCL也可表述为：在集中参数电路中，任一时刻，流出任一闭合面的电流之和等于流入该闭合面的电流之和。例如，对图1-32所示电路中的闭合面S用KCL，可得

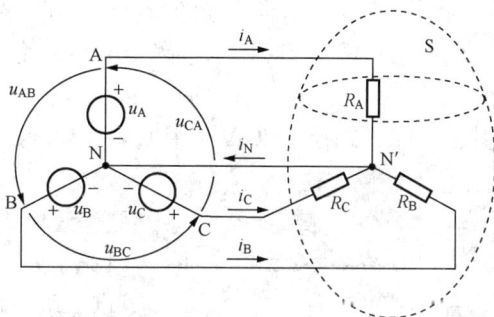

图1-32　KCL的推广应用

$$i_A + i_B + i_C - i_N = 0$$

或

$$i_A + i_B + i_C = i_N$$

**【例1-9】**　求图1-33所示电路中的电流 $i_6$，已知：$i_1 = 8A$，$i_2 = -2A$，$i_3 = -4A$，$i_4 = 3A$，$i_5 = -6A$。

**解**　对节点a应用KCL，求得

$$i_{ab} = i_1 + i_2 - i_3 = 8 + (-2) - (-4) = 10(A)$$

对节点b应用KCL，求得

$$i_6 = i_{ab} + i_5 - i_4 = 10 + (-6) - 3 = 1(A)$$

此题也可通过对闭合面应用KCL来求解，

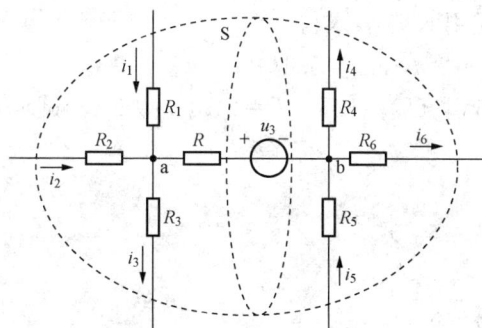

图1-33　[例1-9]的图

取一闭合面 S，如图中虚线所示，对此闭合面应用 KCL，可直接求得

$$i_6 = i_1 + i_2 - i_3 - i_4 + i_5 = 8 + (-2) - (-4) - 3 + (-6) = 1(A)$$

### 三、基尔霍夫电压定律（KVL）

定律表述：在集中参数电路中，任一时刻，沿任一回路的所有支路电压的代数和等于零。定律的数学表达式为

$$\sum u = 0 \tag{1-43}$$

应用 KVL 所建立的方程称为回路电压方程，简称回路方程，也称 KVL 方程。列写 KVL 方程时，要确定"代数和"中的正负号。确定正负号的方法如下：任意选定一回路绕行方向（或称回路参考方向），凡支路电压的参考方向与回路绕行方向一致者，电压前面取"＋"号；凡支路电压的参考方向与回路绕行方向相反者，电压前面取"－"号。

例如，在图 1-31 所示电路中，选取回路 abca、adba、adbca 的绕行方向如图中箭头所示，对这三个回路分别应用 KVL，得

$$R_1 i_1 + R_3 i_3 - u_{S1} = 0$$
$$-R_2 i_2 - R_3 i_3 + u_{S2} = 0$$
$$R_1 i_1 - R_2 i_2 - u_{S1} + u_{S2} = 0$$

KVL 不仅适用于由支路构成的回路，还可以推广应用于任一闭合路径。这里所说的"闭合路径"，可以是不含任何支路的空间闭合路线，也可以是一部分由支路构成，其余部分是不含支路的空间路线的闭合路线。推广应用后的 KVL 可表述如下：在集中参数电路中，任一时刻，沿任一闭合路径的所有电压的代数和等于零。

例如，对图 1-32 所示电路中的闭合路径 ANBA 应用 KVL，可得

$$u_A - u_B - u_{AB} = 0, \quad 即 \quad u_{AB} = u_A - u_B$$

对其中的闭合路径 ABCA 应用 KVL，可得

$$u_{AB} + u_{BC} + u_{CA} = 0$$

**【例 1-10】** 在图 1-34 所示电路中，已知：$u_{S1} = 12V$，$u_{S2} = 6V$，$u_{S3} = 3V$，$R_1 = 3\Omega$，$R_2 = 2\Omega$，$R_3 = 1\Omega$，求二端网络的开路电压 $u$。

**解** 对回路 a 应用 KVL，求得

$$(R_1 + R_2)i + u_{S2} - u_{S1} = 0$$

$$i = \frac{u_{S1} - u_{S2}}{R_1 + R_2} = \frac{12 - 6}{3 + 2} = 1.2(A)$$

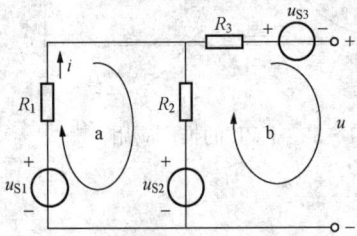

图 1-34　［例 1-10］的图

对闭合路径 b 应用 KVL，求得

$$u = u_{S2} - u_{S3} + R_2 i = 6 - 3 + 2 \times 1.2 = 5.4(V)$$

**【例 1-11】** 在图 1-35 所示电路中，$U_{S1} = 6V$，$U_{S2} = 12V$，$R = 2\Omega$，$I_S = 6A$，试求各电压源和电流源的功率。

**解** 对回路 abcda 应用 KVL，得

$$-RI_2 + U_{S2} - U_{S1} = 0$$

从而得

$$I_2 = \frac{U_{S2} - U_{S1}}{R} = \frac{12 - 6}{2} = 3(A)$$

对节点 a 应用 KCL，得

$$I_1 = -I_2 - I_S = -3 - 6 = -9(A)$$

电压源 $U_{S1}$ 发出的功率为

$$P_{S1} = U_{S1}I_1 = 6 \times (-9) = -54(W)$$

电压源 $U_{S2}$ 发出的功率为

$$P_{S2} = U_{S2}I_2 = 12 \times 3 = 36(W)$$

电流源 $I_S$ 发出的功率为

$$P_I = UI_S = 6 \times 6 = 36(W)$$

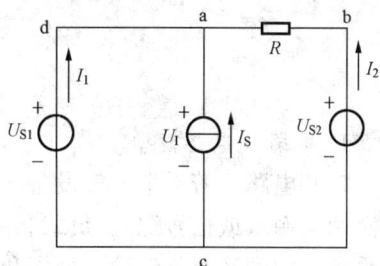

图 1-35　[例 1-11] 的图

如果一个电路中的某些元件的特性用电动势来表示，这样，电路变量中可能既有电动势又有电压。对于这样的电路，基尔霍夫电压定律可表述为：在集中参数电路中，任一时刻，沿任何闭合路径的所有电压的代数和等于所有电动势的代数和，数学表达式为

$$\sum u = \sum e \tag{1-44}$$

在闭合路径中任选一个绕行方向，凡电动势和电压的参考方向与绕行方向一致者，电压和电动势前面取"＋"号；凡电动势和电压的参考方向与绕行方向相反者，电压和电动势前面取"－"号。

例如，对于图 1-36 所示电路，选取闭合路径的绕行方向为顺时针方向，对该电路应用KVL，可得

$$-u + u_R = e_1 + e_2$$

因为 $u$ 的参考方向与绕行方向相反，故 $u$ 前面取"－"号；$u_R$ 的参考方向与绕行方向一致，故 $u_R$ 前面取"＋"号；$e_1$ 和 $e_2$ 的参考方向与绕行方向一致，故 $e_1$ 和 $e_2$ 前面取"＋"号。

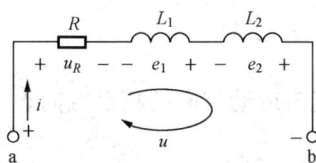

图 1-36　KVL 的推广应用　　　图 1-37　[例 1-12] 的图

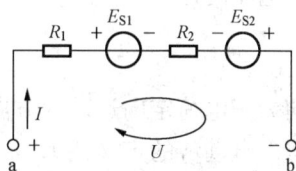

【例 1-12】　写出图 1-37 所示二端电路的端口电压 $U$ 与端口电流 $I$ 的关系式。

**解**　对图 1-37 中闭合路径应用 KVL，得

$$-U + (R_1 + R_2)I = -E_{S1} + E_{S2}$$

整理得

$$U = (E_{S1} - E_{S2}) + (R_1 + R_2)I$$

基尔霍夫定律揭示的是特定的电路结构对电路中支路电流和支路电压所构成的约束。KCL 体现的是连接在同一节点上的各支路电流之间受到的约束；KVL 体现的是同一回路中的各元件上的电压之间受到的约束。这种约束仅与元件之间相互连接的方式有关，而与元件的性质无关。因此，基尔霍夫定律与电路元件的性质无关。基尔霍夫定律对于任何线性的、非线性的、定常的、时变的、含源的、无源的集中参数电路都是适用的，但不适用于分布参数电路。

# 本 章 小 结

1. 电路及电路模型

（1）电路。若干个电气设备或器件按照一定方式连接起来构成的电流通路，称为电路。电路由电源（或信号源）、负载和中间环节组成。电源是提供电能的设备；负载是取用电能的设备；中间环节是传输、分配和控制电能的设备。

电路的作用：①传输和转换电能；②传递和处理信号。

（2）电路模型。用理想元件或它们的组合来模拟实际电路中的电气设备或器件，从而得到一个由理想元件组成的电路，称为实际电路的电路模型。

2. 电路变量

（1）电压。电压的定义式为

$$u = \frac{\mathrm{d}w}{\mathrm{d}q}$$

电压的方向为从"＋"极指向"－"极，即从高电位点指向低电位点。

（2）电位。电位的定义式为

$$v_\mathrm{a} = \frac{\mathrm{d}w_\mathrm{a0}}{\mathrm{d}q}$$

电压与电位的关系为

$$u_\mathrm{ab} = v_\mathrm{a} - v_\mathrm{b}$$

（3）电流。电流的定义式为

$$i = \frac{\mathrm{d}q}{\mathrm{d}t}$$

电流的方向为正电荷定向运动的方向或负电荷定向运动方向的相反方向。

（4）电动势。电动势的定义式为

$$e = \frac{\mathrm{d}w}{\mathrm{d}q}$$

电动势的方向为从电源"－"极指向"＋"极，即从低电位端指向高电位端。

（5）参考方向。参考方向是人为选定的方向。当物理量的实际方向与参考方向一致时，物理量取正值；当物理量的实际方向与参考方向相反时，物理量取负值。

物理量的正负及表示若干物理量之间关系的方程式均与参考方向对应。

（6）电功率及电能。二端网络的瞬时功率的计算公式为

$$p = ui$$

在关联参考方向下，当 $p > 0$ 时，二端网络吸收功率；当 $p < 0$ 时，二端网络发出功率。在非关联参考方向下，当 $p > 0$ 时，二端网络发出功率；当 $p < 0$ 时，二端网络吸收功率。

3. 电路元件

（1）电阻元件。伏安关系为

$$u = \pm Ri$$

关联参考方向下取"＋"号，非关联参考方向下取"－"号。

电阻是耗能元件，在关联参考方向下，电阻元件的瞬时功率为

$$p = ui = i^2 R = \frac{u^2}{R}$$

（2）电感元件。磁链与电流的关系为

$$\Psi = \pm Li$$

$\Psi$ 和 $i$ 的参考方向符合右手螺旋定则时，取"＋"号；不符合右手螺旋定则时，取"－"号。

伏安关系为

$$u = \pm L \frac{\mathrm{d}i}{\mathrm{d}t}$$

关联参考方向下取"＋"号，非关联参考方向下取"－"号。

电感元件的储能为

$$w = \frac{1}{2} Li^2(t)$$

（3）电容元件。电荷与电压的关系为

$$q = \pm Cu$$

设 $u$ 的参考极性的"＋"极上带有 $+q$ 电荷时，取"＋"号；若设 $u$ 的参考极性的"＋"极上带有 $-q$ 电荷时，取"－"号。

伏安关系为

$$i = \pm C \frac{\mathrm{d}u}{\mathrm{d}t}$$

关联参考方向下取"＋"号，非关联参考方向下取"－"号。

电容元件的储能为

$$w = \frac{1}{2} Cu^2(t)$$

电容元件串联电路的特点：

$$\frac{1}{C} = \frac{1}{C_1} + \frac{1}{C_2} + \cdots + \frac{1}{C_n}$$

$$q_1 = q_2 - \cdots - q_n$$

$$u_K = \frac{C}{C_K} u$$

电容元件并联电路的特点：

$$q : q_1 : \cdots : q_n = C_1 : C_2 : \cdots : C_n$$

$$C = C_1 + C_2 + \cdots + C_n$$

（4）电压源。伏安关系为

$$u = u_s$$

电压源电压是由电压源本身决定的，不随外电路的改变而改变，而其电流是随外电路的改变而改变的。

（5）电流源。伏安关系

$$i = i_s$$

电流源电流是由电流源本身决定的，不随外电路的改变而改变，而其电压是随外电路的改变而改变的。

（6）受控电源。

对电流控制电流源（CCCS）的伏安特性方程为：$u_1 = 0$，$i_2 = ai_1$；

对电流控制电压源（CCVS）的伏安特性方程为：$u_1 = 0$，$u_2 = ri_1$；

对电压控制电流源（VCCS）的伏安特性方程为：$i_1 = 0$，$i_2 = gu_1$；

对电压控制电压源（VCVS）的伏安特性方程为：$i_1 = 0$，$u_2 = \mu u_1$。

4. 基尔霍夫定律

基尔霍夫电流定律（KCL）：对于集中参数电路中的任一节点，有 $\sum i = 0$ 或 $\sum i_r = \sum i_c$。对于前式而言，参考方向指向节点的电流前面取负号，参考方向离开节点的电流前面取正号，或反之。

基尔霍夫电压定律（KVL）：对于集中参数电路中的任一回路，有 $\sum u = 0$。任选一回路绕行方向，当电压参考方向与绕行方向一致时，电压前面取正号，反之，电压前面取负号。

## 习　　题

1-1　下述结论中正确的是（　　　）

A. 若在一段金属导体中自由电子定向运动的方向是从 a 点移向 b 点，则该导体中电流 $I_{ab}$ 为正值。

B. 直流电路中任一支路电流的实际方向都是从高电位点指向低电位点。

C. 若负电荷从电路中 a 点移到 b 点时，电场力做正功，则 a、b 两点间的电压 $U_{ab}$ 为负值。

D. 电路中任意一点的电位和任意两点间的电压都与参考点的选择有关。

1-2　下述情况中表明二端网络发出功率的是（　　　）

A. 二端网络的端口电压和端口电流的实际方向一致。

B. 二端网络的端口电压和端口电流取关联参考方向，用 $p = ui$ 计算得 $p > 0$。

C. 二端网络的端口电压和端口电流取非关联参考方向，用 $p = ui$ 计算得 $p < 0$。

D. 电流通过二端网络时，电场力对运动电荷做负功。

1-3　下述说法中错误的是（　　　）

A. 电阻元件是一种耗能元件，当其中有电流流过时，它总是吸收功率，消耗电能。

B. 电容元件是一种储能元件，它所储存的电场能量与其极板上的电荷量平方成正比。

C. 电感元件是一种储能元件，它所储存的磁场能量与其磁链平方成正比。

D. 电压源和电流源是有源元件，当它们与外电路接通时，它们总是发出电能。

1-4　下述结论中错误的是（　　　）（题中所说的元件，除电压源、电流源外都是指线性元件。）

A. 电阻元件的电压与电流之间的关系是线性关系（线性函数），其电压与电流的关系曲线是一条通过原点的直线，且总是位于一、三象限。

B. 电容元件和电感元件的电压与电流之间的关系是线性关系，但其电压与电流的关系曲线的形状是不确定的，曲线形状取决于电压或电流的波形。

C. 电压源的电压与电流之间的关系是非线性关系，其电压与电流的关系曲线是一条平行于电流轴的直线。

D. 电流源的电压与电流之间的关系是非线性关系，其电压与电流的关系曲线是一条平行于电压轴的直线。

1-5 下述电路中，基尔霍夫定律不适用的是（ ）

A. 非线性电路。

B. 非正弦周期性电流电路。

C. 动态电路。

D. 分布参数电路。

1-6 在图1-38中每一个方框代表一个元件，各元件上的电压和电流的参考方向如图中所标示，已知：$I_1=-4\mathrm{A}$，$I_2=6\mathrm{A}$，$I_3=10\mathrm{A}$，$U_1=140\mathrm{V}$，$U_2=-90\mathrm{V}$，$U_3=60\mathrm{V}$，$U_4=-80\mathrm{V}$，$U_5=30\mathrm{V}$。试完成：

（1）标出各电流的实际方向和各电压的实际极性；

（2）判断哪些元件是电源？哪些元件是负载？

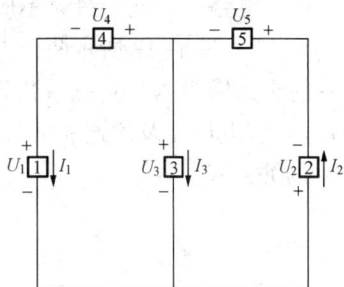

图1-38 习题1-6的图

1-7 计算图1-39所示各二端电路N吸收或发出的功率。

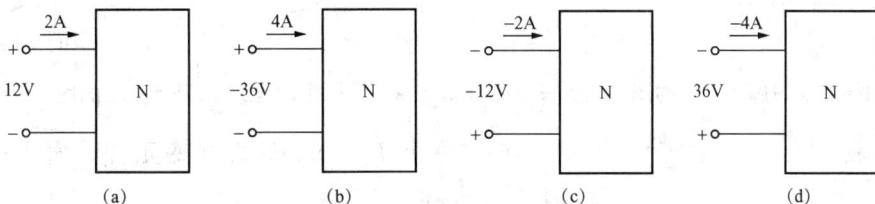

图1-39 习题1-7的图

1-8 将铭牌数据为1500W、220V的电热水壶接于电压为210V的电源上，其消耗的功率是多少？用此电热水壶烧水15min消耗多少电能？

1-9 有两只电阻，其额定值分别为100Ω、5W和40Ω、10W，试问：若将它们串联起来，其两端最高允许电压为多大？

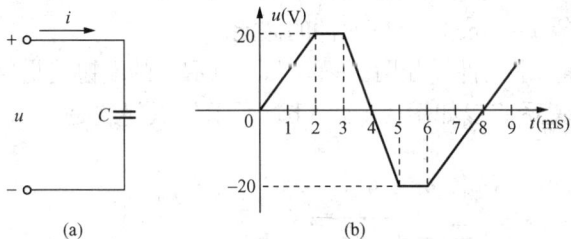

图1-40 习题1-11的图
（a）电路；（b）u的波形

1-10 有两只灯泡，一只标明220V、60W，另一只标明220V、100W，若将它们串联起来，接于220V的电源上，设灯泡都能发光，试问哪只灯泡亮些？

1-11 图1-40（a）所示电路中电容$C=10\mu\mathrm{F}$，电源电压$u$的波形如图1-40（b）所示。试绘出电容电流$i$的波形图。

1-12 一个电容元件的电容$C=50\mu\mathrm{F}$，$t<0$时，电容元件的电压$u=0$，$t>0$时，$u=20e^{-5t}\mathrm{V}$。试求：

（1）电容元件的电流$i$；

（2）电容元件的功率$p$；

（3）$t=0.1\mathrm{s}$时，电容元件储存的能量。

1-13 在图1-41所示电路中，$C_1=C_2=C_3=10\mu\mathrm{F}$，$C_4=15\mu\mathrm{F}$，电容器$C_1$、$C_2$、$C_3$的额定电压是160V，电容器$C_4$的额定电压为100V。试完成：

（1）求电路的等效电容；

（2）当电路端口外加电压为 220V 时，各电容器的电压是多少？

（3）电路端口电压最大不应超过多少？

1-14　图 1-42 所示两个电感线圈内的圆柱体磁介质是磁导率为定值的非磁性材料，两线圈的匝数均为 $N$，自感系数为 $L$，穿过每匝线圈的磁通量均为 $\phi$。线圈电流 $i$、自感电动势 $e$、自感电压 $u$ 及磁通 $\phi$ 的参考方向如图所示。试写出两线圈的 $i-\phi$、$\phi-e$、$i-e$、$\phi-u$、$i-u$ 的关系式。

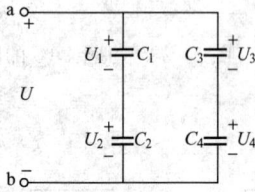

图 1-41　习题 1-13 的图

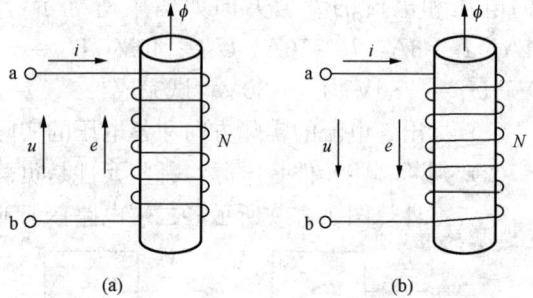

图 1-42　习题 1-14 的图

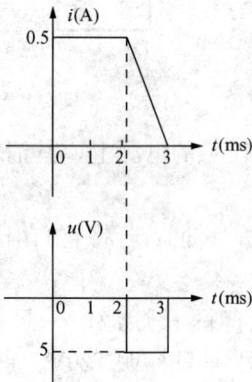

图 1-43　习题 1-16 的图

1-15　一个 $L=0.2\mathrm{H}$ 的电感元件，通入电流 $i=10\sin314t\mathrm{A}$。试求：

（1）电感元件两端的电压 $u$；

（2）电感元件中储能的最大值。

1-16　一电感元件的电压和电流取关联参考方向，其电压和电流的波形如图 1-43 所示。

（1）计算电感元件的电感；

（2）计算 $t=1\mathrm{ms}$ 时电感元件吸收的功率；

（3）计算 $t=1\mathrm{ms}$ 时电感元件的储能。

1-17　测得一个元件［如图 1-44（a）所示］的端钮变量值，画出它们的关系曲线如图 1-44（b）所示，试问这是什么元件？其参数为多少？

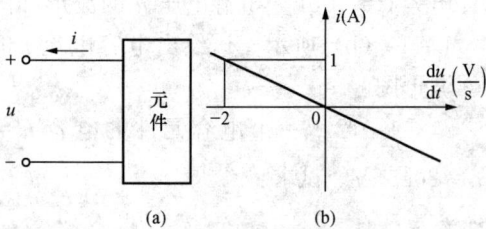

图 1-44　习题 1-17 的图
（a）元件；（b）关系曲线

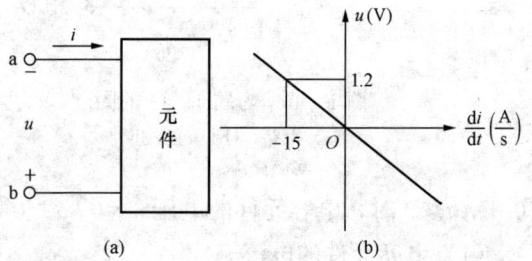

图 1-45　习题 1-18 的图
（a）元件；（b）特性曲线

1-18　测得一个元件［如图 1-45（a）所示］的端钮变量值，画出它们的关系曲线如图 1-45（b）所示，试问这是什么元件？其参数为多少？

1-19　图 1-46 所示电路中，$U_S = 36V$，$R_1 = 2\Omega$，$R_2 = R_3 = 10\Omega$，$C = 10\mu F$，$L = 100mH$，求各支路电流及电感元件、电容元件的电压。

1-20　设图 1-47 所示二端电路中各元件参数已知，写出各二端电路端口电压 $U$ 与端口电流 $I$ 的关系式。

1-21　求图 1-48 所示电路中各元件的电压、电流和功率。

1-22　求图 1-49 所示电路中的电压 $U$ 和电流 $I$。

1-23　用图 1-50 所示电路来测量电源的电动势 $E$ 和内阻 $R_0$，已知图中 $R_1 = 2.9\Omega$，$R_2 = 5.9\Omega$。当开关 S1 闭合，S2 打开时，电流表读数为 2A；当 S1 断开，S2 闭合时，电流表读数为 1A。试求 $E$ 和 $R_0$。

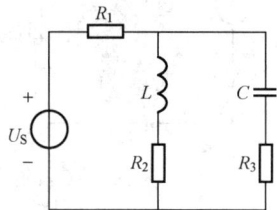

图 1-46　习题 1-19 的图

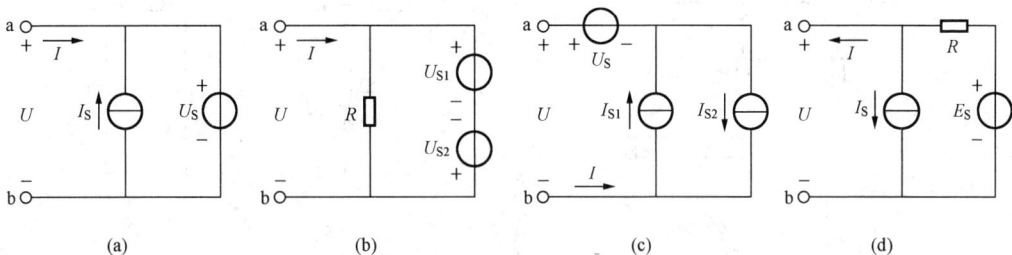

图 1-47　习题 1-20 的图

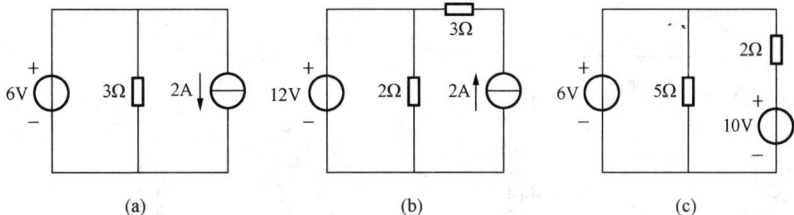

图 1-48　习题 1-21 的图

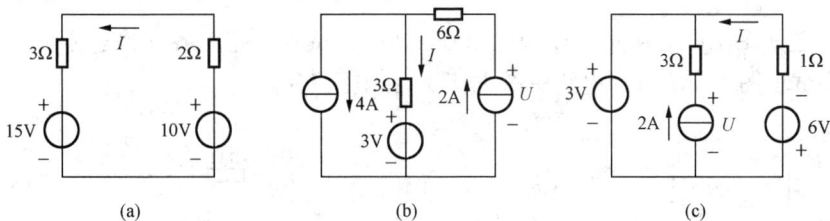

图 1-49　习题 1-22 的图

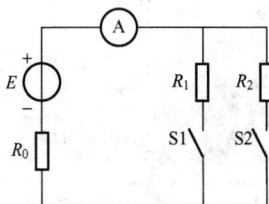

图 1-50　习题 1-23 的图

1-24　一个由干电池、开关、灯泡和滑线串联而成的电路，如图 1-51 所示，为测量电流和电压，在电路中接入电流表和电压表。设电池、表计和连接导线都是完好的，开关 S 处于闭合状态，试回答下述问题：

（1）若电流表指示为零，而电压表指示不为零，灯泡不亮，则电路中出现了什么样的故障？故障点在何处？

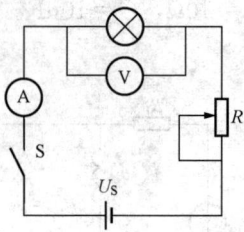

图 1-51　习题 1-24 的图

（2）若电流表指示不为零，而电压表指示为零，灯泡不亮，则电路中出现了什么样的故障？故障点在何处？

（3）若电流表指示为零，而电压表指示也为零，灯泡不亮，则电路中可能出现了什么样的故障？故障点在何处？

（4）若电流表指示不为零，而电压表指示也不为零，灯泡不亮，则电路中可能出现了什么样的故障？故障点在何处？

1-25　在图 1-52 所示电路中，若以 f 点作为参考点，试计算 c、d 两点的电位。

1-26　求图 1-53 所示电路中的电压 $U_{ab}$。

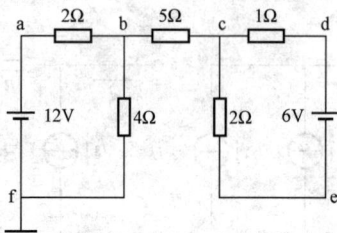

图 1-52　习题 1-25 的图

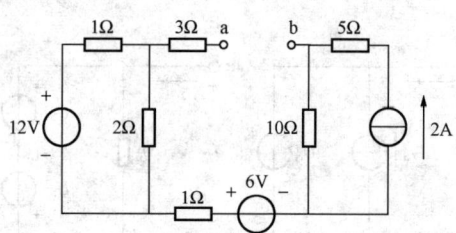

图 1-53　习题 1-26 的图

1-27　欲使图 1-54 所示电路中 $U_S$ 所在支路电流为零，$U_S$ 应为多少？

1-28　在图 1-55 所示电路中，已知 $U_1=1V$，试求电阻 $R$。

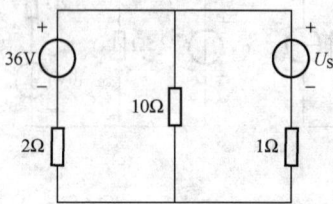

图 1-54　习题 1-27 的图

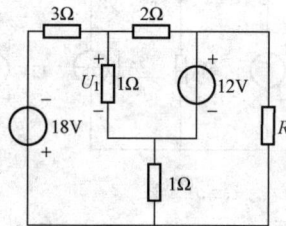

图 1-55　习题 1-28 的图

1-29　已知图 1-56 所示电路中电压 $U=30V$，试求电路中各支路电流。

*1-30　试求图 1-57 所示电路中的电流 $I_1$ 和电压 $U_0$。

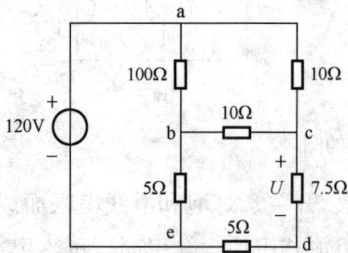

图 1-56　习题 1-29 的图

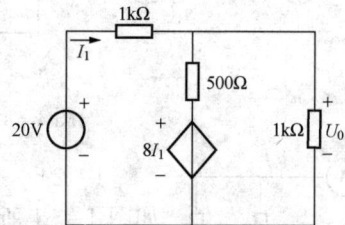

图 1-57　习题 1-30 的图

# 第二章 电路的基本分析方法

线性网络的分析方法可分为两类：其一，网络方程法。它是通过选择适当的未知变量，根据基尔霍夫定律和电路元件的特性，建立一组独立的网络方程，求解该组方程，从而求得所需要的支路电流、支路电压或其他变量。其二，等效变换法。这种方法是应用网络定理和网络等效变换的概念，将网络的结构进行适当的变换，使之得以简化，从而较方便地求得待求变量。

本章借助于对电阻性电路的讨论，阐述了网络分析的一般方法。本章所阐述的电路的基本分析方法和电路定理的应用范围并非局限于电阻性电路，这些方法和定理适用于所有的线性网络。

所谓电阻性电路，是指由电阻元件和电源元件组成的电路。本教材所讨论的电阻性电路是指线性电阻性电路，是仅含有线性电阻元件、线性受控源和独立电源的电路。线性电阻性网络是线性网络中的一类。线性网络是指由线性元件和独立电源组成的网络。

## 第一节 电路的等效变换

### 一、等效变换

分析和计算电路时，有时需要对电路进行适当的变换，即用一个电路替代原电路中的部分电路。变换的目的是使电路得以简化，使计算更加简便。但是，这种变换必须是等效变换，否则，就失去了意义。等效变换的定义是：如果用一个电路去替代另一个电路中的某一部分，替代后电路中未被替代部分的各支路电流和各节点之间的电压均保持不变，则这种变换称为等效变换。

例如，我们用一个电流源 $i_S$ 与电阻 $R'$ 并联的电路去替代图 $2-1$（a）所示电路中的电压源 $u_S$ 与电阻 $R$ 串联的电路，替代后的电路如图 $2-1$（b）所示。如果替代后的电路中的电流 $i'$、$i'_1$、$i'_2$ 和电压 $u'$ 与替代前电路中的对应的电流 $i$、$i_1$、$i_2$ 和电压 $u$ 分别相等，则这种变换即为等效变换。

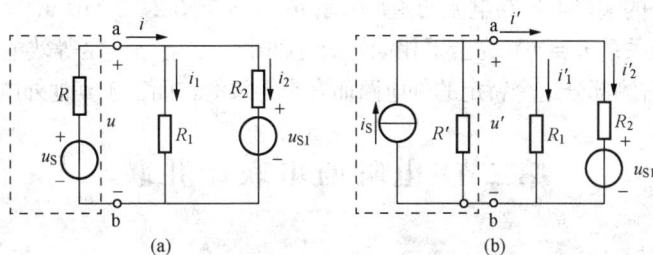

图 2-1 电路等效变换的实例一

(a) 变换前的电路；(b) 变换后的电路

又如，将图 2-2 (a) 所示电路变换为图 2-2 (b) 所示电路。不难看出，在图 2-2 (a) 中 $i = 2A$, $i_1 = 3A$, $i_2 = 1A$, $u = 6V$，在图 2-2 (b) 中仍然有 $i = 2A$, $i_1 = 3A$, $i_2 = 1A$, $u = 6V$。也就是说，电路中未作变换部分的各支路电流和电压均保持不变，因此这种变换也是等效变换。

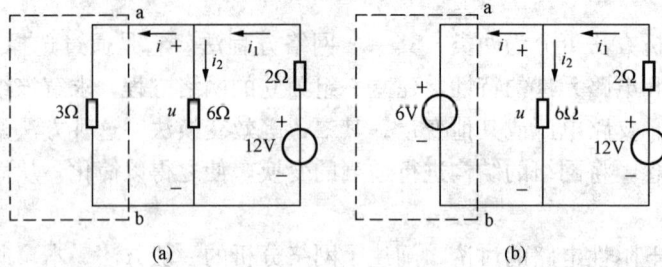

图 2-2 电路等效变换的实例二
(a) 变换前的电路；(b) 变换后的电路

"等效"是对外部电路而言的，对于相互替代的两个电路的内部则无等效可言。相互替代的两个电路的内部结构不同，内部所发生的物理过程也可能不同，彼此的电压或电流之间没有对应相等的关系。因此，在用等效变换的方法求解电路时，如果需要求得被替代电路内部的电流或电压，就必须回到原电路，根据已求得的端部的电流和电压来求解。

**二、等效网络**

如果两个网络的对应外接端钮之间的电压与对应外接端钮上的电流之间的关系完全相同，则这两个网络称为等效网络。例如，图 2-1 (a) 虚线框中二端电路的端口电压与端口电流之间的关系为 $u = u_S - Ri$；图 2-1 (b) 虚线框中二端电路的端口电压与端口电流之间的关系为 $u' = R'i_S - R'i'$。若 $R'i_S = u_S$, $R' = R$，则两图中虚线框中二端电路的电压与电流之间的函数关系完全相同，即 $u = f(i)$ 和 $u' = f(i')$ 完全相同。这种情况下，两虚线框中的电路是等效电路。

如果两个网络对应外接端钮处的电压与电流的函数关系完全相同，则这两个网络分别与任一电路连接时都具有相同的端钮间电压和相同的端钮电流。也就是说，这两个网络对任意外电路而言都是等效的。因此，这两个等效网络对于任一外电路都可以进行等效互换。

必须注意到，并不是所有等效变换中相互替代的两个电路都是等效电路。例如，图 2-2 (a) 中虚线框中的二端电路与图 2-2 (b) 中虚线框中的二端电路并不是等效电路。因为图 2-2 (a) 中虚线框中二端电路的端口电压与电流的函数关系 $u = 3i$ 与图 2-2 (b) 中虚线框中二端电路的端口电压与电流函数关系 $u = 6V$ 完全不相同，故这两个二端电路不是等效电路。这两个二端电路只是对图 2-2 中右侧部分这个特定的外电路而言是等效的，而对于其他外电路则未必等效。

## 第二节 电阻的串联和并联

### 一、电阻的串联

若干个电阻一个接一个地依次连接起来，构成一条电流通路，这样的连接方式称为电阻的串联。图 2-3 (a) 所示电路即为 $n$ 个电阻串联的电路。

电阻串联电路的特点是：

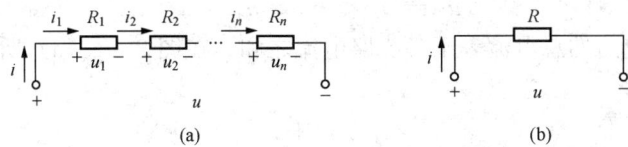

图 2 - 3　电阻的串联

(a) 串联电路；(b) 等效电路

（1）电阻串联电路中各个电阻流过同一电流。对图 2 - 3（a）所示电路，有

$$i_1 = i_2 = \cdots = i_n = i$$

（2）电阻串联电路的总电压等于各电阻电压之和。在图 2 - 3 所示参考方向下，应用 KVL，可得

$$u = u_1 + u_2 + \cdots + u_n \qquad\qquad (2-1)$$

（3）电阻串联电路的等效电阻等于各个串联电阻之和。若干个电阻串联的电路可以用一个电阻来等效替代，即图 2 - 3（a）所示电路可用图 2 - 3（b）所示电路来等效替代。对图 2 - 3（a）所示电路应用欧姆定律，可得

$$u_1 = R_1 i,\ u_2 = R_2 i,\ \cdots,\ u_n = R_n i$$

代入式（2-1），可得

$$u = (R_1 + R_2 + \cdots + R_n)i$$

对图 2 - 3（b）所示电路应用欧姆定律，可得

$$u = Ri$$

根据等效网络的定义可确定，图 2 - 3（a）和图 2 - 3（b）所示电路的等效条件为

$$R = R_1 + R_2 + \cdots + R_n \qquad\qquad (2-2)$$

由式（2-2）可知，电阻串联电路的等效电阻大于任一个串联电阻。

（4）电阻串联电路中各电阻上的电压与其电阻值成正比。电阻串联电路中，任一电阻上的电压为

$$u_k = R_k i = \frac{R_k}{R} u \qquad\qquad (k = 1, 2, \cdots, n) \qquad\qquad (2-3)$$

式（2-3）称为电阻串联电路的分压公式。

（5）电阻串联电路中各电阻消耗的功率与其电阻值成正比。因为

$$P_1 = R_1 i^2,\ P_2 = R_2 i^2,\ \cdots,\ P_n = R_n i^2$$

所以

$$P_1 : P_2 : \cdots : P_n = R_1 : R_2 : \cdots : R_n \qquad\qquad (2-4)$$

## 二、电阻的并联

若干个电阻的两端分别连接起来，构成一个具有两个节点和多条支路的二端电路，这种连接方式称为电阻的并联。图 2 - 4（a）所示电路为 $n$ 个电阻并联的电路。

电阻并联电路的特点是：

（1）电阻并联电路中各电阻承受同一电压。在图 2 - 4（a）所示的参考方向下，有

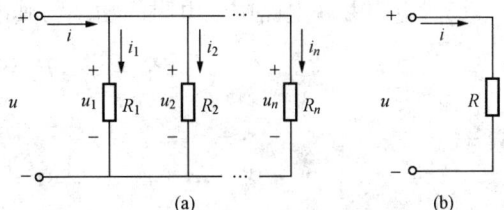

图 2 - 4　电阻的并联

(a) 并联电路；(b) 等效电路

$$u_1 = u_2 = \cdots = u_n = u$$

（2）电阻并联电路的总电流等于各支路电流之和。在图 2-4（a）所示的电流参考方向下，根据 KCL，可得

$$i = i_1 + i_2 + \cdots + i_n \tag{2-5}$$

（3）电阻并联电路的等效电阻的倒数等于各个并联电阻的倒数之和，即电阻并联电路的等效电导等于各个并联电导之和。图 2-4（a）所示电路可以用图 2-4（b）所示电路来等效替代。对图 2-4（a）所示电路应用欧姆定律，可得

$$i_1 = \frac{u}{R_1} , \ i_2 = \frac{u}{R_2} , \ \cdots, \ i_n = \frac{u}{R_n}$$

代入式（2-5），可得

$$i = \left( \frac{1}{R_1} + \frac{1}{R_2} + \cdots + \frac{1}{R_n} \right) u$$

根据欧姆定律，由图 2-4（b）可得

$$i = \frac{u}{R}$$

由等效网络的定义可知，图 2-4（a）和图 2-4（b）所示电路的等效条件为

$$\frac{1}{R} = \frac{1}{R_1} + \frac{1}{R_2} + \cdots + \frac{1}{R_n} \tag{2-6}$$

即 $n$ 个电阻并联电路的等效电导为

$$G = G_1 + G_2 + \cdots + G_n \tag{2-7}$$

由式（2-6）求得两个电阻并联电路的等效电阻为

$$R = \frac{R_1 R_2}{R_1 + R_2} \tag{2-8}$$

由式（2-6）可知，电阻并联电路的等效电阻小于任一个并联电阻。

（4）电阻并联电路中各个并联电阻中的电流与其电阻成反比（与其电导成正比）。电阻并联电路中任一并联电阻中的电流为

$$i_k = G_k u = \frac{G_k}{G} i \quad (k = 1, 2, \cdots, n) \tag{2-9}$$

式（2-9）称为电阻并联电路的分流公式。

两个电阻并联电路的分流公式为

$$\left. \begin{aligned} i_1 &= \frac{G_1}{G} i = \frac{R_2}{R_1 + R_2} i \\ i_2 &= \frac{G_2}{G} i = \frac{R_1}{R_1 + R_2} i \end{aligned} \right\} \tag{2-10}$$

（5）电阻并联电路中各电阻的功率与其电阻值成反比。因为

$$P_1 = \frac{u^2}{R_1}, P_2 = \frac{u^2}{R_2}, \cdots, P_n = \frac{u^2}{R_n}$$

所以

$$P_1 : P_2 : \cdots : P_n = \frac{1}{R_1} : \frac{1}{R_2} : \cdots : \frac{1}{R_n} = G_1 : G_2 : \cdots : G_n \tag{2-11}$$

**三、电阻的混联**

电阻的连接中既有串联又有并联的连接方式，称为电阻的串、并联或称电阻的混联。任

一个只含有电阻的二端网络都可以用一个电阻来等效替代。二端网络的等效电阻可以用等效变换的方法求得。

**【例 2 - 1】** 有个表头（仪表测量机构），其满刻度偏转电流为 $50\mu A$，内阻 $R_0$ 为 $3k\Omega$，如图 2 - 5 所示。若用此表头制成量程为 100V 的电压表，应串联多大的附加电阻 $R_f$？

**解** 满刻度时表头的电压为

$$U_0 = R_0 I = 3 \times 10^3 \times 50 \times 10^{-6} = 0.15(\text{V})$$

满刻度时附加电阻的电压为

$$U_f = U - U_0 = 100 - 0.15 = 99.85(\text{V})$$

附加电阻为

$$R_f = \frac{U_f}{I} = \frac{99.85}{50 \times 10^{-6}} = 1.997 \times 10^6(\Omega) = 1997(k\Omega)$$

**【例 2 - 2】** 在图 2 - 6（a）所示电路中，直流电压源的电压 $U_S = 36V$，滑线电阻器的滑动触头置于 c 点，$R_1 = 60\Omega$，$R_2 = 140\Omega$。试求：

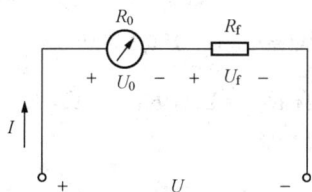

图 2 - 5 〔例 2 - 1〕的图　　　　图 2 - 6 〔例 2 - 2〕的图

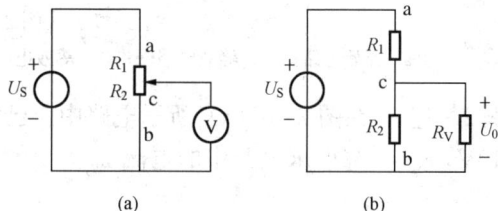

（1）用内阻 $R_v = \infty$ 的电压表测量 c、b 两点间的电压，电压表的读数。

（2）用内阻 $R_v = 1000\Omega$ 的电压表测量 c、b 两点间的电压，电压表的读数。

**解** （1）c、b 两点间接上电压表后的电路模型如图 2 - 2（b）所示。$R_V = \infty$ 时，电压表所在支路相当于开路，故电压表的读数为

$$U_0 = \frac{R_2}{R_1 + R_2} U_S = \frac{140}{60 + 140} \times 36 = 25.2(\text{V})$$

（2）当 $R_V = 1000\Omega$ 时，c、b 两点间的等效电阻为

$$R_{cb} = \frac{R_2 R_V}{R_2 + R_V} U_S = \frac{140 \times 1000}{140 + 1000} = 123(\Omega)$$

$$U_0 = \frac{R_{cb}}{R_1 + R_{cb}} U_S = \frac{123}{60 + 123} \times 36 = 24.1(\text{V})$$

**【例 2 - 3】** 计算图 2 - 7（a）所示电路的等效电阻 $R_{ab}$。

**解** 图 2 - 7（a）可依次等效变换为图（b）、（c）、（d）、（e）。由图（a）得

$$R_{12} = \frac{1}{2} \times 2 = 1(\Omega)$$

$$R_{67} = \frac{3 \times 6}{3 + 6} = 2(\Omega)$$

由图（b）得 
$$R_{4567} = \frac{(2 + 4) \times 6}{(2 + 4) + 6} = 3(\Omega)$$

由图（c）得 
$$R_{ab} = \frac{4 \times (1 + 3)}{4 + (1 + 3)} = 2(\Omega)$$

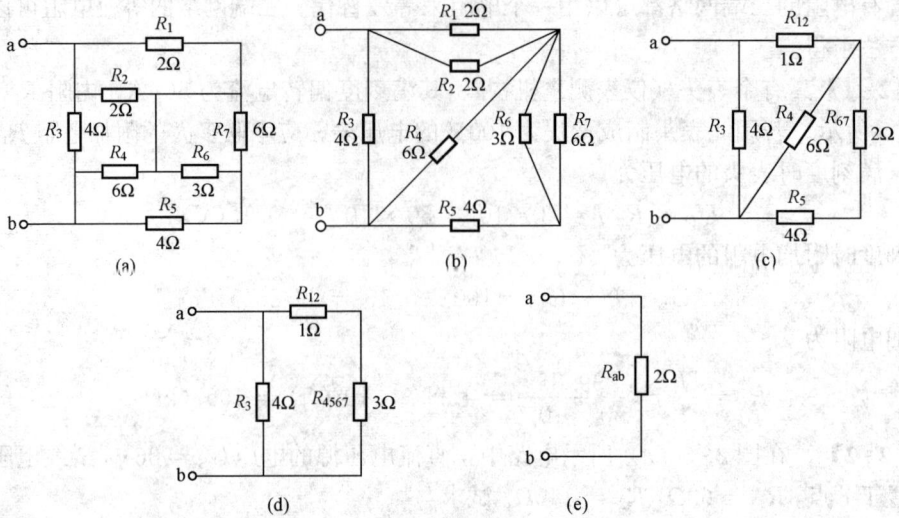

图 2-7 [例 2-3] 的图

(a) 原始电路；(b) 等效电路一；(c) 等效电路二；(d) 等效电路三；(e) 等效电路四

【例 2-4】 在图 2-8（a）所示电路中，已知 $R_1 = 1\Omega$, $R_2 = 2\Omega$, $R_3 = 4\Omega$, $R_4 = 2\Omega$, $U_S = 10V$, $R_0 = 5\Omega$，求电路中的电流 $I$。

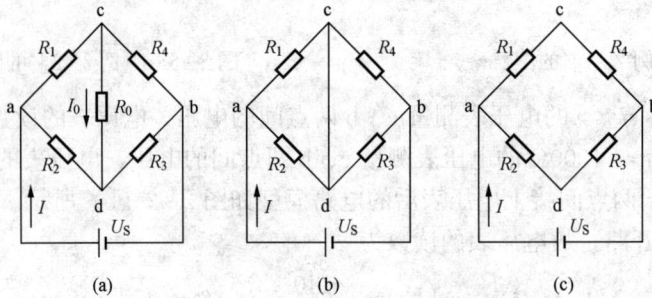

图 2-8 [例 2-4] 的图

(a) 电桥电路；(b) 等效变换一；(c) 等效变换二

分析：图 2-8（a）所示电路为电桥电路，$R_1$、$R_2$、$R_3$、$R_4$ 所在支路称为桥臂，$R_0$ 所在支路称为"桥"。当 $U_{cd} = 0$ 时，称为电桥平衡。电桥平衡时，"桥"的两端点等电位，"桥"中的电流 $I_0 = 0$。不难证明，当 $R_1 R_3 = R_2 R_4$ 时，电桥达到平衡，即当电桥电路中相对两臂电阻乘积相等时，电桥达到平衡。故 $R_1 R_3 = R_2 R_4$ 称为电桥平衡条件。

根据等效网络的概念，很容易得到下面两种极为简单又很有用的等效变换：

（1）网络中等电位点可用理想导线短接。

（2）网络中没有电流的支路可以断开。

因此，计算平衡桥电路，可采用两种等效变换方法：将"桥"断开或将"桥"两端短接。

**解一** 在图 2-8（a）所示电路中，有 $R_1 R_3 = R_2 R_4$，故该电路为一平衡电桥电路。

因此，图 2-8（a）所示电路可等效变换为图 2-8（b）所示电路。由图 2-8（b）可得

$$R_{ab} = \frac{R_1 R_2}{R_1 + R_2} + \frac{R_3 R_4}{R_3 + R_4} = \frac{1 \times 2}{1 + 2} + \frac{4 \times 2}{4 + 2} = 2(\Omega)$$

$$I = \frac{U_S}{R_{ab}} = \frac{10}{2} = 5(A)$$

**解二**　因为图 2-8（a）所示电路为一平衡电桥电路，故图 2-8（a）所示电路可等效变换为图 2-8（c）所示电路。由图 2-8（c）可得

$$R_{ab} = \frac{(R_1 + R_4) \times (R_2 + R_3)}{(R_1 + R_4) + (R_2 + R_3)} = \frac{(1+2) \times (2+4)}{(1+2) + (2+4)} = 2(\Omega)$$

$$I = \frac{U_S}{R_{ab}} = \frac{10}{2} = 5(A)$$

## 第三节　电阻的星形连接与三角形连接的等效变换

将三个电阻中各个电阻的一个端钮连接在一起构成一个节点，而将它们的另一端作为引出端钮，以供与外电路连接，这种连接方式称为电阻的星形连接，也称电阻的Y形连接，如图 2-9（a）所示。将三个电阻依次一个接一个地连接起来构成一个闭合回路，从三个连接点引出三个端线，以供与外电路连接，这种连接方式称为电阻的三角形连接，也称电阻的△形连接，如图 2-9（b）所示。

在电路分析和计算中，常常利用Y形电路与△形电路的等效变换（称为Y—△等效变换）来化简电路。Y—△等效变换的条件可根据等效网络的定义来确定。由等效网络的定义可知，若Y形电路与△形电路等效，则Y形电路中端钮之间的电压 $u_{12}$、$u_{23}$、$u_{31}$ 与端钮 1、2、3 处的电流 $i_1$、$i_2$、$i_3$ 之间的函数关系 $u_{12} = f_1(i_1, i_2)$、$u_{23} = f_2(i_2, i_3)$、$u_{31} = f_3(i_3, i_1)$，应

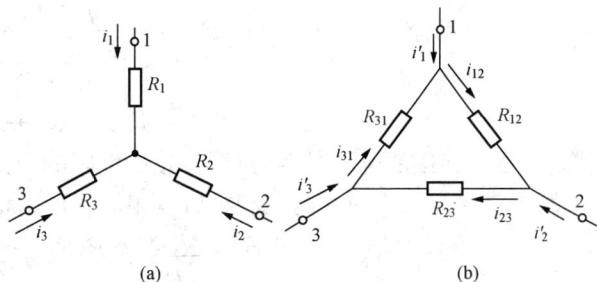

图 2-9　电阻的星形连接和三角形连接
(a) 星形连接；(b) 三角形连接

分别与△形电路中端钮之间的电压 $u_{12}$、$u_{23}$、$u_{31}$ 与端钮 1、2、3 处的电流 $i_1'$、$i_2'$、$i_3'$ 之间的函数关系 $u_{12} = f_1(i_1', i_2')$、$u_{23} = f_2(i_2', i_3')$、$u_{31} = f_3(i_3', i_1')$ 完全相同。

对Y形电路应用 KVL，可得

$$\left. \begin{aligned} u_{12} &= R_1 i_1 - R_2 i_2 \\ u_{23} &= R_2 i_2 - R_3 i_3 \\ u_{31} &= R_3 i_3 - R_1 i_1 \end{aligned} \right\} \tag{2-12}$$

对△形电路应用 KVL 和 KCL，可得

$$\left. \begin{aligned} R_{12} i_{12} &+ R_{23} i_{23} + R_{31} i_{31} = 0 \\ i_{12} &= i_1' + i_{31} \\ i_{23} &= i_2' + i_{12} \\ i_{31} &= i_3' + i_{23} \end{aligned} \right\} \tag{2-13}$$

求解方程组（2-13），可得△形电路中各支路电流为

$$
\left.
\begin{aligned}
i_{12} &= \frac{R_{31} i'_1}{R_{12} + R_{23} + R_{31}} - \frac{R_{23} i'_2}{R_{12} + R_{23} + R_{31}} \\
i_{23} &= \frac{R_{12} i'_2}{R_{12} + R_{23} + R_{31}} - \frac{R_{31} i'_3}{R_{12} + R_{23} + R_{31}} \\
i_{31} &= \frac{R_{23} i'_3}{R_{12} + R_{23} + R_{31}} - \frac{R_{12} i'_1}{R_{12} + R_{23} + R_{31}}
\end{aligned}
\right\}
\tag{2-14}
$$

于是得到

$$
\left.
\begin{aligned}
u_{12} &= R_{12} i_{12} = \frac{R_{31} R_{12} i'_1}{R_{12} + R_{23} + R_{31}} - \frac{R_{12} R_{23} i'_2}{R_{12} + R_{23} + R_{31}} \\
u_{23} &= R_{23} i_{23} = \frac{R_{12} R_{23} i'_2}{R_{12} + R_{23} + R_{31}} - \frac{R_{23} R_{31} i'_3}{R_{12} + R_{23} R_{31}} \\
u_{31} &= R_{31} i_{31} = \frac{R_{23} R_{31} i'_3}{R_{12} + R_{23} + R_{31}} - \frac{R_{31} R_{12} i'_1}{R_{12} + R_{23} + R_{31}}
\end{aligned}
\right\}
\tag{2-15}
$$

所谓 $u_{12} = f_1(i_1, i_2)$、$u_{23} = f_2(i_2, i_3)$、$u_{31} = f_3(i_3, i_1)$ 的函数关系应分别与 $u_{12} = f_1(i'_1, i'_2)$、$u_{23} = f_2(i'_2, i'_3)$、$u_{31} = f_3(i'_3, i'_1)$ 的函数关系相同，也就是式（2-12）和式（2-15）中电流 $i_1$、$i_2$、$i_3$ 和 $i'_1$、$i'_2$、$i'_3$ 的系数分别相等。比较式（2-12）与式（2-15）可得

$$
\left.
\begin{aligned}
R_1 &= \frac{R_{31} R_{12}}{R_{12} + R_{23} + R_{31}} \\
R_2 &= \frac{R_{12} R_{23}}{R_{12} + R_{23} + R_{31}} \\
R_3 &= \frac{R_{23} R_{31}}{R_{12} + R_{23} + R_{31}}
\end{aligned}
\right\}
\tag{2-16}
$$

这就是由△形连接的电阻变换为Y形连接的电阻的公式。

将式（2-16）中三式两两相乘后再相加，再用相加所得和式分别除以三式，可得

$$
\left.
\begin{aligned}
R_{12} &= \frac{R_1 R_2 + R_2 R_3 + R_3 R_1}{R_3} = R_1 + R_2 + \frac{R_1 R_2}{R_3} \\
R_{23} &= \frac{R_1 R_2 + R_2 R_3 + R_3 R_1}{R_1} = R_2 + R_3 + \frac{R_2 R_3}{R_1} \\
R_{31} &= \frac{R_1 R_2 + R_2 R_3 + R_3 R_1}{R_2} = R_3 + R_1 + \frac{R_3 R_1}{R_2}
\end{aligned}
\right\}
\tag{2-17}
$$

这就是由Y形连接的电阻变换为△形连接的电阻的公式。

若Y形连接的三个电阻相等，即 $R_1 = R_2 = R_3 = R_Y$，则等效△形连接的三个电阻也必相等，即 $R_{12} = R_{23} = R_{31} = R_\triangle$，这种情况下它们之间的关系为

$$
R_Y = \frac{1}{3} R_\triangle
\tag{2-18}
$$

反之

$$
R_\triangle = 3 R_Y
\tag{2-19}
$$

**【例 2-5】** 在图 2-10（a）所示电路中，已知：$U_S = 225\text{V}$，$R_0 = 1\Omega$，$R_1 = 40\Omega$，$R_2 = 36\Omega$，$R_3 = 50\Omega$，$R_4 = 55\Omega$，$R_5 = 10\Omega$，试求各电阻的电流。

**解** 图 2-10（a）所示电路是桥电路，但不平衡。这种电路不能用 ［例 2-4］ 中所述方法求解，可用 Y—△变换，将其变换成一个电阻串并联电路，再进行计算。将△形连接的电

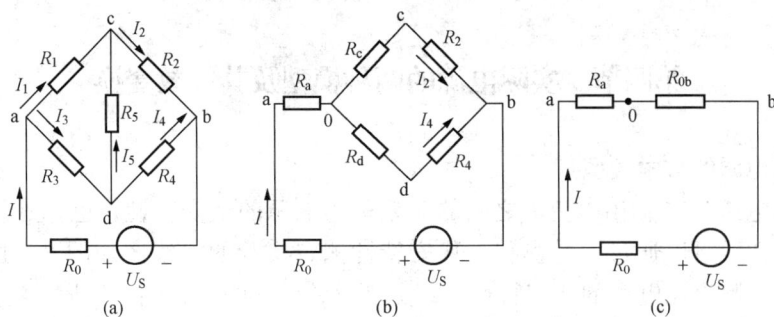

图 2-10　[例 2-5]的图

(a) 原始电路；(b) △—Y等效变换后的电路；(c) 简化等效电路

阻 $R_1$、$R_3$、$R_5$ 等效变换为Y形连接的电阻 $R_a$、$R_c$、$R_d$，变换后的等效电路如图 2-10 (b)
所示。根据式 (2-16)，求得

$$R_a = \frac{R_3 R_1}{R_5 + R_3 + R_1} = \frac{50 \times 40}{10 + 50 + 40} = 20(\Omega)$$

$$R_c = \frac{R_1 R_5}{R_5 + R_3 + R_1} = \frac{40 \times 10}{10 + 50 + 40} = 4(\Omega)$$

$$R_d = \frac{R_5 R_3}{R_5 + R_3 + R_1} = \frac{10 \times 50}{10 + 50 + 40} = 5(\Omega)$$

在图 2-10 (b) 中，$R_c$ 与 $R_2$ 串联，串联电路等效电阻为

$$R_{c2} = R_c + R_2 = 4 + 36 = 40(\Omega)$$

$R_d$ 与 $R_4$ 串联的等效电阻为

$$R_{d4} = R_d + R_4 = 5 + 55 = 60(\Omega)$$

$R_{c2}$ 与 $R_{d4}$ 并联的等效电阻为

$$R_{0b} = \frac{R_{c2} R_{d4}}{R_{c2} + R_{d4}} = \frac{40 \times 60}{40 + 60} = 24(\Omega)$$

经串并联等效变换后，可得到图 2-10 (c) 所示电路，该电路中电流为

$$I = \frac{U_S}{R_0 + R_a + R_{0b}} = \frac{225}{1 + 20 + 24} = 5(A)$$

由图 2-10 (b) 所示电路求得电流为

$$I_2 = \frac{R_{d4}}{R_{c2} + R_{d4}} I = \frac{60}{40 + 60} \times 5 = 3(A)$$

$$I_4 = \frac{R_{c2}}{R_{c2} + R_{d4}} I = \frac{40}{40 + 60} \times 5 = 2(A)$$

再回到图 2-10 (a) 所示电路，由 KVL 可得

$$U_{dc} = R_4 I_4 - R_2 I_2 = 55 \times 2 - 36 \times 3 = 2(V)$$

于是可得 $R_5$ 的电流为

$$I_5 = \frac{U_{dc}}{R_5} = \frac{2}{10} = 0.2(A)$$

由 KCL 得

$$I_1 = I_2 - I_5 = 3 - 0.2 = 2.8(A)$$

$$I_3 = I - I_1 = 5 - 2.8 = 2.2(\text{A})$$

## 第四节　实际电源的两种模型及其等效变换

### 一、实际电源的数学模型

电源的端电压 $U$ 与输出电流 $I$ 之间的关系称为电源的伏安特性，也称外特性。实际电源的伏安特性曲线可以通过实验测得，伏安特性测定实验的接线图如图 2 - 11（a）所示。实验测得一个实际直流电源的伏安特性曲线如图 2 - 11（b）所示。可见，实际电源的端电压 $U$ 是随输出电流 $I$ 的增大而下降的，而且 $U$ 与 $I$ 的关系曲线并非直线。电源电流 $I$ 不能超过一定的限值（如图中电流 $I_\text{B}$），否则会导致电源损坏。实际电源的伏安特性曲线在一段范围内（如图中曲线的 AB 段）近似为直线。我们将这一条直线加以延长，使之与 $I$ 轴相交，这样就得到一条经过近似处理后的伏安特性曲线，如图 2 - 11（c）所示。伏安特性曲线与 $U$ 轴交点的纵坐标 $U_\text{oc}$ 为电源的开路电压；伏安特性曲线与 $I$ 轴交点的横坐标 $I_\text{sc}$ 为电源的短路电流。

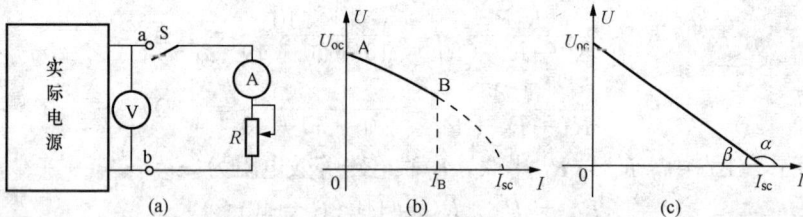

图 2 - 11　实际电源的伏安特性曲线

（a）伏安特性测定实验的接线图；（b）实际电源的伏安特性曲线；（c）近似处理后的伏安特性曲线

根据解析几何知识，可求得图 2 - 11（c）所示伏安特性曲线的曲线方程为

$$U = U_\text{oc} - R_\text{o} I \qquad\qquad (2 - 20)$$

其中

$$R_\text{o} = -\tan\alpha = \tan\beta = \frac{U_\text{oc}}{I_\text{sc}}$$

由式（2 - 20）可得

$$I = \frac{U_\text{oc}}{R_\text{o}} - \frac{U}{R_\text{o}} \qquad\qquad (2 - 21)$$

式（2 - 20）和式（2 - 21）称为实际电源的伏安特性方程，也就是实际电源的数学模型。

### 二、实际电源的电路模型

实际电路器件可以用理想电路元件或它们的组合来模拟。用以模拟实际电源的理想电路元件的组合体称为实际电源的电路模型。电路模型也就是实际电源的物理模型，物理模型可根据数学模型来建立。由实际电源的数学模型可以构造出其电路模型，由式（2 - 20）可构造出图 2 - 12（a）所示的电路模型；由式（2 - 21）可构造出图 2 - 12（b）所示的电路模型。

由以上分析，可得到下述结论：一个实际的直流电源，可以用一个电压源与电阻的串联组合来模拟，该电压源的电压等于实际电源的开路电压 $U_\text{oc}$，此电阻的阻值等于实际电源的

内阻 $R_o$；一个实际的直流电源也可用一个电流源与电阻的并联组合来模拟，该电流源的电流等于实际电源的短路电流 $I_{sc}$，此电阻的阻值等于实际电源的内阻 $R_o$。

### 三、两种实际电源模型的等效变换

用以模拟同一实际直流电源的两种电路模型，具有完全相同的伏安关系，因而，它们一定是等效电路。由此推断，对于任意外电路而言，电压源与电阻串联和电流源与电阻并联的两种组合，在一定条件下可以等效互换。等效

图 2 - 12　实际电源的电路模型
(a) 电压源与电阻串联；(b) 电流源与电阻并联

条件可根据等效网络的定义来确定。电压源与电阻的串联组合 [如图 2 - 12（a）所示] 的伏安关系为

$$U = U_S - R_o I$$

电流源与电阻的并联组合 [如图 2 - 12（b）所示] 的伏安关系为

$$U = R_o' I_S - R_o' I$$

式中，$R_o'$ 为电流源与电阻的并联组合中的电阻（这里为了便于比较，设其为 $R_o'$）。

比较上述两式，得到这两种组合的等效条件为

$$\left.\begin{array}{l} R_o' = R_o \\ U_S = R_o' I_S \end{array}\right\} \tag{2-22}$$

在进行两种组合的等效互换时，应注意这两种组合中电压源电压 $U_S$ 的参考方向与电流源电流 $I_S$ 的参考方向之间的对应关系：电流源电流 $I_S$ 的参考方向的流出端应与电压源电压 $U_S$ 的参考极性的正极相对应。

**【例 2 - 6】**　利用等效变换法求图 2 - 13（a）所示电路中的电流 $I$。已知：$U_{S1} = 12\text{V}$，$U_{S2} = 36\text{V}$，$R_1 = 2\Omega$，$R_2 = 3\Omega$，$R = 6\Omega$。

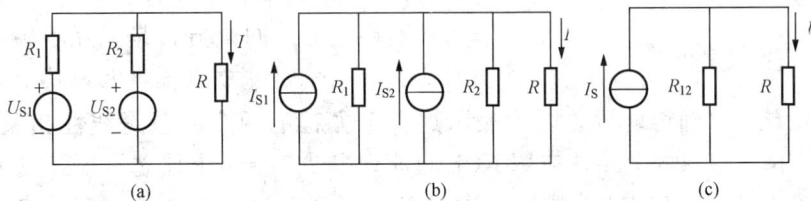

图 2 - 13　[例 2 - 6] 的图
(a) 原始电路；(b) 等效变换后的电路；(c) 简化后的电路

**解**　先将电压源与电阻串联的组合变换为电流源与电阻并联的组合，变换后的电路如图 2 - 13（b）所示，其中

$$I_{S1} = \frac{U_{S1}}{R_1} = \frac{12}{2} = 6(\text{A})$$

$$I_{S2} = \frac{U_{S2}}{R_2} = \frac{36}{3} = 12(\text{A})$$

再将图 2 - 13（b）中并联的两个电流源用一个等效电流源来替代，其值为

$$I_S = I_{S1} + I_{S2} = 6 + 12 = 18(A)$$

电阻 $R_1$、$R_2$ 并联，它们的等效电阻为

$$R_{12} = \frac{R_1 R_2}{R_1 + R_2} = \frac{2 \times 3}{2 + 3} = 1.2(\Omega)$$

简化后的电路如图 2-13（c）所示。应用分流公式，求得支路电流 $I$ 为

$$I = \frac{R_{12}}{R_{12} + R} I_S = \frac{1.2}{1.2 + 6} \times 18 = 3(A)$$

## 第五节 支 路 电 流 法

支路电流法是网络方程法中的一种基本方法。网络方程法是通过建立电路方程、求解电路方程来求解电路的一种方法。根据建立方程时所选择的未知变量不同，网络方程法又可分为支路电流法、网孔电流法、节点电压法等。支路电流法是以网络中的各支路电流作为未知变量，根据 KCL、KVL 和元件的伏安关系建立电路方程，求解电路方程，求得各支路电流；若有必要，再求其他待求变量。

现以图 2-14 所示电路为例来说明应用支路电流法求解电路的方法。图 2-14 所示电路具有三条支路、两个节点、三个回路。设电路参数 $R_1$、$R_2$、$R_3$、$u_{S1}$、$u_{S2}$ 为已知量，待求量为各支路电流，求解过程如下所述。

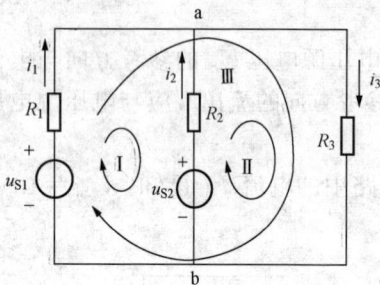

图 2-14 支路电流法

设出各支路电流 $i_1$、$i_2$、$i_3$，选定其参考方向并标于电路图中，如图 2-14 所示。

对电路中的节点应用 KCL，列写 KCL 方程。对图 2-14 所示电路的节点 a、b 分别应用 KCL，得到的节点电流方程为

$$i_1 + i_2 - i_3 = 0$$
$$-i_1 - i_2 + i_3 = 0$$

可以看出，上边两个方程是相互不独立的。这两个方程中只有一个是独立方程，因为其中一个方程可由另一个方程导出（确切地说，因为表示这两个方程的两个向量是线性相关的）。这表明，对于具有两个节点的电路，应用 KCL 只能列出 2-1=1 个独立的 KCL 方程。推广到一般电路，对于具有 $n$ 个节点的电路应用 KCL，可列出的 $n$ 个 KCL 方程，其中任一个方程都可以由另外（$n-1$）个方程导出，因此，这 $n$ 个方程是相互不独立的。可以证明，对于具有 $n$ 个节点的电路（指具有唯一解的电路），其独立 KCL 方程的数目为（$n-1$）；对具有 $n$ 个节点的电路中的任意（$n-1$）个节点应用 KCL 列写出来的 KCL 方程都是彼此独立的。对应于独立 KCL 方程的节点称为独立节点。因此，也可以说，节点数为 $n$ 的电路的独立节点数为（$n-1$）。

再对电路中的回路应用 KVL，列写 KVL 方程，并将电阻元件的电压用支路电流来表示。由数学知识可知，当未知变量数目等于独立方程数目时，方程组具有唯一解。由此可知，欲求出图 2-14 所示电路中的三个支路电流，必须建立三个独立方程。我们已经应用 KCL 建立了一个独立方程，还需要再建立两个独立方程。对图示电路中的回路Ⅰ，Ⅱ，Ⅲ

分别应用 KVL，可列写出的三个回路电压方程为

$$R_1 i_1 - R_2 i_2 = u_{S1} - u_{S2}$$
$$R_2 i_2 + R_3 i_3 = u_{S2}$$
$$R_1 i_1 + R_3 i_3 = u_{S1}$$

不难看出，这三个方程式彼此也是不独立的，因为其中任一方程都可以由另外两个方程导出。其中任意两个方程彼此是独立的。推广到一般电路，对具有 $b$ 条支路、$n$ 个节点的电路应用 KVL，能够且只能够列出 $b-(n-1)$ 个独立的 KVL 方程。与独立回路电压方程对应的回路称为独立回路。因此，具有 $b$ 条支路、$n$ 个节点的电路的独立回路数为 $b-(n-1)$。

电路中的回路数一般都大于独立回路数，如何从中选取足够的独立回路，这是列写回路方程时所必须解决的问题。选取独立回路可采用下述两种方法：

（1）选取独立回路时，每选取一个新的回路，使此回路至少具有一条新支路（即未包含在已选回路中的支路）。因为按照这样的法则选取的回路一定具有前面所有回路中所没有的元件，这个回路所对应的回路方程也一定具有前面所有回路方程中所没有的支路电压或支路电流，因而，这个回路方程不能由前面那些回路方程导出，所以这个方程一定是独立的。

（2）对于平面电路，可选择网孔作为独立回路。将平面电路中的网孔按一定的选择次序编排，总可以使得每一个网孔中都至少包含一条新支路。因此，网孔必然是独立回路。

对于一个具有 $b$ 条支路、$n$ 个节点、$m$ 个网孔的平面电路，支路数、节点数、网孔数三者的关系为 $m=b-(n-1)$。对于具有 $b$ 条支路、$n$ 个节点的电路，应用 KCL 和 KVL，共计可列出 $(n-1)+[b-(n-1)]=b$ 个独立方程。可见，独立方程数目等于未知的支路电流数目。

联立求解上述 $b$ 个方程，可以得到各支路电流。若有需要，再由支路电流，根据元件的伏安关系，求得其他待求量。

综上所述，应用支路电流法求解电路的方法步骤为：

（1）设出各支路电流，选定其参考方向并标于电路图中；

（2）对电路中任意 $(n-1)$ 个节点应用 KCL，列出节点电流方程；

（3）选取 $(b-n+1)$ 个独立回路，应用 KVL 列出回路电压方程；

（4）联立求解上述 $b$ 个独立方程，求得各支路电流；

（5）根据计算的需要，由支路电流再求出其他待求变量。

**【例 2 - 7】**　在图 2 - 14 所示电路中，$u_{S1}=130V$、$R_1=1\Omega$ 两者串联组合为直流发电机的模型；$u_{S2}=117V$、$R_2=0.6\Omega$ 两者串联组合为蓄电池组的模型；电阻负载 $R_3=24\Omega$。试求各支路电流和各元件的功率。

**解**　（1）以支路电流作为未知变量，设电路中的支路电流分别为 $i_1$、$i_2$、$i_3$，选择其参考方向并标于电路图中（如图 2 - 14 所示）。

（2）对电路中独立节点 a 应用 KCL，列写出节点电流方程为

$$-i_1 - i_2 + i_3 = 0$$

（3）选择网孔作为独立回路，选取回路绕行方向如图 2 - 14 所示。对网孔应用 KVL，列写出回路电压方程，并将电阻元件的电压用支路电流来表示，于是可得

$$i_1 - 0.6 i_2 = 130 - 117 = 13$$

$$0.6i_2 + 24i_3 = 117$$

（4）联立求解上述方程，求得支路电流。上述方程组成的方程组为

$$\left.\begin{array}{r} -i_1 - i_2 + i_3 = 0 \\ i_1 - 0.6i_2 = 13 \\ 0.6i_2 + 24i_3 = 117 \end{array}\right\}$$

解之，可得 $i_1 = 10\text{A}$，$i_2 = -5\text{A}$，$i_3 = 5\text{A}$。

（5）由支路电流求得各元件的功率。电压源 $u_{S1}$ 发出的功率为

$$P_{S1} = u_{S1}i_1 = 130 \times 10 = 1300(\text{W})$$

电压源 $u_{S2}$ 发出的功率为

$$P_{S2} = u_{S2}i_2 = 117 \times (-5) = -585(\text{W})$$

$i_2$ 为负值，表明它的实际方向与所选定的参考方向相反。可见，蓄电池组的电流和电压的实际方向相反，这表明该电池组处于充电状态。充电状态的电池是负载而不是电源，所以它实际上是吸收功率。

各电阻接受的功率为

$$P_1 = R_1 i_1^2 = 1 \times 10^2 = 100(\text{W})$$
$$P_2 = R_2 i_2^2 = 0.6 \times (-5)^2 = 15(\text{W})$$
$$P_3 = R_3 i_3^2 = 24 \times 5^2 = 600(\text{W})$$

（6）用电路中的功率平衡关系进行验算。根据能量转化和守恒定律可得到下述结论：在任一个独立的电路中，每一瞬间，各电源发出功率的总和等于各负载吸收功率的总和。这一结论叫做电路的功率平衡原理。可根据这一原理检验电路的计算是否正确。

因为负载总功率为

$$|P_{S2}| + P_1 + P_2 + P_3 = 585 + 100 + 15 + 600 = 1300(\text{W})$$

故有

$$P_{S1} = |P_{S2}| + P_1 + P_2 + P_3$$

这一结果表明上述计算是正确的。

**【例 2 - 8】**　求图 2 - 15 所示电路中的各支路电流。

**解**　（1）设电路中的支路电流分别为 $i_1$、$i_2$、$i_3$，选择其参考方向如图 2 - 15 所示。

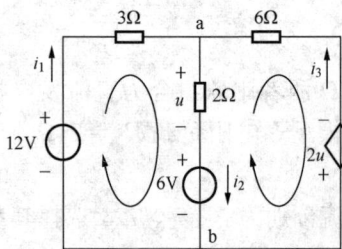

图 2 - 15　[例 2 - 8] 的图

（2）对电路中节点 a 应用 KCL，列写出节点电流方程

$$i_1 - i_2 + i_3 = 0$$

（3）选取各网孔绕行方向如图 2 - 15 所示，对网孔应用 KVL，列写出回路电压方程为

$$3i_1 + 2i_2 = 12 - 6 = 6$$
$$-2i_2 - 6i_3 = 6 + 2u$$

（4）根据元件的伏安关系，列出受控源的控制量与未知变量（支路电流）之间的关系式——辅助方程为

$$u = 2i_2$$

（5）联立求解上述方程，求得支路电流。

上述方程组成的方程组为

$$\left.\begin{array}{l} i_1 - i_2 + i_3 = 0 \\ 3i_1 + 2i_2 = 6 \\ -2i_2 - 6i_3 = 6 + 2u \\ u = 2i_2 \end{array}\right\}$$

解之，可得 $i_1 = 1.75\text{A}$，$i_2 = 0.375\text{A}$，$i_3 = -1.375\text{A}$。

对于含有电流源的电路，应用支路电流法进行计算时会遇到困难。因为电流源的电压是未知量，且又无法用支路电流来表示，所以，无法直接对含有电流源的回路列写以支路电流为未知变量的 KVL 方程。处理这种问题可采用下述几种方法。方法一，增设电流源电压为未知变量。设出电流源电压，并作为未知变量列入 KVL 方程。这样，虽然电路中每出现一个电流源就增加了一个未知变量，但是，因为电流源的电流是已知的，因而电流源所在支路的电流也是已知的。于是，电路中每出现一个电流源，作为未知变量的支路电流就会减少一个，结果依然能够保证独立方程数等于未知变量数。方法二，将电流源和与之并联的电阻构成的并联组合等效变换成电压源与电阻的串联组合，然后再用支路电流法来求解。显然，如果没有电阻与电流源并联，则无法应用这种方法来处理。无并联电阻的电流源称为无伴电流源。对于含有无伴电流源的电路，须用其他方法来求解。方法三，避开电流源所在支路，选择不含电流源的独立回路应用 KVL，建立 KVL 方程。应用这种方法选择独立回路所建立的独立 KVL 方程数将小于电路中的独立回路数。实践证明，每出现一个电流源，所能建立的独立 KVL 方程就会减少一个。但是，因为电流源所在支路的电流为已知量，电路中每出现一个电流源，未知的支路电流就会减少一个，因此，我们能够建立的独立方程数仍将等于未知变量数。

**【例 2 - 9】**　用支路电流法求图 2 - 16 所示电路中的各支路电流。

**解**　方法一，增设电流源电压为未知变量。

（1）设电路中的电流源电压为 $U$，支路电流分别为 $I_1$、$I_2$、$I_3$；选择它们的参考方向如图 2 - 16 所示。

（2）根据电流的参考方向，确定电流源所在支路的电流为

$$I_2 = I_S = 3(\text{A})$$

（3）对电路中的独立节点 b 应用 KCL，得

$$I_1 + I_2 + I_3 = 0$$

（4）选择网孔作为独立回路，选择回路绕行方向如图 2 - 16 所示。对两网孔应用 KVL，得

$$2I_1 - 4I_2 + U = 24$$
$$4I_2 - I_3 - U = -12$$

（5）联立求解上述方程

$$\left.\begin{array}{l} I_1 + I_2 + I_3 = 0 \\ 2I_1 - 4I_2 + U = 24 \\ 4I_2 - I_3 - U = -12 \\ I_2 = 3 \end{array}\right\}$$

求得

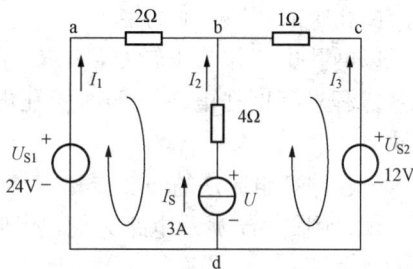

图 2 - 16　[例 2 - 9] 的图

$$I_1 = 3\text{A}, I_2 = 3\text{A}, I_3 = -6\text{A}$$

方法二，避开电流源所在支路，选择不含电流源的回路作为独立回路，列写 KVL方程。

(1) 根据电流的参考方向，确定电流源所在支路的电流为

$$I_2 = I_S = 3(\text{A})$$

(2) 对电路中独立节点 b 应用 KCL，列写 KCL 方程为

$$I_1 + I_2 + I_3 = 0$$

(3) 对电路中不含电流源的独立回路 abcda 应用 KVL，列写 KVL 方程为

$$2I_1 - I_3 + 12 - 24 = 0$$

即

$$2I_1 - I_3 = 12$$

(4) 联立求解上述方程

$$\left.\begin{array}{l} I_1 + I_3 = -3 \\ 2I_1 - I_3 = 12 \end{array}\right\}$$

求得

$$I_1 = 3\text{A}, I_2 = 3\text{A}, I_3 = -6\text{A}$$

## 第六节　网孔电流法

设想平面电路中的每一个网孔中都有一个电流在其中循环流动，这种电流称为网孔电流。实际上，电路中的电流仅存在于支路之中，不存在以每个网孔作为循环路径的网孔电流。为了分析计算，我们假想每一个网孔中都有一个环流，并把客观存在的支路电流想象为相应网孔中的环流叠加的结果。

以网孔电流作为未知变量，对每一网孔应用基尔霍夫电压定律，建立电路方程，求解这些方程求得网孔电流，再由网孔电流求得支路电流及其他变量，这种方法称为网孔电流法。

### 一、网孔电流法的一般步骤

现以图 2-17 所示电路为例，说明网孔电流法的基本步骤。

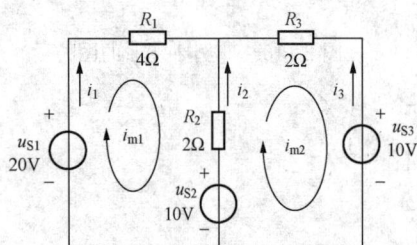

图 2-17　网孔电流法

(1) 设出各网孔电流和各支路电流，选定各支路电流和各网孔电流的参考方向及网孔绕行方向，并标于电路图中。通常以网孔电流参考方向作为网孔的绕行方向。

(2) 以网孔电流作为未知变量，根据元件的伏安特性和基尔霍夫电压定律，建立网孔电流方程。对图 2-17 所示电路中的两个网孔应用 KVL，列出网孔电流方程为

$$\left.\begin{array}{l} (R_1 + R_2)i_{m1} - R_2 i_{m2} = u_{S1} - u_{S2} \\ -R_2 i_{m1} + (R_2 + R_3)i_{m2} = u_{S2} - u_{S3} \end{array}\right\} \tag{2-23}$$

代入数据后为

$$\left. \begin{array}{l} 6i_{m1} - 2i_{m2} = 10 \\ -2i_{m1} + 4i_{m2} = 0 \end{array} \right\}$$

（3）联立求解网孔电流方程，求得网孔电流。求解上述方程组，求得

$$i_{m1} = 2A, \quad i_{m2} = 1A$$

（4）根据支路电流与网孔电流的关系，由网孔电流求得支路电流，进而求出支路电压及其他变量。支路电流等于通过该支路的所有网孔电流的代数和。当网孔电流的参考方向与支路电流的参考方向一致时，代数和中取"＋"号，反之取"－"号。图 2 - 17 所示电路中的支路电流分别为

$$i_1 = i_{m1} = 2(A)$$
$$i_2 = i_{m2} - i_{m1} = 1 - 2 = -1(A)$$
$$i_3 = -i_{m2} = -1(A)$$

### 二、网孔电流方程的规范形式

我们令 $R_{11} = R_1 + R_2$，$R_{12} = -R_2$，$R_{21} = -R_2$，$R_{22} = R_2 + R_3$，$u_{S11} = u_{S1} - u_{S2}$，$u_{S22} = u_{S2} - u_{S3}$，代入式（2 - 23），可得到具有两个网孔的电阻性网络的网孔电流方程的一般形式，即

$$\left. \begin{array}{l} R_{11}i_{m1} + R_{12}i_{m2} = u_{S11} \\ R_{21}i_{m1} + R_{22}i_{m2} = u_{S22} \end{array} \right\} \tag{2 - 24}$$

考察上例中的网孔电流方程，可以找到一般规律。设所讨论的网络中不含受控电源，上述方程式中，$R_{11}i_{m1}$ 项代表网孔电流 $i_{m1}$ 在网孔 1 内各电阻上引起的电压之和，$R_{22}i_{m2}$ 项代表网孔电流 $i_{m2}$ 在网孔 2 内各电阻上引起的电压之和。$R_{11}$ 和 $R_{22}$ 分别为网孔 1 和网孔 2 中的所有电阻之和，它们分别称为网孔 1 的自电阻和网孔 2 的自电阻。由于网孔绕行方向和网孔电流参考方向取为一致，所以，在 KVL 方程中，网孔电流在本网孔电阻上引起的电压应取"＋"号，故 $R_{11}$ 和 $R_{22}$ 总为正值。$R_{12}i_{m2}$ 项代表网孔电流 $i_{m2}$ 在网孔 1 中引起的电压，而 $R_{21}i_{m1}$ 项代表网孔电流 $i_{m1}$ 在网孔 2 中引起的电压。$R_{12}$ 和 $R_{21}$ 的数值等于网孔 1 和网孔 2 的公共支路上的电阻。$R_{12}$ 和 $R_{21}$ 称为网孔 1 和网孔 2 的互电阻。两网孔公共支路上的电阻可称为公共电阻。当两网孔电流在公共电阻上的参考方向相同时，表明一个网孔电流在公共电阻上产生的电压的参考方向与另一个网孔的绕行方向一致，故该电压应取"＋"号；当两网孔电流在公共电阻上的参考方向相反时，表明一个网孔电流在公共电阻上产生的电压的参考方向与另一个网孔的绕行方向相反，故该电压应取"－"号。这样，当通过公共电阻上的两网孔电流的参考方向一致时，互电阻取正值，反之，互电阻取负值。$u_{S11}$ 和 $u_{S22}$ 项分别代表网孔 1 和网孔 2 中总电压源电压，$u_{S11}$ 和 $u_{S22}$ 分别等于网孔 1 和网孔 2 中所有电压源电压的代数和。当电压源电压的参考方向与网孔绕行方向一致时，电压前面取"－"号，反之，电压前面取"＋"号。

将式（2 - 24）推广到具有 $m$ 个网孔的电阻性平面电路，可写出其网孔电流方程的规范形式，即

$$\left. \begin{array}{l} R_{11}i_{m1} + R_{12}i_{m2} + \cdots + R_{1m}i_{mm} = u_{S11} \\ R_{21}i_{m1} + R_{22}i_{m2} + \cdots + R_{2m}i_{mm} = u_{S22} \\ \vdots \\ R_{m1}i_{m1} + R_{m2}i_{m2} + \cdots + R_{mm}i_{mm} = u_{Smm} \end{array} \right\} \tag{2 - 25}$$

在网孔绕行方向与网孔电流参考方向选择一致的前提下，式中各量的物理意义及其正负号的确定规则如下所述：

$R_{kk}$ 称为第 $k$ 个网孔的自电阻，它等于第 $k$ 个网孔中所有电阻之和，自电阻总为正值。

$R_{ij}$ 称为网孔 $i$ 与网孔 $j$ 的互电阻，在不含受控源的电阻性电路中，$R_{ij}$ 的绝对值等于网孔 $i$ 和网孔 $j$ 的公共支路中所有电阻之和。当网孔 $i$ 和网孔 $j$ 之间没有公共支路或虽有公共支路但其电阻为零时，互电阻 $R_{ij}=0$。在不含受控源的电阻性电路中，$R_{ij}=R_{ji}$。互电阻的正负视两网孔电流在公共支路上的参考方向是否相同而定。当两网孔电流在公共支路上的参考方向相同时，互电阻为正；参考方向相反时，互电阻为负。当电路中所有网孔电流的参考方向均取顺时针或均取逆时针时，互电阻总是取负号。

$u_{Skk}$ 称为网孔 $k$ 的总电压源电压，它等于网孔 $k$ 中所有电压源电压的代数和，当网孔中不含电压源时，$u_{Skk}$ 取零值。$u_{Skk}$ 中电压源电压正负号的确定规则为：当电压源电压的参考方向与网孔电流的参考方向一致时，$u_{Skk}$ 中相应的电压前面取 "—" 号，反之，电压前面取 "+" 号。

应用上述各物理量正负号的确定规则时，应注意到下述三个问题：①上述正负号的确定规则是在网孔绕行方向与网孔电流参考方向一致的前提下确立的；②这种正负号的确定规则是针对式（2 - 25）这一特定的方程形式而言的；③方程式左右两边物理量正负号的确定规则是相互联系、彼此对应的。

应用规范形式的网孔电流方程求解电路的步骤为：

(1) 设定各网孔电流和各支路电流，选定各网孔电流和各支路电流的参考方向，并标于电路图中；

(2) 计算出各网孔的自电阻、两网孔间的互电阻及各网孔的总电压源电压；

(3) 根据网孔电流方程的规范形式列写出网孔电流方程；

(4) 联立求解网孔电流方程，求得各网孔电流；

(5) 根据支路电流与网孔电流的关系，求出支路电流，进而求得支路电压及其他待求变量。

**【例 2 - 10】** 用网孔电流法求图 2 - 18 所示电路的各支路电流。

**解** (1) 设定各网孔电流和各支路电流，选择各网孔电流和各支路电流的参考方向，如图 2 - 18 所示。

(2) 计算各网孔的自电阻、两网孔的互电阻及每一网孔的总电压源电压。

$$R_{11} = 1+2 = 3(\Omega), R_{12} = R_{21} = -2(\Omega)$$
$$R_{22} = 2+2 = 4(\Omega), R_{23} = R_{32} = 0$$
$$R_{33} = 1+2 = 3(\Omega), R_{13} = R_{31} = -1(\Omega)$$
$$U_{S11} = 10V, U_{S22} = -5V, U_{S33} = 5V$$

(3) 将上述计算结果代入式（2 - 25），列出网孔电流方程组为

$$\left. \begin{array}{l} 3I_{m1} - 2I_{m2} - I_{m3} = 10 \\ -2I_{m1} + 4I_{m2} = -5 \\ -I_{m1} + 3I_{m3} = 5 \end{array} \right\}$$

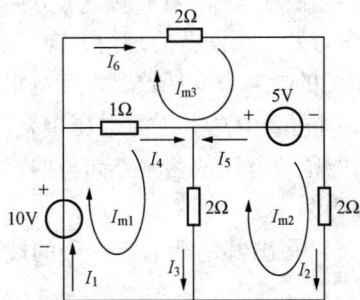

图 2-18 　[例 2 - 10] 的图

(4) 求解网孔电流方程组，求得网孔电流为

$$I_{m1} = 5.5A, I_{m2} = 1.5A, I_{m3} = 3.5A$$

(5) 由网孔电流求得各支路电流分别为

$$I_1 = I_{m1} = 5.5(A), I_2 = I_{m2} = 1.5(A)$$
$$I_3 = I_{m1} - I_{m2} = 4(A), I_4 = I_{m1} - I_{m3} = 2(A)$$
$$I_5 = I_{m3} - I_{m2} = 2(A), I_6 = I_{m3} = 3.5(A)$$

用网孔电流法分析含有电流源的电路，在列写网孔电流方程时同样会遇到困难，因为电流源电压是未知的，且又无法直接用网孔电流表示。常用的处理方法有两种：方法一，如果存在电阻与电流源的并联组合，可将其等效变换为电压源与电阻的串联组合，然后，再列写网孔电流方程；方法二，如果电路中含有无伴电流源，则通常采用增设电流源电压为未知变量的方法来处理。因为通过电流源的各网孔电流的代数和一定等于电流源的电流，所以，每一个电流源都可以提供一个对网孔电流的约束。因此，电路中每出现一个电流源，未知变量就会增加一个，同时增加一个电流源电流对网孔电流的约束方程，结果依然可以保证独立方程数等于未知变量数。

**【例 2 - 11】**　用网孔电流法求图 2 - 19 所示电路中各支路电流。

**解**　（1）设定各网孔电流和各支路电流，选择它们的参考方向，如图 2 - 19 所示。

（2）设电流源电压为 $U$，选择参考方向如图2 - 19 所示。

（3）对网孔应用 KVL，列写网孔电流方程。在列写含有电流源的网孔的网孔方程时，把电流源看作是一个电压为 $U$ 的电压源。图 2 - 19 所示电路中两个网孔电流方程为

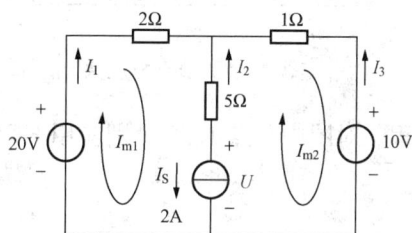

图 2 - 19　［例 2 - 11］的图

$$7I_{m1} - 5I_{m2} + U = 20$$
$$-5I_{m1} + 6I_{m2} - U = -10$$

（4）根据网孔电流和电流源电流的参考方向，确定电流源电流与相关网孔电流之间的关系，列写网孔电流的附加方程为

$$I_{m1} - I_{m2} = I_S = 2$$

（5）联立求解方程

$$\left. \begin{array}{l} 7I_{m1} - 5I_{m2} + U = 20 \\ -5I_{m1} + 6I_{m2} - U = -10 \\ I_{m1} - I_{m2} = 2 \end{array} \right\}$$

得
$$I_{m1} = 4A, \ I_{m2} = 2A$$

（6）由网孔电流求得各支路电流为

$$I_1 = I_{m1} = 4A$$
$$I_2 = -I_S = -2A$$
$$I_3 = -I_{m2} = -2A$$

## 第七节　节点电压法

在电路中任选一个节点作为参考节点，其他节点与参考节点之间的电压称为节点电压。作为参考点的节点称为参考节点。

以节点电压作为未知变量，应用 KCL 建立电路方程，求解电路方程，求出节点电压，再由节点电压求得支路电流及其他变量，这种方法称为节点电压法。

**一、节点电压法的一般步骤**

我们以图 2-20 所示电路为例来说明用节点电压法分析电路的基本步骤。已知电路参数如图中所注，欲求电路中各支路电流，具体步骤如下：

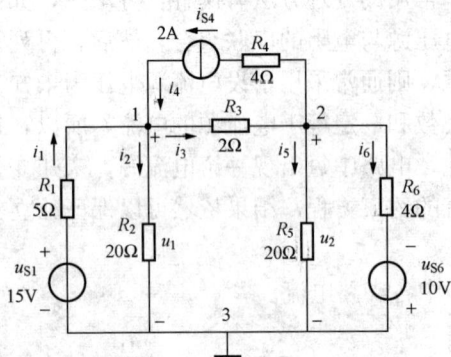

（1）选定参考节点，设定各节点电压和各支路电流，选择各节点电压和各支路电流的参考方向，并标于电路图中。图示电路中共有三个节点，依次编号为 1、2、3。可任选一个节点作为参考节点，若选定节点 3 作为参考节点，则可设节点 1、2 的节点电压分别为 $u_1$、$u_2$。设各支路电流分别为 $i_1$、$i_2$、$i_3$、$i_4$、$i_5$、$i_6$。选取各节点电压和支路电流的参考方向，如图 2-20 所示。

图 2-20　节点电压法

（2）对非参考节点应用 KCL，列写节点电流方程。对图中节点 1、2 分别应用 KCL，得

$$\left.\begin{array}{l} -i_1 + i_2 + i_3 - i_4 = 0 \\ -i_3 + i_4 + i_5 + i_6 = 0 \end{array}\right\} \tag{2-26}$$

（3）根据 KVL 和电路元件的伏安关系，求出各支路电流与节点电压的关系。图 2-20 所示电路各支路电流与节点电压的关系为

$$\left.\begin{array}{l} i_1 = \dfrac{u_{S1} - u_1}{R_1} = G_1 u_{S1} - G_1 u_1 \\[2mm] i_2 = \dfrac{u_1}{R_2} = G_2 u_1 \\[2mm] i_3 = \dfrac{u_1 - u_2}{R_3} = G_3 u_1 - G_3 u_2 \\[2mm] i_4 = i_{S4} \\[2mm] i_5 = \dfrac{u_2}{R_5} = G_5 u_2 \\[2mm] i_6 = \dfrac{u_2 + u_{S6}}{R_6} = G_6 u_2 + G_6 u_{S6} \end{array}\right\} \tag{2-27}$$

（4）将各支路电流与节点电压的关系代入节点电流方程，从而得到以节点电压为未知变量的节点方程。以节点电压作为未知变量的节点方程称为节点电压方程。将式（2-27）代入式（2-26），整理后得

$$\left.\begin{array}{l} (G_1 + G_2 + G_3)u_1 - G_3 u_2 = i_{S4} + G_1 u_{S1} \\ -G_3 u_1 + (G_3 + G_5 + G_6)u_2 = -i_{S4} - G_6 u_{S6} \end{array}\right\} \tag{2-28}$$

计算方程系数及常数项分别为

$$G_1 + G_2 + G_3 = \frac{1}{R_1} + \frac{1}{R_2} + \frac{1}{R_3} = \frac{1}{5} + \frac{1}{20} + \frac{1}{2} = 0.75(\text{S})$$

$$G_3 = \frac{1}{R_3} = \frac{1}{2} = 0.5(\text{S})$$

$$G_3 + G_5 + G_6 = \frac{1}{R_3} + \frac{1}{R_5} + \frac{1}{R_6} = \frac{1}{2} + \frac{1}{20} + \frac{1}{4}$$

$$= 0.8(S)$$

$$i_{S4} + G_1 u_{S1} = 2 + \frac{15}{5} = 5(A)$$

$$-i_{S4} - G_6 u_{S6} = -2 - \frac{10}{4} = -4.5(A)$$

代入数据后的节点电压方程为

$$\left. \begin{array}{l} 0.75u_1 - 0.5u_2 = 5 \\ -0.5u_1 + 0.8u_2 = -4.5 \end{array} \right\}$$

（5）求解节点电压方程，求出节点电压。解上述方程组，可得

$$u_1 = 5\text{V} \ , u_2 = -2.5\text{V}$$

（6）根据支路电流与节点电压的关系，由节点电压求出支路电流，进而求出其他待求变量。例中各支路电流分别为

$$i_1 = \frac{u_{S1} - u_1}{R_1} = \frac{15 - 5}{5} = 2(A)$$

$$i_2 = \frac{u_1}{R_2} = \frac{5}{20} = 0.25(A)$$

$$i_3 = \frac{u_1 - u_2}{R_3} = \frac{5 - (-2.5)}{2} = 3.75(A)$$

$$i_4 = i_{S4} = 2(A)$$

$$i_5 = \frac{u_2}{R_5} = \frac{-2.5}{20} = -0.125(A)$$

$$i_6 = \frac{u_2 + u_{S6}}{R_6} = \frac{-2.5 + 10}{4} = 1.875(A)$$

### 二、节点电压方程的规范形式

若令 $G_{11} = G_1 + G_2 + G_3$，$G_{12} = G_{21} = -G_3$，$G_{22} = G_3 + G_5 + G_6$，$i_{S11} = i_{S4} + G_1 u_{S1}$，$i_{S22} = -i_{S4} - G_6 u_{S6}$，则式（2-28）可写成

$$\left. \begin{array}{l} G_{11} u_1 + G_{12} u_2 = i_{S11} \\ G_{21} u_1 + G_{22} u_2 = i_{S22} \end{array} \right\} \tag{2-29}$$

这就是具有两个独立节点、不含受控源的电阻性电路的节点电压方程的一般形式，也称为规范形式。考察这一方程中各项系数及常数项的物理意义，可获得一般规律。式（2-29）中，$G_{11}$、$G_{22}$ 分别是与节点 1、节点 2 相连的所有支路的电导之和；$G_{12} = G_{21}$ 是跨接在节点 1 与节点 2 之间的所有支路电导之和的负值；$i_{S11}$、$i_{S22}$ 分别是与节点 1、节点 2 相连的所有电流源和电压源输送给节点 1、节点 2 的电流的代数和。

将式（2-29）推广到具有 $(n-1)$ 个独立节点、不含受控源的电阻性电路，有

$$\left. \begin{array}{l} G_{11} u_1 + G_{12} u_2 + \cdots + G_{1(n-1)} u_{(n-1)} = i_{S11} \\ G_{21} u_1 + G_{22} u_2 + \cdots + G_{2(n-1)} u_{(n-1)} = i_{S22} \\ \vdots \\ G_{(n-1)1} u_1 + G_{(n-1)2} u_2 + \cdots + G_{(n-1)(n-1)} u_{(n-1)} = i_{S(n-1)(n-1)} \end{array} \right\} \tag{2-30}$$

式（2-30）中，$G_{kk}$ 称为节点 $k$ 的自电导，它等于与节点 $k$ 相连的所有支路的电导之

和，自电导为正值。注意，电流源所在支路的电阻为无穷大，电导等于零。

$G_{kj}$ 称为节点 $k$ 与节点 $j$ 的互电导，它等于直接接于节点 $k$ 与节点 $j$ 之间的所有支路的电导之和的负值。如果节点 $k$ 与节点 $j$ 之间没有直接跨接的支路或只含有电流源的支路，则 $G_{kj} = G_{jk} = 0$。

$i_{Skk}$ 称为节点 $k$ 的总电源电流，$i_{Skk} = \sum i_S + \sum Gu_S$，它包括电流源输送给节点 $k$ 的电流和电压源输送给节点 $k$ 的电流。电流源输送给节点 $k$ 的电流 $\sum i_S$ 等于与节点 $k$ 相连的各支路中电流源电流的代数和。当电流源电流的参考方向指向节点 $k$ 时，该电流源电流 $i_C$ 前面取"＋"号，否则取"－"号。电压源输送给节点 $k$ 的电流为 $\sum Gu_S$，它等于与节点 $k$ 相连的各支路中的电压源电压与该支路的电导乘积的代数和。如果电压源的参考方向是离开节点的，则对应的 $Gu_S$ 前面取"＋"号；如果电压源电压的参考方向是指向节点的，则对应的 $Gu_S$ 前面取"－"号。

应用上述各物理量正负号的确定规则时，应注意下述三个问题：①上述正负号的确定规则是在节点电压的参考方向为从非参考节点指向参考节点的前提下确立的；②这种正负号确定规则是针对式（2-30）这种特定的方程形式而言的；③方程式左右两边物理量正负号的确定规则是相互联系、彼此对应的。

应用规范化节点电压方程求解电路的方法步骤如下：

（1）选定参考节点，设定各节点电压和支路电流，选择各节点电压和支路电流的参考方向，并标于电路图中；

（2）计算各非参考节点的自电导、两节点之间的互电导及电源输送给各节点的电流；

（3）将上述计算结果代入规范化的节点电压方程式，写出节点电压方程；

（4）求解节点电压方程，求出节点电压；

（5）根据 KVL 和电路元件的伏安关系，确定支路电流与节点电压之间的关系，从而求出支路电流，再由支路电流求出其他待求变量。

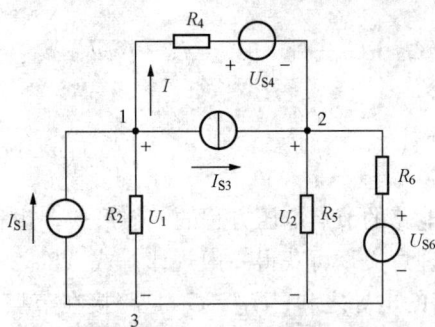

图 2-21　[例 2-12]的图

【例 2-12】　图 2-21 所示电路中，$R_2 = 4\Omega$，$R_4 = 2\Omega$，$R_5 = 6\Omega$，$R_6 = 3\Omega$，$I_{S1} = 5A$，$I_{S3} = 10A$，$U_{S4} = 6V$，$U_{S6} = 15V$，用节点电压法求电压源 $U_{S4}$ 发出的功率。

**解**　（1）选定参考节点，设定各节点电压和支路电流，选择各节点电压和支路电流的参考方向并标于电路图中。本例中选定节点 3 为参考节点，设节点 1、2 的节点电压分别为 $U_1$ 和 $U_2$，电压源 $U_{S4}$ 所在支路电流为 $I$，选取它们的参考方向，如图 2-21 所示。节点电压的参考方向为从非参考节点指向参考节点，即非参考节点为参考极性的正极，参考节点为参考极性的负极。

（2）计算各节点的自电导，两节点之间的互电导及电源输送给各节点的电流。节点 1、2 的自电导和互电导分别为

$$G_{11} = \frac{1}{R_2} + \frac{1}{R_4} = \frac{1}{4} + \frac{1}{2} = 0.75(\text{S})$$

$$G_{22} = \frac{1}{R_4} + \frac{1}{R_5} + \frac{1}{R_6} = \frac{1}{2} + \frac{1}{6} + \frac{1}{3} = 1(\text{S})$$

$$G_{12} = G_{21} = -\frac{1}{R_4} = -\frac{1}{2} = -0.5(\text{S})$$

电源供给节点 1、2 的总电流分别为

$$I_{S11} = I_{S1} - I_{S3} + \frac{U_{S4}}{R_4} = 5 - 10 + \frac{6}{2} = -2(\text{A})$$

$$I_{S22} = I_{S3} - \frac{U_{S4}}{R_4} + \frac{U_{S6}}{R_6} = 10 - \frac{6}{2} + \frac{15}{3} = 12(\text{A})$$

（3）将上述计算结果代入规范化的节点电压方程式，写出节点电压方程。例中节点电压方程为

$$\left.\begin{array}{l} 0.75U_1 - 0.5U_2 = -2 \\ -0.5U_1 + U_2 = 12 \end{array}\right\}$$

（4）求解节点电压方程，求出节点电压。解上述方程组，求得

$$U_1 = 8\text{V},\ U_2 = 16\text{V}$$

（5）根据 KVL 和电路元件的伏安关系，确定支路电流与节点电压之间的关系，从而求出支路电流，再由支路电流求出其他待求变量。根据 KVL 和元件的伏安关系，得

$$-U_1 + R_4 I + U_{S4} + U_2 = 0$$

解之得

$$I = \frac{U_1 - U_2 - U_{S4}}{R_4} = \frac{8 - 16 - 6}{2}$$
$$= -7(\text{A})$$

电压为 $U_{S4}$ 的电压源发出的功率为

$$P = -U_{S4}I = -6 \times (-7) = 42(\text{W})$$

　　若电压源所在支路中没有串联电阻，则不能用等效变换的方法将其变换为电流源与电阻的并联组合。无电阻与之串联的电压源称为无伴电压源。由于无伴电压源支路的电阻为零，其电导为无穷大，因此，无伴电压源支路的电流无法直接用无伴电压源所关联的两个节点的节点电压来表示。这样，就无法直接应用前面所叙述的方法来建立节点电压方程。处理这一问题最常用的方法是增设无伴电压源的电流作为未知变量。这样，方程中将增加一个未知量，但是与无伴电压源支路相关联的两个节点的节点电压与无伴电压源电压之间存在着确定的关系。换句话说，每一个无伴电压源都可以提供一个对其所关联的两个节点的节点电压的约束。由此可知，电路中每出现一个无伴电压源，方程中就增加一个未知变量，同时也增加一个电压源电压对节点电压的约束方程。结果依然可以保证独立方程数等于未知变量数，从而使问题得以解决。

　　【例 2 - 13】　用节点电压法求图 2 - 22 所示电路中的电流 $I_1$。

　　解　（1）选择图 2 - 22 所示电路节点 3 为参考节点，设节点 1、2 的节点电压分别为 $U_1$ 和 $U_2$，设电压源支路的电流为 $I$，选择它们的参考方向，如图中所标示。

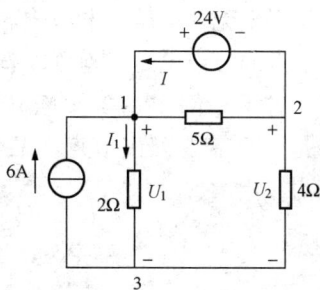

图 2 - 22　［例 2 - 13］的图

（2）计算电路中各非参考节点的自电导、两节点之间的互电导及电源注入各节点的电流。计算时把无伴电压源看作一个电压为已知量、电流为 $I$ 的电流源。计算得出的自电导、互电导和注入各节点的电流分别为

$$G_{11} = \frac{1}{2} + \frac{1}{5} = 0.7(S)$$

$$G_{22} = \frac{1}{5} + \frac{1}{4} = 0.45(S)$$

$$G_{12} = G_{21} = -\frac{1}{5} = -0.2(S)$$

$$I_{S11} = 6 + I$$

$$I_{S22} = -I$$

（3）根据节点电压方程的规范形式，写出节点电压方程

$$\left.\begin{array}{l} 0.7U_1 - 0.2U_2 = 6 + I \\ -0.2U_1 + 0.45U_2 = -I \end{array}\right\}$$

即

$$\left.\begin{array}{l} 0.7U_1 - 0.2U_2 - I = 6 \\ -0.2U_1 + 0.45U_2 + I = 0 \end{array}\right\}$$

（4）根据 KVL，确定无伴电压源支路所关联的两节点的节点电压与无伴电压源电压之间的约束关系，建立约束方程

$$U_1 - U_2 = 24$$

（5）联立求解上述方程，求出节点电压和无伴电压源的电流。联立上述方程可得方程组

$$\left.\begin{array}{l} 0.7U_1 - 0.2U_2 - I = 6 \\ -0.2U_1 + 0.45U_2 + I = 0 \\ U_1 - U_2 = 24 \end{array}\right\}$$

解得

$$U_1 = 16V, U_2 = -8V, I = 6.8A$$

（6）根据 KVL 及元件的伏安关系，由节点电压求得支路电流，进而求出其他待求变量。要求的支路电流为

$$I_1 = \frac{U_1}{2} = \frac{16}{2} = 8(A)$$

如果选择无伴电压源支路所关联的两个节点之一作为参考节点，则另一个节点的节点电压等于该无伴电压源电压或等于无伴电压源电压的负值，因此该节点电压为已知量。这样，该节点的节点电压方程可以省略。

对于［例 2 - 13］，若选择节点 2 作为参考节点，则节点 1 的节点电压为 $U_1 = 24V$。于是，只需要列出节点 3 的节点电压方程，便可使问题得以解决。节点 3 的节点电压方程为

$$\left(\frac{1}{2} + \frac{1}{4}\right)U_3 - \frac{1}{2}U_1 = -6$$

解之，得

$$U_1 = 24V, U_3 = 8V$$

$$I_1 = \frac{U_1 - U_3}{2} = \frac{24 - 8}{2} = 8(\text{A})$$

**三、弥尔曼定理**

对于只有两个节点的电路，若参考节点编号为 0，非参考节点编号为 1，则节点 1 的节点电压方程的规范形式为

$$G_{11}u_{10} = \sum i_\text{S} + \sum Gu_\text{S}$$

解之，得

$$u_{10} = \frac{\sum i_\text{S} + \sum Gu_\text{S}}{G_{11}}$$

上式可写成

$$u_{10} = \frac{\sum i_{\text{S}k} + \sum G_k u_{\text{S}k}}{\sum G_k} \tag{2 - 31}$$

式中，$k$ 表示支路的编号，$k$ 可取 1，2，…，$b$，$b$ 为接于两节点之间支路数；$\sum i_{\text{S}k}$ 为各支路中的电流源电流的代数和，凡参考方向是指向非参考节点的电流源电流 $i_\text{S}$ 前面取"$+$"号，反之取"$-$"号；$\sum G_k u_{\text{S}k}$ 为各支路中电压源电压与该支路电导乘积的代数和，当电压源电压的参考极性的正极连接到非参考节点（参考方向是离开非参考节点）时，该项 $G_k u_{\text{S}k}$ 前面取"$+$"号，反之取"$-$"号；$\sum G_k$ 为所有支路的电导之和。

这一公式是美国学者弥尔曼提出的，故将这一公式所表达的内容称为弥尔曼定理。

**【例 2 - 14】**　写出图 2 - 23 所示电路中电压 $u$ 的计算公式。

**解**
$$u = \frac{\sum i_{\text{S}k} + \sum G_k u_{\text{S}k}}{\sum G_k} = \frac{i_{\text{S}1} - i_{\text{S}2} + \dfrac{u_{\text{S}3}}{R_3} - \dfrac{u_{\text{S}4}}{R_4}}{\dfrac{1}{R_3} + \dfrac{1}{R_4} + \dfrac{1}{R_5}}$$

**【例 2 - 15】**　用节点电压法计算图 2 - 24 所示电路中的各支路电流。

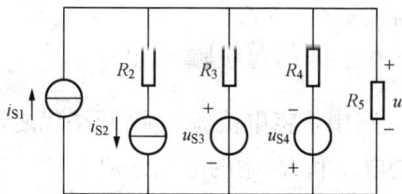

图 2 - 23　［例 2 - 14］的图　　　　　　图 2 - 24　［例 2 - 15］的图

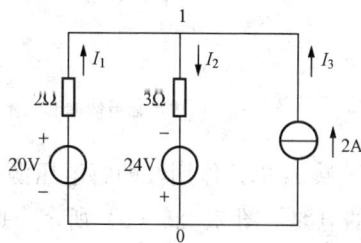

**解**
$$U_{10} = \frac{\dfrac{1}{2} \times 20 - \dfrac{1}{3} \times 24 + 2}{\dfrac{1}{2} + \dfrac{1}{3}} = 4.8 \ (\text{V})$$

$$I_1 = \frac{20 - 4.8}{2} = 7.6 \ (\text{A})$$

$$I_3 = 2 \ (\text{A})$$

$$I_2 = I_1 + I_3 = 7.6 + 2 = 9.6(\text{A}) \ \text{或} \ I_2 = \frac{24 + 4.8}{3} = 9.6(\text{A})$$

# 第八节 叠 加 定 理

## 一、定理内容

叠加定理表述[1]如下：在任意线性网络中，所有独立电源共同作用时在任一支路中产生的电压或电流，等于各独立电源单独作用时在该支路中产生的电压或电流的代数和。

所谓独立电源单独作用是指依次相继地只保留一个独立电源于电路中，让其发挥作用，而将其余的独立电源都置零。独立电源置零就是使独立电压源的电压和独立电流源的电流取零值。电压源电压为零时，电压源相当于短路；电流源电流为零时，电流源相当于开路。因此，独立电源置零就是将独立电压源用短路代之，独立电流源用开路代之。

下面以图 2-25（a）所示电路为例，进一步说明叠加定理的内容。我们选取图 2-25（a）所示电路中 $R_1$ 上的电压 $u_1$ 和 $R_2$ 中的电流 $i_2$ 作为待求变量，应用叠加定理进行分析。图 2-25（a）所示电路中任一支路的电压和电流都是电路中独立电压源 $u_S$ 和独立电流源 $i_S$ 共同作用产生的。叠加定理告诉我们，$u_S$ 和 $i_S$ 共同作用时在电路中任一支路中产生的电压或电流，等于 $u_S$ 和 $i_S$ 分别单独作用时在该支路中产生的电压或电流的叠加。为了求得 $u_S$ 和 $i_S$ 共同作用时在 $R_1$ 上产生的电压 $u_1$ 和在 $R_2$ 中产生的电流 $i_2$，可先求得 $u_S$ 和 $i_S$ 分别单独作用时在 $R_1$ 上产生的电压和在 $R_2$ 中产生的电流。

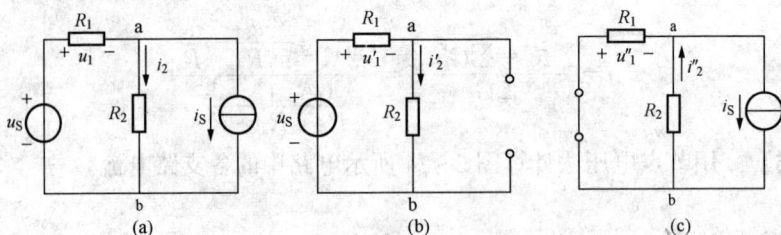

图 2-25 叠加定理
(a) 电压源和电流源共同作用；(b) 电压源单独作用；(c) 电流源单独作用

电压源 $u_S$ 单独作用，即将电压源 $u_S$ 保留在电路中，将电流源 $i_S$ 用开路代之。$u_S$ 单独作用时的电路如图 2-25（b）所示。此时 $R_1$ 上的电压和 $R_2$ 中的电流分别为

$$u'_1 = \frac{R_1}{R_1 + R_2} u_S$$

$$i'_2 = \frac{1}{R_1 + R_2} u_S$$

电流源 $i_S$ 单独作用，即将电流源 $i_S$ 保留在电路中，将电压源 $u_S$ 用短路代之。$i_S$ 单独作用时的电路如图 2-25（c）所示。此时 $R_1$ 上的电压和 $R_2$ 中的电流分别为

---

[1] 定理的一般性表述应为：任一具有唯一解的线性网络的全体激励共同作用在网络中任一部分所产生的响应，等于各个激励单独作用在该部分所产生的响应的代数和。定理中所说的线性网络具有唯一解是指对于任意一组确定的激励，网络中任一支路电流、任意两节点间的电压都具有唯一的确定值。这里所说的激励包括独立电源的电压或电流及储能元件的初始状态；响应是指任一支路的电流或任意两节点间的电压及这些电压和电流的线性组合。

$$u_1'' = \frac{R_1 R_2}{R_1 + R_2} i_S$$

$$i_2'' = \frac{R_1}{R_1 + R_2} i_S$$

叠加定理指出，$u_1$ 等于 $u_1'$ 和 $u_1''$ 的代数和，$i_2$ 等于 $i_2'$ 和 $i_2''$ 的代数和。求代数和时，应根据电压和电流的参考方向确定各量前面的正负号。因为 $u_1'$ 和 $u_1''$ 的参考方向均与 $u_1$ 的参考方向一致，故它们前面应取"＋"号；因 $i_2'$ 的参考方向与 $i_2$ 的参考方向一致，故 $i_2'$ 前面应取"＋"号；因 $i_2''$ 的参考方向与 $i_2$ 的参考方向相反，故 $i_2''$ 前面应取"－"号。于是可得

$$u_1 = u_1' + u_1'' = \frac{R_1}{R_1 + R_2} u_S + \frac{R_1 R_2}{R_1 + R_2} i_S$$

$$i_2 = i_2' - i_2'' = \frac{1}{R_1 + R_2} u_S - \frac{R_1}{R_1 + R_2} i_S$$

理论和实践都可以证明叠加定理的正确性，有关叠加定理的严格的理论证明，可阅读其他教材。下面我们仅针对图 2-25（a）所示电路，用节点电压法来验证叠加定理的正确性。用节点电压法求得图 2-25（a）所示电路 a、b 两点间电压为

$$u_{ab} = \frac{\dfrac{u_S}{R_1} - i_S}{\dfrac{1}{R_1} + \dfrac{1}{R_2}} = \frac{R_2}{R_1 + R_2} u_S - \frac{R_1 R_2}{R_1 + R_2} i_S$$

进而求得 $u_1$ 和 $i_2$，即

$$u_1 = u_S - u_{ab} = \frac{R_1}{R_1 + R_2} u_S + \frac{R_1 R_2}{R_1 + R_2} i_S$$

$$i_2 = \frac{u_{ab}}{R_2} = \frac{1}{R_1 + R_2} u_S - \frac{R_1}{R_1 + R_2} i_S$$

从以上结果可以看出，电压源 $u_S$ 和电流源 $i_S$ 共同作用时在 $R_1$ 上产生的电压 $u_1$ 和在 $R_2$ 上产生的电流 $i_2$，确实等于 $u_S$ 和 $i_S$ 分别单独作用时在 $R_1$ 上产生的电压 $u_1'$、$u_1''$ 和在 $R_2$ 中产生的电流 $i_2'$、$i_2''$ 的叠加。

**二、定理应用**

1. 应用叠加定理求解电路的步骤

（1）画出各独立电源单独作用时的电路图；

（2）计算在各独立电源单独作用下产生的、与待求量相对应的电压或电流；

（3）将各独立电源单独作用时所产生的电流或电压叠加起来，从而求出所有独立电源共同作用时所产生的电压或电流。

2. 应用叠加定理时应注意的问题

（1）叠加定理只适用于线性电路，不适用于非线性电路。

（2）叠加定理只适用于计算电路中的电压和电流，不能直接用于计算功率，因为一般情况下，若干个独立电源共同作用时对某支路提供的功率，不等于各个独立电源单独作用时对该支路提供的功率的叠加。

（3）各个独立电源单独作用时，其他独立电源均应置零，即其他电压源用短路代替，其他电流源用开路代替，此时电路中的非独立电源元件如受控源、电阻元件等，均应保留在电

路中，不应更动。

（4）叠加时，应根据电流和电压的参考方向来确定代数和中的正负号。当独立电源单独作用时产生的电压或电流的参考方向与原电路图中（所有独立电源共同作用时的电路）对应的电压或电流的参考方向一致时，该电压或电流前面取正号，反之取负号。

【例 2-16】 图 2-26（a）所示桥形电路中，$R_1=2\Omega$，$R_2=3\Omega$，$R_3=2\Omega$，$R_4=1\Omega$，$U_S=12V$，$I_S=5A$。试用叠加定理计算电路中电压 $U$ 和电流 $I$。

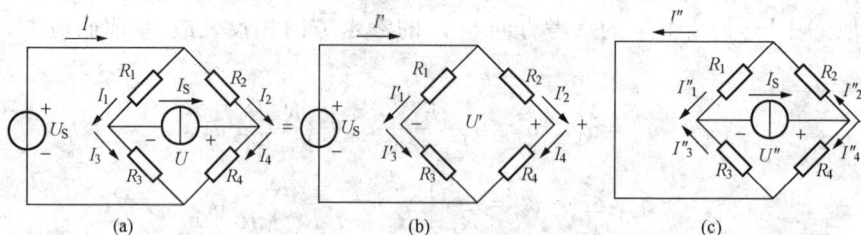

图 2-26　［例 2-16］的图
(a) 原始电路；(b) 电压源单独作用的电路；
(c) 电流源单独作用的电路

**解** （1）画出各独立电源单独作用时的电路图。电压源 $U_S$ 单独作用时的电路如图 2-26（b）所示，电流源 $I_S$ 单独作用时的电路如图 2-26（c）所示。

（2）计算在各独立电源单独作用下产生的、与待求量相对应的电压或电流。电压源 $U_S$ 单独作用时在 $U$ 和 $I$ 所在支路产生的电压 $U'$ 和电流 $I'$ 为

$$I_1' = \frac{U_S}{R_1+R_3} = \frac{12}{2+2} = 3(A)$$

$$I_2' = \frac{U_S}{R_2+R_4} = \frac{12}{3+1} = 3(A)$$

$$I' = I_1' + I_2' = 3+3 = 6(A)$$

$$U' = R_1 I_1' - R_2 I_2' = 2\times3 - 3\times3$$
$$= -3(V)$$

电流源 $I_S$ 单独作用时在 $U$ 和 $I$ 所在支路产生的电压 $U''$ 和电流 $I''$ 为

$$I_1'' = \frac{R_3}{R_1+R_3}I_S = \frac{2}{2+2}\times5 = 2.5(A)$$

$$I_2'' = \frac{R_4}{R_2+R_4}I_S = \frac{1}{3+1}\times5 = 1.25(A)$$

$$I'' = I_2'' - I_1'' = 1.25 - 2.5 = -1.25(A)$$

$$U'' = R_1 I_1'' + R_2 I_2'' = 2\times2.5 + 3\times1.25$$
$$= 8.75(V)$$

（3）将各独立电源单独作用时所产生的电流或电压叠加起来，从而求出所有独立电源共同作用时所产生的电压或电流。要求的电流、电压为

$$I = I' - I'' = 6-(-1.25) = 7.25(A)$$
$$U = U' + U'' = -3 + 8.75 = 5.75(V)$$

## 第九节　戴维南定理和诺顿定理

### 一、戴维南定理

（一）定理内容

定理表述❶：一个含有独立电源的线性电阻性二端网络，对外电路而言，可以用一个电压源与电阻的串联组合来等效替代，此电压源的电压等于二端网络的开路电压，该电阻等于将二端网络内部的所有独立电源置零后，从二端网络端口看进去的等效电阻。上述电压源与电阻的串联组合称为戴维南等效电路，戴维南等效电路中的电阻称为戴维南等效电阻。

图 2-27（a）中的网络 $N_S$ 为一个含有独立电源的线性电阻性二端网络，它的端口处接有外电路。戴维南定理告诉我们，在计算外电路中的电压和电流时，二端网络 $N_S$ 可以用一个电压源 $u_S$ 和电阻 $R_o$ 的串联组合来等效替代，替代后的电路如图 2-27（b）所示。图 2-27（b）中电压源的电压 $u_S$ 等于二端网络 $N_S$ 的开路电压 $u_{oc}$。$N_S$ 的开路电压 $u_{oc}$ 就是把外电路移去，使 $N_S$ 的两端点之间断开时的端口电压，如图 2-27（c）所示。图 2-27（b）中的电阻 $R_o$ 等于将 $N_S$ 内部所有独立电源置零后，从端口处看进去的等效电阻 $R_{eq}$。将有源二端网络 $N_S$ 内所有独立电源置零，就是将 $N_S$ 内部所有电压源用短路替代，所有电流源用开路替代。将 $N_S$ 内所有独立电源置零后得到一个无源二端网络 $N_0$，如图 2-27（d）所示，从 $N_0$ 的端口看进去的等效电阻即为 $R_{eq}$。这里为了叙述方便，将含有独立电源的二端网络称为有源二端网络，将不含有独立电源的二端网络称为无源二端网路。

根据戴维南定理可以得到下述推论：任何线性电阻性无源二端网络，对于外电路而言，可以用一个电阻元件等效替代。

定理证明在这里从略，若需要了解，可参阅其他教材。

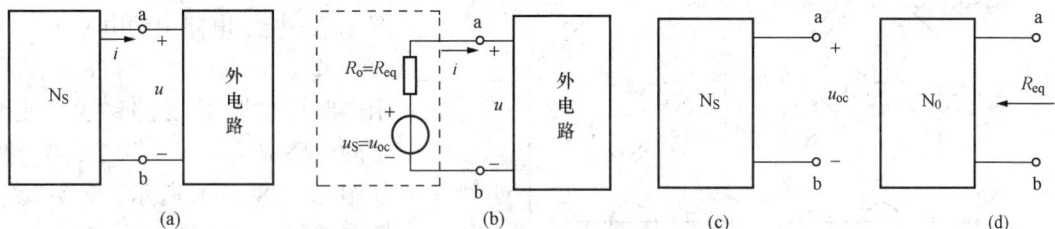

图 2-27　戴维南定理

(a) 电阻性二端网络 $N_S$；(b) $N_S$ 的等效电路；(c) $N_S$ 的开口电压 $u_{oc}$；(d) 戴维南等效电阻

（二）定理应用

1. 应用戴维南定理求解电路的步骤

（1）移去待求变量所在的支路（或移去一个二端电路），使余下的电路成为一个有源二

---

❶　定理限制条件为：

（1）有源二端网络必须是线性网络；

（2）外电路与有源二端网络之间不允许有互感元件或受控源等耦合；

（3）有源二端网络与外电路连接后，电路应具有唯一解。

定理适用于满足上述条件的任何网络。

端网络，用网络分析的方法，求得有源二端网络的开路电压 $u_{oc}$；

（2）将有源二端网络中的所有独立电源置零，使其成为无源二端网络，计算从该无源二端网络端口看进去的等效电阻 $R_{eq}$；

（3）根据已求得的有源二端网络的开路电压 $u_{oc}$ 和等效电阻 $R_{eq}$，构成戴维南等效电路，并用以替代对应的有源二端网络，画出替代后的等效电路；

（4）计算变换后的等效电路，求得待求量。

2. 戴维南等效电阻的计算方法

戴维南等效电阻的计算方法有以下三种：

（1）将有源二端网路中的所有独立电源置零，使之变为无源二端网路后，采用电阻串并联等效变换、Y—△等效变换等等效变换的方法求得等效电阻。这种方法对含有受控源的网络不适用。

（2）将有源二端网络中的所有独立电源置零后，在其端口处外施电压源 $u_S$ 或电流源 $i_S$，求得端口电流 $i$ 或端口电压 $u$，再用下列计算式计算戴维南等效电阻。

$$R_{eq} = \frac{u_S}{i} \text{ 或 } R_{eq} = \frac{u}{i_S} \tag{2-32}$$

这种方法对于含有受控源的二端网络较为适宜。

（3）计算出有源二端网络的开路电压 $u_{oc}$ 和短路电流 $i_{sc}$，再用下列计算式计算戴维南等效电阻。

$$R_{eq} = \frac{u_{oc}}{i_{sc}} \tag{2-33}$$

这种方法对于含有受控源的网络也是适用的。

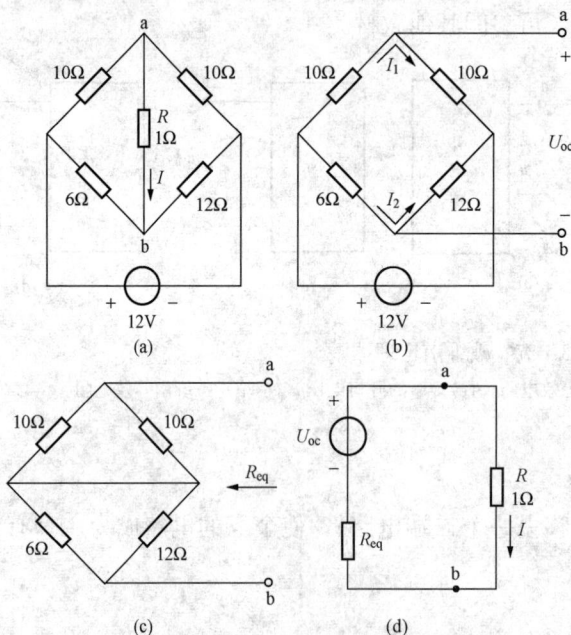

图 2-28　[例 2-17] 的图

(a) 待计算的电路；(b) 开路电压；(c) 等效电阻；(d) 等效电路

3. 定理应用举例

【例 2-17】　用戴维南定理求图 2-28 所示电路中的电流 $I$。

**解**　（1）将图 2-28（a）所示电路中电阻 $R$ 支路移去，使余下的电路成为一个有源二端网络，如图 2-28（b）所示。计算该有源二端网络的开路电压，即

$$U_{oc} = 6I_2 - 10I_1$$
$$= 6 \times \frac{12}{6+12} - 10 \times \frac{12}{10+10}$$
$$= 4 - 6 = -2(\text{V})$$

（2）将 2-28（b）所示有源二端网络中的电压源置零，使之成为一无源二端网络，如图 2-28（c）所示。计算从该无源二端网络端口看进去的等效电阻，即

$$R_{eq} = \frac{10 \times 10}{10 + 10} + \frac{6 \times 12}{6 + 12} = 5 + 4 = 9(\Omega)$$

（3）用戴维南等效电路替代图 2 - 28（b）所示有源二端网络，替代后的等效电路如图 2 - 28（d）所示。计算替代后的等效电路，可得

$$I = \frac{U_{oc}}{R_{eq} + R} = \frac{-2}{9 + 1} = -0.2(A)$$

【例 2 - 18】　在图 2 - 29 所示电路中，负载电阻 $R_L$ 为何值时，其获得的功率为最大？此最大功率为多少？

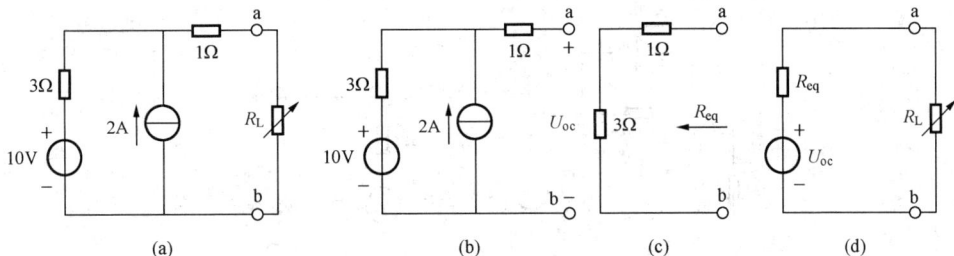

图 2 - 29　［例 2 - 18］的图
(a) 计算电路；(b) 求开路电压；(c) 求戴维南等效电阻；(d) 变换后的电路

**解**　（1）将负载电阻 $R_L$ 移去，余下的有源二端网络如图 2 - 29（b）所示。

（2）计算该有源二端网络的开路电压 $U_{oc}$，得

$$U_{oc} = 2 \times 3 + 10 = 16(V)$$

（3）将图 2 - 29（b）所示有源二端网络内所有独立电源置零，得到一个无源二端网络，如图 2 - 29（c）所示。计算该无源二端网络的等效电阻为

$$R_{eq} = 3 + 1 = 4(\Omega)$$

（4）用戴维南等效电路替代有源二端网络后，得到的等效电路如图 2 - 29（d）所示。利用求函数最值的方法可以证明，当 $R_L = R_{eq}$ 时，负载电阻 $R_L$ 获得的功率为最大，此最大值为 $P_{max} = \dfrac{U_{oc}^2}{4R_{eq}}$。因此，当 $R_L = R_{eq} = 4\Omega$ 时，负载电阻 $R_L$ 获得的功率最大，此功率值为

$$P_{max} = \frac{16^2}{4 \times 4} = 16(W)$$

【例 2 - 19】　求图 2 - 30（a）所示有源二端网络的戴维南等效电路。

**解**　（1）计算二端网络的开路电压 $u_{oc}$。对图 2 - 30（b）所示电路应用 KVL，得

$$u_{oc} = 2 \times 2u_{oc} + 3$$

进而求得

$$u_{oc} = -1V$$

（2）求戴维南等效电阻。

**方法一**：计算有源二端网络的短路电流 $i_{sc}$。计算电路如图 2 - 30（c）所示，a、b 两点短路时，$u = 0$，受控电流源的电流为零。受控电流源两端点相当于开路，故有

$$i_{sc} = \frac{3}{2 + 1} = 1(A)$$

用有源二端网络的开路电压 $u_{oc}$ 除以短路电流 $i_{sc}$，求得戴维南等效电阻 $R_{eq}$，即

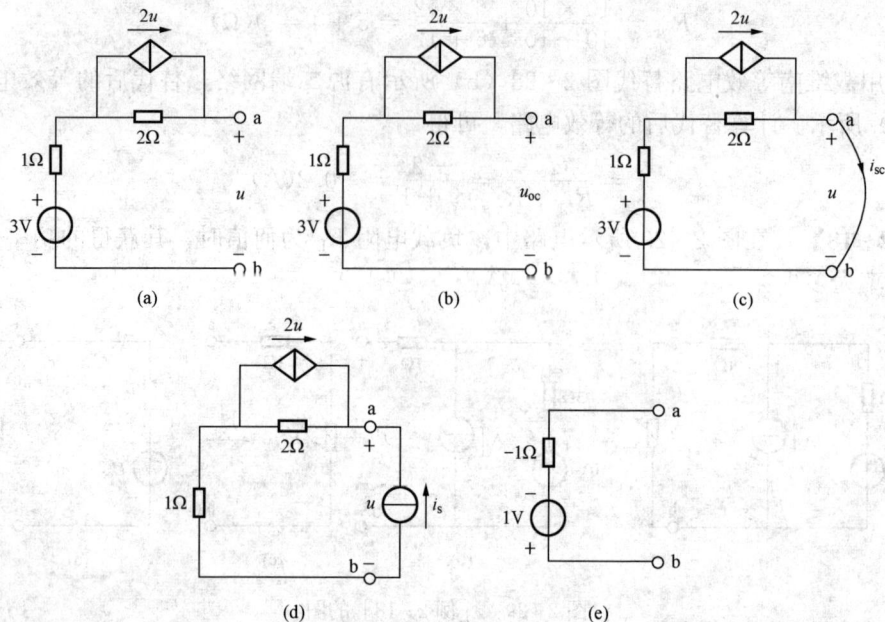

图 2 - 30　〔例 2 - 19〕的图

(a) 计算电路；(b) 求开路电压；(c) 求短路电流；(d) 外加电流源求电压；(e) 戴维南等效电路

$$R_{eq} = \frac{u_{oc}}{i_{sc}} = \frac{-1}{1} = -1\Omega$$

方法二：将有源二端网络内所有独立电源置零后，在端口处外加一电流源 $i_s$，如图 2 - 30 (d) 所示。对图 2 - 30 (d) 所示电路应用 KVL，列出回路电压方程为

$$(2u + i_s) \times 2 + i_s - u = 0$$

进而求得二端网络端口电压，即

$$u = -i_s$$

该二端网络端口电压 $u$ 除以电流源电流 $i_s$ 即为戴维南等效电阻，即

$$R_{eq} = \frac{u}{i_s} = \frac{-i_s}{i_s} = -1(\Omega)$$

(3) 画出有源二端网络的戴维南等效电路，如图 2 - 30 (e) 所示。

## 二、诺顿定理

### (一) 定理内容

定理表述：一个含有独立电源的线性电阻性二端网络，对外电路而言，可以用一个电流源与电阻的并联组合来等效替代，此电流源的电流等于二端网络的短路电流，该电阻等于将二端网络内部所有独立电源置零后，从二端网络端口看进去的等效电阻。定理中所说的电流源与电阻的并联组合可称为诺顿等效电路。

图 2 - 31 (a) 中，$N_S$ 为一含有独立电源的线性电阻性二端网络，它通过两个引出端钮与外电路连接。诺顿定理告诉我们，在分析计算外电路中的电压和电流时，有源二端网络 $N_S$ 可用一个电流源 $i_s$ 与电阻 $R_0$ 的并联组合来等效替代。替代后的电路如图 2 - 31 (b) 所示，电流源的电流 $i_s$ 等于二端网络 $N_S$ 的短路电流 $i_{sc}$。$N_S$ 的短路电流就是在 $N_S$ 的引出端钮 a、b 短接的情况下，通过端线的电流，如图 2 - 31 (c) 所示。图 2 - 31 (b) 中

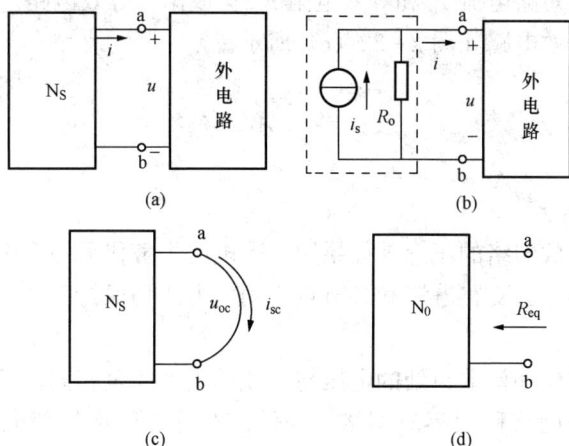

图 2 - 31　诺顿定理

（a）电阻性二端网络 $N_S$；（b）$N_S$ 的等效电路；（c）$N_S$ 的短路电流；（d）$N_0$ 的等效电阻

的电阻 $R_o$ 等于将 $N_S$ 内部的所有独立电源置零，使之成为无源二端网络 $N_0$ 后，从端口处看进去的等效电阻 $R_{eq}$，如图 2 - 31（d）所示。

（二）定理应用

**【例 2 - 20】**　求图 2 - 32（a）所示二端网络的诺顿等效电路。

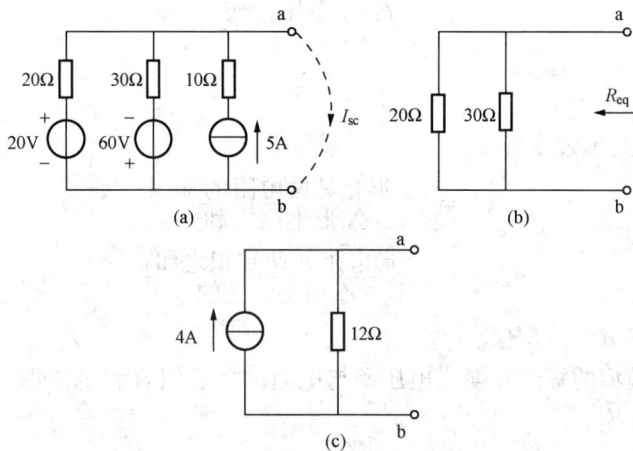

图 2 - 32　［例 2 - 20］的图

（a）有源二端网络及其短路电流；（b）等效电阻；（c）诺顿等效电路

**解**　（1）计算有源二端网络的短路电流。当 a、b 两端短路时，通过引出端钮的电流为

$$I_{sc} = \frac{20}{20} - \frac{60}{30} + 5 = 4(A)$$

（2）将有源二端网络内所有独立电源置零，使之成为无源二端网络，计算从该二端网络端口看进去的等效电阻。将图 2 - 32（a）所示二端网路内部所有独立电源置零后得到的无源二端网络如图 2 - 32（b）所示，从该二端网络端口看进去的等效电阻为

$$R_{eq} = \frac{30 \times 20}{30 + 20} = 12(\Omega)$$

(3) 根据已求得的短路电流 $I_{sc}$ 和等效电阻 $R_{eq}$ 构成诺顿等效电路。图 2-32 (a) 所示的有源二端网络的诺顿等效电路如图 2-32 (c) 所示。

# 本 章 小 结

1. 网络的等效变换

(1) 等效变换和等效网络的概念。如果用一个电路去替代另一个电路中的某一部分，替代后电路中未被替代部分各支路电流和各节点之间的电压均保持不变，则这种变换称为等效变换。

如果两个网络的对应外接端钮处的电压与电流的关系完全相同，即两网络具有完全相同的外部特性，则这两个网络称为等效网络。等效是对等效网络外部电路而言，其内部未必等效。

(2) 电阻串联电路的等效变换。

等效电阻 $$R = \sum_{k=1}^{n} R_k$$

分压公式 $$u_i = \frac{R_i}{R}u$$

(3) 电阻并联电路的等效变换。

等效电导 $$G = \sum_{k=1}^{n} G_k$$

分流公式 $$i_i = \frac{G_i}{G}i$$

(4) 电阻的 Y—△ 等效变换

$$R_Y = \frac{\triangle \, 形相邻两电阻的乘积}{\triangle \, 形电阻之和}$$

$$R_\triangle = \frac{Y形电阻两两乘积之和}{Y形中不相关联端的电阻}$$

三个电阻相等时，有 $R_\triangle = 3R_Y$。

(5) 两种电源模型的等效互换。电压源与电阻的串联组合和电流源与电阻的并联组合，两者之间可以等效互换。

等效互换条件为 $R_o = R_o'$，$u_S = R_o i_S$。

2. 网络方程法

(1) 支路电流法。以支路电流作为求解对象，对独立节点和独立回路应用 KCL 和 KVL，建立独立的 KCL 方程和 KVL 方程，通过求解电路方程求得支路电流，进而求得其他变量。

具有 $n$ 个节点，$b$ 条支路的网络，独立节点数为 $n-1$，独立回路数为 $b-(n-1)$。平面电路中网孔就是独立回路。支路电流法对支路较少的电路较为适宜。

(2) 网孔电流法。以网孔电流作为求解对象，对网孔应用 KVL，建立网孔电流方程，通过求解网孔电流方程求得网孔电流，进而求得支路电流及其他变量。

网孔电流法只适用于平面电路，网孔电流法对于网孔数目较少的电路较为适宜。

（3）节点电压法。以节点电压作为求解对象，用节点电压表示支路电流，对电路中非参考节点应用 KCL，建立节点电压方程，通过求解节点电压方程求得节点电压，进而求得支路电流及其他变量。

节点电压法对节点较少的电路较为适宜。对于只有两个节点的电路，可直接应用节点电压公式来求节点电压，即可用弥尔曼定理求解节点电压，节点电压的计算公式为

$$u_{10} = \frac{\sum G_k u_{Sk} + \sum i_{Sk}}{\sum G_k}$$

3. 网络定理

（1）叠加定理。线性网络中，所有独立电源共同作用在电路中任一支路中所产生的电流或电压，等于各个独立电源单独作用在该支路中所产生的电流或电压的代数和。

（2）戴维南定理。含独立电源的线性电阻性二端网络，对外电路而言，可以用一个电压源与电阻的串联组合来等效替代。该电压源电压等于有源二端网络的开路电压，电阻等于将有源二端网络内部的所有独立电源置零后，从端口看进去的等效电阻。

（3）诺顿定理。含独立电源的线性电阻性二端网络，对外电路而言，可以用一个电流源与电阻的并联组合来等效替代。该电流源电流等于有源二端网络的短路电流；电阻等于将有源二端网络内部的所有独立电源置零后，从端口看进去的等效电阻。

求二端网络的戴维南等效电阻的方法有三种：①等效变换法；②外加电源法；③求开路电压与短路电流的比值法。

## 习　　题

2-1　下列有关等效网络的论述中错误的是（　　）

　A. 如果两个二端网络分别接到某一外电路时，它们的引出端钮之间电压相等，引出端钮的电流相等，则这两个网络就是等效网络。

　B. 如果两个网络分别外接任何相同的电路时，它们都具有相同的端钮电压和相同的端钮电流，则这两个网络就是等效网络。

　C. 如果两个网络是等效网络，则这两个网络对于任意外电路都是等效的，但当它们分别与相同的外电路连接时，它们内部所发生的物理情况未必相同。

　D. 如果两个网络具有相同的外部特性，即两网络对应的引出端钮间的电压与引出端钮处对应的支路电流的关系相同，则这两个网络是等效网络。

2-2　电阻 $R_1$ 和 $R_2$ 并联后再与电阻 $R_3$ 串联，外接电压源 $U_S$；当 $R_1$ 的阻值增大时，通过电阻 $R_2$ 的电流（　　）

　A. 增大。　　　　　B. 减小。　　　　　C. 不变。　　　　　D. 变化情况无法确定。

2-3　下述有关等效变换的说法中错误的是（　　）

　A. 网络中没有电流的支路可以把它断开；等电位点可用理想导线把它们互连。

　B. 电压为零的电压源可用开路代之；电流为零的电流源可用短路代之。

　C. 伏安特性曲线与电压轴重合的电阻元件可用开路代之，伏安特性曲线与电流轴重合的电阻元件可用短路代之。

　D. 电压源与任何元件（除与电压源有耦合关系的元件和电压不等的电压源）并联的

组合,对于外电路而言,等效于这个电压源;电流源与任何元件(除与电流源有耦和关系的元件和电流不等的电流源)串联的组合,对于外电路而言,等效于这个电流源。

  E. 任何一个由电阻元件组成的二端网络都可以用一个电阻元件来等效替代。

2-4 下述有关叠加定理的论述中正确的是(  )

  A. 叠加定理适用于任何集中参数电路。

  B. 叠加定理不仅适用于线性电阻性网络,也适用于含有线性电感元件和线性电容元件的网路。

  C. 叠加定理只适用于直流电路,不适用于交流电路。

  D. 线性电路中任一支路的电压或电流以及任一元件的功率都满足叠加定理。

2-5 下述有关戴维南定理和诺顿定理的论述中正确的是(  )

  A. 戴维南定理和诺顿定理仅适用于线性网络,不适用于非线性网络。

  B. 戴维南定理和诺顿定理只适用电阻性网络,不适用于含有动态元件的电路。

  C. 戴维南定理和诺顿定理只适用于直流电路,不适用于交流电路。

  D. 戴维南定理和诺顿定理适用于任何集中参数电路。

2-6 在只有两个节点的线性电阻性有源网络中,有一个纯电阻支路,若该支路电阻值增大,则网络中两节点之间的电压将(  )

  A. 增大。    B. 减小。    C. 不变。    D. 变化情况无法确定。

2-7 在一个含有独立电源的线性电阻性网络中,当其中一个独立电压源的电压由10V增加为12V时,某一支路电流由4A变为3A。当该电压源电压为18V时,这一支路的电流为(  )

  A. 7.2A。    B. 4A。    C. 8A。    D. 0A。

2-8 求图2-33所示电路的等效电阻$R_{ab}$。

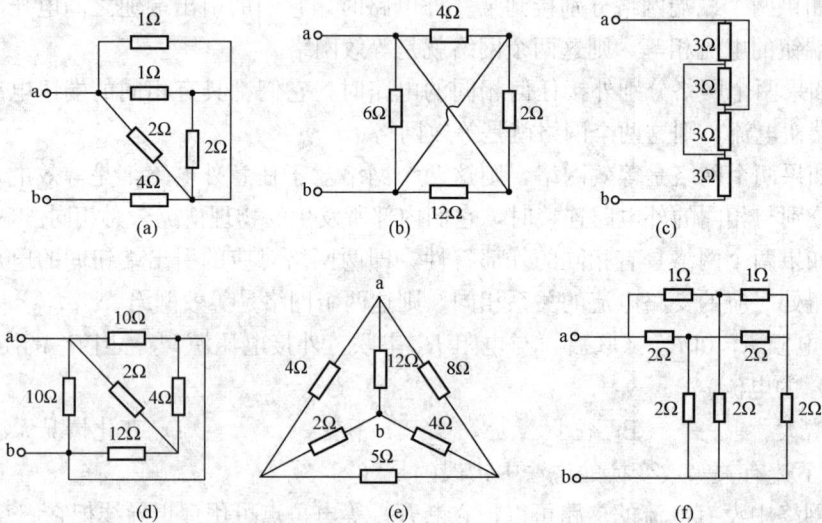

图2-33 习题2-8的图

2-9 电阻$R_1$ $R_2$串联后接在36V的电源上,电流为4A;并联后接在同一电源上,电流为18A。试问:

（1）电阻 $R_1$ 和 $R_2$ 为多少？

（2）并联时，每个电阻吸收的功率为串联时的多少倍？

2-10　求图2-34所示电路中的电流 $I$。

2-11　有一无源二端电阻网络，当端口电压为10V时，端口电流为2A，已知该电阻网络由四个3Ω的电阻构成，试问这四个电阻如何连接？

2-12　通过实验测取一直流电源的伏安特性曲线经近似处理后为一条直线，如图2-35所示，该直流电源电路模型中的电压源电压及串联电阻各为多少？

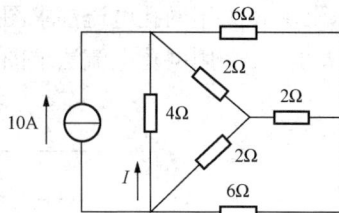

图2-34　习题2-10的图

2-13　用等效变换法化简图2-36所示各网络。

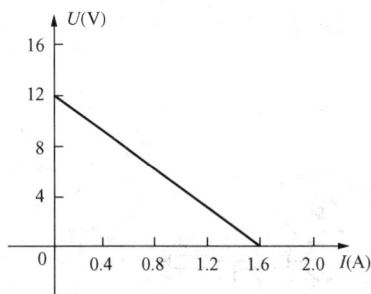

图2-35　习题2-12的图

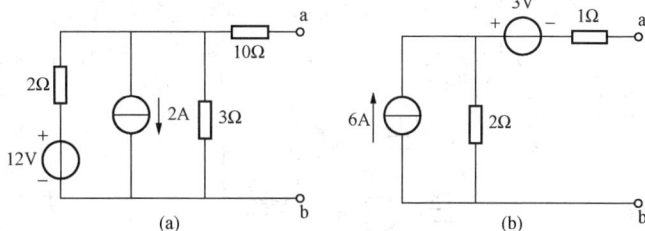

图2-36　习题2-13的图

2-14　用电源的等效变换法求图2-37所示电路中的电流 $I$ 和电压 $U$。

2-15　用电源的等效变换法求图2-38所示电路中的电流 $I$。

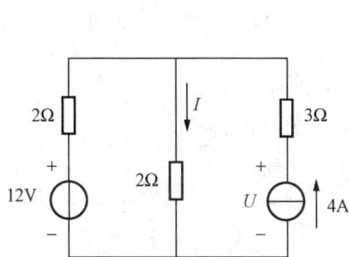

图2-37　习题2-14的图

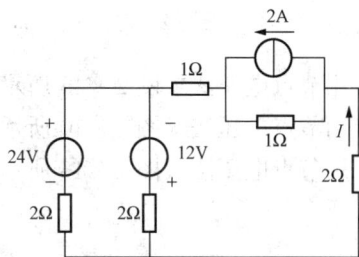

图2-38　习题2-15的图

2-16　用支路电流法求图2-39所示电路中的各支路电流。

2-17　用支路电流法求图2-40所示电路中的各支路电流。

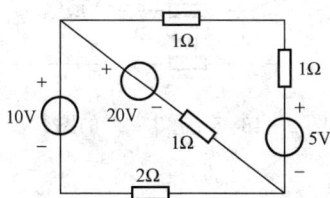

图2-39　习题2-16的图

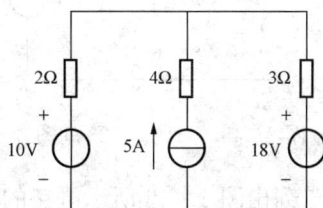

图2-40　习题2-17的图

2-18　用网孔电流法求图 2-41 所示电路中的各支路电流。

2-19　用网孔电流法求图 2-42 所示电路中的各支路电流。

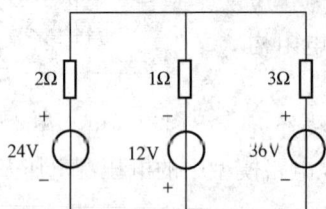

图 2-41　习题 2-18 的图　　　　　图 2-42　习题 2-19 的图

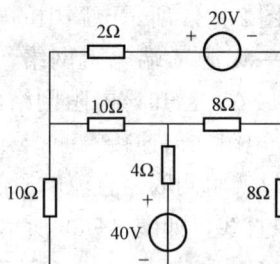

2-20　用网孔电流法求图 2-40 所示电路中的各支路电流。

2-21　列出图 2-43 所示电路的网孔电流方程。

2-22　用节点电压法求图 2-44 所示电路中的各支路电流。

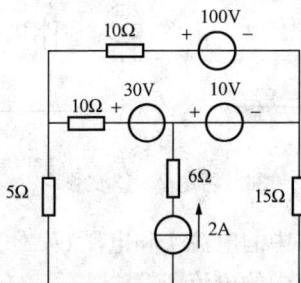

图 2-43　习题 2-21 的图　　　　　图 2-44　习题 2-22 的图

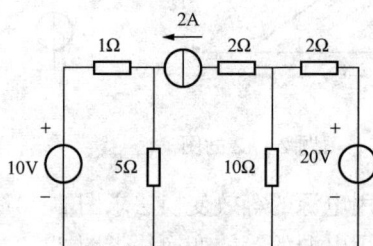

2-23　用节点电压法求图 2-45 所示电路中的电流 $I$。

2-24　用节点电压法求图 2-40 所示电路中的各支路电流。

2-25　用节点电压法求图 2-46 所示电路中的各支路电流。

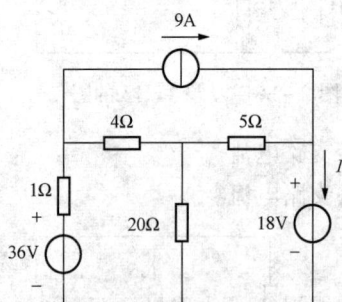

图 2-45　习题 2-23 的图　　　　　图 2-46　习题 2-25 的图

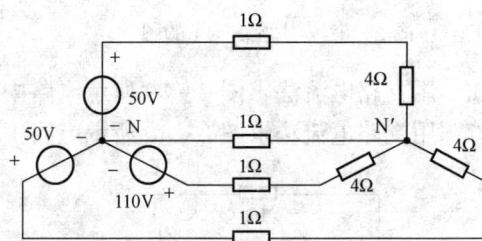

2-26　列出图 2-43 所示电路的节点电压方程。

2-27　列出图 2-47 所示电路的节点电压方程。

2-28　用叠加定理求图 2-40 所示电路中电流源的电压。

2-29　应用叠加定理求图2-48所示电路中的电流 $I$ 和电压 $U$。

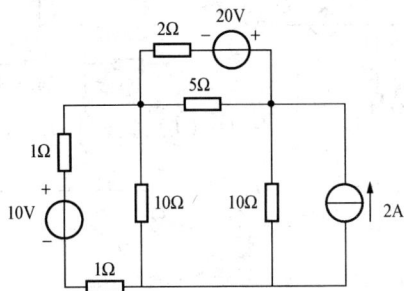

图2-47　习题2-27的图　　　　图2-48　习题2-29的图

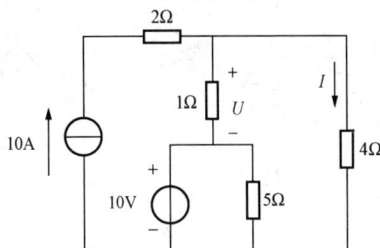

2-30　应用叠加定理求图2-49所示电路中的电压 $U$。

2-31　求图2-50所示各网络的戴维南等效电路和诺顿等效电路。

2-32　应用戴维南定理求图2-51所示电路中的电流 $I$。

2-33　图2-52所示电路中电阻 $R_L$ 等于多大时，它吸收的功率为最大？此最大功率为多少？

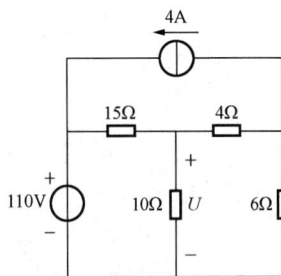

图2-49　习题2-30的图

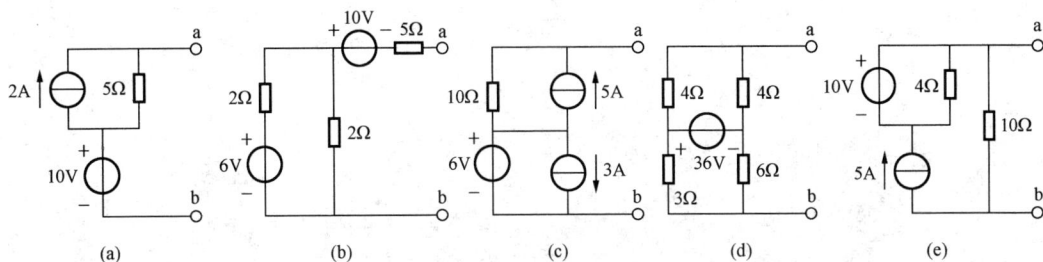

(a)　　　(b)　　　(c)　　　(d)　　　(e)

图2-50　习题2-31的图

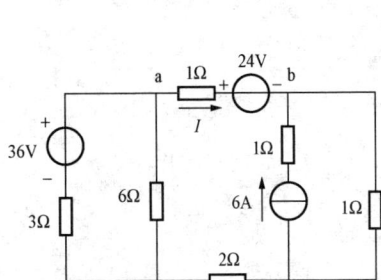

图2-51　习题2-32的图　　　　图2-52　习题2-33的图

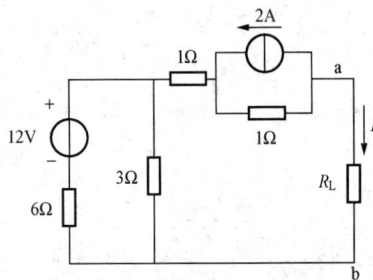

\*2-34　求图2-53所示电路各支路电流。

\*2-35　求图2-54所示有源二端网络的戴维南等效电路。

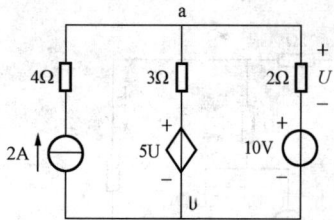

图 2-53 习题 2-34 的图

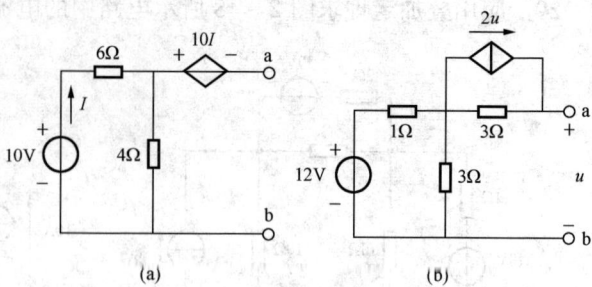

图 2-54 习题 2-35 的图

*2-36 图 2-55 所示电路中 $R_L$ 为何值时,它所吸收的功率为最大?此最大功率为多少?

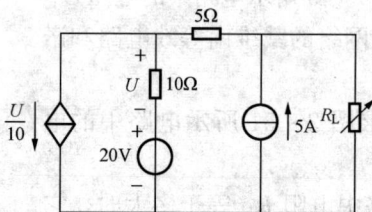

图 2-55 习题 2-36 的图

# 第三章 单相正弦交流电路

## 第一节 正弦交流电的基本概念

在一个周期内平均值等于零的周期电压、周期电流、周期电动势分别称为交流电压、交流电流、交流电动势。按正弦规律变化的物理量统称为正弦量。随时间按正弦规律变化的电流、电压、电动势分别称为正弦电流、正弦电压、正弦电动势，统称为正弦交流电。如果电路中通过的是交流电流，则称此电路为交流电路。如果电路中所有电压、电流、电动势都是正弦量，则称这样的电路为正弦交流电路。

在一定的参考方向下，正弦电流可表示为

$$i = I_m \sin(\omega t + \psi_i) \qquad (3-1)$$

式（3-1）为正弦电流的数学表达式，它表明电流 $i$ 是时间 $t$ 的正弦函数。这一函数的图象如图 3-1 所示，这种表示电流随时间变化的规律的曲线称为电流的波形。从数学表达式或波形图可以看到，正弦电流不仅大小随时间变化，方向也随时间反复交替地变化。这是因为电流 $i$ 不仅数值随时间变化，且电流的正负也随时间变化，而电流值的正负反映着电流的方向。当电流为正值时，表示电流的实际方向与参考方向一致；当电流为负值时，表示电流的实际方向与参考方向相反。

正弦量的主要特征表现在它的大小、变化的快慢及变化的进程三个方面。下面分别介绍描述这三个方面特征的特征量。

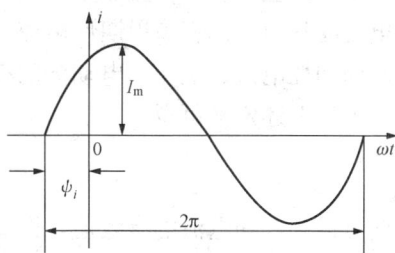

图 3-1 正弦电流的波形图

### 一、周期、频率与角频率

由数学上关于函数周期的定义可知，正弦量完成一个循环的变化所需要的时间，称为它的周期，用 $T$ 表示，周期的单位为 s（秒）。

正弦量在单位时间内变化所完成的循环数，称为它的频率，用 $f$ 表示，频率的单位为 Hz（赫兹）。

由定义可知，频率等于周期的倒数，即

$$f = \frac{1}{T} \qquad (3-2)$$

我国和世界大多数国家规定，工业用电标准频率（简称工频）为 50Hz。有些国家，如美国、日本等，规定工业用电标准频率为 60Hz。

周期和频率表示正弦量变化的快慢，周期愈大，正弦量变化愈慢；频率愈高，正弦量变化愈快。正弦量变化的快慢除可用周期和频率来表示外，还可用角频率 $\omega$ 来表示。所谓角频率是指正弦量在单位时间内变化的角度，即每秒变化的弧度数。因为正弦量完成一个循环的变化，经历了 $2\pi$ 弧度，所用的时间为一个周期 $T$，所以角频率与周期和频率之间的关系为

$$\omega = \frac{2\pi}{T} = 2\pi f \qquad (3-3)$$

角频率的单位为 rad/s（弧度/秒）。角频率愈高，正弦量变化愈快。

【例 3 - 1】 已知电流 $i = 20\sin(100\pi t - 30°)\text{A}$，试求该电流的周期 $T$ 和频率 $f$。

**解**

$$\omega = 100\pi(\text{rad/s})$$

$$f = \frac{\omega}{2\pi} = \frac{100\pi}{2\pi} = 50(\text{Hz})$$

$$T = \frac{1}{f} = \frac{1}{50} = 0.02(\text{s})$$

### 二、瞬时值、幅值与有效值

随时间变化的电压或电流在某一时刻的数值，称为电压或电流在该时刻的瞬时值。正弦量在变化过程中出现的最大瞬时值称为正弦量的幅值或最大值，用大写字母加下标 m 来表示，如 $I_{\text{m}}$、$U_{\text{m}}$ 及 $E_{\text{m}}$ 分别表示电流、电压及电动势的幅值。

工程上，一般所说的正弦量的大小都是指有效值，电气设备铭牌上所标明的额定电压和额定电流也都是有效值，大多数交流电压表和交流电流表所指示的读数也是有效值。因为有效值更能确切地反映出正弦量在电功率、电能和机械力等方面的平均效果。

以电流为例，给出有效值的定义：如果一个周期性电流 $i$ 通过某一电阻 $R$，在一个周期内产生的热量与另一个直流电流 $I$ 通过电阻 $R$ 在相等的时间内产生的热量相等，则将此直流电流的数值 $I$ 称为该周期性电流 $i$ 的有效值。有效值用大写字母表示，如 $I$、$U$、$E$ 分别表示周期性电流、电压、电动势的有效值。

根据上述定义可得

$$\int_0^T i^2 R \mathrm{d}t = I^2 RT$$

由此可得到周期电流的有效值，即

$$I = \sqrt{\frac{1}{T}\int_0^T i^2 \mathrm{d}t} \tag{3-4}$$

对于周期电压和周期电动势，可以仿照电流给出其有效值的定义。它们的定义式分别为

$$U = \sqrt{\frac{1}{T}\int_0^T u^2 \mathrm{d}t} \tag{3-5}$$

$$E = \sqrt{\frac{1}{T}\int_0^T e^2 \mathrm{d}t} \tag{3-6}$$

从式（3-4）～式（3-6）可以看出，周期量的有效值等于它的瞬时值的平方在一个周期内的平均值的平方根，因此有效值又称为方均根值。

当电流为正弦量时，如电流为 $i = I_{\text{m}}\sin(\omega t + \psi_i)$ 时，其有效值为

$$I = \sqrt{\frac{1}{T}\int_0^T I_{\text{m}}^2 \sin^2(\omega t + \psi_i)\mathrm{d}t}$$

$$= \sqrt{\frac{1}{2T}\int_0^T I_{\text{m}}^2[1 - \cos 2(\omega t + \psi_i)]\mathrm{d}t} = \frac{I_{\text{m}}}{\sqrt{2}} \tag{3-7}$$

同理，正弦电压和正弦电动势的有效值为

$$U = \frac{U_{\text{m}}}{\sqrt{2}} \tag{3-8}$$

$$E = \frac{E_{\mathrm{m}}}{\sqrt{2}} \tag{3-9}$$

式（3-7）～式（3-9）表明，正弦交流电的最大值等于其有效值的 $\sqrt{2}$ 倍。

**【例 3-2】** 已知电压 $u = 311\sin\left(100\pi t + \frac{\pi}{6}\right)\mathrm{V}$，试求电压的有效值 $U$ 及 $t=0.01\mathrm{s}$ 时电压的瞬时值。

**解**
$$U = \frac{U_{\mathrm{m}}}{\sqrt{2}} = \frac{311}{\sqrt{2}} = 220 \;(\mathrm{V})$$

当 $t=0.01\mathrm{s}$ 时

$$u = 311\sin\left(100\pi \times 0.01 + \frac{\pi}{6}\right) = 311\sin\left(\pi + \frac{\pi}{6}\right)$$

$$= 311 \times \left(-\frac{1}{2}\right) = -155.5(\mathrm{V})$$

### 三、相位、初相位与相位差

正弦量的数学表达式中的角度 $(\omega t + \psi_i)$〔见式（3-1）〕反映正弦量变化的进程，称为正弦量的相位角或相位。

$t=0$ 时，正弦量的相位角 $\psi_i$ 称为初相位或初相。初相位反映正弦量在计时起点的状态。初相位与参考方向和计时起点的选择有关，参考方向和计时起点选择不同，正弦量的初相位不同，其初始值（$t=0$ 时的值）也不同。

幅值、角频率（或频率）和初相位三个量能够完整地表达正弦量的特征，已知这三个量就可以确定对应的正弦量，故将幅值、角频率（或频率）和初相位称为正弦量的三要素。

在分析正弦交流电路的过程中，常常需要比较两个正弦量之间的相位关系。例如，某一电路中电压 $u$ 和电流 $i$ 是同频率的正弦量，它们的表达式分别为

$$u = U_{\mathrm{m}}\sin(\omega t + \psi_u)$$
$$i = I_{\mathrm{m}}\sin(\omega t + \psi_i)$$

$u$ 和 $i$ 的波形如图 3-2 所示。$u$ 和 $i$ 的相位之差为

$$\varphi = (\omega t + \psi_u) - (\omega t + \psi_i) = \psi_u - \psi_i \tag{3-10}$$

两个同频率的正弦量的相位角之差称为相位差，用 $\varphi$ 表示。由式（3-10）可见，两个同频率的正弦量的相位差等于它们的初相位之差。正弦量的相位是随时间变化的，正弦量的相位和初相位都与计时起点有关，但是，同频率的两个正弦量的相位差是一个与时间和计时起点无关的常数。$\varphi$ 通常在 $|\varphi| \leqslant \pi$ 的范围内取值。

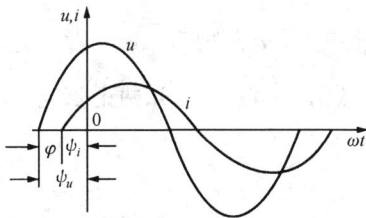

图 3-2　两个同频率正弦量的相位差

如果 $\varphi = \psi_u - \psi_i > 0$，即 $\psi_u > \psi_i$（如图 3-2 所示），可以说，电压 $u$ 在相位上超前电流 $i$ 角度 $\varphi$，或者说，电流 $i$ 在相位上滞后电压 $u$ 角度 $\varphi$。其物理意义是，$u$ 较 $i$ 先到达正的幅值（或负的幅值），$u$ 到达正幅值的时间要比 $i$ 到达正幅值的时间早 $t = \varphi/\omega$。

如果 $\varphi = \psi_u - \psi_i < 0$，即 $\psi_u < \psi_i$，这时电压 $u$ 与电流 $i$ 的相位关系刚好与上述情况相反。

如果 $\varphi = \psi_u - \psi_i = 0$，即 $\psi_u = \psi_i$，则称电压 $u$ 与电流 $i$ 同相位，简称同相。这时 $u$ 与 $i$ 的变化进程相同，即它们同时到达正的幅值（或负的幅值），如图 3-3（a）所示。

如果 $\varphi = \psi_u - \psi_i = \pi$，则称电压 $u$ 与电流 $i$ 反相。这时 $u$ 与 $i$ 的变化进程恰好相反，一个到达正的幅值，另一个则到达负的幅值，如图 3-3（b）所示。

如果 $\varphi = \psi_u - \psi_i = \pm\dfrac{\pi}{2}$，则称电压 $u$ 与电流 $i$ 正交。$\varphi = \dfrac{\pi}{2}$ 时，$u$ 和 $i$ 的波形如图 3-3（c）所示。

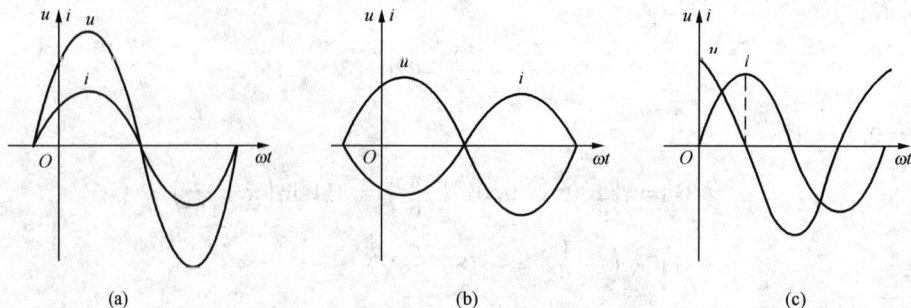

图 3-3　正弦量的同相与反相
（a）同相；（b）反相；（c）正交

**【例 3-3】**　已知电路中某条支路的电压 $u$ 和电流 $i$ 为工频正弦量，它们的最大值分别为 311V、5A，初相分别为 $\pi/6$ 和 $-\pi/3$。

（1）试写出它们的解析式。

（2）试求 $u$ 与 $i$ 的相位差，并说明它们之间的相位关系。

**解**　（1）$\omega = 2\pi f = 2\pi \times 50 = 100\pi(\text{rad/s})$

由于 $U_m = 311\text{V}, I_m = 5\text{A}, \psi_u = \dfrac{\pi}{6}, \psi_i = -\dfrac{\pi}{3}$，则

$$u = U_m \sin(\omega t + \psi_u) = 311\sin\left(100\pi t + \dfrac{\pi}{6}\right)(\text{V})$$

$$i = I_m \sin(\omega t + \psi_i) = 5\sin\left(100\pi t - \dfrac{\pi}{3}\right)(\text{A})$$

（2）$\varphi = \psi_u - \psi_i = \dfrac{\pi}{6} - \left(-\dfrac{\pi}{3}\right) = \dfrac{\pi}{2}$

在相位上，$u$ 超前 $i$ $\dfrac{\pi}{2}$，或者说，$i$ 滞后 $u$ $\dfrac{\pi}{2}$。

**【例 3-4】**　已知两正弦电压的解析式分别为

$$u_1 = -311\sin\left(314t + \dfrac{2}{3}\pi\right)\text{V}$$

$$u_2 = 537\cos\left(314t - \dfrac{1}{6}\pi\right)\text{V}$$

试求 $u_1$ 和 $u_2$ 的相位差，并说明它们之间的相位关系。

**解**　计算两正弦量的相位差时，应将正弦量的函数形式化为一致（均为正弦函数或均为余弦函数，且函数式中的正负符号也应一致）。本例中电压的解析式应变换为

$$u_1 = -311\sin\left(314t + \dfrac{2}{3}\pi\right) = 311\sin\left(314t + \dfrac{2}{3}\pi - \pi\right)$$

$$= 311\sin\left(314t - \dfrac{1}{3}\pi\right)(\text{V})$$

$$u_2 = 537\cos\left(314t - \frac{1}{6}\pi\right) = 537\sin\left(314t - \frac{1}{6}\pi + \frac{1}{2}\pi\right)$$

$$= 537\sin\left(314t + \frac{1}{3}\pi\right)(\text{V})$$

$$\varphi = \psi_1 - \psi_2 = -\frac{1}{3}\pi - \frac{1}{3}\pi = -\frac{2}{3}\pi$$

$u_1$ 在相位上滞后 $u_2$ $\frac{2}{3}\pi$。

## 第二节　正弦量的相量表示法

### 一、正弦量的旋转矢量表示法

给出一个正弦电流 $i = I_{\text{m}}\sin(\omega t + \psi_i)$，对应地在复平面（用以表示复数的坐标平面）上作一矢量 $\dot{I}'_{\text{m}}$，图 3 - 4 中从原点 O 指向 A 点的有向线段所表示的矢量 $\overrightarrow{OA}$ 即为矢量 $\dot{I}'_{\text{m}}$，它符合下述要求：①$\dot{I}'_{\text{m}}$ 的长度等于 $I_{\text{m}}$（这是指 $\dot{I}'_{\text{m}}$ 的长度与 $I_{\text{m}}$ 成正比，确切地说，$\dot{I}'_{\text{m}}$ 的长度代表电流 $i$ 的幅值 $I_{\text{m}}$）；②$\dot{I}'_{\text{m}}$ 以角速度 $\omega$ 绕原点沿逆时针方向旋转；③$\dot{I}'_{\text{m}}$ 的初始位置（$t=0$ 时的位置）与横轴正方向的夹角等于电流 $i$ 的初相位 $\psi_i$。该旋转矢量 $\dot{I}'_{\text{m}}$ 末端的轨迹是一个以原点为圆心，以 $I_{\text{m}}$ 为半径的圆。$t=0$ 时，$\dot{I}'_{\text{m}}$ 在纵轴上的投影为 $i_0 = I_{\text{m}}\sin\psi_i$，恰好等于 $t=0$ 时刻电流 $i$ 的瞬时值。$t=t_1$ 时，$\dot{I}'_{\text{m}}$ 与横轴正方向的夹角为 $\omega t_1 + \psi_i$，$\dot{I}'_{\text{m}}$ 在纵轴上的投影为 $i_1 = I_{\text{m}}\sin(\omega t_1 + \psi_i)$，这正是 $t=t_1$ 时刻电流 $i$ 的瞬时值。任意时刻 $t$，$\dot{I}'_{\text{m}}$ 与横轴正方向的夹角为 $\omega t + \psi_i$，$\dot{I}'_{\text{m}}$ 在纵轴上的投影为 $i = I_{\text{m}}\sin(\omega t + \psi_i)$。可见，旋转矢量 $\dot{I}'_{\text{m}}$ 在纵轴上的投影等于正弦电流 $i$ 的瞬时值，该正弦电流 $i$ 的波形如图 3 - 4 右侧所示。由此可知，旋转矢量 $\dot{I}'_{\text{m}}$ 不仅能够反映正弦量 $i$ 的三要素，还能表示出 $i$ 的瞬时值，可以说，旋转矢量 $\dot{I}'_{\text{m}}$ 可以完整地表示正弦量 $i$。

以上分析表明，正弦量可以用复平面上的旋转矢量来表示，旋转矢量的长度代表正弦量的幅值，旋转矢量的初始位置与横轴正方向的夹角代表正弦量的初相位，旋转矢量的角速度代表正弦量的角频率，旋转矢量任一瞬时在纵轴上的投影表示正弦量在该时刻的瞬时值。

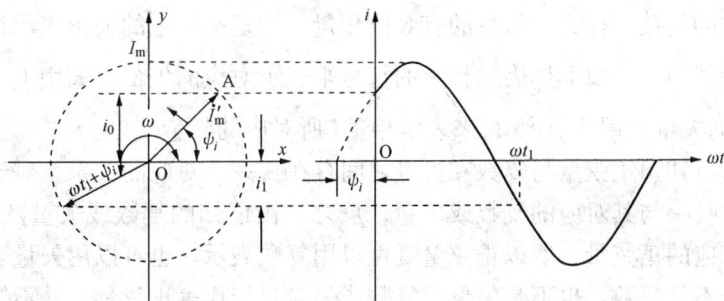

图 3 - 4　旋转矢量与正弦量

### 二、正弦量的相量表示法

在同一个正弦稳态电路中，所有电压、电流均为同频率的正弦量，表示各正弦量的旋转矢量的旋转角速度相同，它们之间的相对位置始终保持不变，因此，研究它们之间的关系时，可取它们的初始位置来分析，而不必考虑它们在旋转。这就意味着，正弦量的表示方法可以进一步简化，只需要表示出其幅值及初相位两个要素，也就是说，可以用 个与横轴正方向之间的夹角等于正弦量的初相位、长度等于正弦量的幅值的静止的矢量来表示正弦量。例如，正弦电流 $i = I_m \sin(\omega t + \psi_i)$ 可用一个与横轴正方向的夹角为 $\psi_i$、长度为 $I_m$ 的静止的矢量 $i''_m$ 来表示，如图 3-5 所示。

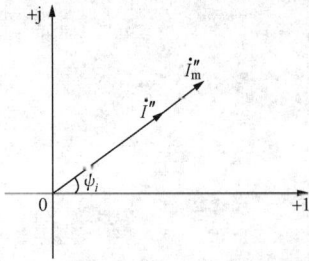

图 3-5　静止矢量图

复数可以用矢量来表示，复平面上的矢量与复数是一一对应的。上述矢量 $i''_m$ 所对应的复数为

$$\dot{I}_m = I_m \mathrm{e}^{\psi_i} \tag{3-11}$$

可见，复数 $\dot{I}_m$ 的模等于正弦量 $i$ 的幅值 $I_m$，复数 $\dot{I}_m$ 的辐角等于正弦量 $i$ 的初相位，正弦量 $i$ 与复数 $\dot{I}_m$ 之间具有一一对应的关系。因此，正弦量 $i$ 可用复数 $\dot{I}_m$ 来表示。

式（3-11）可改写成

$$\dot{I}_m = I_m \mathrm{e}^{\psi_i} = \sqrt{2} I \mathrm{e}^{\psi_i} = \sqrt{2} \dot{I}$$

其中

$$\dot{I} = I \mathrm{e}^{\psi_i} \tag{3-12}$$

复数 $\dot{I}$ 的模等于正弦量 $i$ 的有效值，$\dot{I}$ 的辐角等于正弦量 $i$ 的初相位，$i$ 与 $\dot{I}$ 也是一一对应的。所以，正弦量 $i$ 也可以用复数 $\dot{I}$ 来表示。与复数 $\dot{I}$ 对应的矢量 $i''$ 如图 3-5 所示。

在电工学中，常把复数的指数形式简写成极坐标形式，式（3-11）和式（3-12）所对应的极坐标式为

$$\dot{I}_m = I_m \angle \psi_i$$

$$\dot{I} = I \angle \psi_i$$

表示正弦量的复数称为正弦量的相量。以正弦量的幅值（最大值）为模，辐角等于正弦量的初相位的复数，称为正弦量的幅值（最大值）相量；以正弦量的有效值为模，辐角等于正弦量的初相位的复数，称为正弦量的有效值相量。用复平面上的矢量表示相量的图形称为相量图。在相量图中，习惯上用表示相量的符号来表示对应的矢量，如用 $\dot{I}_m$ 代替 $i''_m$ 来表示相量 $\dot{I}_m$ 所对应的矢量，用 $\dot{I}$ 代替 $i''$ 来表示相量 $\dot{I}$ 所对应的矢量。

由以上分析可知，正弦量与复数和矢量之间存在着一一对应的关系。对于任一给定的正弦量都可以找到唯一与其对应的复数或矢量；反之，由已知的复数或矢量及正弦量的频率，可以直接写出相应的正弦量。所以正弦量既可以用复数表示，也可以用矢量表示。但必须注意到，正弦量既不是复数，也不是矢量。复数或矢量只能代表正弦量，并不等于正弦量。用复数或矢量表示正弦量是一种数学变换，是一种约定。这样做的目的是将正弦函数的运算变换成复数或矢量的代数运算，从而使数学演算得到简化。

另需说明几点，只有正弦量（包含余弦量）才能用相量表示，非正弦周期量不能直接用相量表示；只有同频率的正弦量的相量之间才能进行相量运算，不同频率的正弦量的相量之间不能进行相量运算；一般情况下，只有同频率的正弦量的相量才能画在同一相量图上，不同频率的正弦量的相量不能画在同一相量图上，否则无法进行比较和计算；作相量图时，往往把坐标轴省略不画。

【例 3 - 5】　已知正弦电压 $u$ 和正弦电流 $i$ 的解析式为：$u = 220\sqrt{2}\sin\left(314t + \dfrac{\pi}{6}\right)\mathrm{V}$，$i = 5\sqrt{2}\sin\left(314t - \dfrac{\pi}{4}\right)\mathrm{A}$，试写出它们的有效值相量，并画出它们的相量图。

**解**　$u$ 和 $i$ 的有效值相量为

$$\dot{U} = 220\angle\frac{\pi}{6}\mathrm{V}, \quad \dot{I} = 5\angle-\frac{\pi}{4}\mathrm{A}$$

$\dot{U}$ 和 $\dot{I}$ 的相量如图 3 - 6 所示。

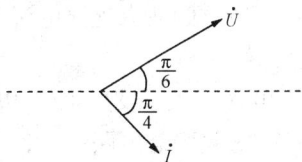

图 3 - 6　［例 3 - 5］的图

【例 3 - 6】　已知 $f = 50\mathrm{Hz}$，试写出下列相量所代表的正弦量的解析式。

(1) $\dot{I}_1 = (5\sqrt{3} + \mathrm{j}5)\mathrm{A}$；

(2) $\dot{I}_2 = (-2\sqrt{3} - \mathrm{j}2)\mathrm{A}$；

(3) $\dot{U}_1 = (380\angle-120°)\mathrm{V}$；

(4) $\dot{U}_2 = (110 - \mathrm{j}110\sqrt{3})\mathrm{V}$。

**解**　(1) $\omega = 2\pi f = 100\pi\,(\mathrm{rad/s})$

$$I_1 = \sqrt{(5\sqrt{3})^2 + 5^2} = 10\,(\mathrm{A})$$

$$\psi_{i1} = \arctan\frac{5}{5\sqrt{3}} = \arctan\frac{1}{\sqrt{3}} = 30°$$

$$i_1 = \sqrt{2}I_1\sin(\omega t + \psi_{i1}) = 10\sqrt{2}\sin(100\pi t + 30°)\,(\mathrm{A})$$

(2) $I_2 = \sqrt{(2\sqrt{3})^2 + 2^2} = 4\,(\mathrm{A})$

$$\psi_{i2} = -180° + \arctan\frac{2}{2\sqrt{3}} = -150°$$

$$i_2 = \sqrt{2}I_2\sin(\omega t + \psi_{i2}) = 4\sqrt{2}\sin(100\pi t - 150°)\,(\mathrm{A})$$

(3) $U_1 = 380\mathrm{V}$

$$\psi_{U1} = -120°$$

$$u_1 = \sqrt{2}U_1\sin(\omega t + \psi_{U1}) = 380\sqrt{2}\sin(100\pi t - 120°)\,(\mathrm{V})$$

(4) $U_2 = \sqrt{110^2 + (110\sqrt{3})^2} = 220\,(\mathrm{V})$

$$\psi_{U2} = \arctan\frac{-110\sqrt{3}}{110} = -60°$$

$$u_2 = \sqrt{2}U_2\sin(\omega t + \psi_{U2}) = 220\sqrt{2}\sin(100\pi t - 60°)\,(\mathrm{V})$$

## 第三节　基尔霍夫定律的相量形式

### 一、基尔霍夫电流定律的相量形式

KCL 指出：在集中参数电路中，任一时刻，连接于任一节点的所有支路电流的代数和等于零。既然定律对任一瞬时都适用，那么定律对所有瞬时一定也都是适用的。这就是说，表示电流瞬时值随时间变化规律的解析式也满足 KCL。于是得出结论：连接于集中参数电路任一节点的所有支路电流的解析式的代数和等于零，即

$$\sum i(t) = 0$$

这里用 $i(t)$ 表示支路电流的解析式。

在正弦稳态电路中，各支路电流都是同频率的正弦量，各支路电流都可以用相量表示。根据正弦量与相量的关系，应用复数知识，可导出

$$\sum \dot{I} = 0 \qquad\qquad (3-13)$$

式（3-13）表明，在正弦稳态电路中，流过任一节点的所有支路电流相量的代数和等于零。代数和中的正负号可根据支路电流的参考方向来确定，若参考方向指向节点的电流的相量前面取"＋"号，则参考方向离开节点的电流的相量前面取"－"号，反之亦可。

### 二、基尔霍夫电压定律的相量形式

KVL 指出：任一时刻，沿集中参数电路中任一回路的所有支路电压的代数和等于零。

同理，沿集中参数电路中任一回路的所有支路电压的解析式的代数和等于零，即

$$\sum u(t) = 0$$

这里 $u(t)$ 为支路电压的解析式。根据正弦电压与其相量之间关系，可导出

$$\sum \dot{U} = 0 \qquad\qquad (3-14)$$

式（3-14）表明，在正弦稳态电路中，沿任一回路的所有支路电压相量的代数和等于零。当支路电压的参考方向与回路绕行方向一致时，支路电压相量前面取"＋"号，反之取"－"号。

**【例 3-7】**　图 3-7（a）所示电路中，已知通过元件 1 和 2 的电流分别为：$i_1 = 100\sqrt{2} \times \sin\left(314t + \dfrac{2\pi}{3}\right)$A，$i_2 = 200\sqrt{2}\sin\left(314t + \dfrac{\pi}{6}\right)$A。

（1）用相量式求总电流 $i$；

（2）用相量图求总电流 $i$。

**解**　（1）用相量式求解。用相量来计算电路，首先应将正弦电路变换为相量电路模型。将正弦电路中所有电压、电流用相量表示，将所有电路元件用它们的相量模型来替代，所得到的电路称为相量电路模型。图 3-7（a）所示电路的相量电路模型如图 3-7（b）所示。

将图 3-7（a）所示电路中的电流 $i_1$ 和 $i_2$ 用相量 $\dot{I}_1$ 和 $\dot{I}_2$ 来表示，有

$$\dot{I}_1 = 100\angle\frac{2\pi}{3} = -50 + \mathrm{j}50\sqrt{3}(\mathrm{A})$$

$$\dot{I}_2 = 200\angle\frac{\pi}{6} = 100\sqrt{3} + \mathrm{j}100(\mathrm{A})$$

对图 3-7（b）中节点 a 应用 KCL，得

...

$$\dot{I} = \dot{I}_1 + \dot{I}_2 = -50 + j50\sqrt{3} + 100\sqrt{3} + j100$$
$$= 123.20 + j186.60 = 223.60\angle 56.57°(\text{A})$$
$$i = 223.60\sqrt{2}\sin(314t + 56.57°)(\text{A})$$

（2）用相量图求解。先作出 $i_1$ 和 $i_2$ 的相量图 $\dot{I}_1$ 和 $\dot{I}_2$，以 $\dot{I}_1$ 和 $\dot{I}_2$ 为两邻边作一平行四边形 $OABC$，对角线 $\overrightarrow{OB}$ 就是总电流 $i$ 的相量 $\dot{I}$（为了叙述方便，常将表示相量 $\dot{I}$ 的矢量，即将 $\dot{I}$ 的相量图，也用 $\dot{I}$ 表示，且简称为相量 $\dot{I}$），$\overrightarrow{OB}$ 的长度代表电流 $i$ 的有效值，$\overrightarrow{OB}$ 与横轴正方向的夹角即为总电流 $i$ 的初相位，如图 3-7（c）所示。

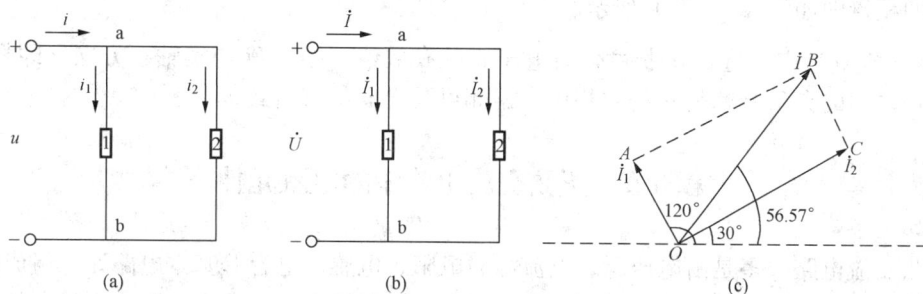

图 3-7　［例 3-7］的图
（a）原电路；（b）相量电路模型；（c）相量图

【例 3-8】　在图 3-8 所示电路中，$u_R = 180\sqrt{2}\sin 314t\text{V}$，$u_L = 360\sqrt{2}\sin(314t + 90°)$ V，$u_C = 170\sin(314t - 90°)$ V。

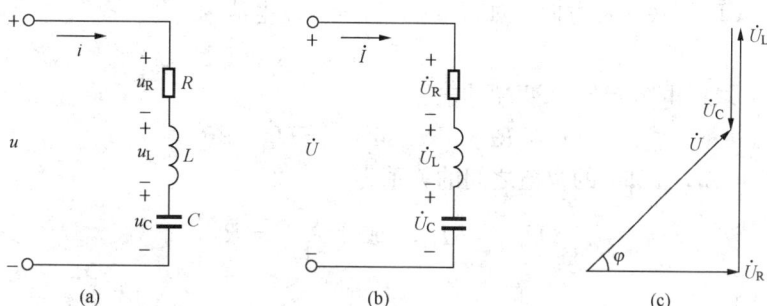

图 3-8　［例 3-8］的图
（a）原电路；（b）相量电路模型；（c）相量图

（1）用相量式求电路端口电压 $u$；
（2）用相量图求电路端口电压 $u$。

**解**　（1）用相量式求解。将 $u_R$、$u_L$ 和 $u_C$ 用相量表示，即

$$\dot{U}_R = 180\angle 0°\text{ (V)}$$
$$\dot{U}_L = 360\angle 90° = j360\text{ (V)}$$
$$\dot{U}_C = \frac{170}{\sqrt{2}}\angle -90° = -j120\text{ (V)}$$

将图 3-8（a）所示正弦电路变换为相量电路模型，如图 3-8（b）所示。对图 3-8

（b）应用 KCL，得

$$\dot{U} = \dot{U}_R + \dot{U}_L + \dot{U}_C = 180 + j360 - j120$$
$$= 180 + j240 = 300\angle 53.1°(V)$$
$$u = 300\sqrt{2}\sin(314t + 53.13°)(V)$$

（2）用相量图求解。用多边形法则求若干矢量之和。首先作出相量 $\dot{U}_R$，以相量 $\dot{U}_R$ 的终点作为相量 $\dot{U}_1$ 的起点，作超前 $\dot{U}_R$ 90°的相量 $\dot{U}_1$；再以相量 $\dot{U}_1$ 的终点作为 $\dot{U}_C$ 的起点，作滞后 $\dot{U}_R$ 90°的相量 $\dot{U}_C$；作从相量 $\dot{U}_R$ 的起点指向相量 $\dot{U}_C$ 的终点的相量，此相量即为 $\dot{U}$。所作出的相量图如图 3-8（c）所示。

图 3-8（c）中相量 $\dot{U}$ 的长度代表电压 $u$ 的有效值，相量 $\dot{U}$ 与实轴正方向（即相量 $\dot{U}_R$ 的方向）之间的夹角 $\varphi$ 就是 $u$ 的初相位，据此可写出 $u$ 的解析式。

## 第四节　正弦交流电路中的电阻元件

正弦交流电路大多是由电压源、电流源、电阻、电感、电容等基本电路元件组成的。为了分析正弦交流电路，首先必须弄清楚这些基本电路元件在正弦交流电路这个特定的环境中所显示的特性。下面将分别介绍正弦交流电路中电阻、电感和电容元件的电压与电流的关系及其功率。

### 一、电阻元件的电压与电流的关系

当电阻元件两端外加电压时，其中将有电流通过。设通过电阻元件 $R$ 的电流为 $i$，两端电压为 $u$，$u$ 和 $i$ 取关联参考方向，如图 3-9 所示。设电流为

$$i = I_m\sin\omega t \qquad\qquad (3-15)$$

根据欧姆定律，求得电阻元件 $R$ 两端的电压为

$$u = Ri = RI_m\sin\omega t = U_m\sin\omega t \qquad\qquad (3-16)$$

由式（3-16）可知，$u$ 和 $i$ 的幅值之间的关系为

$$U_m = RI_m \quad 或 \quad \frac{U_m}{I_m} = R \qquad\qquad (3-17)$$

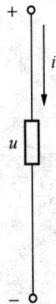

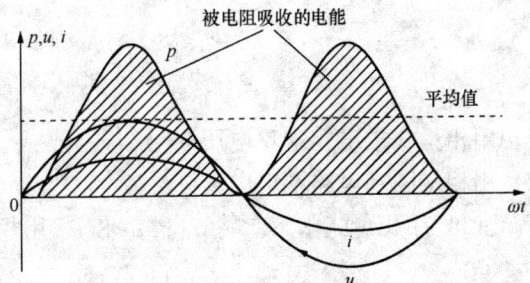

图 3-9　电阻元件的电路图　　　　图 3-10　电阻元件的电压、电流和瞬时功率的波形图

$u$ 和 $i$ 的有效值之间的关系为

$$U = \frac{U_m}{\sqrt{2}} = \frac{I_m R}{\sqrt{2}} = RI \quad 或 \quad \frac{U}{I} = R \qquad\qquad (3-18)$$

$u$ 和 $i$ 的波形，如图 3 - 10 所示。

以上结果表明，当电阻元件中通以正弦交流电流时，其端电压为一同频率的正弦量；当电压和电流取关联参考方向时，电压与电流的相位相同；电阻元件的电压和电流的瞬时值之比、幅值之比及有效值之比都等于电阻 $R$。

由式（3 - 15）和式（3 - 16）可写出 $u$ 和 $i$ 的相量式，即

$$\dot{U} = U\angle 0°, \quad \dot{I} = I\angle 0°$$

由上面两式可确定电压和电流的相量关系，即

$$\dot{U} = U\angle 0° = RI\angle 0° = R\dot{I} \tag{3 - 19}$$

式（3 - 19）说明，当电压和电流取关联参考方向时电阻元件的电压相量等于电阻乘以电流相量。电阻元件的相量模型如图 3 - 11 所示，电阻元件的电压和电流的相量图如图 3 - 12所示。

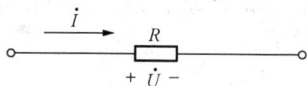

图 3 - 11　电阻元件的相量模型

图 3 - 12　电阻元件的电压和电流的相量图

## 二、电阻元件的功率

### 1. 瞬时功率

电路在某一瞬时吸收或发出的功率称为电路的瞬时功率，用小写字母 $p$ 表示。电路元件的瞬时功率等于元件端电压的瞬时值与元件中电流的瞬时值的乘积。在关联参考方向下，电阻元件所吸收的瞬时功率为

$$p = ui = U_m I_m \sin^2 \omega t = UI(1 - \cos 2\omega t) \tag{3 - 20}$$

电阻元件所吸收的瞬时功率 $p$ 是随时间变化的，它的波形如图 3 - 10 所示。由式（3 - 20）或图 3 - 10 可见，电阻元件 $R$ 所吸收的瞬时功率恒为非负值。这表明，任何时刻，只要有电流流过，无论其方向如何，电阻元件总是吸收功率。所以，电阻元件是一个耗能元件。

### 2. 平均功率

交流电路的瞬时功率在一个周期内的平均值称为电路的平均功率，用大写字母 $P$ 表示。平均功率的单位为瓦（W）。根据这一定义可求得电阻元件的平均功率，即

$$P = \frac{1}{T}\int_0^T p\,\mathrm{d}t = \frac{1}{T}\int_0^T (UI - UI\cos 2\omega t)\,\mathrm{d}t = UI$$

因为 $U = IR$，所以

$$P = UI = I^2 R = \frac{U^2}{R} \tag{3 - 21}$$

可见，电阻元件中流过正弦电流时所吸收平均功率的表达式，与流过直流电流时所吸收功率的表达式的形式相同。

【**例 3 - 9**】　有一额定电压 $U_N = 220\text{V}$、额定功率 $P_N = 1000\text{W}$ 的电炉，若加在电炉上的电压为 $u = 200\sqrt{2}\sin\left(314t + \dfrac{\pi}{4}\right)\text{V}$，试求通过电炉丝的电流 $i$ 和电炉的平均功率 $P$。

**解**
$$R = \frac{U_N^2}{P_N} = \frac{220^2}{1000} = 48.40(\Omega)$$

$$I = \frac{U}{R} = \frac{200}{48.40} = 4.13(\text{A})$$

设电流 $i$ 与电压 $u$ 取关联参考方向，则有

$$\psi_i = \psi_u = \frac{\pi}{4}$$

$$i = \sqrt{2}I\sin(314t + \psi_i) = \sqrt{2} \times 4.13\sin\left(314t + \frac{\pi}{4}\right) = 5.84\sin\left(314t + \frac{\pi}{4}\right)(\text{A})$$

$$P = UI = 200 \times 4.13 = 826(\text{W})$$

## 第五节　正弦交流电路中的电感元件

### 一、电感元件的电压与电流的关系

当电感元件 $L$ 中通以交流电流 $i$ 时，电感元件中产生自感电动势，电感元件两端将建立电压 $u$。若 $u$ 和 $i$ 取关联参考方向（如图 3-13 所示），设电流为

$$i = I_m \sin\omega t \tag{3-22}$$

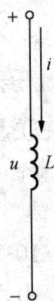

图 3-13　电感元件的电路图　　　　　　图 3-14　电感元件的电压、电流和瞬时功率的波形图

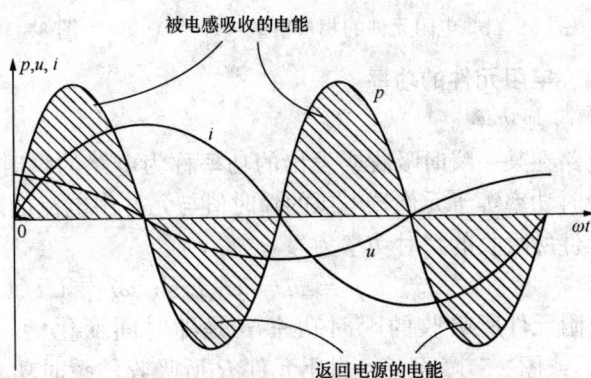

则电感元件两端的电压为

$$u = L\frac{\mathrm{d}i}{\mathrm{d}t} = L\frac{\mathrm{d}}{\mathrm{d}t}(I_m \sin\omega t) = \omega L I_m \cos\omega t = U_m \sin\left(\omega t + \frac{\pi}{2}\right) \tag{3-23}$$

由式（3-23）可知，$u$ 和 $i$ 的幅值之间的关系为

$$U_m = \omega L I_m \quad \text{或} \quad \frac{U_m}{I_m} = \omega L \tag{3-24}$$

$u$ 和 $i$ 的有效值之间的关系为

$$U = \frac{U_m}{\sqrt{2}} = \frac{\omega L I_m}{\sqrt{2}} = \omega L I \quad \text{或} \quad \frac{U}{I} = \omega L \tag{3-25}$$

$u$ 和 $i$ 的波形如图 3-14 所示。

由以上分析可知，当电感元件中的电流按正弦规律变化时，电感元件上的电压也将以同一频率按正弦规律变化；当电压和电流取关联参考方向时，电压在相位上超前于电流 $\frac{\pi}{2}$；电感元件电压的有效值（或幅值）与电流的有效值（或幅值）之比值为 $\omega L$。

当电压 $U$（或 $U_m$）一定时，$\omega L$ 愈大，则电流 $I$（或 $I_m$）愈小。可见，$\omega L$ 具有限制正

弦交流有效值（或幅值）的作用。$\omega L$ 反映电感元件对正弦电流的抵抗能力，故称为感抗，用 $X_L$ 表示，即

$$X_L = \omega L = 2\pi f L \qquad (3\text{-}26)$$

可见，在频率 $f$ 一定的情况下，感抗 $X_L$ 与电感 $L$ 成正比，$L$ 愈大，$X_L$ 也愈大；当电感 $L$ 一定时，感抗 $X_L$ 与频率 $f$ 成正比，$f$ 愈高，$X_L$ 愈大。当 $f \to \infty$ 时，$X_L \to \infty$，这表明高频电流不容易通过电感元件；当 $f \to 0$ 时，$X_L \to 0$，这表明低频电流很容易通过电感元件；当 $f = 0$ 时，$X_L = 0$，电感元件相当于短路，这表明对直流来说，电感元件无限流作用。感抗的单位与电阻的单位相同。

由式（3-22）和式（3-23）可写出电流和电压的相量式，即

$$\dot{I} = I\angle 0°, \dot{U} = U\angle \frac{\pi}{2}$$

由以上两式可得到电压与电流的相量关系式，即

$$\dot{U} = U\angle \frac{\pi}{2} = jU = j\omega L I = jX_L \dot{I} \qquad (3\text{-}27)$$

电感元件的相量模型如图 3-15 所示。电感元件的电压和电流的相量图如图 3-16 所示。

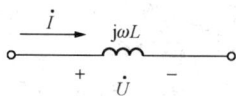

图 3-15　电感元件的
相量模型

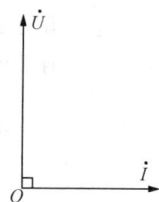

图 3-16　电感元件的电压和
电流的相量图

## 二、电感元件的功率

1. 瞬时功率

在关联参考方向下，电感元件所吸收的瞬时功率为

$$p = ui = U_m I_m \sin\omega t \sin\left(\omega t + \frac{\pi}{2}\right) = 2UI\sin\omega t\cos\omega t = UI\sin 2\omega t \qquad (3\text{-}28)$$

由式（3-28）可知，在正弦交流电路中，电感元件吸收的瞬时功率是一个幅值为 $UI$，角频率为 $2\omega$ 的正弦量，$p$ 的波形如图 3-14 所示。

从图 3-14 可见，在第一个 $\frac{1}{4}$ 周期 $\left(0 < \omega t \leqslant \frac{\pi}{2}\right)$ 内，电流从零开始增大，电感元件中的磁场不断增强，所存储的磁场能量不断增加，这是建立磁场的过程（增磁过程）。这期间 $p > 0$，表明电感元件不断地从电源吸收电能，所吸收的电能全部转变为磁场能量，储存于电感元件的磁场之中。到了第二个 $\frac{1}{4}$ 周期 $\left(\frac{\pi}{2} < \omega t \leqslant \pi\right)$，电流从最大值开始逐渐减小，磁场逐渐减弱，磁场能量逐渐减少，这是一个去磁过程。这期间 $p < 0$，表明电感元件不断地向外界发出电能，原先储存于电感元件中的磁场能量不断地转变为电能，送还给电源。第三个 $\frac{1}{4}$ 周期和第四个 $\frac{1}{4}$ 周期的情况分别与第一个 $\frac{1}{4}$ 周期和第二个 $\frac{1}{4}$ 周期的情况相似，只是两者的

电流及磁场的方向相反。由上述分析可知，处于正弦交流电路中的电感元件与电源之间不停地进行着周期性的、往返的能量交换。

2. 平均功率

电感元件的平均功率为

$$P = \frac{1}{T}\int_0^T p\,\mathrm{d}t = \frac{1}{T}\int_0^T UI\sin2\omega t\,\mathrm{d}t = 0$$

这表明，电感元件在与外电路进行往返的能量交换的过程中并不消耗能量。可见，电感元件不是耗能元件，而是一个储能元件。

3. 无功功率

为了衡量储能元件与电源之间进行能量交换的能力，为表示能量交换的规模，引入无功功率这一物理量。在正弦稳态电路中，储能元件与电源之间往返交换能量的最大速率称为无功功率，用 $Q$ 来表示，单位为 var（乏）。由上述定义可知，在正弦交流电路中，电感元件的无功功率等于其瞬时功率的最大值，即

$$Q_L = UI = X_L I^2 = \frac{U^2}{X_L} \tag{3-29}$$

【例 3-10】　已知电感元件的电感 $L=0.1\mathrm{H}$，外加电压 $u=220\sqrt{2}\sin(314t+30°)$ V，试求通过电感元件的电流 $i$ 及电感元件的无功功率 $Q_L$，并画出电压和电流的相量图。

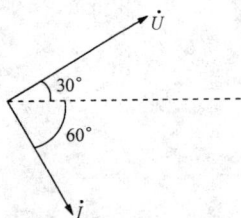

图 3-17　[例 3-10] 的图

解　(1) $\dot{I}=\dfrac{\dot{U}}{\mathrm{j}\omega L}=\dfrac{220\angle30°}{\mathrm{j}314\times0.1}=\dfrac{220\angle30°}{31.4\angle90°}=7.01\angle-60°$ (A)

$i=7.01\times\sqrt{2}\sin(314t-60°)=9.91\sin(314t-60°)$ (A)

$Q_L=UI=220\times7.01=1542.20$ (var)

(2) 电压和电流的相量图如图 3-17 所示。

## 第六节　正弦交流电路中的电容元件

### 一、电容元件的电压与电流的关系

当电容元件 C 两端加一交流电压 $u$ 时，由于电压随时间变化，电容元件极板上的电荷量随之而变化，极板上的电荷通过外部电路转移，于是，电容元件外部电路中因存在电荷定向运动而产生电流 $i$。若 $u$ 和 $i$ 取关联参考方向（如图 3-18 所示），设电压为

$$u = U_m\sin\omega t \tag{3-30}$$

则电路中的电流为

$$i = C\frac{\mathrm{d}u}{\mathrm{d}t} = C\frac{\mathrm{d}}{\mathrm{d}t}(U_m\sin\omega t) = \omega CU_m\cos\omega t = I_m\sin\left(\omega t + \frac{\pi}{2}\right) \tag{3-31}$$

由式 (3-31) 可确定，$u$ 和 $i$ 的幅值之间的关系为

$$I_m = \omega CU_m \text{ 或 } \frac{U_m}{I_m} = \frac{1}{\omega C} \tag{3-32}$$

$u$ 和 $i$ 的有效值之间的关系为

$$I = \frac{I_m}{\sqrt{2}} = \omega C\frac{U_m}{\sqrt{2}} = \omega CU \text{ 或 } \frac{U}{I} = \frac{1}{\omega C} \tag{3-33}$$

$u$ 和 $i$ 的波形如图 3 - 19 所示。

　　由以上分析可知，当电容元件上的电压为正弦量时，其电流是一个同频率的正弦量；当电压和电流取关联参考方向时，电流在相位上超前于电压 $\frac{\pi}{2}$；电容元件上的电压的有效值（或幅值）与电流的有效值（或幅值）之比值为 $1/(\omega C)$。

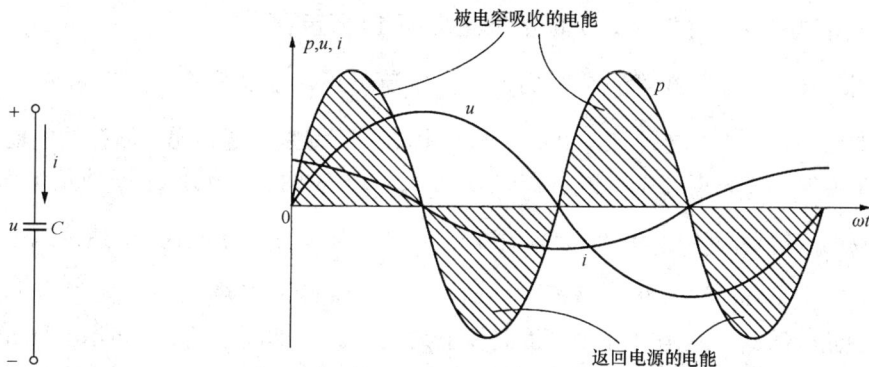

图 3 - 18　电容元件的电路图

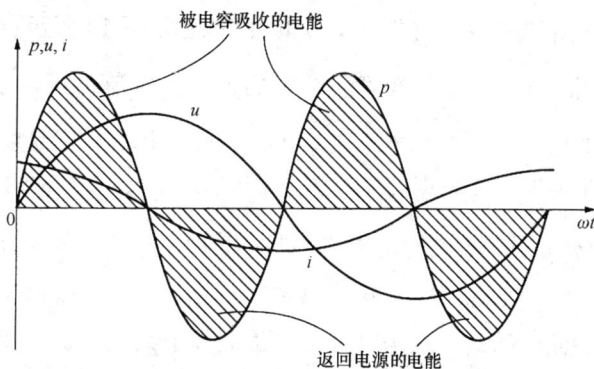

图 3 - 19　电容元件的电压、电流和瞬时功率的波形

　　由式（3 - 32）和式（3 - 33）可知，$1/(\omega C)$ 具有限制正弦电流有效值（或幅值）的作用。$1/(\omega C)$ 反映电容元件对正弦电流的抵抗能力，故称为容抗，用 $X_C$ 表示，即

$$X_C = \frac{1}{\omega C} = \frac{1}{2\pi f C} \tag{3 - 34}$$

　　可见，当频率 $f$ 一定时，容抗 $X_C$ 与电容 $C$ 成反比，$C$ 愈大，$X_C$ 愈小；当电容 $C$ 一定时，容抗 $X_C$ 与频率 $f$ 成反比，$f$ 愈高，$X_C$ 愈小；当 $f \to \infty$ 时，$X_C \to 0$，这表明高频电流容易通过电容元件；当 $f \to 0$ 时，$X_C \to \infty$，这表明低频电流不容易通过电容元件；$f = 0$ 时，电容元件相当于开路，表明电容元件具有隔断直流的作用。容抗的单位与感抗的单位相同。

　　根据式（3 - 30）和式（3 - 31）可写出电压和电流的相量式，即

$$\dot{U} = U\angle 0°, \dot{I} = I\angle \frac{\pi}{2}$$

由以上两式可确定电压与电流的相量关系，即

$$\frac{\dot{U}}{\dot{I}} = \frac{U\angle 0}{I\angle \frac{\pi}{2}} = -j\frac{1}{\omega C} = -jX_C \text{ 或 } \dot{U} = -jX_C\dot{I} \tag{3 - 35}$$

　　电容元件的相量模型如图 3 - 20 所示。电容元件的电压和电流的相量图如图 3 - 21 所示。

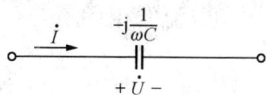

图 3 - 20　电容元件的相量模型

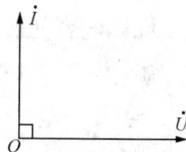

图 3 - 21　电容元件的电压和电流的相量图

### 二、电容元件的功率

**1. 瞬时功率**

在关联参考方向下,电容元件所吸收的瞬时功率为

$$p = ui = U_m I_m \sin\omega t \cos\omega t = 2UI \sin\omega t \cos\omega t = UI \sin2\omega t \tag{3-36}$$

由式(3-36)可见,在正弦交流电路中,电容元件吸收的瞬时功率也是一个幅值为 $UI$,角频率为 $2\omega t$ 的正弦量,$p$ 的波形如图3-19所示。

从图3-19可见,在第一个 $\frac{1}{4}$ 周期内,电流为正,正电荷移向正极板(从效果上说),两极板电荷不断增加,电压从零开始上升,电场不断增强,电容元件储存的电场能量不断增加,这是电容元件正向充电的过程。这期间 $p>0$,表明电容元件不断地从电源吸收电能,它将吸收的电能转变为电场能量,储存于电容元件内部的电场之中。到达第二个 $\frac{1}{4}$ 周期,电流为负,正电荷离开正极板,极板上电荷不断减少,电压从最大值开始逐渐下降,电场减弱,电场储能减少,这是电容元件正向放电的过程。这期间 $p<0$,表明电容元件不断地向外部发出电能,原先储存于电容元件中的电场能量不断地释放出来,送还给电源。第三和第四个 $\frac{1}{4}$ 周期的情况分别与第一和第二个 $\frac{1}{4}$ 周期的情况相似,只是前者充电和放电电流的方向与后者相反。由以上分析可知,处于正弦交流电路中的电容元件在不停地进行着周期性的正反两个方向的充电和放电,与此同时它与电源之间进行着周期性的能量互换。

**2. 平均功率**

电容元件所吸收的平均功率为

$$P = \frac{1}{T}\int_0^T p\,dt = \frac{1}{T}\int_0^T UI\sin2\omega t\,dt = 0$$

这表明,电容元件在与外电路进行能量交换的过程中并不消耗能量。可见,电容元件不是耗能元件,它也是一个储能元件。

**3. 无功功率**

由无功功率的定义可知,电容元件的无功功率就是电容元件与电源之间往返交换能量的最大速率,在正弦交流电路中,电容元件的无功功率等于其瞬时功率的最大值,即

$$Q_C = UI = X_C I^2 = \frac{U^2}{X_C} \tag{3-37}$$

在储能元件与电源之间进行能量互换的同时,能量的形态也在发生变化。从能量形态转化的角度来看,电感元件的无功功率是电感元件中的磁场能量与电源的电能之间相互转化的最大速率,而电容元件的无功功率则是电容元件中的电场能量与电源的电能之间相互转化的最大速率。为了区别起见,把电感元件的无功功率称为感性无功功率,而把电容元件的无功功率称为容性无功功率。

**【例3-11】** 已知电容元件的电容 $C=100\mu F$,电容元件上的电压 $u = 20\sin(10^3 t + 60°)$V,试求电容元件的电流 $i$ 和电容元件的无功功率 $Q_C$,并画出电压和电流的相量图。

**解** (1)$U = \frac{20}{\sqrt{2}} = 10\sqrt{2}$(V)

$$X_C = \frac{1}{\omega C} = \frac{1}{10^3 \times 100 \times 10^{-6}} = 10(\Omega)$$

$$\dot{I} = \frac{\dot{U}}{-jX_C} = \frac{10\sqrt{2}\angle 60°}{-j10} = \sqrt{2}\angle(60° + 90°)$$

$$= \sqrt{2}\angle 150°(A)$$

$$i = 2\sin(10^3 t + 150°)(A)$$

$$Q_C = UI = 10\sqrt{2} \times \sqrt{2} = 20(var)$$

(2) 电容元件上的电压和电流的相量图，如图 3 - 22 所示。

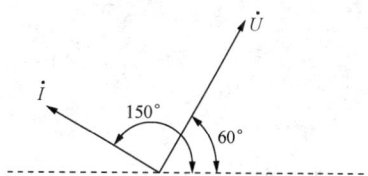

图 3 - 22 ［例 3 - 11］的图

## 第七节　电阻、电感和电容元件串联的正弦交流电路

### 一、电压与电流的关系

电阻、电感和电容元件的串联电路如图 3 - 23（a）所示，三个元件的参数分别为 $R$、$L$、$C$。当电路两端外加交流电压 $u$ 时，电路中流过的电流为 $i$，电流通过各元件时产生的电压分别为 $u_R$、$u_L$、$u_C$。若选定电流和电压的参考方向均为一致（如图 3 - 23 所示），根据 KVL 可得

$$u = u_R + u_L + u_C$$

若电路中的电流为正弦量，由前面的分析结果可知，各元件的电压 $u_R$、$u_L$ 和 $u_C$ 均为同频率的正弦量。同频率的正弦量的和仍为同频率的正弦量，因此电路总电压 $u$ 也是同频率的正弦量。正弦量可以用相量表示。将电路中各电压和电流用相量表示，将各元件参数用复数表示，可得到 RLC 串联电路的相量模型，如图 3 - 23（b）所示。

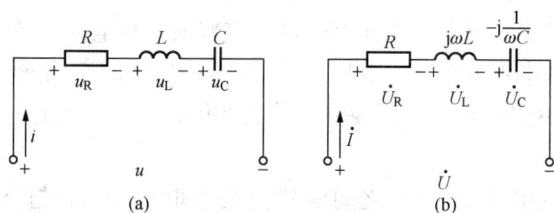

图 3 - 23　电阻、电感和电容元件串联的电路
(a) RLC 串联电路；(b) 相量模型

对图 3 - 23（b）所示电路应用 KVL，可得

$$\dot{U} = \dot{U}_R + \dot{U}_L + \dot{U}_C \tag{3 - 38}$$

由前面的分析可知，各元件的电压与电流的相量关系分别为

$$\dot{U}_R = R\dot{I}$$

$$\dot{U}_L = jX_L\dot{I}$$

$$\dot{U}_C = -jX_C\dot{I}$$

代入式（3 - 38）可得

$$\dot{U} = R\dot{I} + jX_L\dot{I} - jX_C\dot{I} = [R + j(X_L - X_C)]\dot{I} = Z\dot{I} \tag{3 - 39}$$

由式（3 - 39）可见，在关联参考方向下，电阻、电感和电容元件串联电路的电压相量 $\dot{U}$ 等于电流相量 $\dot{I}$ 与复数 $Z$ 的乘积。其中

$$Z = R + j(X_L - X_C) \tag{3 - 40}$$

根据复数的知识可将式（3 - 40）写成极坐标式，即

$$Z = \sqrt{R^2 + (X_L - X_C)^2}\angle\varphi = \sqrt{R^2 + X^2}\angle\varphi = |Z|\angle\varphi \tag{3 - 41}$$

其中
$$X = X_L - X_C \tag{3-42}$$

$$|Z| = \sqrt{R^2 + (X_L - X_C)^2} = \sqrt{R^2 + X^2} \tag{3-43}$$

$$\varphi = \arctan \frac{X}{R} = \arctan \frac{X_L - X_C}{R} \tag{3-44}$$

$R$、$X$ 与 $|Z|$ 的关系为

$$R = |Z| \cos\varphi \tag{3-45}$$

$$X = |Z| \sin\varphi \tag{3-46}$$

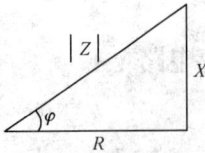

$X$、$R$、$|Z|$ 三者之间的关系可用一个直角三角形来表示，如图 3-24 所示，这个直角三角形称为阻抗三角形。

式（3-40）及式（3-41）中，$Z$ 称为电路的复阻抗；$|Z|$ 为复阻抗 $Z$ 的模；$Z$ 的实部为该电路中的电阻 $R$，$Z$ 的虚部 $X$ 称为电路的电抗；它们都具有电阻的量纲，单位均为 $\Omega$；$\varphi$ 为复阻抗 $Z$ 的辐角，称为阻抗角。

图 3-24　阻抗三角形

由式（3-39）和式（3-41）可得

$$\frac{\dot{U}}{\dot{I}} = Z = |Z| \angle \varphi \tag{3-47}$$

$$\frac{U_m}{I_m} = \frac{U}{I} = |Z| \tag{3-48}$$

由式（3-47）与式（3-48）可知，RLC 串联电路的电压有效值（或幅值）与电流有效值（或幅值）之比值等于电路复阻抗的模；在关联参考方向下，电压超前电流的相位角等于复阻抗的辐角。可见，复阻抗 $Z$ 具有对电流起阻碍作用的性质，它反映电路对正弦电流的限制能力。

**二、电路的性质**

由式（3-39）可知，RLC 串联电路的端电压与电流之间的相位关系取决于 $X_L$ 与 $X_C$ 的相对大小。根据 $X_L$ 与 $X_C$ 的大小关系可确定，RLC 串联电路存在下述三种情况：

（1）$X_L > X_C$ 时，$X > 0$，$\varphi > 0$，电压 $\dot{U}$ 在相位上超前于电流 $\dot{I}$ $\varphi$ 角，电路的电抗表现为电感性，这样的电路称为电感性电路。这种情况下，电路中的电压和电流的相量图如图 3-25（a）所示。

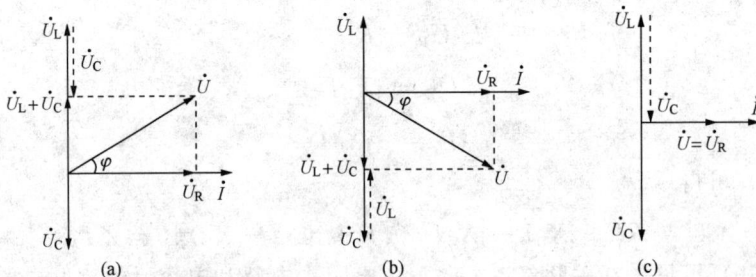

图 3-25　电阻、电感和电容元件串联电路中电压和电流的相量图
(a) 电感性电路的相量图；(b) 电容性电路的相量图；(c) 电阻性电路的相量图

（2）$X_L < X_C$ 时，$X < 0$，$\varphi < 0$，电压 $\dot{U}$ 在相位上滞后于电流 $\dot{I}$ $|\varphi|$ 角，电路的电抗表现为电容性，这样的电路称为电容性电路。电路中的电压和电流的相量图如图 3-25（b）所示。

（3）$X_L = X_C$ 时，$X = 0$，$\varphi = 0$，电压 $\dot{U}$ 与电流 $\dot{I}$ 同相，电路呈电阻性。电路中的电压和电流的相量图如图 3-25（c）所示。

【**例 3-12**】 在电阻、电感和电容元件串联电路中，已知 $R = 3\Omega$，$L = 12.74\text{mH}$，$C = 398\mu\text{F}$，电源电压 $U = 220\text{V}$，$f = 50\text{Hz}$，选定电源电压为参考正弦量。试求：

（1）电路中的电流相量 $\dot{I}$ 及电压相量 $\dot{U}_R$、$\dot{U}_L$、$\dot{U}_C$；

（2）画出电流及各电压的相量图；

（3）写出 $i$、$u_R$、$u_L$、$u_C$ 的解析式。

**解** （1）$\omega = 2\pi f = 2 \times 3.14 \times 50 = 314(\text{rad/s})$

$$X_L = \omega L = 314 \times 12.74 \times 10^{-3} = 4(\Omega)$$

$$X_C = \frac{1}{\omega C} = \frac{1}{314 \times 398 \times 10^{-6}} = 8(\Omega)$$

$$Z = R + \text{j}(X_L - X_C) = 3 + \text{j}(4 - 8) = 3 - \text{j}4 = 5\angle-53.1°(\Omega)$$

$$\dot{U} = U\angle0° = 220\angle0°(\text{V})$$

设各电压和电流的参考方向均一致，故有

$$\dot{I} = \frac{\dot{U}}{Z} = \frac{220\angle0°}{5\angle-53.1°} = 44\angle53.1°(\text{A})$$

$$\dot{U}_R = R\dot{I} = 3 \times 44\angle53.1° = 132\angle53.1°(\text{V})$$

$$\dot{U}_L = \text{j}X_L\dot{I} = \text{j}4 \times 44\angle53.1°$$
$$= 4\angle90° \times 44\angle53.1° = 176\angle143.1°(\text{V})$$

$$\dot{U}_C = -\text{j}X_C\dot{I} = -\text{j}8 \times 44\angle53.1°$$
$$= 8\angle-90° \times 44\angle53.1° = 352\angle-36.9°(\text{V})$$

（2）电压、电流的相量图如图 3-26 所示。

（3）根据电压、电流的相量式，写出对应的解析式为

$i = 44\sqrt{2}\sin(314t + 53.1°)\text{A}$，$u_R = 132\sqrt{2}\sin(314t + 53.1°)\text{V}$

$u_L = 176\sqrt{2}\sin(314t + 143.1°)\text{V}$，$u_C = 352\sqrt{2}\sin(314t - 36.9°)\text{V}$

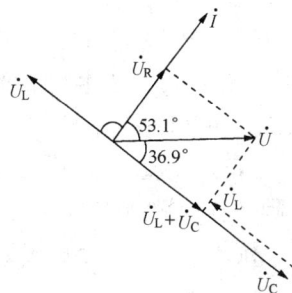

图 3-26 ［例 3-12］的图

## 第八节 复阻抗和复导纳

### 一、复阻抗

前面我们就 RLC 串联电路这样一个具体电路，引入了复阻抗的概念，这里将进一步说明它的一般意义。

对于正弦交流电路中的任一不含独立电源的二端网络 $N_0$［如图 3-27（a）所示］，在端口电压和端口电流取关联参考方向的情况下，端口电压相量 $\dot{U} = U\angle\psi_u$ 与端口电流相量 $\dot{I} = I\angle\psi_i$ 之比称为该二端网络的输入复阻抗，简称为该二端网络的复阻抗，用 $Z$ 表示，即

$$Z = \frac{\dot{U}}{\dot{I}} = |Z|\angle\varphi \qquad (3-49)$$

其中

$$|Z| = \frac{U}{I} \qquad (3\text{-}50)$$

$$\varphi = \psi_u - \psi_i \qquad (3\text{-}51)$$

式中，$|Z|$ 为输入复阻抗的模，它等于电压与电流的有效值之比；$\varphi$ 为输入复阻抗的辐角，称为阻抗角，它等于在关联参考方向下电压超前电流的相位角。

复阻抗的图形符号与电阻元件的图形符号相同，如图 3-27 (b) 所示。复阻抗往往简称为阻抗，输入复阻抗通常简称为输入阻抗。在不会造成混淆的情况下，阻抗模也可简称阻抗。

把复阻抗 $Z$ 写成代数式，有

$$Z = R + jX \qquad (3\text{-}52)$$

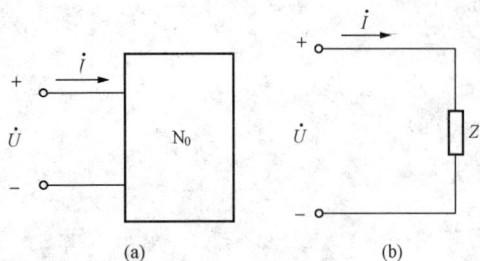

图 3-27 二端网络的复阻抗
(a) 无源二端网络；(b) 复阻抗的图形符号

$Z$ 的实部 $R$ 称为它的电阻分量，$Z$ 的虚部 $X$ 称为它的电抗分量。由 $|Z|$ 和 $\varphi$ 求 $R$、$X$ 的关系式为

$$R = |Z|\cos\varphi, X = |Z|\sin\varphi$$

由 $R$ 和 $X$ 求 $|Z|$、$\varphi$ 的关系式为

$$|Z| = \sqrt{R^2 + X^2}, \varphi = \arctan\frac{X}{R}$$

$R$、$X$ 和 $|Z|$ 之间的关系可用一个直角三角形表示，这个三角形称为阻抗三角形，如图 3-24所示。二端网络的阻抗与网络结构、元件参数和电源频率有关。在网络结构和元件参数确定的情况下，$X$、$|Z|$ 和 $\varphi$ 均随电源角频率 $\omega$ 变化。

在正弦交流电路中，若各个电路元件上的电压和电流取关联参考方向，则每个元件（非电源元件）上的电压相量与电流相量之比称为该元件的复阻抗。电阻、电感和电容元件的复阻抗 $Z_R$、$Z_L$ 和 $Z_C$ 分别为

$$Z_R = \frac{\dot{U}_R}{\dot{I}_R} = R$$

$$Z_L = \frac{\dot{U}_L}{\dot{I}_L} = j\omega L = jX_L$$

$$Z_C = \frac{\dot{U}_C}{\dot{I}_C} = \frac{1}{j\omega C} = -jX_C$$

一个二端网络的复阻抗 $Z = R + jX$ 可用电阻 $R$ 与复数电抗 $jX$ 串联的相量电路模型来表示。当二端网络中不含受控源时，$R$ 为非负值；当二端网络中含有受控源时，$R$ 可能为负值。电抗 $X$ 可取正值、负值或零。如果 $X>0$，则 $\varphi>0$，称该阻抗为感性阻抗。感性阻抗可用电阻元件与电感元件串联组合的相量电路模型来表示，如图 3-28 (a)所示。如果 $X<0$，则 $\varphi<0$，称该阻抗为容性阻抗。容性阻抗可用电阻元件与电容元件串联组合的相量电路模型来表示，如图 3-28 (b) 所示。如果 $X=0$，则 $\varphi=0$，该阻抗为一电阻，可用一个电阻元件来表示，我们把这种情况下的电路模型归纳到图 3-28 (a) 中。以上分析表明，正弦交流电路中的任一不含独立电源的二端网络都可以用一个电阻元件与电感元

件（$X \geq 0$ 时）或电容元件（$X < 0$ 时）串联的电路来等效代替，电阻元件的电阻等于网络的复阻抗的实部 $R$，电感元件或电容元件的电抗等于网络的复阻抗的虚部 $X$。

由复阻抗的定义式可得

$$\dot{U} = Z\dot{I} = R\dot{I} + jX\dot{I} = \dot{U}_a + \dot{U}_r$$

其中，$\dot{U}_a = R\dot{I}$ 是电阻上的电压相量，它与电流 $\dot{I}$ 同相，称为电压 $\dot{U}$ 的有功分量，也称为电压 $\dot{U}$ 的电阻分量；$\dot{U}_r = jX\dot{I}$ 是电抗上的电压相量，它与电流 $\dot{I}$ 之间的相位差为 $90°$，称为电压 $\dot{U}$ 的无功分量，也称为电压 $\dot{U}$ 的电抗分量。图 3 - 28（a）、（b）所示电路的电压相量图分别如图 3 - 29（a）、（b）所示。图中，$\dot{U}_a$、$\dot{U}_r$、$\dot{U}$ 构成的直角三角形称为电压三角形。

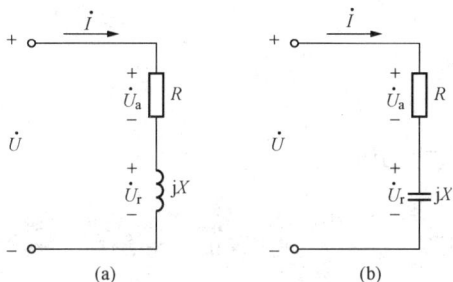

图 3 - 28　复阻抗的电路图
（a）$X \geq 0$；（b）$X < 0$

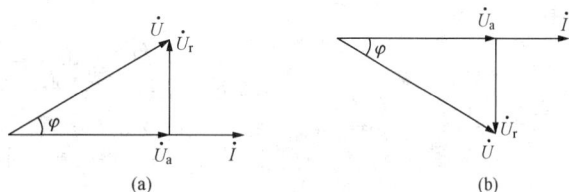

图 3 - 29　电压的有功分量和无功分量
（a）$X > 0$ 时的相量图；（b）$X < 0$ 时的相量图

### 二、复导纳

对于正弦交流电路中的任一不含独立电源的二端网络 $N_0$〔如图 3 - 30（a）所示〕，在关联参考方向下，其端口电流相量 $\dot{I}$ 与端口电压相量 $\dot{U}$ 之比称为该二端网络的输入复导纳，简称二端网络的复导纳，用 $Y$ 表示，即

$$Y = \frac{\dot{I}}{\dot{U}} = |Y| \angle \varphi' \tag{3-53}$$

其中

$$|Y| = \frac{I}{U} \tag{3-54}$$

$$\varphi' = \psi_i - \psi_u \tag{3-55}$$

式中，$|Y|$ 是复导纳的模，它等于电流与电压的有效值之比；$\varphi'$ 是复导纳的辐角，称为导纳角，它等于在关联参考方向下电流超前电压的相位角。

复导纳的图形符号与复阻抗的图形符号相同，如图 3 - 30（b）所示。复导纳往往简称导纳。在不会造成混淆的情况下，导纳模也可称为导纳。

把复导纳 $Y$ 写成代数式，有

$$Y = G + jB \tag{3-56}$$

$Y$ 的实部 $G$ 称为它的电导分量，$Y$ 的虚部 $B$ 称为它的电纳分量。复导纳以及电导和

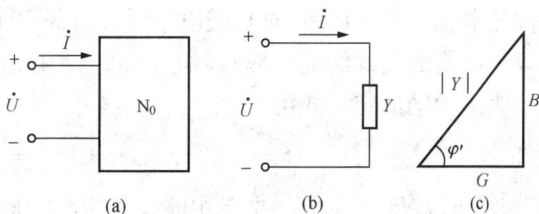

图 3 - 30　二端网络的复导纳
（a）无源二端网络；（b）复导纳的图形符号；（c）导纳三角形

电纳的单位与电导的单位相同，均为 S（西门子）。

由 $|Y|$ 和 $\varphi'$ 求 $G$、$B$ 的关系式为

$$G = |Y|\cos\varphi', B = |Y|\sin\varphi'$$

由 $G$ 和 $B$ 求 $|Y|$、$\varphi'$ 的关系式为

$$|Y| = \sqrt{G^2 + B^2}, \varphi' = \arctan\frac{B}{G}$$

由以上分析可见，$G$、$B$、$|Y|$ 三者之间的关系也可用直角三角形来表示，这一直角三角形称为导纳三角形，如图 3 - 30（c）所示。

在关联参考方向下，每个元件（非电源元件）上的电流相量与电压相量之比称为元件的复导纳。电阻、电感和电容元件的复导纳 $Y_R$、$Y_L$ 和 $Y_C$ 分别为

$$Y_R = \frac{\dot{I}_R}{\dot{U}_R} = \frac{1}{R} = G$$

$$Y_L = \frac{\dot{I}_L}{\dot{U}_L} = \frac{1}{j\omega L} = -j\frac{1}{\omega L} = -jB_L$$

$$Y_C = \frac{\dot{I}_C}{\dot{U}_C} = j\omega C = jB_C$$

式中，$B_L = \frac{1}{\omega L}$ 为电感元件的电纳，简称感纳；$B_C = \omega C$ 为电容元件的电纳，简称容纳。

一个二端网络的复导纳 $Y = G + jB$ 可用一个电导 $G$ 与复数电纳 $jB$ 并联的相量电路模型来表示。当二端网络中不含受控源时，$G$ 为非负值；当二端网络中含有受控源时，$G$ 可能为负值。电纳 $B$ 可取正值、负值或零。如果 $B > 0$，则 $\varphi' > 0$，该复导纳为容性导纳，这种复导纳可用一个电导为 $G$ 的电阻元件与容纳为 $B$ 的电容元件的并联组合的相量电路模型来表示，如图 3 - 31（a）所示。如果 $B < 0$，则 $\varphi' < 0$，该复导纳为感性导纳，这种复导纳可用一个电导为 $G$ 的电阻元件与感纳为 $|B|$ 的电感元件的并联组合的相量电路模型来表示，如图 3 - 31（b）所示。如果 $B = 0$，则 $\varphi' = 0$，该导纳等于

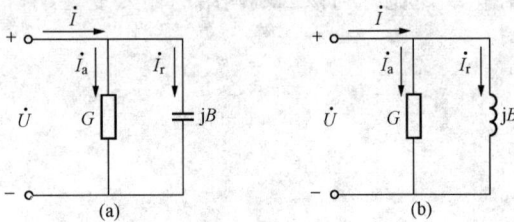

图 3 - 31　复导纳的电路图
(a) $B \geqslant 0$；(b) $B < 0$

电导 $G$，可用一个电导为 $G$ 的电阻元件表示，我们把这种情况下的电路模型归纳到图 3 - 31（a）中。以上分析表明，正弦交流电路中的任一不含独立电源的二端网络都可以用一个电阻元件与电容元件（$B \geqslant 0$ 时）或电感元件（$B < 0$ 时）并联的电路来等效代替，电阻元件的电导等于网络的复导纳的实部 $G$，电容元件或电感元件的电纳等于网络复导纳的虚部 $B$。

由复导纳的定义式可得

$$\dot{I} = Y\dot{U} = (G + jB)\dot{U} = G\dot{U} + jB\dot{U} = \dot{I}_a + \dot{I}_r$$

$\dot{I}_a = G\dot{U}$ 是电导中的电流相量，它与电压 $\dot{U}$ 同相，称为电流 $\dot{I}$ 的有功分量，也称为电流 $\dot{I}$ 的电导分量；$\dot{I}_r = jB\dot{U}$ 是电纳中的电流相量，它与电压 $\dot{U}$ 之间的相位差为 $90°$，称为电流 $\dot{I}$ 的无功分量，也称为电流 $\dot{I}$ 的电纳分量。图 3 - 31（a）、(b) 所示电路的电流相量图

分别如图 3-32（a）、（b）所示。图 3-32 中，$\dot{I}_a$、$\dot{I}_r$、$\dot{I}$ 构成的直角三角形称为电流三角形。

### 三、复阻抗与复导纳的转换

在正弦交流电路中，一个不含独立电源的二端网络，既可用电阻 $R$ 与复数电抗 $jX$ 的串联组合等效替代，也可用电导 $G$ 与复数电纳 $jB$ 的并联组合等效替代。这就意味着这两种组合可以等效互换，也就是说，复阻抗 $Z=R+jX$ 与复导纳 $Y=G+jB$ 之间可以相互转换、相互替代。

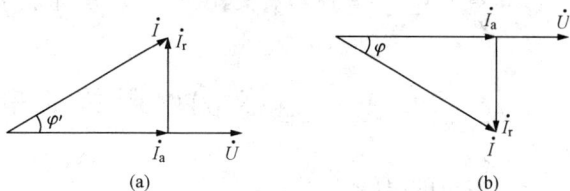

图 3-32　电流的有功分量和无功分量

(a) $B>0$ 时的相量图；(b) $B<0$ 时的相量图

由复阻抗和复导纳的定义可知，同一个不含独立电源的二端网络复阻抗和复导纳之间有着互为倒数的关系。因此，复阻抗 $Z=R+jX$ 与复导纳 $Y=G+jB$ 之间的等效条件为

$$ZY=1 \tag{3-57}$$

即

$$\left.\begin{array}{c} |Z||Y|=1 \\ \varphi=-\varphi' \end{array}\right\} \tag{3-58}$$

若给定复阻抗 $Z=R+jX$，则可由式（3-57）求得其等效复导纳，即

$$Y=G+jB=\frac{1}{R+jX}=\frac{R}{R^2+X^2}-j\frac{X}{R^2+X^2}$$

可见

$$\left.\begin{array}{l} G=\dfrac{R}{R^2+X^2} \\[3mm] B=-\dfrac{X}{R^2+X^2} \end{array}\right\} \tag{3-59}$$

若给定复导纳 $Y=G+jB$，则可由式（3-57）求得其等效复阻抗，即

$$Z=R+jX=\frac{1}{G+jB}=\frac{G}{G^2+B^2}-j\frac{B}{G^2+B^2}$$

可见

$$\left.\begin{array}{l} R=\dfrac{G}{G^2+B^2} \\[3mm] X=-\dfrac{B}{G^2+B^2} \end{array}\right\} \tag{3-60}$$

**【例 3-13】**　在 RLC 串联电路中，$R=10\Omega$，$L=0.05H$，$C=100\mu F$，端电压 $u$ 的角频率为 $\omega=314rad/s$。试求电路的复导纳及并联等效电路中各元件的参数。

**解**　$X_L=\omega L=314\times0.05=15.7$（$\Omega$）

$X_C=\dfrac{1}{\omega C}=\dfrac{1}{314\times100\times10^{-6}}=31.85$（$\Omega$）

$X=X_L-X_C=15.7-31.85=-16.15$（$\Omega$）

$Z=R+jX=10-j16.15=19.00\angle-58.23°$（$\Omega$）

$Y=\dfrac{1}{Z}=\dfrac{1}{19.00\angle-58.23°}=0.053\angle58.23°=0.028+j0.045$（S）

$$R' = \frac{1}{G} = \frac{1}{0.028} = 35.71 \ (\Omega)$$

$$C' = \frac{B}{\omega} = \frac{0.045}{314} = 143.31 \times 10^{-6} \ (F) = 143.31 \ (\mu F)$$

## 第九节　阻抗的串联和并联

### 一、阻抗的串联

若干个阻抗依次一个接一个地连接起来，构成一条电流通路，这种连接方式称为阻抗的串联。图 3 - 33（a）所示电路为 $n$ 个阻抗串联的电路。

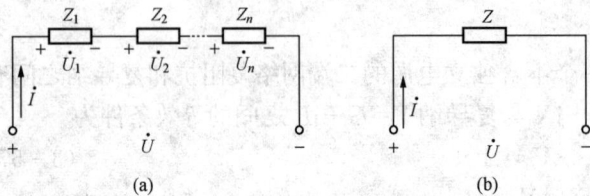

图 3 - 33　阻抗的串联
(a) 串联电路；(b) 等效电路

在图 3 - 33（a）所示参考方向下，根据基尔霍夫电压定律可列出

$$\dot{U} = \dot{U}_1 + \dot{U}_2 + \cdots + \dot{U}_n$$
$$= Z_1 \dot{I} + Z_2 \dot{I} + \cdots + Z_n \dot{I}$$
$$= (Z_1 + Z_2 + \cdots + Z_n) \dot{I}$$

正弦交流电路中任意一个不含独立电源的二端网络都可以用一个阻抗来等效替代。因而若干个阻抗串联的电路可以用一个阻抗来等效替代，即图 3 - 33（a）所示电路可以用图 3 - 33（b）所示电路来等效代替。对于图 3 - 33（b），有

$$\dot{U} = Z \dot{I}$$

根据等效网络的定义可确定，两电路的等效条件为

$$Z = Z_1 + Z_2 + \cdots + Z_n \tag{3-61}$$

由此可见，阻抗串联电路的等效阻抗等于各个串联阻抗之和。

阻抗串联电路中第 $k$ 个阻抗 $Z_k$ 的电压为

$$\dot{U}_k = Z_k \dot{I} = \frac{Z_k}{Z} \dot{U} \tag{3-62}$$

式（3 - 62）称为阻抗串联电路的分压公式。对于两个阻抗串联的电路，有

$$\dot{U}_1 = \frac{Z_1}{Z_1 + Z_2} \dot{U} \tag{3-63}$$

$$\dot{U}_2 = \frac{Z_2}{Z_1 + Z_2} \dot{U} \tag{3-64}$$

### 二、阻抗的并联

若干个阻抗的两端分别连接在一起，构成一个具有两个节点、多条支路的二端网络，这种连接方式称为阻抗的并联。图 3 - 34（a）所示电路为 $n$ 个阻抗并联的电路。

在图 3 - 34（a）所示参考方向下，根据基尔霍夫电流定律，可列出

$$\dot{I} = \dot{I}_1 + \dot{I}_2 + \cdots + \dot{I}_n = \frac{\dot{U}}{Z_1} + \frac{\dot{U}}{Z_2} + \cdots + \frac{\dot{U}}{Z_n}$$

$$= \dot{U} \left( \frac{1}{Z_1} + \frac{1}{Z_2} + \cdots + \frac{1}{Z_n} \right)$$

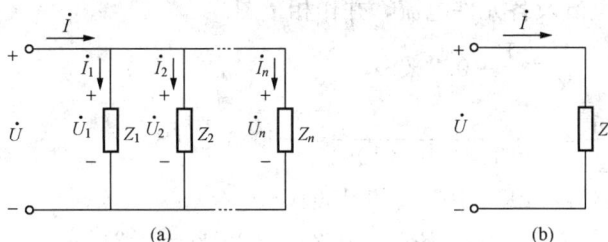

图 3 - 34　阻抗的并联

(a) 并联电路；(b) 等效电路

若干个阻抗并联的电路同样可以用一个阻抗来等效替代，这表明图 3 - 34（a）所示电路可以用图 3 - 34（b）所示电路来等效替代。对于图 3 - 34（b），有

$$\dot{I} = \frac{\dot{U}}{Z}$$

根据等效网络的定义，可确定两电路的等效条件为

$$\frac{1}{Z} = \frac{1}{Z_1} + \frac{1}{Z_2} + \cdots + \frac{1}{Z_n} \tag{3-65}$$

即

$$Y = Y_1 + Y_2 + \cdots + Y_n \tag{3-66}$$

由此可见，阻抗并联电路的等效阻抗的倒数等于各个并联阻抗的倒数之和。也就是说，阻抗并联电路的等效导纳等于各个并联支路的导纳之和。

阻抗并联电路中第 $k$ 个阻抗 $Z_k$ 的电流为

$$\dot{I}_k = \frac{\dot{U}}{Z_k} = \frac{Z}{Z_k}\dot{I} = \frac{Y_k}{Y}\dot{I} \tag{3-67}$$

式（3 - 67）为阻抗并联电路的分流公式。

两个阻抗并联电路的等效阻抗及分流公式分别为

$$Z = \frac{Z_1 Z_2}{Z_1 + Z_2} \tag{3-68}$$

$$\dot{I}_1 = \frac{Z_2}{Z_1 + Z_2}\dot{I} \tag{3-69}$$

$$\dot{I}_2 = \frac{Z_1}{Z_1 + Z_2}\dot{I} \tag{3-70}$$

【例 3 - 14】　两个复阻抗 $Z_1 =$（5.66+j9）Ω，$Z_2 =$（3−j4）Ω，串联后接在电压 $\dot{U} =$ 220∠30°V 的电源上。试求电路中的电流 $\dot{I}$ 和两阻抗的电压 $\dot{U}_1$ 和 $\dot{U}_2$。

**解**　$Z = Z_1 + Z_2 =$（5.66+j9）＋（3−j4）＝8.66+j5＝10∠30°（Ω）

$\dot{I} = \dfrac{\dot{U}}{Z} = \dfrac{220\angle 30°}{10\angle 30°} = 22$（A）

$\dot{U}_1 = Z_1 \dot{I} =$（5.66+j9）×22＝10.63∠57.83°×22＝233.86∠57.83°（V）

$\dot{U}_2 = Z_2 \dot{I} =$（3−j4）×22＝5∠−53.1°×22＝110∠−53.1°（V）

【例 3 - 15】　在 RLC 并联电路中，$R=5\Omega$，$L=10\text{mH}$，$C=400\mu\text{F}$，电路端电压 $U=$ 220V，电压的角频率 $\omega=314\text{rad/s}$。试求：

（1）电路的复导纳及复阻抗；

（2）电路中的总电流及各元件电流，并作相量图。

**解**　（1）$Y_R = G = \dfrac{1}{R} = \dfrac{1}{5} = 0.2$（S）

$Y_L = -jB_L = -j\dfrac{1}{\omega L} = -j\dfrac{1}{314 \times 10 \times 10^{-3}} = -j0.318$（S）

$Y_C = jB_C = j\omega C = j314 \times 400 \times 10^{-6} = j0.126$（S）

$Y = Y_R + Y_L + Y_C = G + j(B_C - B_L) = 0.2 + j(0.126 - 0.318)$

　　　$= 0.2 - j0.192 = 0.277\angle -43.83°$（S）

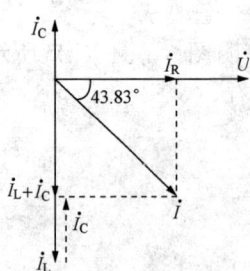

图 3 - 35　[例 3 - 15] 的图

$Z = \dfrac{1}{Y} = \dfrac{1}{0.277\angle -43.83°} = 3.610\angle 43.83°$

　　$= 2.604 + j2.500$（Ω）

（2）设 $\dot{U} = 220\angle 0°\text{V}$

$\dot{I} = Y\dot{U} = 0.277\angle -43.83° \times 220\angle 0°$

　　$= 60.94\angle -43.83°$（A）

$\dot{I}_R = Y_R\dot{U} = 0.2 \times 220\angle 0° = 44\angle 0°$（A）

$\dot{I}_L = Y_L\dot{U} = -j0.318 \times 220\angle 0° = 69.96\angle -90°$（A）

$\dot{I}_C = Y_C\dot{U} = j0.126 \times 220\angle 0° = 27.72\angle 90°$（A）

根据以上计算结果作出电压和电流的相量图，如图 3 - 35 所示。

**【例 3 - 16】**　已知图 3 - 36 所示电路中 $\dot{U} = 220\angle 0°\text{V}$，$R = 5\Omega$，$X_{L1} = 11\Omega$，$X_{L2} = 3\Omega$，$X_C = 2\Omega$。试求电路中的电流 $\dot{I}_1$、$\dot{I}_2$、$\dot{I}_3$、$\dot{U}_1$、$\dot{U}_2$，并画出相量图。

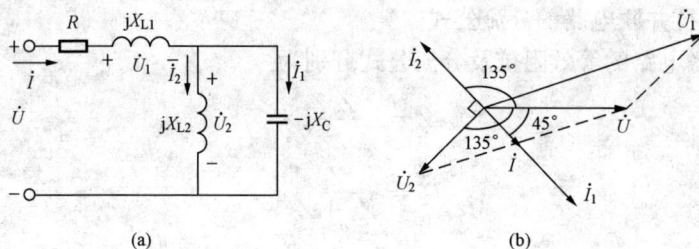

(a)　　　　　　　　　　　　　(b)

图 3 - 36　[例 3 - 16] 的图

**解**　$Z_2 = \dfrac{jX_{L2}(-jX_C)}{jX_{L2} - jX_C} = \dfrac{j3(-j2)}{j3 - j2} = \dfrac{6}{j} = -j6(\Omega)$

$Z = R + jX_{L1} + Z_2 = 5 + j11 - j6 = 5 + j5 = 5\sqrt{2}\angle 45°(\Omega)$

$\dot{I} = \dfrac{\dot{U}}{Z} = \dfrac{220\angle 0°}{5\sqrt{2}\angle 45°} = 22\sqrt{2}\angle -45° = 31.11\angle -45°(\text{A})$

$\dot{U}_2 = Z_2\dot{I} = 31.11\angle -45° \times (-j6) = 186.66\angle -135°(\text{V})$

$\dot{I}_1 = \dfrac{\dot{U}_2}{-jX_C} = \dfrac{186.66\angle -135°}{-j2} = 93.33\angle -45°(\text{A})$

$\dot{I}_2 = \dfrac{\dot{U}_2}{jX_{L2}} = \dfrac{186.66\angle -135°}{j3} = 62.22\angle 135°(\text{A})$

$$\dot{U}_1 = Z_1\dot{I} = (5+j11)\times 31.11\angle-45° = 375.81\angle 20.56°(V)$$

## 第十节 正弦交流电路的功率

### 一、瞬时功率

任一二端网络的瞬时功率等于其端口的瞬时电压与瞬时电流的乘积。有一个二端网络，端口电压和端口电流取关联参考方向，如图3-37所示。设该二端网络的端口电压和电流分别为

$$u = \sqrt{2}U\sin(\omega t+\varphi)$$
$$i = \sqrt{2}I\sin\omega t$$

该二端网络吸收的瞬时功率为

$$p = ui = 2UI\sin(\omega t+\varphi)\sin\omega t = UI\cos\varphi - UI\cos(2\omega t+\varphi)$$
$$= UI\cos\varphi - UI\cos\varphi\cos2\omega t + UI\sin\varphi\sin2\omega t = p_a + p_r$$
$$p_a = UI\cos\varphi - UI\cos\varphi\cos2\omega t$$
$$p_r = UI\sin\varphi\sin2\omega t$$

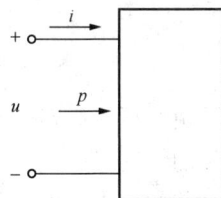

图3-37 二端网络

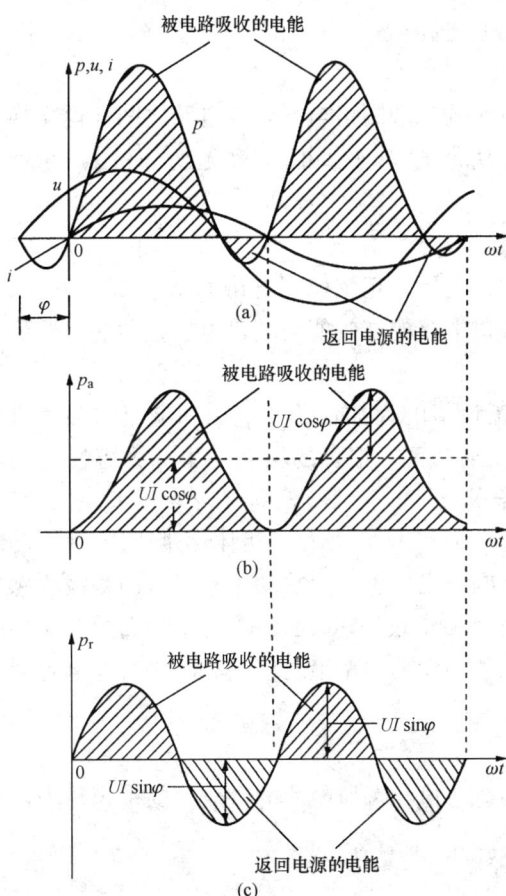

图3-38 二端网络的瞬时功率及其有功分量、无功分量的波形

(a) $p$、$u$、$i$ 的波形；(b) $p_a$ 的波形；(c) $p_r$ 的波形

对于一个无源二端网络，当 $\frac{\pi}{2}>\varphi>0$ 时，$u$、$i$、$p$、$p_a$、$p_r$ 的波形如图3-38所示。从图3-38（a）中可见，瞬时功率 $p$ 以两倍电流（或电压）频率随时间作周期性变化。当 $u$、$i$ 符号相同，即当它们的实际方向相同时，$p$ 为正值，表明这时电路从它的外部吸收功率；当 $u$、$i$ 符号相反，即当它们的实际方向相反时，$p$ 为负值，表明这时电路实际上是向外部发出功率。瞬时功率 $p$ 可以分为 $p_a$ 和 $p_r$ 两个分量。$p_a$ 的波形如图3-38（b）所示，它是一个大小变化而传输方向不变的功率。$p_a$ 恒为非负值，表明电路消耗电能，说明电路中存在耗能元件。$p_a$ 的波形与横轴之间所构成的面积代表电路所消耗的电能。$p_a$ 代表电路耗能的速率，称为 $p$ 的有功分量。$p_r$ 的波形如图3-38（c）所示，它是以两倍电流频率随时间作正弦变化的功率。它周期性地正负交替变化，表明该电路与其外部电路之间进行着周期性的往返能量交换，说明电路中存在储能元件。$p_r$ 的平均值为零，表明对这部分功率而言，从某种意义上讲，电路不做功，故将 $p_r$ 称为 $p$ 的无功分量。

### 二、有功功率

正弦交流电路中任一二端网络消耗或产

生电能的平均速率称为有功功率。这里所谓消耗电能是指电路从外部吸收电能并将它转化为其他非电磁形式的能量；所谓产生电能是指电路将其他非电磁形式的能量转化为电能，向外部输送。从概念上讲，有功功率就是电路瞬时功率的有功分量的平均值。但是，因为有功功率在数值上也等于电路的平均功率，所以通常将电路的平均功率称为有功功率。由定义可知，正弦交流电路中任意二端网络的有功功率为

$$P = \frac{1}{T} \int_0^T p_a \mathrm{d}t$$

$$= \frac{1}{T} \int_0^T (UI\cos\varphi - UI\cos\varphi\cos2\omega t) \mathrm{d}t$$

$$= UI\cos\varphi \qquad\qquad (3\text{-}71)$$

由此可见，对于正弦交流电路中的任意二端网络，在其端口电压和端口电流的参考方向一致的情况下，网络从外部电路吸收的有功功率等于端口电压、端口电流的有效值与端口电压超前端口电流的相位角的余弦的乘积。有功功率的单位为 W（瓦）。在电压和电流的参考方向一致的情况下，若 $\cos\varphi > 0$，则 $P > 0$，表明网络吸收有功功率；若 $\cos\varphi < 0$，则 $P < 0$，表明网络发出有功功率。如果二端网络是一个仅由 R、L、C 元件组成的无源网络，则其所吸收的有功功率等于网络中各电阻消耗的有功功率之和。

### 三、无功功率

在正弦交流电路中，任一含有储能元件或电源的二端网络与其外部电路之间往返交换能量的最大速率称为无功功率。由此可知，无功功率 $Q$ 等于瞬时功率无功分量 $p_r$ 的最大值，即

$$Q = UI\sin\varphi \qquad\qquad (3\text{-}72)$$

可见，在端口电压和电流的参考方向一致的情况下，正弦稳态电路中任意二端网络从外部电路吸收的无功功率等于网络的端口电压、端口电流的有效值与端口电压超前端口电流的相位角的正弦的乘积。无功功率的单位为 var（乏）。

因为 $\varphi$ 值有正负之分，所以 $Q$ 是一个可取正负值的代数量。在电压和电流的参考方向一致的情况下，我们把正的无功功率称为感性无功功率，把负的无功功率称为容性无功功率。在电压和电流的参考方向一致的情况下，若 $\varphi > 0$（$|\varphi| < \pi$），则 $\sin\varphi > 0$，$Q > 0$，表明网络吸收感性无功功率；若 $\varphi < 0$（$|\varphi| < \pi$），则 $\sin\varphi < 0$，$Q < 0$，表明网络吸收容性无功功率。一个网络吸收容性无功功率，也可以说，该网络发出感性无功功率；一个网络吸收感性无功功率，也可以说，该网络发出容性无功功率。一个仅由 R、L、C 元件组成的二端网络所吸收的感性无功功率，等于网络中所有电感元件的无功功率绝对值之和减去所有电容元件的无功功率绝对值之和。

### 四、视在功率

正弦交流电路中任一二端网络的端口电压的有效值与端口电流的有效值的乘积称为该网络的视在功率，用 $S$ 表示，即

$$S = UI \qquad\qquad (3\text{-}73)$$

视在功率的单位为 VA（伏安）。

由式（3-71）、式（3-72）及式（3-73）可知，正弦交流电路的有功功率 $P$、无功功率 $Q$ 及视在功率 $S$ 三者之间的关系式为

$$P = S\cos\varphi \\ Q = S\sin\varphi \\ S = \sqrt{P^2 + Q^2} \\ \tan\varphi = \frac{Q}{P}$$ （3 - 74）

$P$、$Q$、$S$ 三者之间的关系也可以用一个直角三角形来表示，这一直角三角形称为功率三角形，如图 3 - 39 所示。

### 五、功率因数

交流电路的有功功率与视在功率的比值称为电路的功率因数，用 $\lambda$ 表示，即

图 3 - 39 功率三角形

$$\lambda = \frac{P}{S}$$ （3 - 75）

对于正弦交流电路，因为 $P/S = \cos\varphi$，所以可把 $\cos\varphi$ 称为电路的功率因数，即

$$\lambda = \cos\varphi$$ （3 - 76）

这就是说，在电压和电流的参考方向一致的情况下，正弦交流电路中任意二端网络的功率因数等于网络的端口电压超前端口电流的相位角的余弦。$\varphi$ 角称为功率因数角。对于一个不含独立电源的二端网络，在端口电压和端口电流的参考方向一致的情况下，功率因数角等于网络等效阻抗的阻抗角。

设正弦交流电路中的一个不含独立电源二端网络的端口电压的有效值为 $U$，端口电流的有效值为 $I$，网络的等效阻抗为 $Z = R + jX$，等效导纳为 $Y = G + jB$，该网络的有功功率、无功功率、视在功率及功率因数可用下列计算式来计算：

$$P = I^2 R, P = GU^2$$
$$Q = I^2 X, Q = -BU^2$$
$$S = I^2 |Z|, S = |Y|U^2$$
$$\lambda = \frac{R}{\sqrt{R^2 + X^2}}, \lambda = \frac{G}{\sqrt{G^2 + B^2}}$$

可以证明，正弦交流电路中各独立电源发出的有功功率之和等于其他所有元件吸收的有功功率之和；各独立电源发出的无功功率的代数和等于其他所有元件吸收的无功功率的代数和。这就是正弦电路的有功功率守恒和无功功率守恒。

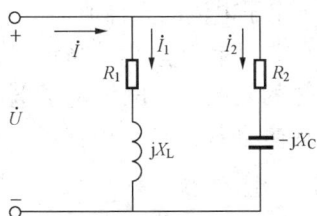

【例 3 - 17】 图 3 - 40 所示电路中，$\dot{U} = 220\angle 0°\text{V}$，$R_1 = 12\Omega$，$X_L = 16\Omega$，$R_2 = 20\Omega$，$X_C = 15\Omega$。试求电路的有功功率 $P$、无功功率 $Q$、视在功率 $S$ 及功率因数 $\lambda$。

**解** $Z_1 = R_1 + jX_L = 12 + j16 = 20\angle 53.13°(\Omega)$

$Z_2 = R_2 - jX_C = 20 - j15 = 25\angle -36.87°(\Omega)$

图 3 - 40 ［例 3 - 17］的图

$$\dot{I}_1 = \frac{\dot{U}}{Z_1} = \frac{220\angle 0°}{20\angle 53.13°} = 11\angle -53.13° = (6.6 - j8.8)(\text{A})$$

$$\dot{I}_2 = \frac{\dot{U}}{Z_2} = \frac{220\angle 0°}{25\angle -36.87°} = 8.8\angle 36.87° = (7.04 + j5.28)(\text{A})$$

$$\dot{I} = \dot{I}_1 + \dot{I}_2 = 6.6 - j8.8 + 7.04 + j5.28 = 13.64 - j3.52 = 14.09\angle -14.47°(\text{A})$$

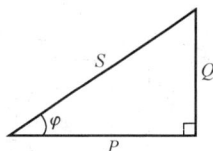

$$S = UI = 220 \times 14.09 = 3099.80 (\text{VA})$$
$$\lambda = \cos\varphi = \cos 14.47° = 0.97$$
$$\sin\varphi = \sin 14.47° = 0.25$$
$$P = S\cos\varphi = 3099.80 \times 0.97 = 3006.81 (\text{W})$$
$$Q = S\sin\varphi = 3099.80 \times 0.25 = 774.95 (\text{var})$$

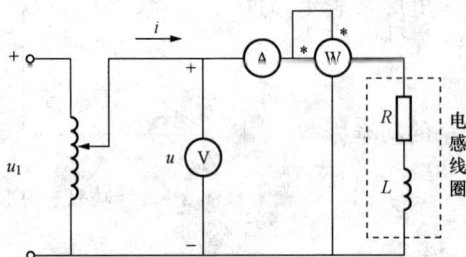

【例 3 - 18】 用电压表、电流表和功率表测量一个线圈的参数 $R$ 和 $L$，测量电路如图 3 - 41 所示。已知电源频率为 50Hz，测得：电压表的读数为 100V，电流表的读数为 2A，功率表的读数为 120W。试求 $R$ 和 $L$。

图 3 - 41　[例 3 - 18] 的图

**解**　$|Z| = \dfrac{U}{I} = \dfrac{100}{2} = 50\ (\Omega)$

$\cos\varphi = \dfrac{P}{UI} = \dfrac{120}{100 \times 2} = 0.6$

$\varphi = \arccos 0.6 = 53.1°$

$\sin\varphi = \sin 53.1° = 0.8$

$R = |Z|\cos\varphi = 50 \times 0.6 = 30\ (\Omega)$

$X = |Z|\sin\varphi = 50 \times 0.8 = 40\ (\Omega)$

$L = \dfrac{X}{\omega} = \dfrac{40}{2 \times 3.14 \times 50} = 0.127\ (\text{H})$

## 第十一节　功率因数的提高

**一、低功率因数运行的危害**

造成电力网功率因数偏低的原因是电力系统中存在着大量的功率因数较低的电感性负载。低功率因数运行会给电力系统带来下述两方面的不良后果。

1. 造成发电设备容量不能充分利用

正常情况下，三相发电机能够发出的有功功率为

$$P = \sqrt{3} U_N I_{al} \cos\varphi$$

式中，$U_N$ 为发电机的定子额定电压，$I_{al}$ 为正常运行情况下发电机定子电流的允许值。

由此式可知，负载功率因数 $\cos\varphi$ 愈低，发电机所能发出的有功功率 $P$ 愈小。当负载功率因数 $\cos\varphi$ 低于发电机的额定功率因数 $\cos\varphi_N$ 时，由于转子发热的限制，发电机定子电流的允许值 $I_{al}$ 将小于发电机定子额定电流 $I_N$，发电机能够发出的有功功率 $P$ 将小于其额定功率 $P_N$（$P_N = \sqrt{3} U_N I_N \cos\varphi_N$），这时发电机的设计容量不能被充分利用。

2. 增加线路的电压降落和功率损耗

若输电线路的电压不很高，线路不很长，则线路的电压降落 $\Delta \dot{U}$ 和功率损耗 $\Delta P$ 的计算式为

$$\Delta \dot{U} = \dot{I} Z_L$$
$$\Delta P = 3I^2 R_L$$

式中，$Z_L$ 和 $R_L$ 分别为线路阻抗和线路电阻。

在负载的有功功率 $P$（$P=\sqrt{3}UI\cos\varphi$）和电压 $U$ 一定的情况下，负载功率因数 $\cos\varphi$ 愈低，线路电流 $I$ 愈大。由以上式子可知，线路电流 $I$ 增大，线路上的有功功率损耗 $\Delta P$ 将随之而增大，因而产生较大的电能损失，降低输电效率；同时，线路电流 $I$ 增大，线路上的电压降落 $|\Delta\dot{U}|$ 也将增大，影响电能的质量。

由以上分析可知，提高功率因数的意义为：①提高发电设备的有功出力，充分利用发电设备的容量；②降低功率损耗，减少电能损失，从而提高输电效率；③减少线路电压降落，从而改善电压质量。

**二、并联电容器提高功率因数的原理**

提高电力系统功率因数的方法可分为两类：①提高自然功率因数，即不添置任何补偿设备，采取措施减少供电系统的无功功率的需要量。例如，合理地选择电动机和变压器的容量，改进电动机运行方式，改善配电线路的布局，采用同步电动机等均可减少系统无功功率的消耗。②功率因数的人工补偿，即利用补偿装置对供用电设备所需的无功功率进行人工补偿。人工补偿最常采用的措施是在用户变电所或消耗无功功率较大的用电设备附近安装电容器。下面我们介绍并联电容器提高功率因数的原理。

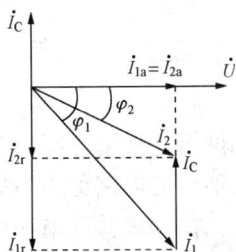

图 3 - 42 并联电容器提高
功率因数的电路图

一感性负载（用 RL 串联电路来表示）接于电压为 $\dot{U}$ 的交流电源上，电路如图 3 - 42 所示。电路中的电流为 $\dot{I}_1$，$\dot{I}_1$ 滞后 $\dot{U}$ $\varphi_1$ 角，$\dot{I}_1$ 的有功分量 $\dot{I}_{1a}$ 与 $\dot{U}$ 同相，$\dot{I}_1$ 的无功分量 $\dot{I}_{1r}$ 滞后 $\dot{U}$ 90°。它们的相量图如图 3 - 43 所示。

在负载两端并上电容器 C 之后，负载支路中的电流 $\dot{I}_1$ 保持不变（设电源电压恒定）。电容支路的电流 $\dot{I}_C$ 超前 $\dot{U}$ 90°，$\dot{I}_C$ 与 $\dot{I}_{1r}$ 反相。这时电路中的总电流 $\dot{I}_2=\dot{I}_1+\dot{I}_C=\dot{I}_{1a}+\dot{I}_{1r}+\dot{I}_C$，$\dot{I}_2$ 的有功分量 $I_{2a}=I_{1a}$，$\dot{I}_2$ 的无功分量 $I_{2r}=I_{1r}+\dot{I}_C$，$\dot{I}_2$ 滞后 $\dot{U}$ $\varphi_2$ 角。各电流的相量图如图 3 - 43 所示。

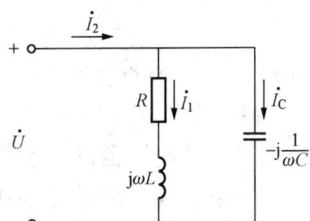

图 3 - 43 并联电容器
提高功率因数的相量图

从图 3 - 43 可见，在感性负载两端并联电容器后，电路中总的无功电流减小（$I_{2r}=I_{1r}-I_C<I_{1r}$），电路的总电流减小（$I_2<I_1$），功率因数角减小（$\varphi_2<\varphi_1$），功率因数提高（$\cos\varphi_2>\cos\varphi_1$）。产生上述结果的原因是，由于电容电流 $\dot{I}_C$ 与感性负载电流的无功分量 $\dot{I}_{1r}$ 反相，$\dot{I}_C$ 抵消了一部分感性无功电流，使得总电流的无功分量减小，从而使得功率因数提高。可见，并联电容器提高功率因数的实质就是利用电容中超前的无功电流去补偿感性负载中滞后的无功电流，以减小总电流的无功分量。

电容器的无功补偿作用还可以利用功率关系来加以说明。

设未并联电容器时，感性负载从电源吸取的有功功率为 $P_1$、无功功率为 $Q_1$、视在功率为 $S_1$，此时的功率三角形为图 3 - 44 中的 △ABC。设并联电容器的无功功率为 $Q_C$，并联电容器之后，由于电容器的容性无功功率补偿了感性负载的感性无功功率，从而使电源提供的无功功率减少到 $Q_2$（$Q_2 = Q_1 - Q_C$）。并联电容器之后，电路吸取的有功功率不变，即 $P_2 = P_1$，电路吸取的视在功率减少到 $S_2$，功率因数由 $\cos\varphi_1$ 提高到 $\cos\varphi_2$，此时的功率三角形为图 3 - 44 中的 △DBC。并联电容器之后，感性负载所需要的无功功率大部分或全部由电容器供给，这样就减少了电路的总无功功率。也就是说，并联电容器之后，能量互换主要或完全发生在感性负载与电容器之间，从而减少了电源与感性负载之间往返交换的能量，因此电路总的功率因数得以提高。

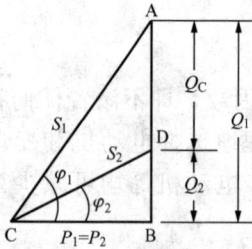

图 3 - 44　并联电容器提高
功率因数的功率三角形

根据图 3 - 44 可求出补偿电容器的补偿容量，即

$$Q_C = Q_1 - Q_2 = P_1(\tan\varphi_1 - \tan\varphi_2) \tag{3-77}$$

因为

$$Q_C = \omega C U^2$$

所以补偿电容器的电容为

$$C = \frac{P_1}{\omega U^2}(\tan\varphi_1 - \tan\varphi_2) \tag{3-78}$$

【例 3 - 19】　有一感性负载，接在 $U = 220\text{V}$，$f = 50\text{Hz}$ 的正弦交流电源上，其有功功率 $P = 15\text{kW}$，功率因数 $\cos\varphi_1 = 0.6$。若将电路的功率因数提高到 $\cos\varphi_2 = 0.9$，试求：

（1）并联电容器的补偿容量和电容；

（2）电容器并联前后的线路电流。

**解**　（1）$\cos\varphi_1 = 0.6$，$\varphi_1 = 53.13°$

$\cos\varphi_2 = 0.9$，$\varphi_2 = 25.84°$

$Q_C = P_1(\tan\varphi_1 - \tan\varphi_2) = 15 \times 10^3(\tan53.13° - \tan25.84°)$

$\quad = 12\,735(\text{var})$

$C = \dfrac{Q_C}{\omega U^2} = \dfrac{12\,735}{2\pi \times 50 \times 220^2} = 8.375 \times 10^{-4} = 837.5(\mu\text{F})$

（2）$I_1 = \dfrac{P_1}{U\cos\varphi_1} = \dfrac{15 \times 10^3}{220 \times 0.6} = 113.64(\text{A})$

$I_2 = \dfrac{P_1}{U\cos\varphi_2} = \dfrac{15 \times 10^3}{220 \times 0.9} = 75.76(\text{A})$

## 第十二节　正弦交流电路中的谐振

正弦交流电路中任一具有电感和电容元件的不含独立电源的二端网络，在某一特定条件下，出现网络的端口电压和端口电流同相位的现象，称为谐振。发生谐振的电路称为谐振电路。按谐振电路的连接方式进行分类，可把谐振分为串联谐振、并联谐振和串并联谐振。

### 一、串联谐振

串联电路发生的谐振称为串联谐振。例如，RLC 串联电路发生的谐振就是串联谐振。

1. 串联谐振的条件

由谐振的定义可知，对于图 3 - 45（a）所示的 RLC 串联电路，发生谐振的条件为电路的总电抗为零，即

$$X = X_L - X_C = 0$$

或
$$\omega L = \frac{1}{\omega C} \qquad (3-79)$$

式（3-79）表明，在感抗和容抗相等时，RLC 串联电路发生谐振。

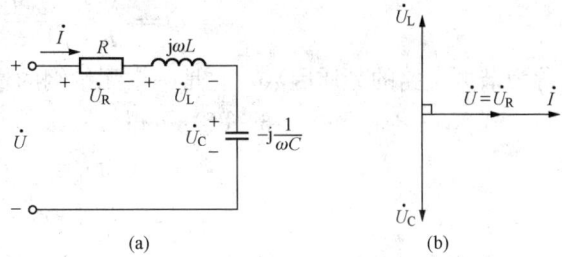

发生谐振时的电源的角频率称为电路的谐振角频率，记作 $\omega_0$。由式（3-79）可得

$$\omega_0 = \frac{1}{\sqrt{LC}} \qquad (3-80)$$

图 3-45  串联谐振电路及其相量图

(a) 串联谐振电路；(b) 相量图

发生谐振时的电源频率称为电路的谐振频率，记作 $f_0$。由式（3-80）可得

$$f_0 = \frac{1}{2\pi \sqrt{LC}} \qquad (3-81)$$

由式（3-81）可知，串联电路的谐振频率 $f_0$ 与电路中的电阻 $R$ 和电压 $U$ 无关，仅决定于电路中的电感 $L$ 和电容 $C$ 的数值，它反映了串联电路的固有性质。改变 $f$、$L$、$C$ 中的任一个量都可以使电路发生谐振。

2. 串联谐振电路的特征

（1）谐振时电路复阻抗 $Z$ 等于电路中的电阻 $R$，阻抗模 $|Z|$ 最小。

因为谐振时 $X_L = X_C$，所以电路的复阻抗为

$$Z = R + \mathrm{j}(X_L - X_C) = R \qquad (3-82)$$

阻抗模为

$$|Z| = R$$

可见，谐振时整个电路相当于一个电阻。

由 $|Z| = \sqrt{R^2 + (X_L - X_C)^2}$ 可知，谐振时，$\omega = \omega_0$，$X = 0$，$|Z| = R$ 达到最小值。

（2）谐振时电路中的电流 $I_0$ 达到最大值，其值为 $U/R$。

RLC 串联电路的电流的有效值为

$$I = \frac{U}{|Z|}$$

因为谐振时电路的阻抗模 $|Z|$ 达到最小值，所以，当电路的端电压 $U$ 保持一定时，电路中的电流达到最大值。谐振时的电流有效值为

$$I_0 = \frac{U}{R} \qquad (3-83)$$

（3）谐振时电感元件的电压 $\dot{U}_L$ 与电容元件的电压 $\dot{U}_C$ 大小相等、相位相反、相互抵消，电阻元件的电压 $\dot{U}_R$ 等于电源电压 $\dot{U}$。

谐振时电感元件和电容元件的电压分别为

$$\dot{U}_L = \mathrm{j}X_L \dot{I}_0 = \mathrm{j}X_L \frac{\dot{U}}{R} = \mathrm{j}Q\dot{U} \qquad (3-84)$$

$$\dot{U}_C = -\mathrm{j}X_C \dot{I}_0 = -\mathrm{j}X_C \frac{\dot{U}}{R} = -\mathrm{j}Q\dot{U} \qquad (3-85)$$

$$Q = \frac{X_L}{R} = \frac{\omega_0 L}{R} = \frac{1}{\omega_0 CR} \tag{3-86}$$

$Q$ 称为谐振电路的品质因数,它是一个无量纲的量。

由式(3-84)和式(3-85)可得

$$\dot{U}_L = -\dot{U}_C$$

$$\dot{U} = \dot{U}_R + \dot{U}_L + \dot{U}_C = \dot{U}_R$$

RLC 串联电路谐振时的相量图如图 3-45(b)所示。

由式(3-84)和式(3-85)可知,当 $X_L = X_C \gg R$,即 $Q \gg 1$ 时,$U_L$ 和 $U_C$ 都将远大于电源电压 $U$。在无线电技术中常利用串联谐振的这一特性,将微弱信号输入到串联谐振回路中,从电感元件或电容元件两端获取比输入电压高得多的电压。在电力系统中,常把由谐振而引起的高电压称为谐振过电压。为了防止因电压过高而导致电气设备的绝缘击穿,应避免发生串联谐振。

(4)谐振时电感元件吸收的感性无功功率 $Q_L$ 等于电容元件吸收的容性无功功率 $Q_C$,能量互换完全发生在电感元件与电容元件之间,电源与谐振电路之间不发生能量互换。

谐振时电感元件吸收的感性无功功率为 $Q_L = I_0^2 X_L$,电容元件吸收的容性无功功率为 $Q_C = I_0^2 X_C$。因为 $X_L = X_C$,所以

$$Q_L = Q_C$$

这时电路吸收的无功功率等于零,即

$$Q = Q_L - Q_C = 0$$

【例 3-20】 一个线圈与可变电容器串联,线圈电阻 $R = 20\Omega$,$L = 0.2\text{mH}$,若输入电压为 10mV,电压频率为 1000kHz,当电容器电容为何值时电路发生谐振?谐振时电路中电流及电容器电压为多少?(不考虑电容器的电阻效应)

**解** 谐振时电容器的电容为

$$C = \frac{1}{\omega^2 L} = \frac{1}{(2\pi \times 10^6)^2 \times 0.2 \times 10^{-3}} = 127 \times 10^{-12}\,(\text{F})$$

$$= 127\,(\text{pF})$$

谐振时电路中电流及电容器电压分别为

$$I_0 = \frac{U}{R} = \frac{10 \times 10^{-3}}{20} = 0.5\,(\text{mA})$$

$$U_C = U_L = I_0 \omega L = 0.5 \times 10^{-3} \times 2\pi \times 10^6 \times 0.2 \times 10^{-3} = 0.63\,(\text{V})$$

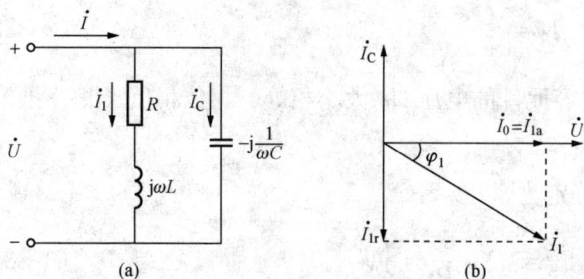

图 3-46 并联谐振电路及其相量图

(a)并联谐振电路;(b)相量图

## 二、并联谐振

并联电路发生的谐振称为并联谐振。图 3-46(a)所示电路是一种常见的并联谐振电路。现讨论这种电路的谐振条件和谐振时电路的特征。

1. 并联谐振的条件

图 3-46(a)所示电路的复导纳为

$$Y = \frac{1}{R + \text{j}\omega L} + \text{j}\omega C$$

$$= \frac{R}{R^2 + (\omega L)^2} + j\left[\omega C - \frac{\omega L}{R^2 + (\omega L)^2}\right]$$

当复导纳 $Y$ 的虚部等于零时，电路的端口电流 $\dot{I}$ 与端口电压 $\dot{U}$ 同相，即电路发生谐振。因此，电路的谐振条件为

$$\omega C = \frac{\omega L}{R^2 + (\omega L)^2}$$

即

$$C = \frac{L}{R^2 + (\omega L)^2} \tag{3-87}$$

由式（3-87）可知，电路的谐振角频率为

$$\omega_0 = \sqrt{\frac{1}{LC} - \frac{R^2}{L^2}} = \frac{1}{\sqrt{LC}}\sqrt{1 - \frac{CR^2}{L}} \tag{3-88}$$

电路的谐振频率为

$$f_0 = \frac{1}{2\pi\sqrt{LC}}\sqrt{1 - \frac{CR^2}{L}} \tag{3-89}$$

由式（3-89）可见，电路的谐振频率完全由电路参数决定。只当 $1 - \frac{CR^2}{L} > 0$，即 $R < \sqrt{\frac{L}{C}}$ 时，$f_0$ 才是实数，电路才有谐振频率。如果 $R > \sqrt{\frac{L}{C}}$，$f_0$ 为虚数，则电路不会发生谐振，也就是说，在这样的电路参数下，对任何频率，$\dot{I}$ 和 $\dot{U}$ 都不可能同相。

2. 并联谐振电路的特征

(1) 谐振时电路的复阻抗 $Z = L/CR$。

谐振时电路的复导纳为

$$Y = \frac{R}{R^2 + (\omega_0 L)^2} = \frac{R}{R^2 + \left(\frac{1}{LC} - \frac{R^2}{L^2}\right)L^2} = \frac{CR}{L}$$

所以

$$Z = \frac{L}{CR}$$

(2) 谐振时 RL 串联支路中的电流的无功分量 $\dot{I}_{1r}$ 与电容元件中的电流 $\dot{I}_C$ 大小相等、相位相反、相互抵消，电路中的总电流 $\dot{I}$ 等于 RL 串联支路中的电流的有功分量 $\dot{I}_{1a}$。

并联谐振时电路的相量图如图 3-46 (b) 所示。谐振时 RL 串联支路中电流的无功分量为

$$I_{1r} = I_1 \sin\varphi_1 = \frac{U}{\sqrt{R^2 + (\omega_0 L)^2}} \frac{\omega_0 L}{\sqrt{R^2 + (\omega_0 L)^2}} = \frac{\omega_0 L}{R^2 + (\omega_0 L)^2}U$$

谐振时电容元件中的电流为

$$I_C = \omega_0 CU = \frac{\omega_0 L}{R^2 + (\omega_0 L)^2}U$$

所以

$$I_{1r} = I_C$$

$$\dot{I}_{1r} = -\dot{I}_C$$

谐振时电路中的总电流为

$$\dot{I}_0 = \dot{I}_1 + \dot{I}_C = \dot{I}_{1a} + \dot{I}_{1r} + \dot{I}_C = \dot{I}_{1a}$$

$$\dot{I}_0 = \frac{\dot{U}}{Z} = \frac{CR}{L}\dot{U}$$

（3）谐振时电感元件吸收的感性无功功率 $Q_L$ 等于电容元件吸收的容性无功功率 $Q_C$，能量互换完全发生在电感元件与电容元件之间，谐振电路与电源之间不发生能量互换。

因为 $Q_L=UI_1\sin\varphi_1=UI_{1r}$，$Q_C=UI_C$，$I_{1r}=I_C$，所以

$$Q_L = Q_C$$
$$Q = Q_L - Q_C = 0$$

**【例 3-21】** 在图 3-46 所示电路中，$R=2\text{k}\Omega$，$C=1000\text{pF}$，$L=100\text{mH}$，输入电压的有效值为 100V。试求电路的谐振角频率、谐振频率及谐振时电路中的总电流。

**解** 
$$\omega_0 = \frac{1}{\sqrt{LC}}\sqrt{1-\frac{CR^2}{L}}$$

$$= \frac{1}{\sqrt{100\times10^{-3}\times1000\times10^{-12}}}\sqrt{1-\frac{1000\times10^{-12}\times4\times10^6}{100\times10^{-3}}}$$

$$= 9.8\times10^4(\text{rad/s})$$

$$f_0 = \frac{\omega_0}{2\pi} = \frac{9.8\times10^4}{2\pi} = 1.56\times10^4(\text{Hz})$$

$$I_0 = \frac{U}{R} = \frac{100}{2\times10^3} = 50\times10^{-3}(\text{A}) = 50(\text{mA})$$

## 本 章 小 结

1. 正弦量 $i=I_m\sin(\omega t+\psi_i)$ 的特征量

（1）反映变化快慢的量：角频率 $\omega$、频率 $f$、周期 $T$，它们之间的关系为

$$\omega = 2\pi f, \qquad f = \frac{1}{T}$$

（2）表示大小的量：瞬时值 $i$、幅值 $I_m$、有效值 $I$，它们之间的关系为

$$I = \sqrt{\frac{1}{T}\int_0^T i^2\,\mathrm{d}t}$$

$$I_m = \sqrt{2}I$$

（3）反映变化进程的量：相位 $\omega t+\psi_i$、初相位 $\psi_i$、相位差 $\varphi$。$I_m$、$\omega$（或 $f$）、$\psi_i$ 称为正弦量 $i$ 的三要素。

2. 正弦量的四种表示方法

（1）解析式：$i=I_m\sin(\omega t+\psi_i)=\sqrt{2}I\sin(\omega t+\psi_i)$。

（2）波形图：表示正弦函数的图象。

（3）相量式：$\dot{I}=I\angle\psi_i$。

（4）相量图：用有向线段表示正弦量相量的图形。

3. 同频率的两个正弦量 $u=\sqrt{2}U\sin(\omega t+\psi_u)$ 和 $i=\sqrt{2}I\sin(\omega t+\psi_i)$ 的相位关系

它们的相位差为 $\varphi=(\omega t+\psi_u)-(\omega t+\psi_i)=\psi_u-\psi_i$

当 $\varphi>0$ 时，称电压 $u$ 超前电流 $i$ 角度 $\varphi$；

当 $\varphi<0$ 时，称电压 $u$ 滞后电流 $i$ 角度 $|\varphi|$；

当 $\varphi=0$ 时，称电压 $u$ 与电流 $i$ 同相；

当 $\varphi=180°$时，称电压 $u$ 与电流 $i$ 反相；

当 $\varphi=\pm90°$时，称电压 $u$ 与电流 $i$ 正交。

4. 电路元件 R、L、C 的电压与电流的关系及各元件的功率

在关联参考方向下，各元件的电压与电流的关系式分别为

$$\left.\begin{array}{l} u_R=Ri_R \\ \dot{U}_R=R\dot{I}_R \end{array}\right\} \qquad \left.\begin{array}{l} u_L=L\dfrac{di_L}{dt} \\ \dot{U}_L=jX_L\dot{I}_L \\ X_L=\omega L \end{array}\right\} \qquad \left.\begin{array}{l} i_C=C\dfrac{du_C}{dt} \\ \dot{U}_C=-jX_C\dot{I}_C \\ X_C=\dfrac{1}{\omega C} \end{array}\right\}$$

各元件吸收的有功功率和无功功率分别为

$$P_R=U_RI_R=RI_R^2=\frac{U_R^2}{R},Q_R=0$$

$$P_L=0,\quad Q_L=U_LI_L=X_LI_L^2=\frac{U_L^2}{X_L}$$

$$P_C=0,\quad Q_C=U_CI_C=X_CI_C^2=\frac{U_C^2}{X_C}$$

5. 正弦交流电路中不含独立电源的二端网络的复阻抗和复导纳

在关联参考方向下

$$Z=\frac{\dot{U}}{\dot{I}}=|Z|\angle\varphi$$

$$Z=R+jX$$

$$|Z|=\frac{U}{I}=\sqrt{R^2+X^2}$$

$$\varphi=\psi_u-\psi_i=\arctan\frac{X}{R}$$

以 $R$ 和 $X$ 作为直角边，以 $|Z|$ 作为斜边的直角三角形称为阻抗三角形。

$X>0$，电路为电感性；$X<0$，电路为电容性；$X=0$，电路发生谐振，电路为电阻性。

$$Y=\frac{1}{Z}=\frac{\dot{I}}{\dot{U}}=|Y|\angle\varphi'$$

$$Y=G+jB$$

$$|Y|=\frac{I}{U}=\sqrt{G^2+B^2}$$

$$\varphi'=\psi_i-\psi_u=\arctan\frac{B}{G}$$

直角边为 $G$ 和 $B$，斜边为 $|Y|$ 的直角三角形称为导纳三角形。

阻抗 $Z$ 与导纳 $Y$ 之间等效互换的条件为 $ZY=1$。

6. 阻抗串联、并联电路的等效阻抗的计算公式、分压公式及分流公式

$n$ 个阻抗串联的电路的等效阻抗计算公式及分压公式分别为

$$Z = Z_1 + Z_2 + \cdots + Z_n$$

$$\dot{U}_K = \frac{Z_K}{Z}\dot{U}$$

两个阻抗串联的电路的等效阻抗计算公式及分压公式分别为

$$Z = Z_1 + Z_2$$

$$\dot{U}_1 = \frac{Z_1}{Z_1 + Z_2}\dot{U}$$

$$\dot{U}_2 = \frac{Z_2}{Z_1 + Z_2}\dot{U}$$

$n$ 个阻抗并联的电路的等效导纳计算公式及分流公式分别为

$$Y = Y_1 + Y_2 + \cdots + Y_n$$

$$\dot{I}_K = \frac{Y_K}{Y}\dot{I}$$

两个阻抗并联的电路的等效阻抗计算公式及分流公式分别为

$$Z = \frac{Z_1 Z_2}{Z_1 + Z_2}$$

$$\dot{I}_1 = \frac{Z_2}{Z_1 + Z_2}\dot{I}$$

$$\dot{I}_2 = \frac{Z_1}{Z_1 + Z_2}\dot{I}$$

7. 正弦交流电路的功率及功率因数

在关联参考方向下,正弦交流电路中任一二端网络吸收的有功功率、无功功率及视在功率分别为

$$P = UI\cos\varphi$$

$$Q = UI\sin\varphi$$

$$S = UI$$

直角边为 $P$ 和 $Q$,斜边为 $S$ 的直角三角形称为功率三角形。

正弦交流电路中任一二端网络的功率因数为

$$\lambda = \frac{P}{S} = \cos\varphi$$

式中,$\varphi$ 是在关联参考方向下网络的端口电压超前于端口电流的相位角,称为功率因数角。对于不含独立电源的正弦二端网络,功率因数角等于二端网络的阻抗角。

8. 并联电容器提高功率因数的原理及补偿容量的计算

并联电容器提高功率因数的实质就是利用电容元件的超前的无功电流去补偿感性负载的滞后的无功电流,以减小电路总电流的无功分量;也可以说,是利用电容元件的容性无功功率去补偿感性负载的感性无功功率,以减少电路从电源吸收的无功功率。

欲将电路的功率因数从 $\cos\varphi_1$ 提高到 $\cos\varphi_2$,并联电容器的补偿容量和电容应为

$$Q_C = P_1(\tan\varphi_1 - \tan\varphi_2)$$

$$C = \frac{P_1}{\omega U^2}(\tan\varphi_1 - \tan\varphi_2)$$

9. 谐振条件及谐振电路的特征

（1）RLC 串联电路的谐振条件、谐振角频率和谐振频率分别为

$$X = X_L - X_C = \omega L - \frac{1}{\omega C} = 0$$

$$\omega_0 = \frac{1}{\sqrt{LC}}$$

$$f_0 = \frac{1}{2\pi\sqrt{LC}}$$

（2）RLC 串联谐振电路的特征：

1）复阻抗 $Z = R$ 为纯电阻，阻抗模 $|Z| = R$ 为最小值。

2）电路的电流 $\dot{I}_0 = \dot{U}/R$，$I_0 = U/R$ 为最大值。

3）电感元件和电容元件的电压大小相等、相位相反、相互抵消，即 $\dot{U}_L = -\dot{U}_C$。

4）电感元件和电容元件的无功功率正好相互补偿，谐振电路吸收的无功功率为零，即 $Q_L = Q_C$，$Q = Q_L - Q_C = 0$。

（3）RL 串联支路与 C 并联的电路的谐振条件、谐振角频率、谐振频率分别为

$$\omega C = \frac{\omega L}{R^2 + (\omega L)^2}$$

$$C = \frac{L}{R^2 + (\omega L)^2}$$

$$\omega_0 = \sqrt{\frac{1}{LC} - \frac{R^2}{L^2}} = \frac{1}{\sqrt{LC}}\sqrt{1 - \frac{CR^2}{L}}$$

$$f_0 = \frac{1}{2\pi\sqrt{LC}}\sqrt{1 - \frac{CR^2}{L}}$$

（4）并联谐振电路的特征为：

1）复导纳为 $Y = \frac{CR}{L}$，复阻抗为 $Z = \frac{L}{CR}$。

2）电容元件电流与电感元件所在支路的电流的无功分量大小相等、相位相反、相互抵消，电路中的总电流等于电感元件所在支路电流的有功分量。即

$$\dot{I}_{1r} = -\dot{I}_C, \dot{I}_0 = \dot{I}_{1a}, \dot{I}_0 = \frac{CR}{L}\dot{U}$$

3）电感元件和电容元件的无功功率相互补偿，谐振电路吸收的无功功率为零，即 $Q_L = Q_C$，$Q = Q_L - Q_C = 0$

## 习　　题

3-1　下列关于正弦量初相的说法中正确的是（　　）

A. 正弦量的初相与计时起点无关。

B. 正弦量的初相与其参考方向的选择有关。

C. 正弦电流 $i=-10\sin(\omega t-50°)$ 的初相为 $-230°$。

3-2 下列关于正弦量之间的相位关系的说法中正确的是（　　）

A. 同频率的两正弦量的相位差与计时起点无关。

B. 两个正弦量的相位差与它们的参考方向的选择无关。

C. 任意两个正弦量的相位差都等于其初相之差。

D. $u_1$、$u_2$、$u_3$ 为同频率正弦量，若 $u_1$ 超前 $u_2$，$u_2$ 超前 $u_3$，则 $u_1$ 一定超前 $u_3$。

3-3 下列关于有效值的说法中正确的是（　　）

A. 任何周期量（指电量）的有效值都等于该周期量的方均根值。

B. 任何周期量的有效值都等于该周期量的最大值的 $1/\sqrt{2}$。

C. 如果一个周期性电流和一个直流电流分别通过同一电阻，在某一相同的时间内产生的热量相同，则该直流电流的数值就是上述周期性电流的有效值。

D. 正弦量的有效值与参考方向和计时起点的选择以及初相无关。

3-4 下列关于正弦量的相量的说法中正确的是（　　）

A. 正弦量就是相量，正弦量等于表示该正弦量的相量。

B. 相量就是复数，就是代表正弦量的复数。

C. 相量就是向量，相量就是复平面上的有向线段。

D. 只有同频率的正弦量的相量才能进行加减运算，不同频率的正弦量的相量相加减是没有意义的。

3-5 下列关于电阻、电感、电容元件（指线性定常元件）的电压与电流的关系的说法中正确的是（　　）

A. 无论电压和电流的参考方向如何选择，$u_R = Ri_R$，$u_L = L\dfrac{di_L}{dt}$，$i_C = C\dfrac{du_C}{dt}$ 总是成立的。

B. 当电阻、电感、电容元件两端的电压为正弦波时，通过它们的电流一定是同频率的正弦波。

C. 无论电压和电流的参考方向如何选择，电阻元件的电压总是与电流同相，电感元件的电压总是超前其电流 $90°$，电容元件的电压总是滞后其电流 $90°$。

D. 在电阻、电感、电容元件上的电压为零的瞬间，它们的电流也一定为零。

3-6 若各元件的 $u$ 和 $i$ 的参考方向一致，则下列各组式中所有式子全部正确的是（　　）

其中只有一个式子正确的是（　　）

A. 对于正弦交流电路中的电阻元件，$i=\dfrac{u}{R}$，$I_m=\dfrac{U_m}{R}$，$R=\dfrac{U}{I}$，$\dot{I}=\dfrac{\dot{U}}{R}$。

B. 对于正弦交流电路中的电感元件，$i=\dfrac{u}{X_L}$，$u=L\dfrac{di}{dt}$，$\dfrac{U_m}{I_m}=j\omega L$，$\dot{U}=X_L\dot{I}$，$\dot{U}=jX_LI$，$\dot{I}=-j\dfrac{\dot{U}}{\omega L}$。

C. 对于正弦交流电路中的电容元件，$i=\dfrac{u}{X_C}$，$u=C\dfrac{di}{dt}$，$\dot{I}=j\omega C\dot{U}$，$\dot{U}=jX_C\dot{I}$，$\dfrac{\dot{U}}{\dot{I}}$

$\dfrac{1}{\omega C}$, $\dfrac{U_m}{I_m}=jX_C$。

D. 对于正弦交流电路中的阻抗 $Z$，$\dfrac{u}{i}=Z$，$\dfrac{U}{I}=Z$，$\dfrac{\dot{U}_m}{\dot{I}_m}=Z$，$\dot{U}=ZI$，$\dfrac{|\dot{U}|}{|\dot{I}|}=|Z|$。

3-7　下列关于 RLC 串联正弦电路的电压的说法中错误的是（　　）

A. 电路的总电压 $U$ 可能比 $U_L$、$U_C$ 都小。

B. 电路的总电压 $U$ 一定大于 $U_R$。

C. 在各电压参考方向一致的情况下，电路总电压 $\dot{U}$ 一定超前 $\dot{U}_C$，但不一定超前 $\dot{U}_R$。

D. 在各电压参考方向一致的情况下，电路总电压 $\dot{U}$ 一定滞后 $\dot{U}_L$，但不一定滞后 $\dot{U}_R$。

3-8　下列关于无功功率的说法中正确的是（　　）

A. 正弦交流电路中，电感元件或电容元件的瞬时功率的平均值称为该元件的无功功率。

B. 正弦交流电路中，任一无源二端网络所吸收的无功功率等于其瞬时功率的无功分量的最大值。

C. 在正弦交流电路中任一个无源二端网络所吸收的无功功率，一定等于网络中各元件无功功率的数值（指绝对值）之和。

D. 无功功率就是无用（对电气设备的工作而言）的功率。

3-9　下列关于功率因数的说法中错误的是（　　）

A. 对于 RLC 串联的正弦电流电路，电流频率升高时，电路的功率因数一定降低。

B. 正弦交流电路中任意二端网络的功率因数，等于在关联参考方向下端口电压超前端口电流的相位角的余弦，即 $\lambda=\cos\varphi$。

C. 正弦交流电路中任意不含独立电源的二端网络的功率因数，等于其等效电阻 $R$ 与等效阻抗 $|Z|$ 的比值，即 $\lambda=R/|Z|$。

D. 正弦交流电路中任意一个仅由 RLC 元件组成的二端网络的功率因数等于其端口电流的有功分量 $I_a$ 与端口电流 $I$ 之比，即 $\lambda=I_a/I$。

3-10　对于正弦交流电路中一个仅由 RLC 元件组成的二端电路而言，下述结论中错误的是（　　）

A. 电路吸收的有功功率等于各电阻消耗的有功功率之和。

B. 电路吸收的感性无功功率等于电路中各电感元件的无功功率的绝对值之和减去电路中各电容元件的无功功率的绝对值之和。

C. 电路的总视在功率等于电路中各元件的视在功率之和。

3-11　已知电压 $u_{ab}=537\sin\left(314t-\dfrac{\pi}{3}\right)$V，试求：

（1）它的幅值、有效值、角频率、频率、周期、初相；

（2）画出它的波形图；

（3）求 $t=0.015$s 时的瞬时值，并指出它的实际方向；

（4）求自 $t=0$s 开始，经过多少时间，$u_{ab}$ 第一次达到最大值；

（5）写出 $u_{ba}$ 的解析式，并画出它的波形图。

3-12 已知正弦电压 $u$ 的初相位为 25°，频率为 50Hz，$t=0$ 时的值为 155V，写出该电压的解析式。

3-13 求出下列各组电压、电流的相位差角，并说明它们的相位关系。

(1) $i=10\sin\left(100\pi t-\dfrac{\pi}{12}\right)$A，$u=311\sin\left(100\pi t-\dfrac{2\pi}{3}\right)$V；

(2) $i=5\sqrt{2}\sin\left(1570t+\dfrac{\pi}{2}\right)$A，$u=10\sqrt{2}\sin\left(1570t-\dfrac{2\pi}{3}\right)$V；

(3) $u_1=10\sqrt{2}\sin\left(942t+\dfrac{\pi}{6}\right)$V，$u_2=50\sqrt{2}\cos\left(942t-\dfrac{\pi}{4}\right)$V；

(4) $i_1=-10\sqrt{2}\sin\left(314t-\dfrac{\pi}{3}\right)$A，$i_2=20\sqrt{2}\sin\left(314t+\dfrac{\pi}{3}\right)$A。

3-14 写出下列正弦量的相量式（用极坐标形式表示）：

(1) $u=10\sqrt{2}\sin314t$kV；　　(2) $i=100\sin\left(314t-\dfrac{\pi}{6}\right)$A；

(3) $u=-537\sin\left(100\pi t+\dfrac{\pi}{2}\right)$V；　　(4) $i=10\sqrt{2}\sin\left(100\pi t+\dfrac{2\pi}{3}\right)$A。

3-15 将下列相量化为极坐标形式，并写出它们所对应的正弦量（设各量的角频率均为 $\omega$）。

(1) $\dot{I}=(2\sqrt{3}+j2)$A；　　(2) $\dot{I}=(3-j4)$A；

(3) $\dot{U}=(-50+j86.6)$V；　　(4) $\dot{I}=(-4-j3)$A；

(5) $\dot{U}=380$V；　　(6) $\dot{I}=j8$A；

(7) $\dot{U}=-j220$V；　　(8) $\dot{U}=-10\,000$V。

3-16 指出下列各式的错误：

(1) $i=10\sqrt{2}\sin(\omega t-45°)=10e^{j45°}$A；　(2) $\dot{U}=100\angle30°=100\sqrt{2}\sin(\omega t+30°)$V；

(3) $U=220\angle30°$V；　　(4) $\dot{I}=5e^{30°}$A；

(5) $u=220\sqrt{2}\sin100\pi t$。

3-17 已知电阻元件电阻 $R=200\Omega$，电阻元件的电压 $u$ 和电流 $i$ 取关联参考方向，$u=220\sqrt{2}\sin(314t+75°)$V，求电阻元件的电流 $i$ 和平均功率 $P$。

3-18 已知电感元件电感 $L=10$mH，电感元件的电压 $u$ 和电流 $i$ 取非关联参考方向，$u=311\sin(314t+55°)$V，求电感元件的电流 $i$ 和无功功率 $Q$。

3-19 已知电感元件电流 $i=10\sqrt{2}\sin(314t+45°)$A，测得其无功功率为 2200var，求电感元件的电压 $u$ 和电感 $L$。

3-20 已知电容元件电容 $C=100\mu$F，电容元件的电压 $u$ 和电流 $i$ 取非关联参考方向，$u=311\sin(100\pi t+25°)$V，求电感元件的电流 $i$ 和无功功率 $Q$，并作出电压和电流的相量图。

3-21 电容元件接于正弦交流电路中，已知其端电压为 220V，电压的频率为 50Hz，电容元件的无功功率为 10kvar，求电容元件的电流 $I$ 和电容 $C$。

3-22 有一 RL 串联电路，$u=220\sqrt{2}\sin(100\pi t+15°)$V，$R=4\Omega$，$L=12.74$mH，试求电路中的电流、电阻电压、电感电压的解析式，并作出它们的相量图。

3 - 23 有一 RC 串联电路，$u=311\sin100\pi t$V，$R=200\Omega$，$C=10\mu$F，试求电路中的电流、电阻电压、电容电压的解析式，并作出它们的相量图。

3 - 24 在 RLC 串联的正弦交流电路中，电路端电压 $U=220$V，$R=30\Omega$，$C=39.8\mu$F，$L=382.2$mH、$f=50$Hz，试求电路中的电流、各元件上的电压、电路的功率因数，并作相量图。

3 - 25 已知正弦交流电路中一个负载的电压和电流的相量（在关联参考方向下）为：

(1) $\dot{U}=(86.6+\text{j}50)$V，$\dot{I}=(4.33+\text{j}2.5)$A；

(2) $\dot{U}=200\angle35°$V，$\dot{I}=5\angle80°$A；

(3) $\dot{U}=380\angle150°$V，$\dot{I}=10\angle60°$A；

(4) $\dot{U}=6000\angle20°$V，$\dot{I}=150\angle-33.1°$A。

试求负载的等效阻抗和等效导纳，并画出负载的等效电路。

3 - 26 在图 3 - 47 所示正弦交流电路中，电压表 V1、V2、V3 的读数（有效值）都是 100V，求电压表 V 的读数。

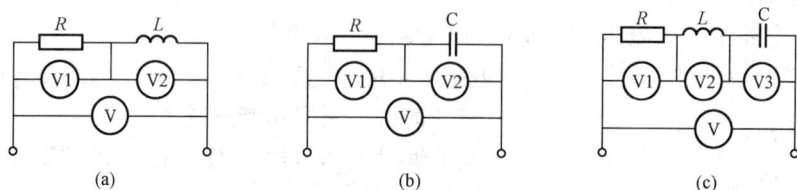

图 3 - 47 习题 3 - 26 的图

3 - 27 日光灯正常工作时的等效电路如图 3 - 48 所示，若电源电压 $U=220$V，频率 $f=50$Hz，测得灯管电压为 103V，镇流器电压为 190V。已知灯管的等效电阻 $R_1=280\Omega$，试求镇流器的等效参数 $R$ 和 $L$。

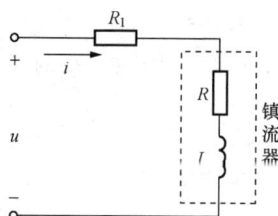

图 3 - 48 习题 3 - 27 的图

3 - 28 某家庭主要用电设备有：40W 的白炽灯 10 只，功率因数为 0.5、功率为 40W 的日光灯 5 只，1500W 的电热水器 1 台，850W 的电饭锅 1 只，输入功率为 940W、功率因数为 0.8 的壁挂式空调 1 台。这些用电设备的额定电压均为 220V，供电线路的电压为 220V。若这些设备同时投入运行，试求：

(1) 该用户进户线的总电流及功率因数；

(2) 该用户每小时的用电量。

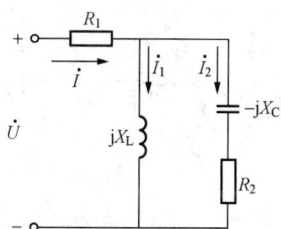

图 3 - 49 习题 3 - 29 的图

3 - 29 在图 3 - 49 所示电路中，$U=200$V，$R_1=5\Omega$，$R_2=X_C=7.5\Omega$，$X_L=15\Omega$，试求电路中的电流 $I$、$I_1$、$I_2$ 及电路的功率因数 $\cos\varphi$。

3 - 30 在图 3 - 50 所示电路中，$I_1=10$A，$R=5\Omega$，$X_L=5\Omega$，$X_{C1}=10\Omega$，$X_{C2}=10\Omega$。试求该电路的电流 $I$、电压 $U$、有功功率 $P$、无功功率 $Q$、视在功率 $S$ 及功率因数 $\lambda$。

3 - 31 求图 3 - 51 所示二端网络的戴维南等效电路。

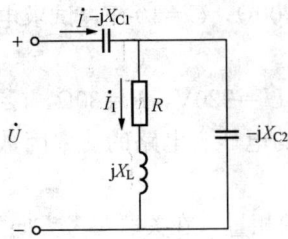

图 3-50  习题 3-30 的图

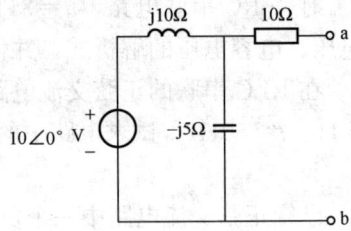

图 3-51  习题 3-31 的图

3-32  有一感性负载接于 $f=50\text{Hz}$，$U=220\text{V}$ 的正弦交流电源上，负载吸收的有功功率 $P=10\text{kW}$，功率因数 $\cos\varphi=0.5$。欲将电路的功率因数提高到 0.8，试求：

(1) 应并联多大的电容？

(2) 电容的补偿容量；

(3) 并联电容器前后电路中的电流。

3-33  有一 RLC 串联电路，接于频率可调的正弦交流电源上，电源电压保持不变，$U=220\text{V}$。已知 $L=20\text{mH}$，$C=200\text{pF}$，$R=100\Omega$，求该电路的谐振频率 $f_0$，电路的品质因数 $Q$，谐振时电路中的电流 $I_0$、电感电压 $U_L$、电容电压 $U_C$。

3-34  在图 3-46 (a) 所示并联电路中，$R=25\Omega$，$L=0.25\text{mH}$，$C=85\text{pF}$，试求：

(1) 电路的谐振角频率和谐振频率；

(2) 已知谐振时电路端电压 $U=220\text{V}$，求谐振时电路的总电流及各支路电流。

3-35  在图 3-52 所示正弦稳态电路中，$\omega=1\text{rad/s}$，$L=1\text{H}$，$R_1=2\Omega$，$R_2=1\Omega$，电容 $C$ 为何值时电路发生谐振？

3-36  设图 3-53 所示电路中，各元件参数为已知，试求电路的谐振角频率 $\omega_0$ 和谐振频率 $f_0$。

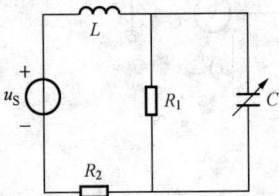

图 3-52  习题 3-35 的图

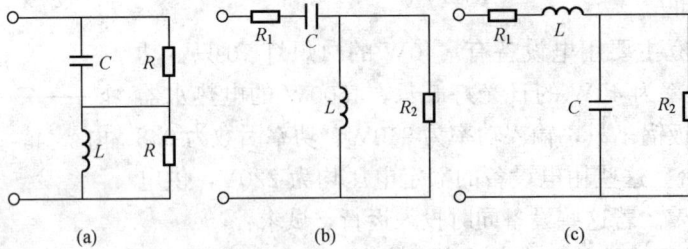

(a)

(b)

(c)

图 3-53  习题 3-36 的图

# 第四章 三相正弦交流电路

## 第一节 对称三相正弦电压

### 一、对称三相正弦电压的产生

由于与单相制相比，三相制在发电、输电及用电方面具有许多技术和经济上的优点，因而目前世界各国电力系统均采用三相制。所谓三相制就是由三相电源供电的体系。三相电源是指能够产生三个频率相同、幅值相等而相位不同的电动势（或电压）的交流电源。由三相电源供电的电路称为三相电路。

实际的三相电源通常指的是三相同步发电机，图 4 - 1 是三相同步发电机的原理图。三相同步发电机主要由定子和转子两大部分组成，定子内圆周表面的槽内装有三个结构完全相同、彼此在空间上相隔 120°电角度的绕组 U1—U2、V1—V2、W1—W2，这三个绕组称为相绕组，它们的首端分别用 U1、V1、W1 表示，末端分别用 U2、V2、W2 表示。同步发电机转子铁心上装有励磁绕组 F1—F2。运行时，励磁绕组上外加直流电压，绕组内通过直流电流，产生磁场。当原动机驱动转子匀速旋转时，定子三相绕组的导体依次切割转子磁场的磁感应线，产生感应电动势。若电机内气隙中的磁通密度沿气隙圆周圆按正弦规律分布，则定子三相绕组中将产生一组频率相同、幅值相等、相位上彼此互差 120°的正弦电动势。这样的三相电动势称为对称三相正弦电动势。

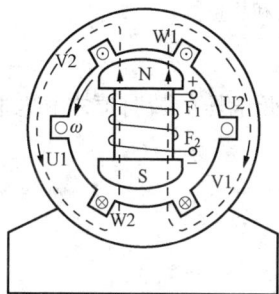

图 4 - 1 三相同步发电机的原理图

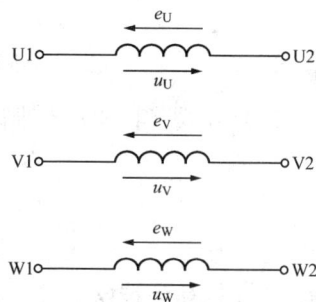

图 4 - 2 发电机的三相绕组及
其中的电压、电动势

对于图 4 - 1 所示三相发电机而言，若以图示瞬间作为计算时间的起点，并按习惯规定每相电动势的参考方向为从末端指向首端，如图 4 - 2 所示，设转子以角速度 $\omega$ 沿逆时针方向旋转，则三相电动势的瞬时值表达式为

$$\left.\begin{aligned} e_{\mathrm{U}} &= \sqrt{2}E\sin\omega t \\ e_{\mathrm{V}} &= \sqrt{2}E\sin(\omega t - 120°) \\ e_{\mathrm{W}} &= \sqrt{2}E\sin(\omega t - 240°) = \sqrt{2}E\sin(\omega t + 120°) \end{aligned}\right\} \qquad (4-1)$$

在定子各相绕组产生感应电动势的同时，各相绕组首末两端便产生电压。若各相电压的参考方向选定为从首端指向末端，当发电机未带负载时，定子各相绕组的电压就等于各相的

电动势。因此，定子三相绕组的电压也是三个频率相同、幅值相等、相位互差120°的正弦电压，这种三相电压称为对称三相正弦电压。图4-1所示发电机的对称三相正弦电压的瞬时值表达式为

$$u_U = \sqrt{2}U\sin\omega t$$
$$u_V = \sqrt{2}U\sin(\omega t - 120°)$$
$$u_W = \sqrt{2}U\sin(\omega t - 240°) = \sqrt{2}U\sin(\omega t + 120°)$$

$$(4-2)$$

式（4-1）与式（4-2）中，$U=E$。

若用相量表示，则上述对称三相正弦电压的相量式为

$$\dot{U}_U = U\angle 0°$$
$$\dot{U}_V = U\angle -120°$$
$$\dot{U}_W = U\angle -240° = U\angle 120°$$

$$(4-3)$$

对称三相正弦电压的波形图和相量图如图4-3所示。

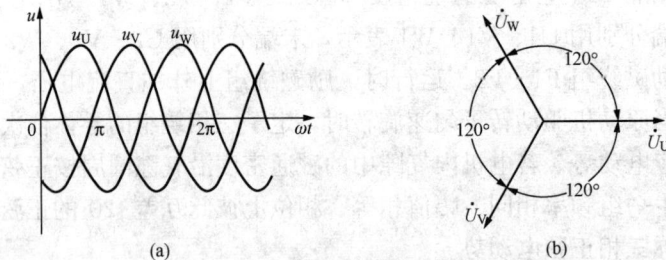

图4-3 对称三相正弦电压的波形图和相量图
（a）波形图；（b）相量图

根据式（4-2）和式（4-3）不难证明，对称三相正弦电压的瞬时值之和及相量之和均为零，即

$$u_U + u_V + u_W = 0$$
$$\dot{U}_U + \dot{U}_V + \dot{U}_W = 0$$

$$(4-4)$$

**二、对称三相正弦量的相序**

广义上讲，频率相同、幅值相等、彼此间相位差相等的三相正弦量，称为对称三相正弦量。由此定义可知，对称三相正弦量在相位上超前、滞后的次序可以有三种不同组合。为了描述对称三相正弦量具体的相位关系，引入相序的概念。对称三相正弦量出现同一值（如正幅值、相应的零值等）的先后次序，称为相序。也可以说，对称三相正弦量的相序就是三相正弦量从超前到滞后的排列次序。以三相电压为例，如果对称三相正弦电压 $u_U$、$u_V$、$u_W$ 的相位关系为：$u_U$ 超前 $u_V$120°，$u_V$ 超前 $u_W$120°，则称它们的相序为正序或顺序。图4-3所示三相电压就是正序对称三相正弦电压。如果对称三相正弦电压 $u_U$、$u_V$、$u_W$ 的相位关系为：$u_V$ 超前 $u_U$120°，$u_U$ 超前 $u_W$120°，则称它们的相序为负序或逆序。图4-4所示三相电压就是负序对称三相正弦电压。如果对称三相正弦电压 $u_U$、$u_V$、$u_W$ 彼此间相位差为 0°，即三者同相，则称它们的相序为零序。图4-5所示三相电压为零序对称三相正弦电压。电力系统一般采用正序电压，正常运行时系统中的电压都是正序的。若无特殊说明，本书中所说

的对称三相电压均指正序电压。

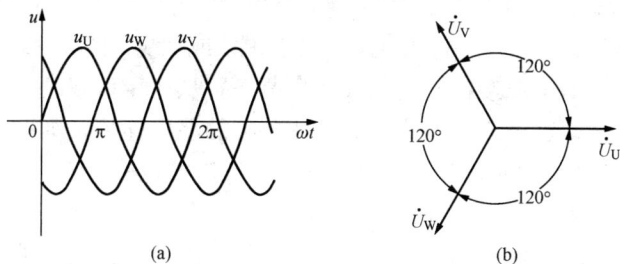

图 4 - 4 负序对称三相正弦电压的波形图和相量图
（a）波形图；（b）相量图

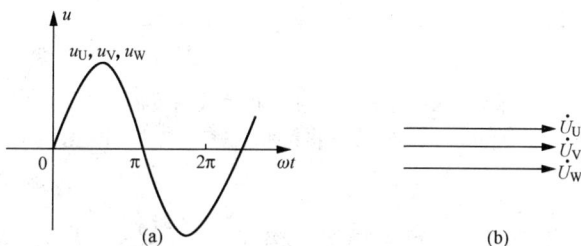

图 4 - 5 零序对称三相正弦电压的波形图和相量图
（a）波形图；（b）相量图

**【例 4 - 1】** 已知三相对称正弦电压相量为 $\dot{U}_U$、$\dot{U}_V$、$\dot{U}_W$，其中 $\dot{U}_U = 220\angle 40°\text{V}$。

（1）若 $\dot{U}_U$、$\dot{U}_V$、$\dot{U}_W$ 为正序对称三相电压，求 $\dot{U}_V$、$\dot{U}_W$；

（2）若 $\dot{U}_U$、$\dot{U}_V$、$\dot{U}_W$ 为负序对称三相电压，求 $\dot{U}_V$、$\dot{U}_W$；

（3）若 $\dot{U}_U$、$\dot{U}_V$、$\dot{U}_W$ 为零序对称三相电压，求 $\dot{U}_V$、$\dot{U}_W$。

**解** （1）当 $\dot{U}_U$、$\dot{U}_V$、$\dot{U}_W$ 为正序对称三相电压，且 $\dot{U}_U = 220\angle 40°\text{V}$ 时

$$\dot{U}_V = \dot{U}_U\angle -120° = 220\angle -80°(\text{V}), \dot{U}_W = \dot{U}_U\angle 120° = 220\angle 160°(\text{V})$$

（2）当 $\dot{U}_U$、$\dot{U}_V$、$\dot{U}_W$ 为负序对称三相电压，且 $\dot{U}_U = 220\angle 40°\text{V}$ 时

$$\dot{U}_V = \dot{U}_U\angle 120° = 220\angle 160°(\text{V}), \dot{U}_W = \dot{U}_U\angle -120° = 220\angle -80°(\text{V})$$

（3）当 $\dot{U}_U$、$\dot{U}_V$、$\dot{U}_W$ 为零序对称三相电压，且 $\dot{U}_U = 220\angle 40°\text{V}$ 时

$$\dot{U}_V = \dot{U}_U = 220\angle 40°(\text{V}), \dot{U}_W = \dot{U}_U = 220\angle 40°(\text{V})$$

## 第二节 三相电源和负载的连接

### 一、三相电源和三相负载的连接

三相电源和三相负载的基本连接方式有星形连接和三角形连接两种。

1. 星形连接

将三相电源中三相绕组的末端 U2、V2、W2 连接在一起构成一个节点，从三相绕组的首端

U1、V1、W1 引出三根导线，以供与负载或电力网连接，这种连接方式称为三相电源的星形连接，如图 4-6（a）所示。三相绕组的末端的连接点称为电源中性点，用 N 表示。从中性点引出的导线称为中线。从三相绕组的首端引出的导线称为端线或相线，俗称火线。

将三相负载的三个端子连接在一起构成一个节点，从三相负载的另外三个端子引出三根端线，以供与电源连接，这种连接方式称为三相负载的星形连接，如图 4-6（b）所示。三相负载的三个端头的连接点 N′ 称为负载中性点。星形连接也称Y连接。

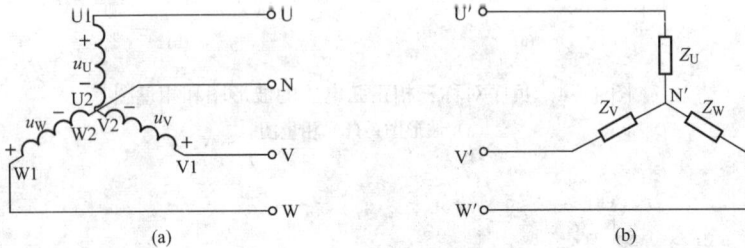

图 4-6 三相电源和三相负载的星形连接

（a）三相电源的星形连接；（b）三相负载的星形连接

### 2. 三角形连接

将三相电源中的三相绕组依次首末相接，构成一个回路，从三个连接点引出三根端线，用以连接负载或电力网，这种连接方式称为三相电源的三角形连接，也称△连接，如图4-7（a）所示。

将三相负载依次一个接一个地连接起来构成一个回路，再从三个连接点引出三根端线，用以与电源连接，这种连接方式称为三相负载的三角形连接，如图 4-7（b）所示。

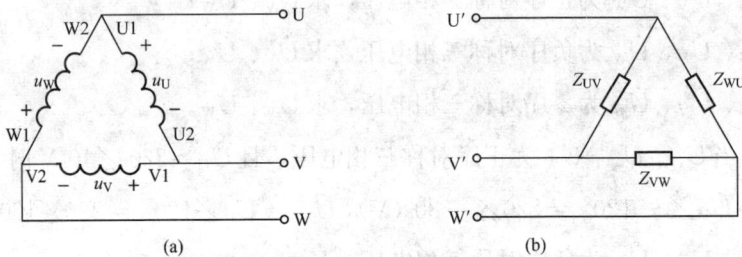

图 4-7 三相电源和三相负载的三角形连接

（a）三相电源的三角形连接；（b）三相负载的三角形连接

三角形连接的三相电源内部形成一个闭合回路，若连接正确，则回路中的总电动势的瞬时值等于三相电动势的瞬时值之和。对于对称三相正弦交流电源来说，其中的三相电动势的瞬时值之和等于零，即 $e_U + e_V + e_W = 0$，若连接正确，则三角形回路中的电动势总和等于零，在没有接负载的情况下，回路中没有电流。若不慎将其中一相绕组的极性接反，则三角形回路中的总电动势不等于零，回路中将产生很大的电流。例如，W 相接反，如图 4-8（a）所示，根据 KVL 可求得接反后三角形回路中的总电动势为 $\dot{E}_\triangle = \dot{E}_U + \dot{E}_V - \dot{E}_W = -2\dot{E}_W$，反接后的三角形电源电动势的相量图如图 4-8（b）所示。可见，一相接反后三角形回路中的总电动势在数值上等于一相电动势的两倍。这种情况下回路中将产生很大的环行电流，以致烧坏绕组。因此，当三相电源作三角形连接时，为避免因错接而造成事故，可先将三相绕组接成开口三角形，在开口处接上一只电压表,测量回路电压 [如图 4-8 (c) 所示]。若电压表读数为零,则可断定接线正确,这时可将开口处连接,否则,应查出错误,重新接线。

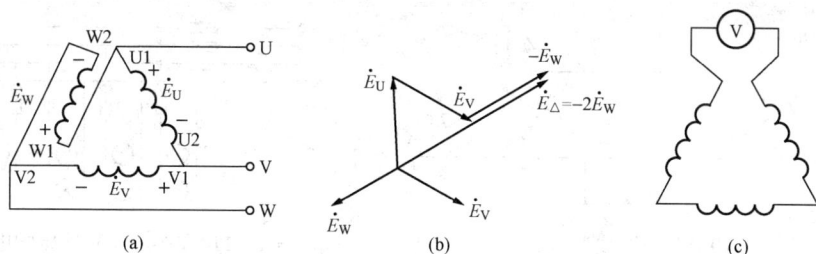

图 4-8 三角形电源中一相错接的影响

(a) W 相接反;(b) 接反后电动势的相量图;(c) 回路电压的测量

## 二、三相电路的基本接线方式

### 1. 三相三线制

三相电路就是由三相电源和三相负载连接起来组成的系统。根据三相电源和三相负载的基本连接方式可知,三相电源和三相负载之间可有五种基本组合方式,如图 4-9 和图 4-10 所示。

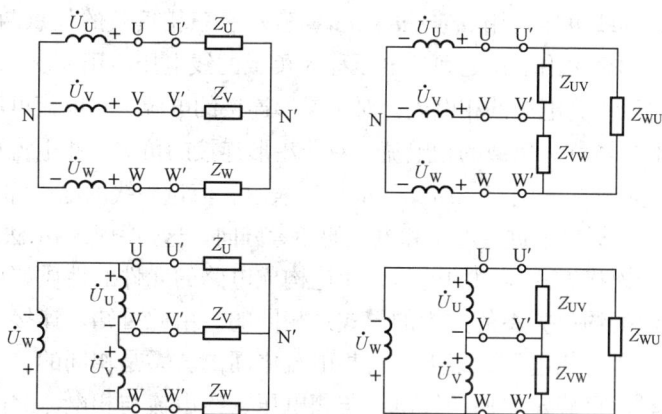

图 4-9 三相三线制电路

从三相电源与三相负载之间的连接形式上看,三相电路可分为三相三线制和三相四线制两类。如果三相电源与三相负载之间只通过三根端线连接起来,则这种连接方式称为三相三线制。图 4-9 所示三相电路均为三相三线制。

### 2. 三相四线制

如果三相电源和三相负载均接成星形,电源和负载的各相端子之间及中性点之间均有导线连接,也就是说,电源与负载之间共有四根连接导线(如图 4-10 所示),这种连接方式称为三相四线制。

我国低压配电系统广泛采用三相四线制,这种三相供电系统可以向负载提供两种电压:相线与中线之间的电压和两相线之间的电压。在我国,一般低压配电电网的相线与中线之间的电压为 220V,相线之间电压为 380V。一般照明灯具及其他额定电压为 220V 的单相用电设备接于相线与中线之间,使用 220V 的电压;三相动力设备及额定电压为 380V 的单相用电设备接于两相线之间，使用 380V 的电压，如图 4-11 所示。

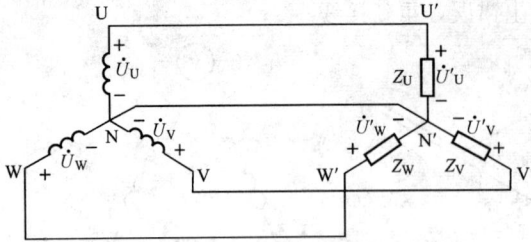

图 4-10　三相四线制电路

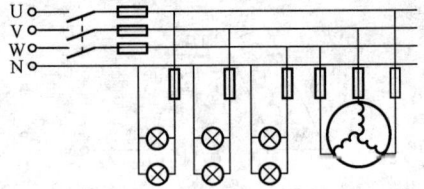

图 4-11　220/380V 低压配电系统

# 第三节　三相电路中的电压和电流

### 一、星形连接的电压和电流

#### 1. 线电压与相电压的关系

三相电路中，每相电源绕组的首端与末端之间的电压称为电源的相电压，用 $u_U$、$u_V$、$u_W$ 表示。每相负载两端的电压称为负载的相电压，用 $u'_U$、$u'_V$、$u'_W$ 表示。三相电源的任意两条端线间的电压称为电源的线电压，用 $u_{UV}$、$u_{VW}$、$u_{WU}$ 表示。三相负载的任意两条端线间的电压，亦即三相负载的任意两个引出端钮之间的电压称为负载的线电压，用 $u'_{UV}$、$u'_{VW}$、$u'_{WU}$ 表示。流过每相电源绕组的电流称为电源的相电流，对于星形连接的电源，相电流可用 $i_{NU}$、$i_{NV}$、$i_{NW}$ 表示。流过每相负载的电流称为负载的相电流，对于星形连接的负载，相电流可用 $i'_{UN}$、$i'_{VN}$、$i'_{WN}$ 表示。流过端线的电流称为线电流，用 $i_U$、$i_V$、$i_W$ 表示。流过中线的电流称为中线电流，用 $i_N$ 表示。图 4-12 (a) 中标出了这些电压和电流的参考方向，这是习惯标示法。

我们知道，对于连接方式相同的电路，无论构成电路的元件的性质如何，表示电路结构对电路中电压和电流的约束关系的方程的形式是相同的。由此可知，连接方式相同的三相电源和三相负载的线电压与相电压、线电流与相电流之间的关系是相同的。因此，只需要对两者中之一进行分析，便可确定它们的线电压与相电压、线电流与相电流之间的关系。下面以三相电源为例进行分析。

根据基尔霍夫电压定律可确定，星形连接的三相电源的线电压瞬时值与相电压瞬时值之间的关系式为

$$\left.\begin{array}{l} u_{UV} = u_U - u_V \\ u_{VW} = u_V - u_W \\ u_{WU} = u_W - u_U \end{array}\right\} \tag{4-5}$$

当各电压均为同频率的正弦量时，上述关系可用相量表示，即

$$\left.\begin{array}{l} \dot{U}_{UV} = \dot{U}_U - \dot{U}_V \\ \dot{U}_{VW} = \dot{U}_V - \dot{U}_W \\ \dot{U}_{WU} = \dot{U}_W - \dot{U}_U \end{array}\right\} \tag{4-6}$$

式 (4-5) 与式 (4-6) 表明，对于星形连接的三相电源或三相负载，无论对称与否，线电压的瞬时值等于相应的两个相电压的瞬时值之差；线电压的相量等于相应的两个相电压

的相量之差。

如果三个相电压是对称的,设相电压的有效值为已知量,以 U 相电压相量作为参考相量,根据对称性作出三相电压的相量 $\dot{U}_U$、$\dot{U}_V$、$\dot{U}_W$,再根据线电压与相电压的相量关系式 (4-6) 分别作出线电压的相量 $\dot{U}_{UV}$、$\dot{U}_{VW}$、$\dot{U}_{WU}$,于是,便可得到星形连接的三相电源的电压相量图,如图 4-12(b)所示。可见,线电压 $\dot{U}_{UV}$、$\dot{U}_{VW}$、$\dot{U}_{WU}$ 在相位上分别超前于相电压 $\dot{U}_U$、$\dot{U}_V$、$\dot{U}_W$30°。线电压与相电压的数值关系,也很容易由相量图求得,即

$$U_{UV} = 2U_U\cos30° = \sqrt{3}U_U$$

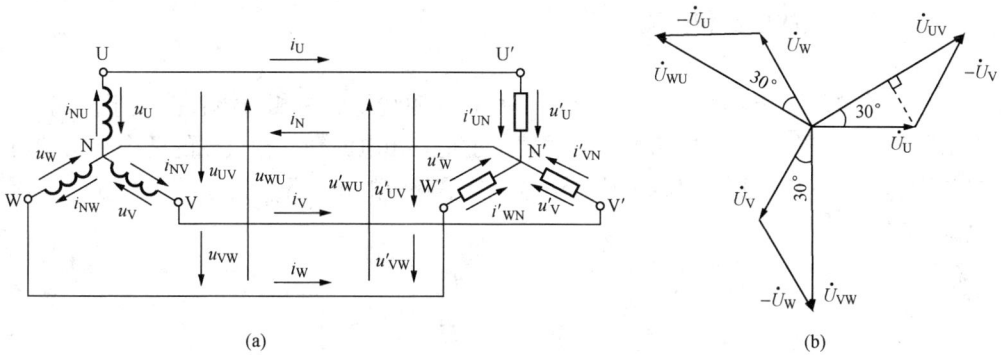

图 4-12　星形连接的三相电路及星形电源的电压相量图
(a)三相电路;(b)电压相量图

用 $U_L$ 表示线电压的有效值,用 $U_P$ 表示相电压的有效值,根据上式可写出表示线电压与相电压数值关系的一般式,即

$$U_L = \sqrt{3}U_P \tag{4-7}$$

根据上述线电压与相电压之间的大小和相位的关系,可写出线电压与相电压的相量关系式,即

$$\left.\begin{array}{l}\dot{U}_{UV} = \sqrt{3}\dot{U}_U\angle30°\\ \dot{U}_{VW} = \sqrt{3}\dot{U}_V\angle30°\\ \dot{U}_{WU} = \sqrt{3}\dot{U}_W\angle30°\end{array}\right\} \tag{4-8}$$

以上分析结果表明,对于星形连接的三相电源或三相负载,若相电压是一组对称的正弦电压,则线电压也是一组对称的正弦电压;在习惯的参考方向下,各线电压在相位上分别超前于相应的相电压 30°;线电压的有效值等于相电压的有效值的 $\sqrt{3}$ 倍。

2. 线电流与相电流及中线电流的关系

在星形连接的三相电路中,流过端线的电流就是流过各相电源绕组或各相负载的电流,也就是说,星形连接的三相电路中的线电流就是相应的相电流。对于图 4-12(a)所示的三相电源,有

$$\left.\begin{array}{l}i_U = i_{NU}\\ i_V = i_{NV}\\ i_W = i_{NW}\end{array}\right\} \quad 或 \quad \left.\begin{array}{l}\dot{I}_U = \dot{I}_{NU}\\ \dot{I}_V = \dot{I}_{NV}\\ \dot{I}_W = \dot{I}_{NW}\end{array}\right\} \tag{4-9}$$

用 $I_P$ 表示相电流的有效值，用 $I_L$ 表示线电流的有效值，由式（4-9）可得

$$I_L = I_P \qquad (4-10)$$

按照图 4-12（a）中所选定的参考方向，应用基尔霍夫电流定律，可得

$$i_N = i_U + i_V + i_W \quad 或 \quad \dot{I}_N = \dot{I}_U + \dot{I}_V + \dot{I}_W \qquad (4-11)$$

若线电流是一组对称正弦电流，则有

$$\dot{I}_N = \dot{I}_U + \dot{I}_V + \dot{I}_W = 0$$

由此可知，在三相四线制电路中，中性线电流的瞬时值（或相量）等于三个线电流的瞬时值（或相量）之和。若线电流为一组对称正弦电流，则中性线电流等于零。

**二、三角形连接的电压和电流**

1. 线电压与相电压的关系

在三角形连接的三相电源和三相负载中，每相电源绕组和每相负载直接接于两端线之间，每相电源绕组和每相负载的首尾两端所接的端钮正是三相电源和三相负载的两个引出端钮。因此，三角形连接的三相电源和三相负载的线电压就是相应的相电压。对于图 4-13（a）所示的三相电源，有

$$\left. \begin{array}{l} u_{UV} = u_U \\ u_{VW} = u_V \\ u_{WU} = u_W \end{array} \right\} \quad 或 \quad \left. \begin{array}{l} \dot{U}_{UV} = \dot{U}_U \\ \dot{U}_{VW} = \dot{U}_V \\ \dot{U}_{WU} = \dot{U}_W \end{array} \right\} \qquad (4-12)$$

由式（4-12）可得

$$U_P = U_L \qquad (4-13)$$

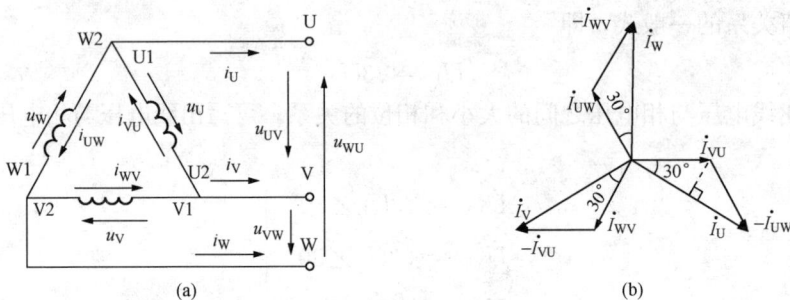

图 4-13　三角形电源的电流相量图
(a) 三角形电源；(b) 电流相量图

2. 线电流与相电流的关系

对图 4-13（a）所示的三角形连接的三相电源，应用 KCL，可得

$$\left. \begin{array}{l} i_U = i_{VU} - i_{UW} \\ i_V = i_{WV} - i_{VU} \\ i_W = i_{UW} - i_{WV} \end{array} \right\} \quad 或 \quad \left. \begin{array}{l} \dot{I}_U = \dot{I}_{VU} - \dot{I}_{UW} \\ \dot{I}_V = \dot{I}_{WV} - \dot{I}_{VU} \\ \dot{I}_W = \dot{I}_{UW} - \dot{I}_{WV} \end{array} \right\} \qquad (4-14)$$

由式（4-14）可得下述结论：无论三相电源和三相负载是否对称，三角形连接的电源或负载中的线电流的瞬时值（或相量）等于相应的两个相电流的瞬时值（或相量）之差。

若三个相电流是一组对称的正弦电流，设其有效值为已知量，以 U 相电流相量作为参考相量，根据三相电流的对称性及线电流与相电流的相量关系式（4-14），可作出电流相量图，如图 4-13（b）所示。可见，图中线电流也是对称的，线电流 $\dot{I}_U$、$\dot{I}_V$、$\dot{I}_W$ 在相位上分别滞后于相电流 $\dot{I}_{VU}$、$\dot{I}_{WV}$、$\dot{I}_{UW}$ $30°$。线电流与相电流在大小上的关系也很容易从相量图中得出，即

$$I_U = 2I_{VU}\cos30° = \sqrt{3}I_{VU}$$

据上式可写出一般式为

$$I_L = \sqrt{3}I_P \qquad\qquad (4-15)$$

根据上述线电流与相电流的大小和相位的关系，可写出线电流与相电流的相量关系式，即

$$\left.\begin{array}{l} \dot{I}_U = \sqrt{3}\dot{I}_{VU}\angle-30° \\ \dot{I}_V = \sqrt{3}\dot{I}_{WV}\angle-30° \\ \dot{I}_W = \sqrt{3}\dot{I}_{UW}\angle-30° \end{array}\right\} \qquad (4-16)$$

以上分析结果表明，若三角形连接的三相电源或三相负载的三个相电流是一组对称的正弦电流，则它们的线电流也是一组对称的正弦电流；在习惯的参考方向下，各线电流在相位上分别滞后于相应的相电流 $30°$；线电流的有效值等于相电流的有效值的 $\sqrt{3}$ 倍。

**【例 4-2】** 一台同步发电机定子三相绕组连成星形。带负载运行时，三相电压和三相电流均对称，线电压 $u_{UV}=6300\sqrt{2}\sin100\pi t$ V，线电流 $i_U=115\sqrt{2}\sin(100\pi t-60°)$ A，试写出三相电压和三相电流的解析式，并求出每相负载的等效复阻抗。

**解** 因为对称情况下星形连接的三相电源的线电压有效值等于相电压有效值的 $\sqrt{3}$ 倍，所以，相电压的有效值为

$$U_P = \frac{U_L}{\sqrt{3}} = \frac{U_{UV}}{\sqrt{3}} = \frac{6300}{\sqrt{3}} = 3637.41(V)$$

因为相电压 $\dot{U}_U$ 在相位上滞后于线电压 $\dot{U}_{UV}$ $30°$，所以 U 相电压的初相位为

$$\psi_{uU} = -30°$$

U 相电压的解析式为

$$u_U = \sqrt{2}U_P\sin(\omega t + \psi_{uU}) = 3637.41\sqrt{2}\sin(100\pi t - 30°)(V)$$

根据电压的对称性，可写出 V、W 两相电压的解析式，即

$$u_V = 3637.41\sqrt{2}\sin(100\pi t - 30° - 120°)$$
$$= 3637.41\sqrt{2}\sin(100\pi t - 150°)(V)$$
$$u_W = 3637.41\sqrt{2}\sin(100\pi t - 30° + 120°)$$
$$= 3637.41\sqrt{2}\sin(100\pi t + 90°)(V)$$

在星形连接的三相电源中，线电流 $i_U$ 就是相电流 $i_{NU}$，因此，有

$$i_{NU} = i_U = 115\sqrt{2}\sin(100\pi t - 60°)(A)$$

根据电流的对称性，可写出 V、W 两相电流的解析式，即

$$i_{NV} = 115\sqrt{2}\sin(100\pi t - 60° - 120°) = -115\sqrt{2}\sin100\pi t(A)$$

$$i_{NW} = 115\sqrt{2}\sin(100\pi t - 60° + 120°) = 115\sqrt{2}\sin(100\pi t + 60°)(\text{A})$$

每相负载等效复阻抗为

$$Z = \frac{\dot{U}_U}{\dot{I}_U} = \frac{3637.41\angle -30°}{115\angle -60°} = 31.63\angle 30° = 27.39 + \text{j}15.82(\Omega)$$

【例 4 - 3】 一台三相异步电动机定子绕组为三角形连接,将该电动机接在频率为 50Hz、相电压为 220V 的星形连接的对称三相电源上,电动机带负载运行时,线电流为 15A,若设 U 相电源电压的初相位为 45°,则 U 相电源相电流的初相位为 16.6°,试写出电动机三个相电流的解析式,并求出电动机的功率因数。

**解** 电源电压的角频率为

$$\omega = 2\pi f = 100\pi(\text{rad/s})$$

根据对称情况下星形连接的三相电源的线电压与相电压的相位关系,可求得线电压 $u_{UV}$ 的初相位为

$$\psi_u = 45° + 30° = 75°$$

根据对称情况下三角形连接的三相负载的线电流与相电流的大小和相位上的关系,可求得电动机的相电流 $i_{UV}$ 的有效值、初相位及解析式,即

$$I_{UV} = \frac{I_U}{\sqrt{3}} = \frac{15}{\sqrt{3}} = 8.66(\text{A})$$

$$\psi_i = 16.6° + 30° = 46.6°$$

$$i_{UV} = \sqrt{2}I_{UV}\sin(\omega t + \psi_i) = 8.66\sqrt{2}\sin(100\pi t + 46.6°)(\text{A})$$

根据三相电流的对称性,可写出电动机的其他两相电流为

$$i_{VW} = 8.66\sqrt{2}\sin(100\pi t - 73.4°)(\text{A})$$

$$i_{WU} = 8.66\sqrt{2}\sin(100\pi t + 166.6°)(\text{A})$$

电动机的功率因数角和功率因数分别为

$$\varphi = \psi_u - \psi_i = 75° - 46.6° = 28.4°$$

$$\lambda = \cos\varphi = \cos 28.4° = 0.88$$

## 第四节 对称三相电路的计算

实际的对称三相电路就是由对称三相电源、对称三相负载和复阻抗相等的相线组成的电路。所谓对称三相电源,是指三相电动势对称且三相内阻抗相等的电源。所谓对称三相负载,是指三相负载的复阻抗相等的三相负载。从电路结构上看,三相电路是一个多分支的复杂交流电路,因此,可用支路电流法、节点电压法、电源模型的等效变换、叠加定理、戴维南定理等分析复杂电路的方法进行分析计算。但我们注意到,对称三相电路由于对称性的存在而具有一些特殊规律性,由此可以找到比较简便的分析计算方法。下面我们介绍不同连接方式的对称三相电路的分析方法。

**一、Y—Y 连接的对称三相电路的计算**

首先分析图 4 - 14 (a) 所示的对称三相四线制电路。设三相电压源的电压分别为

$$\dot{U}_U = U\angle 0°$$

$$\dot{U}_{\mathrm{V}} = U\angle -120°$$

$$\dot{U}_{\mathrm{W}} = U\angle 120°$$

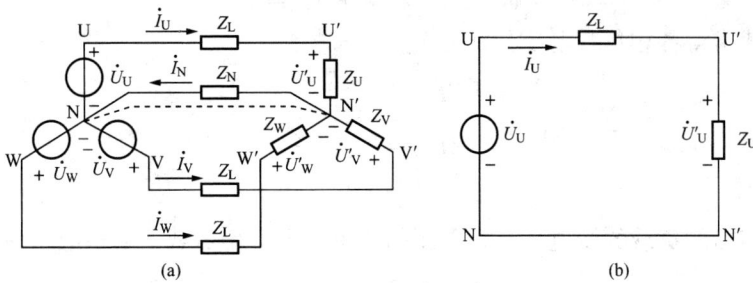

图 4 - 14 对称的三相四线制电路

（a）三相四线制电路；（b）一相计算电路

对称三相负载的复阻抗为

$$Z_{\mathrm{U}} = Z_{\mathrm{V}} = Z_{\mathrm{W}} = Z$$

每根端线的复阻抗为 $Z_{\mathrm{L}}$，中线的复阻抗为 $Z_{\mathrm{N}}$。

应用节点电压法（弥尔曼定理）可求得

$$\dot{U}_{\mathrm{N'N}} = \frac{\dfrac{\dot{U}_{\mathrm{U}}}{Z_{\mathrm{U}} + Z_{\mathrm{L}}} + \dfrac{\dot{U}_{\mathrm{V}}}{Z_{\mathrm{V}} + Z_{\mathrm{L}}} + \dfrac{\dot{U}_{\mathrm{W}}}{Z_{\mathrm{W}} + Z_{\mathrm{L}}}}{\dfrac{1}{Z_{\mathrm{U}} + Z_{\mathrm{L}}} + \dfrac{1}{Z_{\mathrm{V}} + Z_{\mathrm{L}}} + \dfrac{1}{Z_{\mathrm{W}} + Z_{\mathrm{L}}} + \dfrac{1}{Z_{\mathrm{N}}}}$$

$$= \frac{\dfrac{1}{Z + Z_{\mathrm{L}}}(\dot{U}_{\mathrm{U}} + \dot{U}_{\mathrm{V}} + \dot{U}_{\mathrm{W}})}{\dfrac{3}{Z + Z_{\mathrm{L}}} + \dfrac{1}{Z_{\mathrm{N}}}} = 0$$

    由此可得出下述的结论：在电源和负载都是星形连接的对称三相电路中，无论中线阻抗为何值，电源中性点 N 与负载中性点 N′ 之间的电压为零，也就是说，对称的Y—Y连接三相电路中电源中性点 N 与负载中性点 N′ 等电位。根据电路等效变换的概念，电路中等电位点可以用无阻抗的导线连接起来。因此，对于电源和负载都是星形连接的对称三相电路，无论有无中线，无论中线阻抗为何值，在计算时都可用阻抗为零的导线将电源中性点与负载中性点连接起来。这一结论表明，从电路计算的角度看，对称的Y—Y连接三相电路中各相之间彼此无关，相互独立；各相电流仅由各相电源电压和各相阻抗决定而与其他两相的阻抗、电源电压及中线阻抗无关。这样，一相（如 U 相）电路中的电压、电流可用图 4 - 14 （b）所示等效电路来计算。

    对各相计算电路应用 KVL，可求得各相电流（也即线电流），即

$$\left. \begin{array}{l} \dot{I}_{\mathrm{U}} = \dfrac{\dot{U}_{\mathrm{U}}}{Z_{\mathrm{L}} + Z} = \dfrac{U}{|Z_{\mathrm{L}} + Z|}\angle -\varphi_{\mathrm{P}} \\[3mm] \dot{I}_{\mathrm{V}} = \dfrac{\dot{U}_{\mathrm{V}}}{Z_{\mathrm{L}} + Z} = \dfrac{U}{|Z_{\mathrm{L}} + Z|}\angle -120° -\varphi_{\mathrm{P}} \\[3mm] \dot{I}_{\mathrm{W}} = \dfrac{\dot{U}_{\mathrm{W}}}{Z_{\mathrm{L}} + Z} = \dfrac{U}{|Z_{\mathrm{L}} + Z|}\angle 120° -\varphi_{\mathrm{P}} \end{array} \right\} \qquad (4 - 17)$$

式中　　$\varphi_P$——每相复阻抗 $Z_L + Z$ 的辐角。

中线电流为

$$\dot{I}_N = \dot{I}_U + \dot{I}_V + \dot{I}_W = 0$$

由欧姆定律求得各相负载电压分别为

$$\left.\begin{array}{l} \dot{U}'_U = Z\dot{I}_U \\[6pt] \dot{U}'_V = Z\dot{I}_V = \dot{U}'_U\angle -120° \\[6pt] \dot{U}'_W = Z\dot{I}_W = \dot{U}'_U\angle 120° \end{array}\right\} \tag{4-18}$$

根据星形连接的负载的线电压与相电压的关系，可求得负载上的线电压为

$$\left.\begin{array}{l} \dot{U}'_{UV} = \sqrt{3}\dot{U}'_U\angle 30° \\[6pt] \dot{U}'_{VW} = \sqrt{3}\dot{U}'_V\angle 30° = \dot{U}'_{UV}\angle -120° \\[6pt] \dot{U}'_{WU} = \sqrt{3}\dot{U}'_W\angle 30° = \dot{U}'_{UV}\angle 120° \end{array}\right\} \tag{4-19}$$

观察以上诸式，可得出下述结论，在对称三相电路中，线电压、相电压、线电流、相电流等各组电压和电流都是和电源相电压同相序的对称量。因此，计算对称三相电路，只需计算其中一相电路。求出一相的电压、电流后，根据对称性，就可以写出另外两相相应的电压和电流；再根据线电压与相电压、线电流与相电流之间的关系，求出线电压和线电流。

**【例 4-4】**　在图 4-14 所示的对称三相四线制电路中，每相负载阻抗 $Z = (80+j60)\Omega$，端线阻抗 $Z_L = (4+j3)\Omega$，中线阻抗 $Z_N = (8+j6)\Omega$，电源相电压为 220V，试求负载的相电压、线电压及线电流，并画出负载电压和电流的相量图。

**解**　(1) 从三相电路中取出一相，画出该相的计算电路图。设想用一阻抗为零的导线将电源中性点与负载中性点连接起来，使三相成为各自独立的电路。取出 U 相，画出该相计算电路图，如图 4-15 (a) 所示。注意，计算电路中不应包含中线阻抗 $Z_N$。

(2) 应用单相交流电路的计算方法，计算出一相电路中的电压和电流。

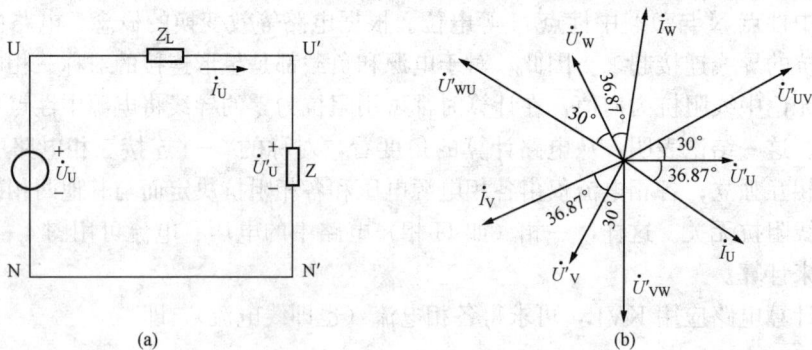

图 4-15　[例 4-4] 的图
(a) U 相计算电路图；(b) 相量图

设

$$\dot{U}_U = 220\angle 0°(V)$$

$$Z = 80+j60 = 100\angle 36.87°(\Omega)$$

$$Z_L + Z = 4+j3+80+j60 = 84+j63 = 105\angle 36.87°(\Omega)$$

$$\dot{I}_U = \frac{\dot{U}_U}{Z_L + Z} = \frac{220\angle 0°}{105\angle 36.87°} = 2.10\angle -36.87°(\text{A})$$

$$\dot{U}'_U = Z\dot{I}_U = 100\angle 36.87° \times 2.10\angle -36.87° = 210\angle 0°(\text{V})$$

（3）根据对称三相电路中的线电压与相电压的关系，由一相电压求出相应的线电压。由 $\dot{U}'_U$ 可求得 $\dot{U}'_{UV}$，即

$$\dot{U}'_{UV} = \sqrt{3}\dot{U}'_U\angle 30° = \sqrt{3} \times 210\angle 0° \times \angle 30° = 363.72\angle 30°(\text{V})$$

（4）根据对称性，写出另外两相相应的电压和电流及另外两个线电压。例中各电压和电流分别为

$$\dot{I}_V = 2.10\angle(-36.87° - 120°) = 2.10\angle -156.87°(\text{A})$$

$$\dot{I}_W = 2.10\angle(-36.87° + 120°) = 2.10\angle 83.13°(\text{A})$$

$$\dot{U}'_V = 210\angle(0° - 120°) = 210\angle -120°(\text{V})$$

$$\dot{U}'_W = 210\angle 0° + 120° = 210\angle 120°(\text{V})$$

$$\dot{U}'_{VW} = 363.72\angle(30° - 120°) = 363.72\angle -90°(\text{V})$$

$$\dot{U}'_{WU} = 363.72\angle(30° + 120°) = 363.72\angle 150°(\text{V})$$

（5）根据计算结果画出各电压和电流的相量图。本例中电压和电流的相量图如图 4 - 15（b）所示。

**二、△—Y连接的对称三相电路的计算**

对于三相电源为三角形连接、三相负载为星形连接的△—Y连接的三相电路［如图 4 - 16（a）所示］，只要把三角形连接的对称三相电源变换成等效的星形连接的对称三相电源，就可以把它变换成Y—Y连接的对称三相电路［如图 4 - 16（b）所示］。于是便可用前面所介绍的方法进行计算。对称星形电源与对称三角形电源之间等效变换的电压计算公式为

$$\left.\begin{array}{l} \dot{U}_{UY} = \dfrac{1}{\sqrt{3}}\dot{U}_{UV\triangle}\angle -30° \\[2mm] \dot{U}_{VY} = \dfrac{1}{\sqrt{3}}\dot{U}_{VW\triangle}\angle -30° \\[2mm] \dot{U}_{WY} = \dfrac{1}{\sqrt{3}}\dot{U}_{WU\triangle}\angle -30° \end{array}\right\} \qquad (4\text{-}20)$$

式中，$\dot{U}_{UY}$，$\dot{U}_{VY}$，$\dot{U}_{WY}$ 为星形电源的相电压；$\dot{U}_{UV\triangle}$，$\dot{U}_{VU\triangle}$，$\dot{U}_{WU\triangle}$ 为三角形电源的线电压。

【例 4 - 5】 图 4 - 16 所示电路中，已知电源线电压的有效值为 380V，线路阻抗为 $Z_L = (0.1 + j0.1)\ \Omega$，负载阻抗 $Z = (10 + j10)\ \Omega$，试求负载相电流、相电压和线电压。

**解** （1）将对称三角形电源变换为等效对称星形电源，等效星形电源的相电压有效值为

$$U_p = \frac{U_l}{\sqrt{3}} = \frac{380}{\sqrt{3}} = 220(\text{V})$$

（2）画出一相计算电路图，计算相电流和相电压。U 相计算电路如图 4 - 17 所示。一相电路的总阻抗为

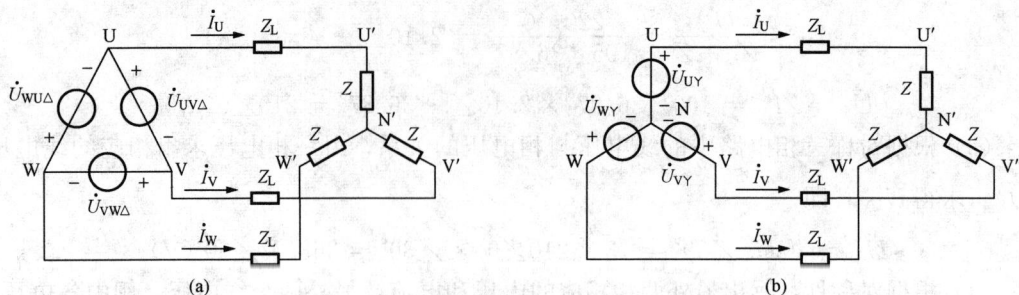

图 4 - 16　△—Y连接的对称三相电路的计算

（a）△—Y连接的三相电路；（b）等效的Y—Y连接的三相电路

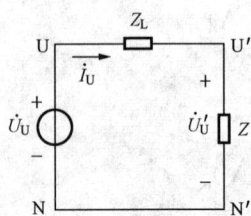

图 4 - 17　［例 4 - 5］的图

$$Z_Z = Z_L + Z = 0.1 + j0.1 + 10 + j10 = 10.1 + j10.1$$

$$= 10.1\sqrt{2}\angle 45° = 14.28\angle 45°(\Omega)$$

相电流为

$$I_U = \frac{U_U}{|Z_Z|} = \frac{220}{14.28} = 15.41(A)$$

负载相电压为

$$U'_U = |Z|I_U = \sqrt{10^2 + 10^2} \times 15.41 = 217.90(V)$$

（3）根据对称三相电路中线电压与相电压的关系，由相电压求得线电压。负载线电压为

$$U'_{UV} = \sqrt{3}U'_U = \sqrt{3} \times 217.90 = 377.40(V)$$

### 三、Y—△连接的对称三相电路的计算

图 4 - 18 所示电路为Y—△连接的三相电路，设三相电源的相电压 $\dot{U}_U$、$\dot{U}_V$、$\dot{U}_W$ 是对称的，端线阻抗为 $Z_L$，三角形负载的每相阻抗为 $Z_\triangle$。计算这种端线阻抗不为零的Y—△连接的对称三相电路的方法如下。

首先，将三角形负载变换成等效星形负载，从而将Y—△连接的三相电路变换为Y—Y连接的三相电路。星形负载阻抗 $Z_Y$ 与三角形负载阻抗 $Z_\triangle$ 之间的等效互换公式为

$$Z_Y = \frac{1}{3}Z_\triangle$$

变换后的等效电路如图 4 - 18（b）所示。

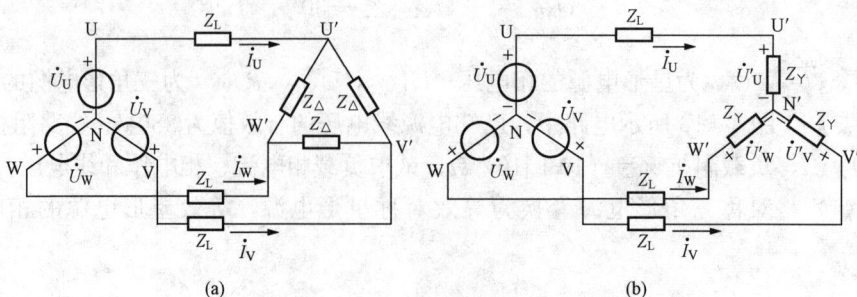

图 4 - 18　Y—△连接的对称三相电路

（a）Y—△连接的三相电路；（b）等效的Y—Y连接的三相电路

按照Y—Y连接的对称三相电路的计算方法，取出一相，画出一相计算电路图，计算一相电流和一相电压。这里取出 U 相电路来计算，该相电压和电流为

$$\left.\begin{array}{l}\dot{I}_{\mathrm{U}}=\dfrac{\dot{U}_{\mathrm{U}}}{Z_{\mathrm{L}}+Z_{\mathrm{Y}}} \\[2mm] \dot{U}'_{\mathrm{U}}=Z_{\mathrm{Y}}\,\dot{I}_{\mathrm{U}}\end{array}\right\} \qquad (4\text{-}21)$$

根据对称性，写出另外两相电流和电压。即

$$\left.\begin{array}{l}\dot{I}_{\mathrm{V}}=\dot{I}_{\mathrm{U}}\angle-120°,\dot{I}_{\mathrm{W}}=\dot{I}_{\mathrm{U}}\angle120° \\[2mm] \dot{U}'_{\mathrm{V}}=\dot{U}'_{\mathrm{U}}\angle-120°,\dot{U}'_{\mathrm{W}}=\dot{U}'_{\mathrm{U}}\angle120°\end{array}\right\} \qquad (4\text{-}22)$$

再根据对称三相星形电路的线电压与相电压的关系计算负载线电压。即

$$\left.\begin{array}{l}\dot{U}'_{\mathrm{UV}}=\sqrt{3}\dot{U}'_{\mathrm{U}}\angle30° \\[2mm] \dot{U}'_{\mathrm{VW}}=\sqrt{3}\dot{U}'_{\mathrm{V}}\angle30° \\[2mm] \dot{U}'_{\mathrm{WU}}=\sqrt{3}\dot{U}'_{\mathrm{W}}\angle30°\end{array}\right\} \qquad (4\text{-}23)$$

由原Y—△电路，根据欧姆定律或三角形连接的对称三相电路的线电流与相电流之间的关系，计算三角形负载的相电流。即

$$\left.\begin{array}{l}\dot{I}'_{\mathrm{UV}}=\dfrac{\dot{U}'_{\mathrm{UV}}}{Z_{\triangle}} \\[2mm] \dot{I}'_{\mathrm{VW}}=\dfrac{\dot{U}'_{\mathrm{VW}}}{Z_{\triangle}} \\[2mm] \dot{I}'_{\mathrm{WU}}=\dfrac{\dot{U}'_{\mathrm{WU}}}{Z_{\triangle}}\end{array}\right\} \quad 或 \quad \left.\begin{array}{l}\dot{I}'_{\mathrm{UV}}=\dfrac{1}{\sqrt{3}}\dot{I}_{\mathrm{U}}\angle30° \\[2mm] \dot{I}'_{\mathrm{VW}}=\dfrac{1}{\sqrt{3}}\dot{I}_{\mathrm{V}}\angle30° \\[2mm] \dot{I}'_{\mathrm{WU}}=\dfrac{1}{\sqrt{3}}\dot{I}_{\mathrm{W}}\angle30°\end{array}\right\} \qquad (4\text{-}24)$$

对于端线阻抗为零的Y—△连接的对称三相电路，可直接计算，而不必对负载进行△—Y等效变换。首先，根据对称星形连接的三相电路的线电压与相电压之间的关系，求得电源线电压。因为线路阻抗为零，所以电源线电压就是负载线电压，也就是负载相电压；根据欧姆定律可求得负载相电流。再根据对称三角形连接的三相电路中的线电流与相电流的关系，由相电流求得线电流，进而求得其他变量。

**【例 4-6】** 在图 4-18（a）所示三相电路中，已知 $Z_{\mathrm{L}}=(3+\mathrm{j}4)\Omega$，$Z_{\triangle}=(24+\mathrm{j}24)\Omega$，电源线电压为 380V。试求负载的线电流、线电压和相电流。

**解** （1）将三角形负载变换成等效星形负载。变换后的电路如图 4-18（b）所示，等效星形负载阻抗为

$$Z_{\mathrm{Y}}=\frac{Z_{\triangle}}{3}=\frac{24+\mathrm{j}24}{3}=8+\mathrm{j}8=8\sqrt{2}\angle45°(\Omega)$$

（2）从等效的Y—Y连接三相电路中取出一相电路，计算该相的电流和相电压。

设
$$\dot{U}_{\mathrm{U}}=\frac{380}{\sqrt{3}}\angle0°=220\angle0°(\mathrm{V})$$

$$Z_{\mathrm{L}}+Z_{\mathrm{Y}}=3+\mathrm{j}4+8+\mathrm{j}8=11+\mathrm{j}12=16.28\angle47.49°(\Omega)$$

$$\dot{I}_{\mathrm{U}}=\frac{\dot{U}_{\mathrm{U}}}{Z_{\mathrm{L}}+Z_{\mathrm{Y}}}=\frac{220\angle0°}{16.28\angle47.49°}=13.51\angle-47.49°(\mathrm{A})$$

$$\dot{U}'_{\mathrm{U}}=\dot{I}_{\mathrm{U}}Z_{\mathrm{Y}}=13.51\angle-47.49°\times8\sqrt{2}\angle45°=152.83\angle-2.49°(\mathrm{A})$$

(3) 根据对称性，写出另外两相电流。即

$$\dot{I}_V = \dot{I}_U \angle -120° = 13.51 \angle (-47.49° - 120°)$$
$$= 13.51 \angle -167.49°(A)$$

$$\dot{I}_W = \dot{I}_U \angle 120° = 13.51 \angle (-47.49° + 120°)$$
$$= 13.51 \angle 72.51°(A)$$

(4) 根据对称性，写出等效星形负载的另外两相电压。即

$$\dot{U}'_V = \dot{U}'_U \angle -120° = 152.83 \angle (-2.49° - 120°)$$
$$= 152.83 \angle -122.49°(V)$$

$$\dot{U}'_W = \dot{U}'_U \angle 120° = 152.83 \angle (-2.49° + 120°)$$
$$= 152.83 \angle 117.51°(V)$$

(5) 根据对称三相星形电路的线电压与相电压的关系，计算负载线电压。即

$$\dot{U}'_{UV} = \sqrt{3}\dot{U}'_U \angle 30° = \sqrt{3} \times 152.83 \angle (-2.49° + 30°)$$
$$= 264.70 \angle 27.51°(V)$$

$$\dot{U}'_{VW} = \sqrt{3}\dot{U}'_V \angle 30° = \sqrt{3} \times 152.83 \angle (-122.49° + 30°)$$
$$= 264.70 \angle -92.49°(V)$$

$$\dot{U}'_{WU} = \sqrt{3}\dot{U}'_W \angle 30° = \sqrt{3} \times 152.83 \angle (117.51° + 30°)$$
$$= 264.70 \angle 147.51°(V)$$

$\dot{U}'_{VW}$, $\dot{U}'_{WU}$ 也可根据对称性和 $\dot{U}'_{UV}$ 直接写出。

(6) 根据欧姆定律，求得负载相电流。即

$$\dot{I}'_{UV} = \frac{\dot{U}'_{UV}}{Z_\triangle} = \frac{264.70 \angle 27.51°}{24\sqrt{2} \angle 45°} = 7.80 \angle -17.49°(A)$$

$$\dot{I}'_{VW} = \frac{\dot{U}'_{VW}}{Z_\triangle} = \frac{264.70 \angle -92.49°}{24\sqrt{2} \angle 45°} = 7.80 \angle -137.49°(A)$$

$$\dot{I}'_{WU} = \frac{\dot{U}'_{WU}}{Z_\triangle} = \frac{264.70 \angle 147.51°}{24\sqrt{2} \angle 45°} = 7.80 \angle 102.51°(A)$$

$\dot{I}'_{UV}$, $\dot{I}'_{WU}$ 也可由 $\dot{I}'_{UV}$ 根据对称性直接写出。

**四、△—△连接的对称三相电路的计算**

对于端线阻抗为零的△—△连接的对称三相电路，因为电源线电压就是负载相电压，故可直接由电源线电压计算出负载相电流，再根据对称三角形负载线电流与相电流的关系，计算负载线电流，进而求得其他变量。

计算端线阻抗不为零的△—△连接的对称三相电路时，应先将三角形电源和三角形负载分别变换为等效的星形电源和星形负载，从而将△—△连接的三相电路变换成等效的Y—Y连接的三相电路。然后，应用计算对称的Y—Y连接三相电路的方法计算出负载线电流和线电压。再回到原电路，根据对称三角形电路的线电流与相电流的关系或根据欧姆定律，求得负载和电源的相电流以及端线阻抗压降等待求变量。

**【例 4 - 7】** 图 4 - 19（a）所示电路中，已知电源电压的有效值为 380V，线路阻抗为

$Z_L=$ （0.1＋j0.4） Ω，负载阻抗 $Z=$ （24＋j18） Ω，试求负载相电流、相电压和线电压。

**解** （1）将对称三角形电源变换为等效对称星形电源，等效星形电源的相电压有效值为

$$U_P = \frac{U_l}{\sqrt{3}} = \frac{380}{\sqrt{3}} = 220(\text{V})$$

（2）将三角形负载变换为等效星形负载，等效星形负载的阻抗为

$$Z_Y = \frac{Z_\triangle}{3} = \frac{24+j18}{3} = 8+j6 = 10\angle 36.87°(\Omega)$$

经过三相电源和三相负载的△—Y等效变换，得到的Y—Y连接的电路，如图 4-19（b）所示。

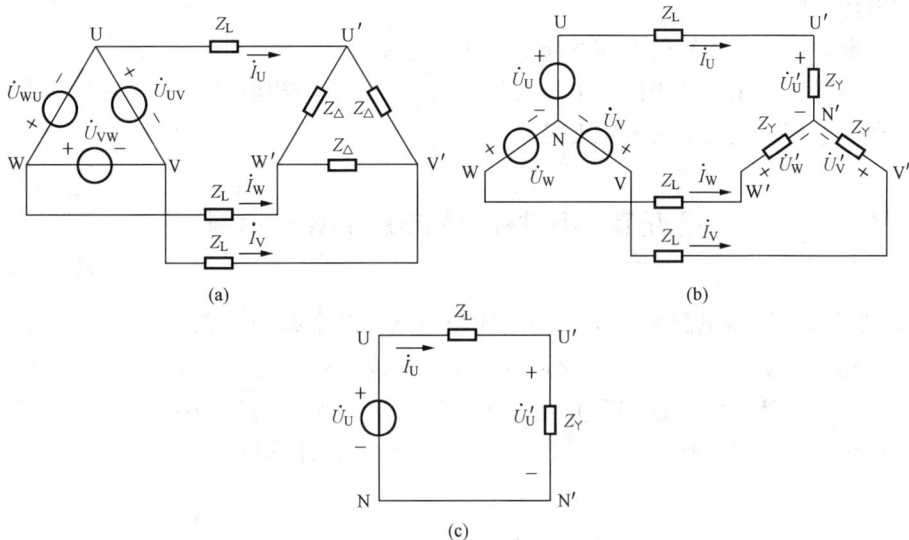

图 4-19 ［例 4-7］的图

（3）画出一相计算电路图，计算相电流和相电压。取 U 相电路来计算，U 相计算电路如图 4-19（c）所示。

一相电路的总阻抗为

$$Z_Z = Z_L + Z_Y = 0.1+j0.4+8+j6 = 8.1+j6.4$$
$$= 10.32\angle 38.31°(\Omega)$$

相电流为

$$I_U = \frac{U_U}{|Z_Z|} = \frac{220}{10.32} = 21.32(\text{A})$$

负载相电压为

$$U'_U = |Z_Y| I_U = 10 \times 21.32 = 213.20(\text{V})$$

（4）根据对称三相电路中线电压与相电压的关系，由负载相电压求得负载线电压。即

$$U'_{UV} = \sqrt{3}U'_U = \sqrt{3} \times 213.20 = 369.26(\text{V})$$

（5）根据对称三相电路中线电流与相电流的关系，由负载线电流求得负载相电流。即

$$I'_{UV} = \frac{I_U}{\sqrt{3}} = \frac{21.32}{\sqrt{3}} = 12.31(A)$$

也可根据欧姆定律求得负载相电流，即

$$I'_{UV} = \frac{U'_{UV}}{|Z_\triangle|} = \frac{369.26}{\sqrt{24^2 + 18^2}} = 12.31(A)$$

总结以上分析结果，可得到计算对称三相正弦交流电路的一般方法步骤：

（1）将对称三相电源看成对称星形电源或变换成等效的对称星形电源；

（2）将对称的三角形负载变换成等效的对称星形负载，画出等效变换后的Y—Y连接的电路；

（3）从等效变换后的三相系统中取出其中一相电路，画出该相计算电路图，计算出该相电路中的电压和电流；

（4）根据对称性求出其他两相相应的电压和电流；

（5）根据对称三相电路中的线电压与相电压、线电流与相电流之间的关系，计算出相应的线电压和线电流，进而求得其他变量。

## 第五节　不对称三相电路的计算示例

图 4-20（a）所示电路是一个三相四线制电路。若电路中三相电源电压 $\dot{U}_U$、$\dot{U}_V$、$\dot{U}_W$ 不对称或三相负载复阻抗 $Z_U$、$Z_V$、$Z_W$ 不相等，则该电路就是一个不对称Y—Y连接的三相电路。一般地说，分析计算这种三相电路可采用第二章所介绍的网络分析的各种方法。但是，因为这种电路的节点数较小，用节点电压法进行分析计算更为适宜。

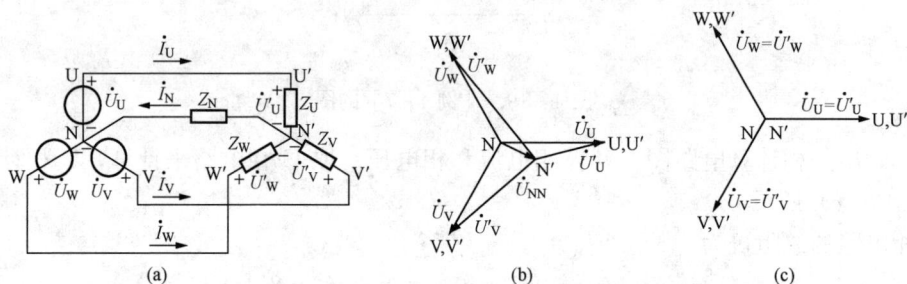

图 4-20　不对称的三相四线制电路

（a）三相电路；（b）不对称时的位形图；（c）对称时的位形图

首先，应用弥尔曼定理，求得负载中性点 N′ 与电源中性点 N 之间的电压，即

$$\dot{U}_{N'N} = \frac{\dfrac{\dot{U}_U}{Z_U} + \dfrac{\dot{U}_V}{Z_V} + \dfrac{\dot{U}_W}{Z_W}}{\dfrac{1}{Z_U} + \dfrac{1}{Z_V} + \dfrac{1}{Z_W} + \dfrac{1}{Z_N}} \tag{4-25}$$

求得负载中性点与电源中性点之间的电压后，应用 KVL 可求得三相负载上的相电压，即

$$\left.\begin{array}{l} \dot{U}'_{\mathrm{U}} = \dot{U}_{\mathrm{U}} - \dot{U}_{\mathrm{N'N}} \\[2mm] \dot{U}'_{\mathrm{V}} = \dot{U}_{\mathrm{V}} - \dot{U}_{\mathrm{N'N}} \\[2mm] \dot{U}'_{\mathrm{W}} = \dot{U}_{\mathrm{W}} - \dot{U}_{\mathrm{N'N}} \end{array}\right\} \tag{4-26}$$

根据负载端电压，应用欧姆定律可求得三相负载的相电流，负载线电流等于相电流，于是有

$$\dot{I}_{\mathrm{U}} = \frac{\dot{U}'_{\mathrm{U}}}{Z_{\mathrm{U}}}, \dot{I}_{\mathrm{V}} = \frac{\dot{U}'_{\mathrm{V}}}{Z_{\mathrm{V}}}, \dot{I}_{\mathrm{W}} = \frac{\dot{U}'_{\mathrm{W}}}{Z_{\mathrm{W}}} \tag{4-27}$$

可应用 KCL 计算中线电流，也可用欧姆定律计算中线电流，即

$$\dot{I}_{\mathrm{N}} = \dot{I}_{\mathrm{U}} + \dot{I}_{\mathrm{N}} + \dot{I}_{\mathrm{w}} \quad \text{或} \quad \dot{I}_{\mathrm{N}} = \frac{\dot{U}_{\mathrm{N'N}}}{Z_{\mathrm{N}}} \tag{4-28}$$

由式（4-25）可知，若电源三相电压 $\dot{U}_{\mathrm{U}}$、$\dot{U}_{\mathrm{V}}$、$\dot{U}_{\mathrm{W}}$ 不对称或三相负载阻抗 $Z_{\mathrm{U}}$、$Z_{\mathrm{V}}$、$Z_{\mathrm{W}}$ 不相等，则一般情况下 $\dot{U}_{\mathrm{N'N}}$ 不等于零；中线阻抗 $Z_{\mathrm{N}}$ 的数值越大，$\dot{U}_{\mathrm{N'N}}$ 的数值也越大；若中线阻抗 $Z_{\mathrm{N}}$ 为零，则 $\dot{U}_{\mathrm{N'N}}$ 等于零。以上分析表明，中线阻抗不为零的不对称的丫—丫连接的三相电路中，负载中性点 N′和电源中性点 N 之间的电压不等于零，即负载中性点 N′和电源中性点 N 的电位不相等。

由式（4-26）可知，当 $\dot{U}_{\mathrm{N'N}}$ 不等于零时，负载三相电压将是不对称的；$\dot{U}_{\mathrm{N'N}}$ 的数值越大，负载三相电压的不对称程度越大；若中线阻抗 $Z_{\mathrm{N}}$ 为零，则 $\dot{U}_{\mathrm{N'N}}$ 等于零，三相负载电压对称。可见，中线具有减小三相负载电压不对称程度，使负载电压对称或接近于对称的作用。

由式（4-28）可知，不对称的三相四线制电路中线电流一般不等于零。可见，中线的另一个作用就是用以传导这种不平衡电流。

在电源三相电压 $\dot{U}_{\mathrm{U}}$、$\dot{U}_{\mathrm{V}}$、$\dot{U}_{\mathrm{W}}$ 已知，负载中性点与电源中性点之间的电压 $\dot{U}_{\mathrm{N'N}}$ 已确定的情况下，根据式（4-26）可作出各电压的相量图，如图4-20（b）所示。这种电压相量图的画法如下：选择图4-20（a）所示电路中的电源中性点 N 作为参考点，设该点复电位为零，在平面上作出一个对应的点 N，并以此作为复平面的原点（画图时往往不画坐标轴），它的位置代表电路中 N 点的复电位。选定电源相电压 $\dot{U}_{\mathrm{U}}$（即 $\dot{U}_{\mathrm{UN}}$）作为参考相量，以 N 点作为起点，作出参考相量（这里所说的相量指的是表示相量的矢量）$\dot{U}_{\mathrm{U}}$，相量 $\dot{U}_{\mathrm{U}}$ 的终点为 U 点（其位置代表电路中 U 点的复电位），也就是 U′点（因为 U′点和 U 点是等电位点）。这里我们约定，作电压相量图时以电压参考极性的"—"极作为电压相量的起点，参考极性的"+"极作为电压相量的终点。根据 $\dot{U}_{\mathrm{V}}$ 和 $\dot{U}_{\mathrm{W}}$ 与 $\dot{U}_{\mathrm{U}}$ 之间的相位关系（这里设它们为对称三相电压），以 N 点作为起点，分别作出相量 $\dot{U}_{\mathrm{V}}$（即 $\dot{U}_{\mathrm{VN}}$）和 $\dot{U}_{\mathrm{W}}$（即 $\dot{U}_{\mathrm{WN}}$），相量 $\dot{U}_{\mathrm{V}}$ 和 $\dot{U}_{\mathrm{W}}$ 的终点分别为 V 点和 W 点，也就是 V′点和 W′点。根据已求出的电压 $\dot{U}_{\mathrm{N'N}}$ 的大小和相位，以 N 点作为起点，作出相量 $\dot{U}_{\mathrm{N'N}}$，其终点为 N′。根据式（4-25）可确定，在图中从 N′点指向 U′点的相量为 $\dot{U}'_{\mathrm{U}}$（即 $\dot{U}_{\mathrm{U'N'}}$）；从 N′点指向 V′点的相量为 $\dot{U}'_{\mathrm{V}}$（即 $\dot{U}_{\mathrm{V'N'}}$）；从 N′点指向 W′点的相量为 $\dot{U}'_{\mathrm{W}}$（即 $\dot{U}_{\mathrm{W'N'}}$）。

用上述方法作出的电压相量图具有下述特点：图中的点与电路中的点是一一对应的，图中的点代表电路中对应点的复电位；图中任意两点之间的矢量代表电路中对应的两点间电压

的相量（即复电压）。因此，此图称之为位形图。

为了比较，我们用同样的方法，作出端线阻抗为零的Y—Y连接的对称三相电路的位形图，如图 4-20（c）所示。图中电源中性点 N 与负载中性点 N' 是重合的，这表明，电源中性点 N 与负载中性点 N' 是等电位的。

从位形图可见，由于三相负载不对称使得 Y—Y 连接的三相系统中电源中性点 N 与负载中性点 N' 电位不相等，导致在位形图上代表电源中性点电位和负载中性点电位的 N 点和 N' 点不重合，这种现象称为中性点位移。负载中性点 N' 与电源中性点 N 之间的电压 $\dot{U}_{N'N}$ 称为中性点位移电压。由于中性点位移电压 $\dot{U}_{N'N}$ 的出现，造成负载上的相电压不对称，使得有的相电压高于电源相电压，有的相电压低于电源相电压。电压过高，可能造成电气设备损坏；电压过低，用电设备不能正常工作。为了避免上述现象的产生，在低压配电系统中的电源中性点和负载中性点之间装设了中线。为避免中线断路，中线应具有足够的机械强度，且中线上不应装设熔断器和开关。

总结起来，中线的作用有三个：①用以为单相用电设备提供相电压；②用以传导三相系统中的不平衡电流或单相电流；③用以减小中性点位移电压，使星形连接的不对称三相负载的相电压对称或接近于对称。

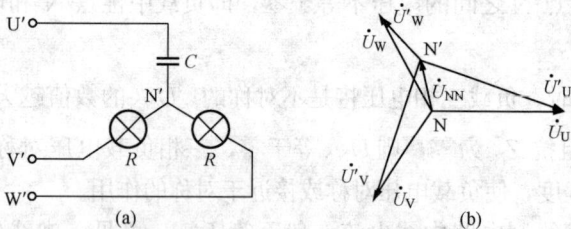

图 4-21    ［例 4-8］图
(a) 不对称三相电路；(b) 电压相量图

**【例 4-8】**    图 4-21（a）所示电路为一不对称星形连接的三相电路，设三相电源线电压对称，电容器的电容为 $C$，白炽灯的电阻为 $R$，$R = 1/\omega C$，试求各个白炽灯和电容上的电压。

**解**    将电源看作相电压对称的星形电源。设 $\dot{U}_U = U_P \angle 0°$

中性点位移电压为

$$\dot{U}_{N'N} = \frac{j\omega C \dot{U}_U + \frac{1}{R}\dot{U}_V + \frac{1}{R}\dot{U}_W}{j\omega C + \frac{1}{R} + \frac{1}{R}} = \frac{j\dot{U}_U + \dot{U}_V + \dot{U}_W}{j + 2}$$

$$= \frac{(j-1)\dot{U}_U}{j+2} = 0.632 U_P \angle 108.4°$$

U 相电容上的电压为

$$\dot{U}'_U = \dot{U}_U - \dot{U}_{N'N} = U_P \angle 0° - 0.632 U_P \angle 108.4°$$
$$\approx 1.3 U_P \angle -26.6°$$

V 相白炽灯上的电压为

$$\dot{U}'_V = \dot{U}_V - \dot{U}_{N'N} = U_P \angle -120° - 0.632 U_P \angle 108.4°$$
$$\approx 1.5 U_P \angle -101.6°$$

W 相白炽灯上的电压为

$$\dot{U}'_W = \dot{U}_W - \dot{U}_{N'N} = U_P \angle 120° - 0.632 U_P \angle 108.4°$$

$$\approx 0.4U_P\angle138.4°$$

各电压的相量图如图 4 - 21（b）所示。

　　由计算结果可以看出，当 U 相接电容时，V 相白炽灯上的电压比 W 相白炽灯的电压高，因此，V 相灯要比 W 相灯亮。利用这一电路可以确定三相电源的相序。实际测量时，任意指定一相电源为 U 相，将电容接至该相，将白炽灯接到其他两相。根据两相灯泡的亮度来确定 V 相和 W 相，对于正序三相电源而言，灯泡较亮的一相为 V 相，灯泡较暗的一相为 W 相。

　　**【例 4 - 9】**　　有一三相四线制电路，中线和端线阻抗为零，三相负载阻抗分别为 $Z_W=11\Omega$，$Z_V=11\Omega$，$Z_W=j22\Omega$，电源相电压为 220V。试求各相电流和中线电流。

　　**解**　设 U 相电源电压 $\dot{U}_U=220\angle0°\text{V}$，三相电流分别为

$$\dot{I}_U=\frac{\dot{U}_U}{Z_U}=\frac{220\angle0°}{11}=20\angle0°\ \text{(A)}$$

$$\dot{I}_V=\frac{\dot{U}_V}{Z_V}=\frac{220\angle-120°}{11}=20\angle-120°\ \text{(A)}$$

$$\dot{I}_W=\frac{\dot{U}_W}{Z_W}=\frac{220\angle120°}{j22}=10\angle30°\ \text{(A)}$$

中线电流为

$$\dot{I}_N=\dot{I}_U+\dot{I}_V+\dot{I}_W=20\angle0°+20\angle-120°+10\angle30°$$
$$=22.36\angle-33.43°\text{(A)}$$

# 第六节　三相电路的功率

## 一、一般三相电路的功率

　　无论三相电路是否对称，无论连接方式如何，三相电路的总有功功率、无功功率都分别等于各相的有功功率、无功功率之和，即

$$P=P_U+P_V+P_W$$
$$Q=Q_U+Q_V+Q_W$$

三相正弦交流电路的总有功功率、无功功率可表示为

$$\left.\begin{array}{l}P=U_{PU}I_{PU}\cos\varphi_{PU}+U_{PV}I_{PV}\cos\varphi_{PV}+U_{PW}I_{PW}\cos\varphi_{PW}\\Q=U_{PU}I_{PU}\sin\varphi_{PU}+U_{PV}I_{PV}\sin\varphi_{PV}+U_{PW}I_{PW}\sin\varphi_{PW}\end{array}\right\}\qquad(4-29)$$

式中，$U_{PU}$、$U_{PV}$、$U_{PW}$ 为三相相电压的有效值；$I_{PU}$、$I_{PV}$、$I_{PW}$ 为三相相电流的有效值；$\varphi_{PU}$、$\varphi_{PV}$、$\varphi_{PW}$ 为各相的相电压与相电流之间的相位差（在习惯的参考方向下，相电压超前相电流的相位角）。

　　三相正弦交流电路的视在功率为

$$S=\sqrt{P^2+Q^2}\qquad(4-30)$$

应注意，一般情况下，三相正弦交流电路的视在功率并不等于各相视在功率之和。

## 二、对称三相电路的功率

因为对称三相正弦交流电路中的三相电压和三相电流都是对称的，故有

$$U_{PU} = U_{PV} = U_{PW} = U_P$$
$$I_{PU} = I_{PV} = I_{PW} = I_P$$
$$\varphi_{PU} = \varphi_{PV} = \varphi_{PW} = \varphi_P$$

所以，对称三相正弦交流电路中各相电路的有功功率、无功功率及视在功率均分别相等。因而，对称三相正弦交流电路的总功率可表示为

$$\left.\begin{array}{l} P = 3P_U = 3U_P I_P \cos\varphi_P \\ Q = 3Q_U = 3U_P I_P \sin\varphi_P \\ S = \sqrt{P^2 + Q^2} = 3S_U = 3U_P I_P \end{array}\right\} \qquad (4-31)$$

可见，对称三相电路的总有功功率、无功功率及视在功率分别等于一相有功功率、无功功率及视在功率的三倍。

由于实际的三相电气设备铭牌标出的电压和电流通常是线电压和线电流的额定值，且线电压和线电流的数值很容易测量出来，因此，用线电压和线电流来计算功率更为方便。所以常用线电压和线电流来表示功率。

当对称三相电源或负载是星形连接时，有

$$U_L = \sqrt{3}U_P, \ I_L = I_P$$

当对称三相电源或负载是三角形连接时，有

$$U_L = U_P, \ I_L = \sqrt{3}I_P$$

将上述关系代入式（4-31），可得

$$P = \sqrt{3}U_L I_L \cos\varphi_P$$
$$Q = \sqrt{3}U_L I_L \sin\varphi_P \qquad (4-32)$$
$$S = \sqrt{3}U_L I_L$$

应注意，式（4-32）中的 $\varphi_P$ 仍为相电压与相电流之间的相位差，切勿误认为是线电压和线电流之间的相位差。

由电路的功率平衡原理可知，无论对称与否，三相电路的总瞬时功率应等于各相瞬时功率之和，即

$$p = p_U + p_V + p_W = u_U i_U + u_V i_V + u_W i_W$$

对于对称三相正弦交流电路，若给出各相电压和电流的解析式，根据上式，应用三角函数的知识可导出

$$p = 3U_P I_P \cos\varphi_P = \sqrt{3}U_L I_L \cos\varphi_P \qquad (4-33)$$

这一结果表明，对称三相正弦交流电路的瞬时功率是一个不随时间变化的常数，其值恰好等于有功功率（平均功率）。这种独特性质正是对称三相制的优点之一。对于发电机或电动机而言，在转速一定的情况下，输出或输入的瞬时功率恒定就意味着与之对应的转矩恒定。转矩恒定，电机才能平稳地转动而避免震动。

【例 4-10】 有一对称三相负载，每相阻抗为 $Z =（32+\text{j}24）\ \Omega$，一对称三相电源的线电压 $U_L = 380\text{V}$，试求下述两种情况下负载的相电流、线电流、有功功率、无功功率和视在功率。

（1）负载连成星形，接于三相电源上；

（2）负载连成三角形，接于三相电源上。

**解**　（1）负载作星形连接时

$$U_P = \frac{U_L}{\sqrt{3}} = \frac{380}{\sqrt{3}} = 220(\text{V})$$

$$I_P = \frac{U_P}{|Z|} = \frac{220}{\sqrt{32^2 + 24^2}} = \frac{220}{40} = 5.5(\text{A})$$

$$I_L = I_P = 5.5(\text{A})$$

$$\cos\varphi_P = \frac{R}{|Z|} = \frac{32}{40} = 0.8$$

$$\sin\varphi_P = \frac{X}{|Z|} = \frac{24}{40} = 0.6$$

$$P = \sqrt{3}U_L I_L \cos\varphi_P = \sqrt{3} \times 380 \times 5.5 \times 0.8 = 2895.90(\text{W})$$

$$Q = \sqrt{3}U_L I_L \sin\varphi_P = \sqrt{3} \times 380 \times 5.5 \times 0.6 = 2171.93(\text{var})$$

$$S = \sqrt{3}U_L I_L = \sqrt{3} \times 380 \times 5.5 = 3619.88(\text{VA})$$

（2）负载连成三角形时

$$U_P = U_L = 380(\text{V})$$

$$I_P = \frac{U_P}{|Z|} = \frac{380}{40} = 9.5(\text{A})$$

$$I_L = \sqrt{3}I_P = \sqrt{3} \times 9.5 = 16.45(\text{A})$$

$$\cos\varphi_P = \frac{R}{|Z|} = \frac{32}{40} = 0.8$$

$$\sin\varphi_P = \frac{X}{|Z|} = \frac{24}{40} = 0.6$$

$$P = \sqrt{3}U_L I_L \cos\varphi_P = \sqrt{3} \times 380 \times 16.45 \times 0.8 = 8661.39(\text{W})$$

$$Q = \sqrt{3}U_L I_L \sin\varphi_P = \sqrt{3} \times 380 \times 16.45 \times 0.6 = 6496.04(\text{var})$$

$$S = \sqrt{3}U_L I_L = \sqrt{3} \times 380 \times 16.45 = 10826.73(\text{VA})$$

## 第七节　不对称三相电压和电流的对称分量

若干组相序相同的对称三相正弦量相加（指各相分别相加）的结果仍是一组同相序的对称三相正弦量。若干组相序不同的对称三相正弦量相加的结果将是一组不对称的三相正弦量。例如，图 4 - 22（a）、（b）、（c）分别为正序、负序和零序的对称三相正弦量的相量图。将这三组相序不同的对称三相正弦量的相量按相号分别相加，得到的是一组不对称的相量 $\dot{U}$、$\dot{V}$、$\dot{W}$，如图 4 - 22（d）所示。

上面已经说明，任意正序、负序、零序三组对称三相正弦量叠加起来，得到的是一组不对称的三相正弦量。很自然地让大家想到，任意一组不对称的三相正弦量是否都可以分解为正序、负序和零序三组对称的三相正弦量呢？答案是肯定的。任意一组不对称的三相正弦量都可以分解为正序、负序和零序三组对称的三相正弦量。后者称为前者的对称分量，其中正序对称三相正弦量称为正序分量；负序对称三相正弦量称为负序分量；零序对称三相正弦量

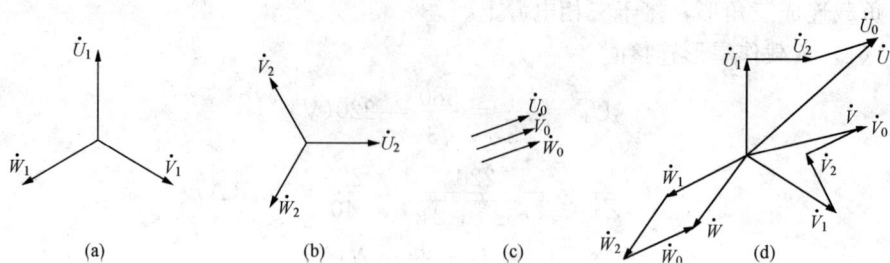

图 4 - 22　不同相序的对称三相正弦量的相加

(a) 正序相量；(b) 负序相量；(c) 零序相量；(d) 相加后得到的相量

称为零序分量。

如何将一组不对称的三相正弦量分解为正序、负序和零序三组对称的三相正弦量呢？下面我们来回答这一问题。设一组不对称三相正弦量的相量 $\dot{U}$、$\dot{V}$、$\dot{W}$ 可以分解为 $\dot{U}_1$、$\dot{V}_1$、$\dot{W}_1$，$\dot{U}_2$、$\dot{V}_2$、$\dot{W}_2$，$\dot{U}_0$、$\dot{V}_0$、$\dot{W}_0$ 三组对称分量。根据对称三相正弦量的定义和相量分解的含义可确定，它们之间的关系式为

$$\left.\begin{aligned}
\dot{U}_0 &= \dot{V}_0 = \dot{W}_0 \\
\dot{V}_1 &= a^2\dot{U}_1, \dot{W}_1 = a\dot{U}_1 \\
\dot{V}_2 &= a\dot{U}_2, \quad \dot{W}_2 = a^2\dot{U}_2
\end{aligned}\right\} \tag{4-34}$$

$$\left.\begin{aligned}
\dot{U} &= \dot{U}_0 + \dot{U}_1 + \dot{U}_2 \\
\dot{V} &= \dot{V}_0 + \dot{V}_1 + \dot{V}_2 = \dot{U}_0 + a^2\dot{U}_1 + a\dot{U}_2 \\
\dot{W} &= \dot{W}_0 + \dot{W}_1 + \dot{W}_2 = \dot{U}_0 + a\dot{U}_1 + a^2\dot{U}_2
\end{aligned}\right\} \tag{4-35}$$

其中，$a = \angle 120°$。如果 $\dot{U}$、$\dot{V}$、$\dot{W}$ 为已知量，则式（4 - 35）是以 $\dot{U}_0$、$\dot{U}_1$、$\dot{U}_2$ 为未知量的方程组。该方程组中独立方程的数目恰好等于未知量的数目，因此，该方程组具有唯一解。这表明，这样的分解是可能的。

解方程组（4 - 35），可求得 $\dot{U}_0$、$\dot{U}_1$、$\dot{U}_2$。求解过程为：

把式（4 - 35）中的三式相加后除以 3，并注意到 $1 + a^2 + a = 0$，可得

$$\dot{U}_0 = \frac{1}{3}(\dot{U} + \dot{V} + \dot{W}) \tag{4-36}$$

把式（4 - 35）中的三式顺次乘以 1、$a$、$a^2$ 后再相加，并除以 3，即得

$$\dot{U}_1 = \frac{1}{3}(\dot{U} + a\dot{V} + a^2\dot{W}) \tag{4-37}$$

把式（4 - 35）中的三式顺次乘以 1、$a^2$、$a$ 后再相加，并除以 3，即得

$$\dot{U}_2 = \frac{1}{3}(\dot{U} + a^2\dot{V} + a\dot{W}) \tag{4-38}$$

求得 $\dot{U}_0$、$\dot{U}_1$、$\dot{U}_2$ 之后，根据式（4 - 34）很容易求出 $\dot{V}_0$、$\dot{V}_1$、$\dot{V}_2$ 及 $\dot{W}_0$、$\dot{W}_1$、$\dot{W}_2$，这样便求得了不对称三相正弦量的对称分量。

由前面分析可知，对称三相电路可以化归为单相电路来计算，因而使得对称三相电路的分析计算大为简化。如果一个三相电路中任一局部出现不对称情况，则不能直接化归为单相

电路来计算。这种情况下，我们可以采用下述方法来进行计算：首先用一组不对称的三相电压源替代三相电路中的不对称部分；然后将这组不对称的三相电压源电压分解为正序、负序和零序三组对称分量；再用叠加定理，分别计算出各组对称分量单独作用时所产生的电压和电流，在计算每一组对称分量单独作用的结果时，可应用对称三相电路化归单相电路的计算方法来进行计算；最后将相应的电压分量或电流分量叠加起来，便可求得原电路中的电压或电流。这种计算方法称为对称分量法，对称分量法只适用于线性电路。对称分量法在三相电机不对称运行分析和电力系统故障分析中获得了广泛的应用。

【例4-11】　已知一组不对称三相电压 $\dot{U}_U = 220\angle 0°\text{V}$，$\dot{U}_V = 220\angle -120°\text{V}$，$\dot{U}_W = 0\text{V}$，试求它们的对称分量，并绘出相量图。

解　根据式（4-36）、式（4-37）和式（4-38），可求得

$$\dot{U}_{U0} = \frac{1}{3}(\dot{U}_U + \dot{U}_V + \dot{U}_W) = \frac{1}{3}(220\angle 0° + 220\angle -120°)$$

$$= \frac{1}{3}(110 - j190.52) = 73.33\angle -60°(\text{V})$$

$$\dot{U}_{U1} = \frac{1}{3}(\dot{U}_U + a\dot{U}_V + a^2\dot{U}_W) = \frac{1}{3}(220\angle 0° + 220\angle -120°\angle 120°)$$

$$= \frac{1}{3}(220 + 220) = 146.67(\text{V})$$

$$\dot{U}_{U2} = \frac{1}{3}(\dot{U}_U + a^2\dot{U}_V + a\dot{U}_W) = \frac{1}{3}(220\angle 0° + 220\angle -120°\angle 240°)$$

$$= \frac{1}{3}(110 + j190.52) = 73.33\angle 60°(\text{V})$$

$$\dot{U}_{V0} = \dot{U}_{W0} = 73.33\angle -60°(\text{V})$$

$$\dot{U}_{V1} = a^2\dot{U}_{U1} = 146.67\angle -120°(\text{V})$$

$$\dot{U}_{W1} = a\dot{U}_{U1} = 146.67\angle 120°(\text{V})$$

$$\dot{U}_{V2} = a\dot{U}_{U2} = -73.33(\text{V})$$

$$\dot{U}_{W2} = a^2\dot{U}_{U2} = 73.33\angle -60°(\text{V})$$

各电压的相量图如图4-23所示。

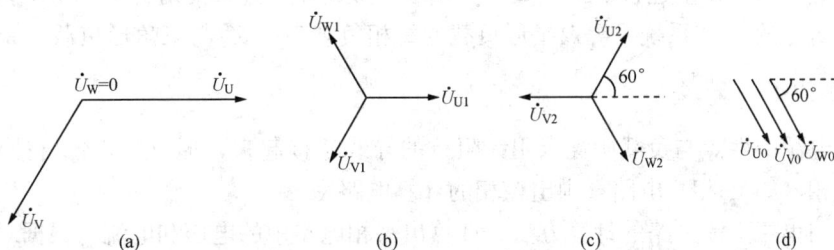

图4-23　［例4-11］的图

(a) 不对称三相电压的相量；(b) 正序分量；(c) 负序分量；(d) 零序分量

# 本 章 小 结

1. 对称三相正弦量的相序

频率相同、幅值相等、彼此间相位差角相等的三个正弦量，称为对称三相正弦量。对称三相正弦量的相序有三种：正序（U→V→W），负序（V→U→W）和零序（U、V、W 相正弦量同相）。

2. 三相电路的连接方式及线电压与相电压、线电流与相电流的关系

三相电源和三相负载的基本连接方式有两种：星形连接和三角形连接。无论对称与否，在习惯参考方向下，星形连接的电源或负载的线电流就是相应的相电流，其线电压的相量（或瞬时值）等于相应的两个相电压的相量（或瞬时值）之差；三角形连接的电源或负载的线电流的相量（或瞬时值）等于相应的两个相电流的相量（或瞬时值）之差，其线电压就是相应的相电压；三相四线制电路中中线电流的相量（或瞬时值）等于三个线电流的相量（或瞬时值）之和。

3. 对称三相正弦交流电路的基本特点

（1）电路中各组电压和电流都是和电源电压同频率、同相序的对称量。

（2）负载或电源为星形连接时，线电压的有效值等于相电压的有效值的 $\sqrt{3}$ 倍；在习惯参考方向下，线电压在相位上超前于相应的相电压 $30°$；线电流等于相应的相电流。负载或电源为三角形连接时，线电压等于相应的相电压；线电流的有效值等于相电流的有效值的 $\sqrt{3}$ 倍；在习惯参考方向下，线电流在相位上滞后于相应的相电流 $30°$。

（3）对于对称的 Y—Y 系统，无论中线阻抗为何值，负载中性点 $N'$ 与电源中性点 N 都是等电位的，中线电流总是等于零。

4. 分析计算对称三相正弦交流电路的一般方法

（1）将对称三相电源看成（已知三相电源线电压时）或变换成（电源为三角形连接时）等效的星形连接的对称三相电源。等效星形电源的相电压的有效值等于电源线电压的有效值的 $1/\sqrt{3}$，等效星形电源的相电压在相位上滞后相应的电源线电压 $30°$［见式（4 - 20）］。

（2）将对称的三角形连接的三相负载变换成等效的星形连接的对称三相负载，使三相电路系统变为对称的 Y—Y 系统。等效星形负载的每相负载阻抗 $Z_Y$ 与三角形负载的每相负载阻抗 $Z_\triangle$ 的关系为 $Z_Y = \frac{1}{3} Z_\triangle$。

（3）将电源中性点与负载中性点用无阻抗的导线连接起来，形成三相各自独立的电路，取出其中一相（如 U 相）电路，画出该相的计算电路图。

（4）应用单相交流电路的计算方法，计算出一相电路中的电压和电流，根据对称性求出其他两相相应的电压和电流。

（5）根据对称三相电路中的线电压与相电压、线电流与相电流之间的关系，求出相应的线电压和线电流，进而求得其他变量。

5. 不对称的 Y—Y 连接的三相电路的计算

对于无中线或中线阻抗不为零的不对称 Y—Y 连接的三相系统，负载中性点 $N'$ 与电源中

性点 N 之间的电压不等于零，其值为

$$\dot{U}_{\mathrm{N'N}} = \frac{\frac{1}{Z_{\mathrm{U}}}\dot{U}_{\mathrm{U}} + \frac{1}{Z_{\mathrm{V}}}\dot{U}_{\mathrm{V}} + \frac{1}{Z_{\mathrm{W}}}\dot{U}_{\mathrm{W}}}{\frac{1}{Z_{\mathrm{U}}} + \frac{1}{Z_{\mathrm{V}}} + \frac{1}{Z_{\mathrm{W}}} + \frac{1}{Z_{\mathrm{N}}}}$$

负载中性点 N′ 的电位与电源中性点 N 的电位不相等，位形图上出现 N′ 点与 N 点不重合的现象，称为中性点位移。电源中性点与负载中性点间的电压 $\dot{U}_{\mathrm{N'N}}$ 称为中性点位移电压。

端线阻抗为零的不对称的Y—Y连接的三相系统中，各相负载电压的计算式为

$$\dot{U}'_{\mathrm{U}} = \dot{U}_{\mathrm{U}} - \dot{U}_{\mathrm{N'N}}$$
$$\dot{U}'_{\mathrm{V}} = \dot{U}_{\mathrm{V}} - \dot{U}_{\mathrm{N'N}}$$
$$\dot{U}'_{\mathrm{W}} = \dot{U}_{\mathrm{W}} - \dot{U}_{\mathrm{N'N}}$$

各相负载电流的计算式为

$$\dot{I}_{\mathrm{U}} = \frac{\dot{U}'_{\mathrm{U}}}{Z_{\mathrm{U}}}, \dot{I}_{\mathrm{V}} = \frac{\dot{U}'_{\mathrm{V}}}{Z_{\mathrm{V}}}, \dot{I}_{\mathrm{W}} = \frac{\dot{U}'_{\mathrm{W}}}{Z_{\mathrm{W}}}$$

6. 中线的作用

（1）用以接单相用电设备，提供相电压；

（2）用以传导三相系统中的不平衡电流或单相电流；

（3）用以减小中性点位移电压，使不对称星形负载的相电压对称或接近于对称。

7. 三相正弦交流电路功率的计算

计算三相正弦交流电路的功率，要注意区分对称与不对称两种情况，一般三相正弦交流电路（无论对称与否）的功率计算式为

$$P = U_{\mathrm{PU}}I_{\mathrm{PU}}\cos\varphi_{\mathrm{PU}} + U_{\mathrm{PV}}I_{\mathrm{PV}}\cos\varphi_{\mathrm{PV}} + U_{\mathrm{PW}}I_{\mathrm{PW}}\cos\varphi_{\mathrm{PW}}$$
$$Q = U_{\mathrm{PU}}I_{\mathrm{PU}}\sin\varphi_{\mathrm{PU}} + U_{\mathrm{PV}}I_{\mathrm{PV}}\sin\varphi_{\mathrm{PV}} + U_{\mathrm{PW}}I_{\mathrm{PW}}\sin\varphi_{\mathrm{PW}}$$
$$S = \sqrt{P^2 + Q^2}$$

对称三相正弦交流电路的功率计算式为

$$P = 3U_{\mathrm{P}}I_{\mathrm{P}}\cos\varphi_{\mathrm{P}} = \sqrt{3}U_{\mathrm{L}}I_{\mathrm{L}}\cos\varphi_{\mathrm{P}}$$
$$Q = 3U_{\mathrm{P}}I_{\mathrm{P}}\sin\varphi_{\mathrm{P}} = \sqrt{3}U_{\mathrm{L}}I_{\mathrm{L}}\sin\varphi_{\mathrm{P}}$$
$$S = 3U_{\mathrm{P}}I_{\mathrm{P}} = \sqrt{3}U_{\mathrm{L}}I_{\mathrm{L}}$$

对称三相正弦交流电路的瞬时功率等于其有功功率。

8. 对称分量法

任意一组不对称的三相正弦量都可以分解为正序、负序和零序三组对称的三相正弦量。各对称分量的计算公式为

$$\dot{U}_0 = \frac{1}{3}(\dot{U} + \dot{V} + \dot{W})$$
$$\dot{U}_1 = \frac{1}{3}(\dot{U} + a\dot{V} + a^2\dot{W})$$
$$\dot{U}_2 = \frac{1}{3}(\dot{U} + a^2\dot{V} + a\dot{W})$$

$$\dot{U}_0 = \dot{V}_0 = \dot{W}_0$$

$$\dot{V}_1 = a^2\dot{U}_1, \quad \dot{W}_1 = a\dot{U}_1$$

$$\dot{V}_2 = a\dot{U}_2, \quad \dot{W}_2 = a^2\dot{U}_2$$

## 习　　题

4-1　下列关于对称三相正弦量（不包括零序对称三相正弦量）的说法中正确的是（　　）

A. 对称三相正弦量的瞬时值（或相量）之和一定等于零。

B. 频率相同、有效值相等、相位不同的三个正弦量就是对称三相正弦量。

C. 瞬时值之和或相量之和等于零的三相正弦量一定是对称三相正弦量。

D. 以上说法都是错误的。

4-2　下列关于三相正弦交流电路中的线电压与相电压、线电流与相电流之间的关系的说法中正确的是（　　）

A. 电源或负载作星形连接时，线电压的有效值一定等于相电压的有效值的 $\sqrt{3}$ 倍。

B. 电源或负载作星形连接时，线电流的有效值总是等于相应的相电流的有效值。

C. 电源或负载作三角形连接时，线电压的有效值总是等于相应的相电压的有效值。

D. 电源或负载作三角形连接时，线电流的有效值一定等于相电流的有效值的 $\sqrt{3}$ 倍。

4-3　下列有关三相正弦交流电路中电压和电流的说法中正确的是（　　）

A. 无论对称与否，三相三线制电路中三个线电流的相量之和一定等于零。

B. 无论是星形连接，还是三角形连接，三相电路中三个线电压的相量之和一定等于零，即一定有 $\dot{U}_{UV} + \dot{U}_{VW} + \dot{U}_{WU} = 0$。

C. 无论有无中线，无论中线阻抗为何值，在对称的 Y—Y 三相系统中，负载中性点与电源中性点之间的电压都等于零。

D. 对称的三相四线制正弦交流电路中，任一时刻，中线电流一定等于零。

4-4　下列说法中正确的是（　　）

A. 三相正弦电路中，若负载的线电压对称，则其相电压也一定对称。

B. 三相正弦电路中，若负载的相电流对称，则其线电流也一定对称。

C. 对称三相正弦交流电路中各组电压和电流都是对称的。

D. 三相三线制正弦交流电路中，若三个线电流 $I_U = I_V = I_W$，则这三个线电流一定对称。

4-5　下列关于三相电路的功率的说法中正确的是（　　）

A. 无论对称与否，三相正弦交流电路中的总有功功率、无功功率、视在功率分别等于各相的有功功率、无功功率、视在功率之和。

B. 无论对称与否，无论三相电源或三相负载连接方式如何，三相正弦交流电路的有功功率和无功功率可分别用公式 $P = 3U_P I_P \cos\varphi_P = \sqrt{3} U_L I_L \cos\varphi_P$，$Q = 3U_P I_P \sin\varphi_P = \sqrt{3} U_L I_L \sin\varphi_P$ 来计算。

C. 无论对称与否，无论三相电路的连接方式如何，三相正弦交流电路的视在功率都可用公式 $S=\sqrt{P^2+Q^2}$ 来计算。

D. 对称三相正弦交流电路的瞬时功率总是等于该三相电路的有功功率。

4-6　下列关于三相不对称电路中的电压和电流的说法中错误的是（　　）

A. 三相三线制电路的线电流中不含零序分量。

B. 三相四线制电路的中线电流等于线电流的零序分量的 3 倍。

C. 无论三相电路的连接方式如何，三相电路的线电压中不含零序分量。

D. 任意一组不对称的三相正弦量一定都具有正序、负序和零序三组对称分量。

4-7　已知 $u_U$、$u_V$、$u_W$ 是正序对称三相电压，其中 $u_U=220\sqrt{2}\sin(100\pi t-60°)$ V。

(1) 写出 $u_V$、$u_W$ 的解析式；

(2) 写出 $\dot U_U$、$\dot U_V$、$\dot U_W$ 的相量式；

(3) 作出 $\dot U_U$、$\dot U_V$、$\dot U_W$ 的相量图；

(4) 在同一坐标系中画出各相电压的波形图；

(5) 求 $t=\dfrac{T}{4}$ 时的各相电压及三相电压之和。

4-8　下列各组电压是否对称？若对称，其相序如何？

(1) $\begin{cases} u_U=220\sqrt{2}\sin\left(314t-\dfrac{1}{6}\pi\right)V \\[2mm] u_V=220\sqrt{2}\sin\left(314t-\dfrac{5}{6}\pi\right)V \\[2mm] u_W=220\sqrt{2}\sin\left(314t+\dfrac{1}{2}\pi\right)V \end{cases}$　(2) $\begin{cases} u_U=300\sin100\pi t\,V \\[2mm] u_V=310\sin\left(100\pi t-\dfrac{2}{3}\pi\right)V \\[2mm] u_W=310\sin\left(100\pi t+\dfrac{2}{3}\pi\right)V \end{cases}$

(3) $\begin{cases} u_U=380\sqrt{2}\sin\left(314t+\dfrac{1}{3}\pi\right)V \\[2mm] u_V=380\sqrt{2}\sin\left(314t-\dfrac{2}{3}\pi\right)V \\[2mm] u_W=380\sqrt{2}\sin\left(314t+\dfrac{2}{3}\pi\right)V \end{cases}$　(4) $\begin{cases} u_U=10\sqrt{2}\cos\left(942t+\dfrac{1}{3}\pi\right)V \\[2mm] u_V=10\sqrt{2}\cos\left(942t+\dfrac{1}{3}\pi\right)V \\[2mm] u_W=10\sqrt{2}\cos\left(942t+\dfrac{1}{3}\pi\right)V \end{cases}$

(5) $\begin{cases} \dot U_U=3637\angle\dfrac{5}{6}\pi\,V \\[2mm] \dot U_V=3637\angle-\dfrac{1}{2}\pi\,V \\[2mm] \dot U_W=3637\angle\dfrac{1}{6}\pi\,V \end{cases}$

4-9　一台三相交流发电机定子三相绕组对称，空载时每相绕组的电压为 230V，三相绕组的六个端头均引出，但无标号，无法辨认首尾及相号，试述如何用一块万用表确定各相绕组的首端和尾端。

4-10　一台三相同步发电机的定子绕组作星形连接，设发电机空载时每相绕组电压的有效值为 7.97kV，如果不慎将 U 相绕组的首、尾两端接反，试画出反接后的电压相量图，并求出各线电压。

4-11　一对称三相电源每相绕组的电动势的有效值为 10kV，每相绕组的额定电流为

4166.9A，每相绕组的电阻为 0.01Ω、感抗为 0.25Ω，现将该电源接成三角形，若不慎将一相绕组接反，试求电源回路中的电流，并说明可能产生的后果。

4-12 有一对称三相感性负载，每相负载的电阻 $R=20Ω$，感抗 $X=15Ω$。若将此负载连成星形，接于线电压 $U_L=380V$ 的对称三相电源上，试求相电压、相电流、线电流，并画出电压和电流的相量图。

4-13 有一对称三角形负载接于对称的三相电源上，每相负载阻抗 $Z=10+j10Ω$，电源线电压 $U_L=380V$，试求负载相电流及线电流，并画出电压和电流的相量图。

4-14 对称三角形负载接于对称三相电源上，每相负载阻抗 $Z=18+j24Ω$，相线阻抗 $Z_L=1+j2Ω$，电源线电压为 380V。试求负载的线电流和线电压。

4-15 已知三相四线制电路中三相电源对称，电源线电压 $U_L=380V$，端线阻抗 $Z_L=0.5+j0.5Ω$，中线阻抗 $Z_N=0.5+j0.5Ω$。现有 220V、40W、$\cosφ=0.5$ 的日光灯 90 只，分三组接于三相电路，试求负载的相电压、线电压及线电流。

4-16 三相四线制电路中有一组电阻性三相负载，三相负载的电阻值分别为 $R_U=R_V=5Ω$，$R_W=10Ω$，三相电源对称，电源线电压 $U_L=380V$。设电源的内阻抗、线路阻抗、中线阻抗均为零，试求：

(1) 负载相电流及中线电流；

(2) 若中线断开，负载各相电压、相电流。

4-17 由电阻、电感和电容三个元件组成的不对称三相负载接成三角形，$R=X_L=X_C=10Ω$，将它们接于相电压 $U_P=220V$ 的星形连接的对称三相电源上，试求负载相电流及线电流，并绘出电压和电流的相量图。

4-18 已知一组对称星形负载接于对称三相电源上，构成三相三线制系统，每相负载阻抗 $Z=(10+j30)\ Ω$，电源线电压的有效值为 380V，试求：

(1) U 相负载短路时各相电压和线电流，画出电压和电流的相量图。

(2) U 相负载断路时各相电压和线电流，画出电压和电流的相量图。

4-19 已知对称三角形负载接于线电压为 380V 的对称三相电源上，每相负载阻抗为 $Z=15\angle 30°Ω$，试求：

(1) U 相负载断路时各相电流和线电流，画出电压和电流的相量图。

(2) U 相端线断路时各相电流、线电流和相电压，画出电压和电流的相量图。

4-20 一台国产额定功率为 300 000kW 的汽轮发电机在额定运行状态运行时，线电压为 20kV，功率因数为 0.85，发电机定子绕组为Y接法，试求该发电机在额定运行状态运行时的线电流及输出的无功功率和视在功率。

4-21 已知对称三相电源的线电压 $U_L=380V$，对称三相感性负载的每相电阻为 32Ω，电抗为 24Ω，试求在负载作星形连接和三角形连接两种情况下接上电源，负载所吸收的有功功率、无功功率和视在功率。

4-22 一个电源对称的三相四线制电路，电源线电压 $U_L=380V$，端线及中线阻抗忽略不计。三相负载不对称，三相负载的电阻及感抗分别为 $R_U=R_V=8Ω$，$R_W=12Ω$，$X_U=X_V=6Ω$，$X_W=16Ω$。试求三相负载吸收的有功功率、无功功率及视在功率。

4-23 一台三相异步电动机接于线电压为 380V 的对称三相电源上运行，测得线电流为 202A，输入功率为 119kW，试求电动机的功率因数、无功功率及视在功率。

4-24 画出图 4-24 所示对称三相电路的一相计算电路图，试说明计算阻抗为 $Z_4$ 的三相负载功率的计算步骤。

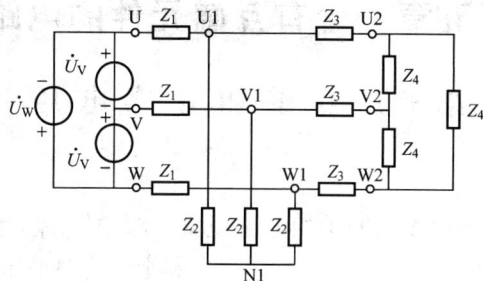

图 4-24 习题 4-24 的图

# 第五章　含有互感元件的电路

## 第一节　互　感　和　互　感　电　压

### 一、互感系数

我们来考察图 5－1 所示两个线圈中的电磁现象。图中线圈 1 和线圈 2 绕于同一铁磁材料上，两线圈的匝数分别为 $N_1$ 和 $N_2$，其中所通过的电流分别为 $i_1$ 和 $i_2$。线圈 1 中的电流 $i_1$ 产生的通过线圈 1 的磁通 $\phi_{11}$，称为线圈 1 的自感磁通。$\phi_{11}$ 可分为 $\phi_{\sigma 1}$ 和 $\phi_{21}$ 两个部分，其中 $\phi_{\sigma 1}$ 仅通过线圈 1，不通过线圈 2，此磁通称为线圈 1 的漏磁通；$\phi_{21}$ 不仅通过线圈 1，还通过线圈 2，称为线圈 1 对线圈 2 的互感磁通。同样，线圈 2 中的电流 $i_2$ 产生的通过线

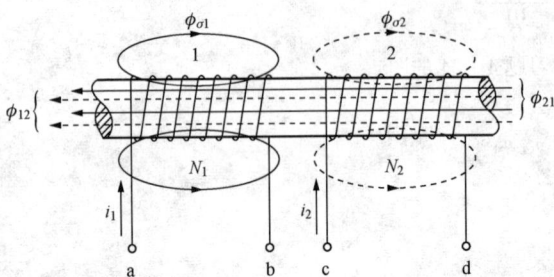

图 5－1　两线圈之间的互感

圈 2 的磁通 $\phi_{22}$，称为线圈 2 的自感磁通。$\phi_{22}$ 中的一部分 $\phi_{\sigma 2}$ 仅通过线圈 2，称为线圈 2 的漏磁通；$\phi_{22}$ 中的另一部分 $\phi_{12}$ 不仅通过线圈 2，还通过线圈 1，称为线圈 2 对线圈 1 的互感磁通。各类磁通分别通过线圈形成相应的磁链。$\phi_{11}$ 通过线圈 1 而形成的磁链 $\psi_{11}$，称为线圈 1 的自感磁链。$\phi_{22}$ 通过线圈 2 而形成的磁链 $\psi_{22}$，称为线圈 2 的自感磁链。$\phi_{21}$ 通过线圈 2 而形成的磁链 $\psi_{21}$，称为线圈 1 对线圈 2 的互感磁链。$\phi_{12}$ 通过线圈 1 而形成的磁链 $\psi_{12}$，称为线圈 2 对线圈 1 的互感磁链。$\psi_{21}$ 和 $\psi_{12}$ 统称为互感磁链。$\phi_{\sigma 1}$ 和 $\phi_{\sigma 2}$ 通过线圈 1、线圈 2 而形成的磁链 $\psi_{\sigma 1}$、$\psi_{\sigma 2}$，分别称为线圈 1 和线圈 2 的漏磁链。

上述这种一个线圈电流产生的磁场的磁感应线与另一个线圈交链的现象，即两个线圈之间通过磁场相互联系的现象，称为磁耦合，这两个线圈称为耦合线圈，也称互感线圈。

由自感系数的定义可知，在线圈中电流的参考方向和自感磁链的参考方向（即自感磁通的参考方向）符合右手螺旋定则的情况下，两线圈的自感系数分别为

$$L_1 = \frac{\psi_{11}}{i_1} \tag{5－1}$$

$$L_2 = \frac{\psi_{22}}{i_2} \tag{5－2}$$

与自感系数的定义类似，在互感磁链的参考方向（即互感磁通的参考方向）与产生互感磁链的电流的参考方向符合右手螺旋定则的情况下，互感磁链与产生它的电流之比称为耦合线圈的互感系数。线圈 1 对线圈 2 的互感磁链 $\psi_{21}$ 与产生此互感磁链的电流 $i_1$ 之比，称为线圈 1 对线圈 2 的互感系数，用 $M_{21}$ 表示，即

$$M_{21} = \frac{\psi_{21}}{i_1} \tag{5－3}$$

线圈 2 对线圈 1 的互感磁链 $\psi_{12}$ 与产生此磁链的电流 $i_2$ 之比称为线圈 2 对线圈 1 的互感系数，用 $M_{12}$ 表示，即

$$M_{12} = \frac{\psi_{12}}{i_2} \tag{5-4}$$

理论和实验都可以证明，$M_{21}$ 与 $M_{12}$ 相等，因此，可统一用 $M$ 来表示，即

$$M_{21} = M_{12} = M \tag{5-5}$$

　　$M$ 称为两个线圈间的互感系数，简称互感。由式（5-3）和式（5-4）可以看出，两个线圈间的互感系数 $M$，在数值上等于一个线圈流过单位电流时所产生的磁场通过另一个线圈的磁链。$M$ 的大小取决于两线圈的形状、尺寸、匝数、相对位置，线圈周围磁介质的磁导率及磁介质的空间分布情况。对于结构确定、相对位置固定的两线圈，若线圈周围磁介质的磁导率为常数（磁介质为各向同性的线性物质），则互感系数 $M$ 是一个非负实常数。若线圈周围存在铁磁性物质，则互感系数 $M$ 与线圈中的电流大小有关。

　　互感和自感统称为电感，互感的单位与自感的单位相同，也是 H（亨利）。

## 二、耦合系数

　　工程上常用耦合系数 $K$ 这一物理量来表示两个线圈之间磁耦合的紧密程度，其定义式为

$$K = \frac{M}{\sqrt{L_1 L_2}} \tag{5-6}$$

将 $L_1 = \frac{\psi_{11}}{i_1}$，$L_2 = \frac{\psi_{22}}{i_2}$，$M = \frac{\psi_{12}}{i_2} = \frac{\psi_{21}}{i_1}$ 代入式（5-6）后，可得

$$K = \sqrt{\frac{\psi_{21}}{\psi_{22}} \times \frac{\psi_{12}}{\psi_{11}}}$$

因为 $0 \leqslant \psi_{21} \leqslant \psi_{11}$，$0 \leqslant \psi_{12} \leqslant \psi_{22}$，所以 $0 \leqslant K \leqslant 1$。$K$ 的大小取决于两线圈的结构、相对位置和线圈周围磁介质的性质、磁介质的空间分布情况。$K$ 值越大，表明两线圈之间的磁耦合越紧密。$K = 0$，表明不存在互感磁链，即表明两线圈之间无磁耦合；$K = 1$，表明每一线圈电流所产生的磁通全部与另一线圈交链，这种情况称为全耦合。

## 三、同名端

　　往后我们会知道，为了确定互感电压与互感磁链或线圈电流之间的关系，需要知道线圈的绕向；欲确定互感电压的实际方向，也需要知道线圈的绕向。但是，实际的互感线圈制成后都是密封的，不易判断其线圈的绕向。另外，也不可能每次都在电路图中画出能够反映互感线圈绕向的结构示意图，因为这样做很不方便。为了解决这个矛盾，引入了同名端的概念。

　　具有磁耦合的两个线圈，在同一变化磁通（指同时与两线圈交链的磁感应线所形成的变化磁通）作用下，产生感应电动势，两线圈中同时为感应电动势的正极或负极的两个端点，称为同极性端，也称同名端。例如，有一变化的磁通 $\phi$，通过两个线圈，其某一时刻的方向，如图 5-2 中箭头所示。设此时磁通 $\phi$ 增加，根据楞次定律可确定，此时线圈 1 和 2 中的感应电动势 $e_1$ 和 $e_2$ 的极性如图中"＋""－"号所示。可见 a、d 两端点同时为正极，b、c 两端点同时为负极。因

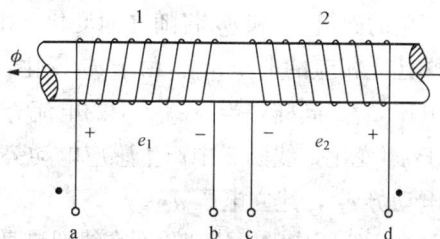

图 5-2　互感线圈的同名端

此，a、d 两端点为同名端，b、c 两端点也为同名端。同名端可用点号"·"或星号"＊"来表示。互感线圈中不是同名端的两端点，可称为异名端。图 5-2 中 a 和 c 两端，b 和 d 两端为异名端。

　　确定两耦合线圈同名端的方法很多，方法之一是根据上述定义来确定。方法之二：设有两个电流各自从分别属于两线圈的两端点流入线圈，若一个线圈的自感磁通的方向与另一个线圈电流产生的互感磁通的方向相同，则两电流的流入端就是两线圈的同名端；若一个线圈的自感磁通的方向与另一个线圈电流产生的互感磁通的方向相反，则两电流的流入端为异名端。例如，设有两个电流 $i_1$ 和 $i_2$ 分别从图 5-3 (a) 中线圈 1 和 2 的两个端点 a 和 c 流入两线圈。电流 $i_1$ 通过线圈 1 时产生的互感磁通为 $\phi_{21}$，电流 $i_2$ 通过线圈 2 时产生的互感磁通为 $\phi_{12}$，根据 $i_1$、$i_2$ 的方向和右手螺旋定则可确定，$\phi_{21}$ 和 $\phi_{12}$ 的方向如图中箭头所示。由图可见，两线圈的互感磁通在每个线圈内部的方向是相同的。因为在线圈内部线圈的自感磁通的方向与该线圈电流产生的穿过另一个线圈的互感磁通的方向是一致的，所以图 5-3 (a) 中每一个线圈的自感磁通的方向与另一个线圈中电流产生的互感磁通的方向是相同的。因此，电流 $i_1$ 和 $i_2$ 的流入端 a 和 c 是同名端。

　　在图 5-3 (b) 中两电流 $i_1$ 和 $i_2$ 所产生的互感磁通 $\phi_{21}$ 和 $\phi_{12}$ 在每一个线圈内部的方向是相反的。这表明，线圈的自感磁通的方向与互感磁通的方向是相反的。因此 $i_1$ 和 $i_2$ 的流入端 a 和 c 是异名端。

　　应注意，图 5-2 和图 5-3 中的电流和磁通方向都是实际方向而不是参考方向，图中电动势的极性也是真实极性而不是参考极性。

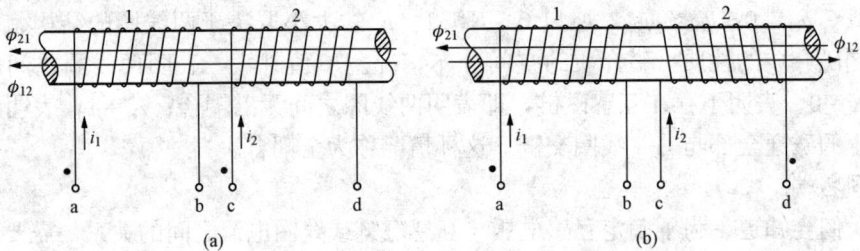

图 5-3　互感线圈同名端的判别
(a) a、c 是同名端；(b) a、c 是异名端

**四、互感电压**

　　我们用图 5-4 来说明互感电动势和互感电压的概念。当线圈 1 中的电流 $i_1$ 变化时，它所产生的磁链 $\psi_{11}$ 和 $\psi_{21}$ 将随之而变化。由于 $\psi_{11}$ 变化，线圈 1 中产生感应电动势 $e_{11}$，线圈 1 两端建立相应的电压 $u_{11}$；由于 $\psi_{21}$ 变化，线圈 2 中产生感应电动势 $e_{21}$，线圈 2 两端建立相应的电压 $u_{21}$。同样，当线圈 2 中的电流 $i_2$ 变化时，它所产生的磁链 $\psi_{22}$ 和 $\psi_{12}$ 也将随之而变化。由于 $\psi_{22}$ 变化，线圈 2 中产生感应电动势 $e_{22}$，建立电压 $u_{22}$；由于 $\psi_{12}$ 变化，线圈 1 中产生感应电动势 $e_{12}$，建立电压 $u_{12}$。

　　由于线圈中的电流变化而在线圈自身中引起感应电动势的现象，称为自感现象，所产生的感应电动势称为自感电动势，由此而产生的感应电压称为自感电压。由于一个线圈中的电流变化而在邻近的另一个线圈中产生感应电动势的现象称为互感现象，所产生的感应电动势称为互感电动势。由于一个线圈中的电流变化而在另一个线圈两端建立的电压称为互感电压。上述

e11、e22为自感电动势，u11、u22为自感电压，e21、e12为互感电动势，u21、u12为互感电压。

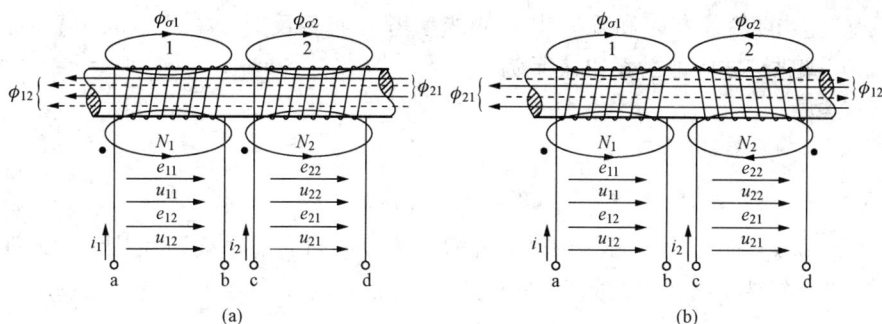

图5-4 两互感线圈的互感电动势及互感电压
(a) 互感电压与互感磁链的参考方向符合右手螺旋定则；(b) 不符合右手螺旋定则

自感电动势、自感电压与磁链和电流之间的关系在第一章中已叙述，不再赘述。这里着重讨论互感电动势、互感电压与磁链和电流之间的关系。根据电磁感应定律可确定，两个耦合线圈的互感电动势与互感磁链之间的关系为

$$\left.\begin{aligned} e_{21} &= \pm \frac{\mathrm{d}\psi_{21}}{\mathrm{d}t} \\ e_{12} &= \pm \frac{\mathrm{d}\psi_{12}}{\mathrm{d}t} \end{aligned}\right\} \tag{5-7}$$

当互感电动势的参考方向与引起该互感电动势的互感磁链的参考方向（即互感磁通的参考方向）符合右手螺旋定则时，式中取"－"号，反之取"＋"号。例如，在图5-4（a）中，$e_{21}$的参考方向与$\psi_{21}$的参考方向之间符合右手螺旋定则，$e_{12}$的参考方向与$\psi_{12}$的参考方向之间符合右手螺旋定则，所以，$e_{21}=-\frac{\mathrm{d}\psi_{21}}{\mathrm{d}t}$，$e_{12}=-\frac{\mathrm{d}\psi_{12}}{\mathrm{d}t}$。在图5-4（b）中，$e_{21}$的参考方向与$\psi_{21}$的参考方向之间不符合右手螺旋定则，$e_{12}$的参考方向与$\psi_{12}$的参考方向之间不符合右手螺旋定则，所以，$e_{21}=\frac{\mathrm{d}\psi_{21}}{\mathrm{d}t}$，$e_{12}=\frac{\mathrm{d}\psi_{12}}{\mathrm{d}t}$。

因为当互感磁链的参考方向与产生它的电流的参考方向之间符合右手螺旋定则时，$\psi_{21}=Mi_1$，$\psi_{12}=Mi_2$，在两线圈间的互感系数$M$为常数的情况下，由式（5-7）可导出互感电动势与线圈电流之间的关系，即

$$\left.\begin{aligned} e_{21} &= \pm M \frac{\mathrm{d}i_1}{\mathrm{d}t} \\ e_{12} &= \pm M \frac{\mathrm{d}i_2}{\mathrm{d}t} \end{aligned}\right\} \tag{5-8}$$

当互感电动势的参考极性的负极性端与产生该互感电动势的电流的参考方向的流入端为同名端时，式中取"－"号，反之取"＋"号。例如，在图5-4（a）中，$e_{21}$的参考极性的负极性端c与$i_1$的参考方向的流入端a是同名端，$e_{12}$的参考极性的负极性端a和$i_2$的参考方向的流入端c是同名端，所以，$e_{21}=-M\frac{\mathrm{d}i_1}{\mathrm{d}t}$，$e_{12}=-M\frac{\mathrm{d}i_2}{\mathrm{d}t}$。在图5-4（b）中，$e_{21}$的参考极性的负极性端c与$i_1$的参考方向的流入端a是异名端，$e_{12}$的参考极性的负极性端a和$i_2$的参考方向的流入端c是异名端，所以，$e_{21}=M\frac{\mathrm{d}i_1}{\mathrm{d}t}$，$e_{12}=M\frac{\mathrm{d}i_2}{\mathrm{d}t}$。

因为，当互感电压的参考方向和互感电动势的参考方向一致时，$u_{21}=-e_{21}$，$u_{12}=-e_{12}$；当互感电压的参考方向和互感电动势的参考方向相反时，$u_{21}=e_{21}$，$u_{12}=e_{12}$。所以，互感电压与互感磁链之间的关系可表示为

$$\left.\begin{array}{l} u_{21}=\pm\dfrac{\mathrm{d}\psi_{21}}{\mathrm{d}t} \\[2mm] u_{12}=\pm\dfrac{\mathrm{d}\psi_{12}}{\mathrm{d}t} \end{array}\right\} \tag{5-9}$$

当互感电压的参考方向与产生它的互感磁链的参考方向符合右手螺旋定则时，式中取"＋"号，反之取"－"号。例如，在图5-4（a）中，$u_{12}$ 和 $u_{21}$ 的参考方向分别与 $\psi_{12}$ 和 $\psi_{21}$ 的参考方向之间符合右手螺旋定则，所以，$u_{21}=\dfrac{\mathrm{d}\psi_{21}}{\mathrm{d}t}$，$u_{12}=\dfrac{\mathrm{d}\psi_{12}}{\mathrm{d}t}$；在图5-4（b）中，$u_{12}$ 和 $u_{21}$ 的参考方向与 $\psi_{12}$ 和 $\psi_{21}$ 的参考方向之间不符合右手螺旋定则，所以，$u_{21}=-\dfrac{\mathrm{d}\psi_{21}}{\mathrm{d}t}$，$u_{12}=-\dfrac{\mathrm{d}\psi_{12}}{\mathrm{d}t}$。

根据互感电压与互感电动势之间的关系及互感电动势与产生它的电流之间的关系，很容易导出互感电压与产生它的电流之间的关系，即

$$\left.\begin{array}{l} u_{21}=\pm M\dfrac{\mathrm{d}i_1}{\mathrm{d}t} \\[2mm] u_{12}=\pm M\dfrac{\mathrm{d}i_2}{\mathrm{d}t} \end{array}\right\} \tag{5-10}$$

当互感电压的参考极性的正极性端与产生它的电流的参考方向的流入端为同名端时，式中取"＋"号，反之取"－"号。例如，在图5-4（a）中，$u_{21}$ 的参考极性的正极性端 c 与电流 $i_1$ 的参考方向的流入端 a 是同名端，$u_{12}$ 的参考极性的正极性端 a 与电流 $i_2$ 的参考方向的流入端 c 是同名端，所以，$u_{21}=M\dfrac{\mathrm{d}i_1}{\mathrm{d}t}$，$u_{12}=M\dfrac{\mathrm{d}i_2}{\mathrm{d}t}$。在图5-4（b）中，$u_{21}$ 的参考极性的正极性端 c 与电流 $i_1$ 的参考方向的流入端 a 是异名端，$u_{12}$ 的参考极性的正极性端 a 与电流 $i_2$ 的参考方向的流入端 c 是异名端，所以，$u_{21}=-M\dfrac{\mathrm{d}i_1}{\mathrm{d}t}$，$u_{12}=-M\dfrac{\mathrm{d}i_2}{\mathrm{d}t}$。

**五、互感元件的电压与电流的关系**

确定了互感线圈的同名端之后，可用电路符号来表示互感线圈。忽略线圈的导线电阻、分布电容和磁介质能耗，图5-4（a）和（b）所示互感线圈，可分别用图5-5（a）和（b）所示的电路符号来表示。忽略了导线电阻、分布电容和磁介质能耗的互感线圈的理想化电路

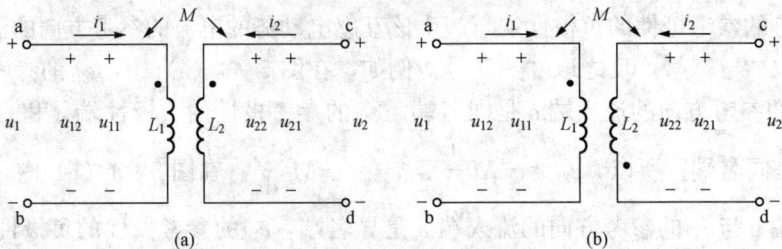

图5-5 互感元件的电路符号

模型，称为互感元件或耦合电感元件。

我们所讨论的互感元件是线性定常元件，也就是说，每个线圈的自感和两线圈的互感都不随时间变化，也不随电流变化。由 KVL 可知，每个线圈的端电压等于其自感电压与互感电压的代数和，所以互感元件中两线圈的电压与电流的关系式可表示为

$$\left.\begin{array}{l} u_1 = \pm L_1 \dfrac{\mathrm{d}i_1}{\mathrm{d}t} \pm M \dfrac{\mathrm{d}i_2}{\mathrm{d}t} \\[3mm] u_2 = \pm L_2 \dfrac{\mathrm{d}i_2}{\mathrm{d}t} \pm M \dfrac{\mathrm{d}i_1}{\mathrm{d}t} \end{array}\right\} \qquad (5\text{-}11)$$

当线圈的端电压与电流取关联参考方向时，式中自感电压项取"＋"号，否则，取"－"号。当一线圈的端电压的参考极性的正极性端与另一个线圈电流的参考方向的流入端为同名端时，式中互感电压项取"＋"号，反之取"－"号。例如，当互感元件中的两线圈的同名端及电压、电流的参考方向如图 5-5（a）所示时，线圈的电压与电流的关系式为

$$u_1 = u_{11} + u_{12} = L_1 \frac{\mathrm{d}i_1}{\mathrm{d}t} + M \frac{\mathrm{d}i_2}{\mathrm{d}t}$$

$$u_2 = u_{21} + u_{22} = L_2 \frac{\mathrm{d}i_2}{\mathrm{d}t} + M \frac{\mathrm{d}i_1}{\mathrm{d}t}$$

当两线圈的同名端及电压、电流的参考方向如图 5-5（b）所示时，线圈的电压与电流的关系式为

$$u_1 = u_{11} + u_{12} = L_1 \frac{\mathrm{d}i_1}{\mathrm{d}t} - M \frac{\mathrm{d}i_2}{\mathrm{d}t}$$

$$u_2 = u_{21} + u_{22} = L_2 \frac{\mathrm{d}i_2}{\mathrm{d}t} - M \frac{\mathrm{d}i_1}{\mathrm{d}t}$$

正弦交流电路中的互感元件的电压与电流的关系可以用相量表示，由式（5-11）可导出互感元件的电压、电流方程的相量形式，即

$$\left.\begin{array}{l} \dot{U}_1 = \pm \mathrm{j}\omega L_1 \dot{I}_1 \pm \mathrm{j}\omega M \dot{I}_2 \\[2mm] \dot{U}_2 = \pm \mathrm{j}\omega M \dot{I}_1 \pm \mathrm{j}\omega L_2 \dot{I}_2 \end{array}\right\} \qquad (5\text{-}12)$$

式中，"＋""－"号的确定方法如前面所叙述。

【例 5-1】 图 5-5（b）中线圈 1 的电流 $i_1 = 10\sin 100\pi t\mathrm{A}$，线圈 2 开路，$L_1 = 2\mathrm{H}$，$L_2 = 3\mathrm{H}$，$M = 1\mathrm{H}$，试求 $u_1$ 和 $u_2$。

**解** 在图示参考方向和同名端下，有

$$\begin{aligned} u_1 &= L_1 \frac{\mathrm{d}i_1}{\mathrm{d}t} = 2 \frac{\mathrm{d}(10\sin 100\pi t)}{\mathrm{d}t} \\ &= 10 \times 100\pi \times 2\cos 100\pi t \\ &= 6280\cos 100\pi t (\mathrm{V}) \end{aligned}$$

$$\begin{aligned} u_2 &= -M \frac{\mathrm{d}i_1}{\mathrm{d}t} = -\frac{\mathrm{d}(10\sin 100\pi t)}{\mathrm{d}t} \\ &= 10 \times 100\pi \times \sin(100\pi t - 90°) \\ &= 3140\sin(100\pi t - 90°)(\mathrm{V}) \end{aligned}$$

## 第二节　互感元件的串联和并联

### 一、互感元件的串联

#### 1. 两种串联方式

互感元件串联是指互感元件中的线圈以串联方式连接起来。互感元件串联的连接方式有顺向串联和反向串联两种。互感元件串联电路的相量模型如图 5-6（a）和（d）所示。互感元件串联时，若两线圈的异名端连接在一起，则称为顺向串联，也称正向串联，其相量模型如图 5-6（a）所示；若两线圈的同名端连接在一起，则称为反向串联，其相量模型如图 5-6（d）所示。

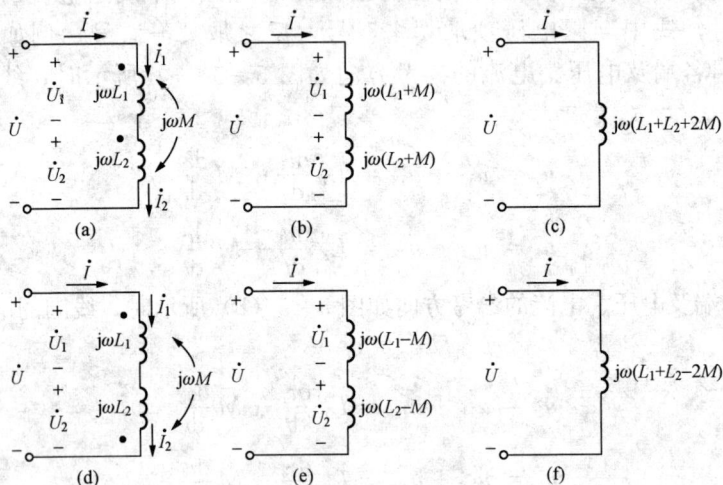

图 5-6　互感元件的串联

（a）正向串联；（b）、（c）正向串联时的等效电路；（d）反向串联；（e）、（f）反向串联时的等效电路

#### 2. 电压与电流的关系

对于图 5-6（a）所示的电路，由 KCL 得

$$\dot{I}_1 = \dot{I}_2 = \dot{I}$$

根据 KVL 和式（5-12）可得

$$\left. \begin{aligned} \dot{U}_1 &= j\omega L_1 \dot{I}_1 + j\omega M \dot{I}_2 = j\omega(L_1 + M)\dot{I} \\ \dot{U}_2 &= j\omega L_2 \dot{I}_2 + j\omega M \dot{I}_1 = j\omega(L_2 + M)\dot{I} \\ \dot{U} &= \dot{U}_1 + \dot{U}_2 = j\omega(L_1 + L_2 + 2M)\dot{I} \end{aligned} \right\} \tag{5-13}$$

对于图 5-6（d）所示的电路，有

$$\left. \begin{aligned} \dot{U}_1 &= j\omega L_1 \dot{I}_1 - j\omega M \dot{I}_2 = j\omega(L_1 - M)\dot{I} \\ \dot{U}_2 &= j\omega L_2 \dot{I}_2 - j\omega M \dot{I}_1 = j\omega(L_2 - M)\dot{I} \\ \dot{U} &= \dot{U}_1 + \dot{U}_2 = j\omega(L_1 + L_2 - 2M)\dot{I} \end{aligned} \right\} \tag{5-14}$$

综合两种串联方式，可将互感元件串联电路的电压与电流的相量关系表示为

$$\dot{U} = j\omega(L_1 + L_2 \pm 2M)\dot{I} \tag{5-15}$$

顺向串联时，$2M$ 前取"+"号；反向串联时，$2M$ 前取"-"号。

3. 等效电路和等效电感

根据式（5-13）和式（5-14）可分别给出一个无互感耦合的电路，如图5-6（b）、（c）和（e）、（f）所示。这表明互感元件串联电路可以用一个无互感耦合的电路来等效替代，图5-6（b）、（c）和（e）、（f）所示电路分别为顺向串联时和反向串联时的等效电路。互感元件串联电路的等效阻抗可由等值电路求得，也可由电压、电流方程式求得。由式（5-15）可求得互感元件串联电路的等效阻抗，即

$$Z_{eq} = \frac{\dot{U}}{\dot{I}} = j\omega(L_1 + L_2 \pm 2M)$$

互感元件串联电路的等效电感为

$$L_{eq} = (L_1 + L_2 \pm 2M) \qquad (5-16)$$

顺向串联时，$2M$ 前取"＋"号；反向串联时，$2M$ 前取"－"号。

由式（5-16）可以看出，两线圈顺向串联时，等效电感大于两线圈的自感之和；两线圈反向串联时，等效电感小于两线圈的自感之和。这是因为顺向串联时，电流从两两线圈的同名端流入，两线圈电流产生的磁通是相互加强的（即互感磁通方向与自感磁通方向相同），线圈的总磁链增加，等效电感增大；反向串联时，电流从两线圈的异名端流入，两线圈电流产生的磁通是相互削弱的（即互感磁通方向与自感磁通方向相反），线圈的总磁链减少，等效电感减小。

**二、互感元件的并联**

1. 两种并联方式

互感元件并联是指互感元件中的线圈以并联的方式连接起来。互感元件的并联方式有同侧并联和异侧并联两种。同名端连接在一起的并联，称为同侧并联，其相量模型如图5-7（a)所示；异名端连接在一起的并联，称为异侧并联，其相量模型如图5-7（c）所示。

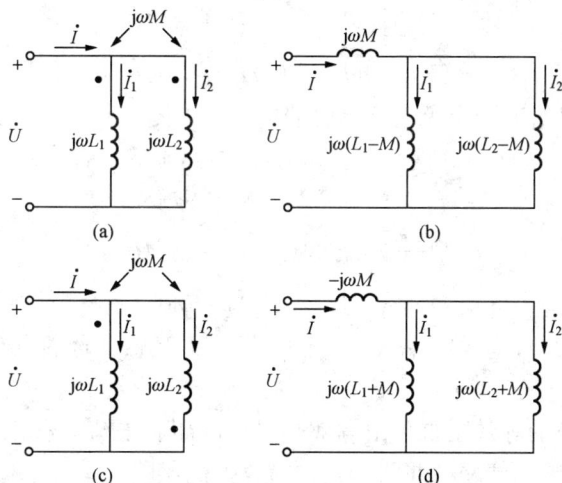

图 5-7 互感元件的并联

(a) 同侧并联；(b) 同侧并联时的等效电路；(c) 异侧并联；(d) 异侧并联时的等效电路

2. 电压与电流的关系

对于图5-7（a）所示同侧并联电路，根据 KCL 和式（5-12），可列出方程式为

$$\left.\begin{array}{l} \dot{I} = \dot{I}_1 + \dot{I}_2 \\ \dot{U} = j\omega L_1 \dot{I}_1 + j\omega M \dot{I}_2 \\ \dot{U} = j\omega L_2 \dot{I}_2 + j\omega M \dot{I}_1 \end{array}\right\} \tag{5-17}$$

将 $\dot{U}$、$\omega$、$L_1$、$L_2$、$M$ 看作已知量，求解上述方程组，可得

$$\left.\begin{array}{l} \dot{I}_1 = \dfrac{j\omega L_2 - j\omega M}{(\omega M)^2 - \omega^2 L_1 L_2} \dot{U} \\[2mm] \dot{I}_2 = \dfrac{j\omega L_1 - j\omega M}{(\omega M)^2 - \omega^2 L_1 L_2} \dot{U} \\[2mm] \dot{I} = \dfrac{j\omega(L_1 + L_2 - 2M)}{(\omega M)^2 - \omega^2 L_1 L_2} \dot{U} \end{array}\right\} \tag{5-18}$$

对于图 5-7 (c) 所示异侧并联电路，有

$$\left.\begin{array}{l} \dot{I} = \dot{I}_1 + \dot{I}_2 \\ \dot{U} = j\omega L_1 \dot{I}_1 - j\omega M \dot{I}_2 \\ \dot{U} = j\omega L_2 \dot{I}_2 - j\omega M \dot{I}_1 \end{array}\right\} \tag{5-19}$$

解之可得

$$\left.\begin{array}{l} \dot{I}_1 = \dfrac{j\omega L_2 + j\omega M}{(\omega M)^2 - \omega^2 L_1 L_2} \dot{U} \\[2mm] \dot{I}_2 = \dfrac{j\omega L_1 + j\omega M}{(\omega M)^2 - \omega^2 L_1 L_2} \dot{U} \\[2mm] \dot{I} = \dfrac{j\omega(L_1 + L_2 + 2M)}{(\omega M)^2 - \omega^2 L_1 L_2} \dot{U} \end{array}\right\} \tag{5-20}$$

3. 等效电路和等效电感

由式 (5-17) 中第一式得 $\dot{I}_2 = \dot{I} - \dot{I}_1$，$\dot{I}_1 = \dot{I} - \dot{I}_2$。分别带入第二式和第三式，得

$$\left.\begin{array}{l} \dot{U} = j\omega(L_1 - M)\dot{I}_1 + j\omega M \dot{I} \\ \dot{U} = j\omega(L_2 - M)\dot{I}_2 + j\omega M \dot{I} \end{array}\right\} \tag{5-21}$$

根据上述方程，可给出一个无互感耦合的电路，如图 5-7 (b) 所示。这表明互感元件同侧并联电路可用图 5-7 (b) 所示无互感耦合的电路来等效替代。

由式 (5-19) 可得

$$\left.\begin{array}{l} \dot{U} = j\omega(L_1 + M)\dot{I}_1 - j\omega M \dot{I} \\ \dot{U} = j\omega(L_2 + M)\dot{I}_2 - j\omega M \dot{I} \end{array}\right\} \tag{5-22}$$

根据方程式 (5-22)，可给出图 5-7 (d) 所示无互感耦合的电路。这表明互感元件异侧并联电路可以用 5-7 (d) 所示无互感耦合的电路来等效替代。

互感元件并联电路的等效阻抗可由等效电路或电压、电流方程求得。由式 (5-18) 和式 (5-20) 可求得互感元件两种并联方式的等效阻抗，即

$$Z_{\text{eq}} = \frac{\dot{U}}{\dot{I}} = j\omega \left( \frac{L_1 L_2 - M}{L_1 + L_2 \mp 2M} \right) \tag{5-23}$$

互感元件并联电路的等效电感为

$$L_{\text{eq}} = \frac{L_1 L_2 - M}{L_1 + L_2 \mp 2M} \tag{5-24}$$

同侧并联时，$2M$ 前取"—"号；异侧并联时，$2M$ 前取"+"号。

**【例 5-2】** 将两个互感线圈串联后接到 220V 的工频正弦交流电源上，顺向串联时测得电路电流为 2A，有功功率为 100W，反向串联时，测得电路电流为 5A，求两线圈的互感。

**解** 因为电路吸收有功功率，表明电路中存在电阻，计入线圈电阻时，互感为 $M$ 的两互感线圈串联电路的复阻抗为

$$Z = (R_1 + R_2) + j\omega(L_1 + L_2 \pm 2M)$$

顺向串联时

$$R_1 + R_2 = \frac{P_F}{I_F^2} = \frac{100}{2^2} = 25(\Omega)$$

$$|Z_F| = \frac{U}{I_F} = \frac{220}{2} = 110(\Omega)$$

$$L_F = L_1 + L_2 + 2M = \frac{1}{\omega}\sqrt{|Z_F|^2 - (R_1 + R_2)^2} = \frac{1}{100\pi}\sqrt{110^2 - 25^2}$$
$$= 0.341(H)$$

反向串联时

$$|Z_R| = \frac{U}{I_R} = \frac{220}{5} = 44(\Omega)$$

$$L_R = L_1 + L_2 - 2M = \frac{1}{\omega}\sqrt{|Z_R|^2 - (R_1 + R_2)^2} = \frac{1}{100\pi}\sqrt{44^2 - 25^2}$$
$$= 0.115(H)$$

$$M = \frac{L_F - L_R}{4} = \frac{0.341 - 0.115}{4} = 0.057(H)$$

## 第三节 具有互感元件电路的计算

含有互感元件电路的分析计算，可用支路电流法、网孔电流法、节点电压法等网络方程法，也可采用等效变换法。具有互感元件电路的特殊性就在于每个互感线圈的电压不仅包含自感电压，还包含互感电压；一个线圈的互感电压的大小和初相位取决于其他线圈中的电流。也就是说互感线圈的电压不仅与本线圈电流有关，还与其他线圈中的电流有关。因此在应用网络方程法分析含有互感元件的电路时应注意，在列写 KVL 方程时不要漏计互感电压，且要正确地确定式中互感电压项的正负号。

下面我们通过一个具体的例子来说明，采用网络方程法和等效变换法分析计算互感耦合电路的具体过程。

**【例 5-3】** 图 5-8 所示电路中，$\omega L_1 = 10\Omega$，$\omega L_2 = 20\Omega$，$X_C = 5\Omega$，$\omega M = 10\Omega$，$\dot{U}_S = 20\angle0°V$，$R = 30\Omega$，求各支路电流。

**解** 这里我们应用支路电流法来求解此电路。对电路中节点 a 应用 KCL，对两网孔分别应用 KVL，可列出方程组为

$$\left.\begin{array}{l} \dot{I}_1 + \dot{I}_2 - \dot{I}_3 = 0 \\ j\omega L_1 \dot{I}_1 - j\omega M \dot{I}_2 - jX_C \dot{I}_3 = \dot{U}_S \\ -j\omega M \dot{I}_1 + j\omega L_2 \dot{I}_2 + R\dot{I}_2 - jX_C \dot{I}_3 = 0 \end{array}\right\}$$

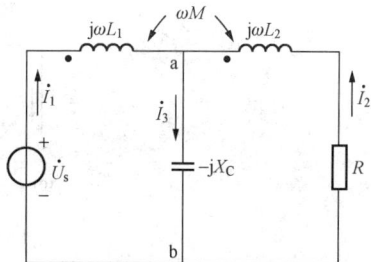

图 5-8 [例 5-3] 的图

代入数据，得

$$\left.\begin{array}{l}\dot{I}_1 + \dot{I}_2 - \dot{I}_3 = 0 \\ j10\dot{I}_1 - j10\dot{I}_2 - j5\dot{I}_3 = 20\angle 0° \\ -j10\dot{I}_1 + (30 + j20)\dot{I}_2 - j5\dot{I}_3 = 0 \end{array}\right\}$$

解上述方程组，得

$$\dot{I}_1 = -j + 3 = 3.16\angle -18.43°(A)$$

$$I_2 = 1 + j = 1.41\angle 45°(A)$$

$$\dot{I}_3 = 4(A)$$

由本章第二节分析可知，互感元件串并联电路可以等效变换为无互感的电路。除互感元件串并联电路外，还有一些含有互感元件的电路也可以等效变换为无互感电路。将互感耦合电路变换为无互感电路，从而消除了两线圈之间的磁耦合，使互感耦合电路便于分析计算。将互感耦合电路等效变换为无互感电路来进行分析计算，这种方法称为互感消去法，等效变换后的无互感等效电路，称为去耦等效电路。

在图 5 - 9（a）和（c）所示电路中，互感元件中的两线圈各有一端与另一条支路的一个端点连接在一起，构成一个三条支路共一节点的互感耦合电路。这种互感耦合电路也可以等效变换为无互感电路。图 5 - 9（a）所示的同名端连在一起的三支路共一节点电路，其去耦合等效电路如图 5 - 9（b）所示；图 5 - 9（c）所示的异名端连在一起的三支路共一节点电路，其去耦合等效电路如图 5 - 9（d）所示。

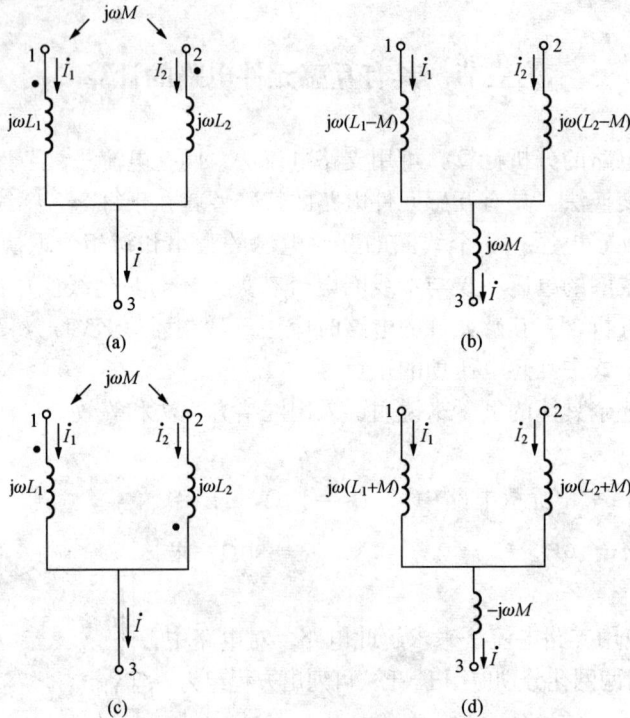

图 5 - 9  互感电路的去耦合等效电路

（a）同名端连一起的互感耦合电路；（b）图（a）电路的去耦合等效电路；
（c）异名端连一起的互感耦合电路；（d）图（c）电路的去耦合等效电路

上述等效变换的证明如下：

根据 KCL 和 KVL，由图 5-9（a）所示电路可列出方程式为

$$\left.\begin{aligned}\dot{I} &= \dot{I}_1 + \dot{I}_2 \\ \dot{U}_{13} &= j\omega L_1 \dot{I}_1 + j\omega M \dot{I}_2 \\ \dot{U}_{23} &= j\omega L_2 \dot{I}_2 + j\omega M \dot{I}_1\end{aligned}\right\}$$

对上述方程进行变量代换，可得

$$\left.\begin{aligned}\dot{U}_{13} &= j\omega(L_1 - M)\dot{I}_1 + j\omega M \dot{I} \\ \dot{U}_{23} &= j\omega(L_2 - M)\dot{I}_2 + j\omega M \dot{I}\end{aligned}\right\} \tag{5-25}$$

根据该方程可给出如图 5-9（b）所示的电路。这表明图 5-9（a）和图 5-9（b）所示电路对应端钮间的电压与电流的关系完全相同，所以这两个电路是等效电路。

对图 5-9（c）所示电路，应用 KCL 和 KVL 可得

$$\left.\begin{aligned}\dot{I} &= \dot{I}_1 + \dot{I}_2 \\ \dot{U}_{13} &= j\omega L_1 \dot{I}_1 - j\omega M \dot{I}_2 \\ \dot{U}_{23} &= j\omega L_2 \dot{I}_2 - j\omega M \dot{I}_1\end{aligned}\right\}$$

经变换可得

$$\left.\begin{aligned}\dot{U}_{13} &= j\omega(L_1 + M)\dot{I}_1 - j\omega M \dot{I} \\ \dot{U}_{23} &= j\omega(L_2 + M)\dot{I}_2 - j\omega M \dot{I}\end{aligned}\right\} \tag{5-26}$$

根据该方程可作出如图 5-9（d）所示电路。可见，图 5-9（c）和图 5-9（d）所示电路是等效电路。

以上分析表明，对于互感元件串并联电路及三支路共一节点的互感耦合电路，可采用互感消去法进行分析计算。［例 5-3］也可用互感消去法来进行计算。

【例 5-4】　用互感消去法求图 5-8 所示电路中的各支路电流。

**解**　用互感消去法将图 5-8 所示电路等效变换为图 5-10 所示电路。变换后的等效电路是一个无互感耦合的阻抗混联电路。

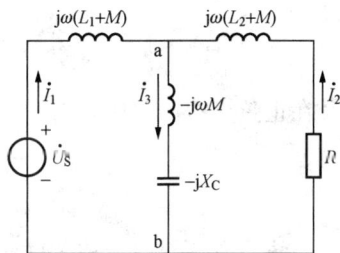

图 5-10　［例 5-4］的图

从电压源两端看出去，电路的等效阻抗为

$$Z = j\omega(L_1 + M) + \frac{-j(\omega M + X_C)[R + j\omega(L_2 + M)]}{-j(\omega M + X_C) + R + j\omega(L_2 + M)}$$

$$= j20 + \frac{-j15(30 + j30)}{-j15 + 30 + j30} = \frac{10 + j10}{2 + j}(\Omega)$$

$$\dot{I}_1 = \frac{\dot{U}}{Z} = \frac{20(2 + j)}{10 + j10} = 3 - j = 3.16\angle -18.43°(A)$$

$$\dot{I}_2 = \frac{-j(\omega M + X_C)}{-j(\omega M + X_C) + R + j\omega(L_2 + M)}\dot{I}_1 = \frac{j15}{30 + j15}(3 - j) = 1 + j = 1.41\angle 45°(A)$$

$$\dot{I}_3 = \dot{I}_1 + \dot{I}_2 = 3 - j + 1 + j = 4(A)$$

## 本 章 小 结

1. 互感系数

$$M_{12} = \frac{\psi_{12}}{i_2}, \qquad M_{21} = \frac{\psi_{21}}{i_1}$$

$$M_{12} = M_{21} = M$$

2. 同名端

当同时穿越两线圈的磁感应线所形成的磁通量变化时，两线圈中产生感应电动势，两线圈中同时为感应电动势正极或同时为感应电动势负极的两端点称为同极性端，常称为同名端。

判断同名端的方法之一：设有两个电流分别通入两个线圈，若每个线圈的自感磁通方向与互感磁通的方向相同，则两电流的流入端是同名端；若每个线圈的自感磁通方向与互感磁通的方向相反，则两电流的流入端是异名端。

3. 互感电压

$$u_{21} = \pm M \frac{\mathrm{d}i_1}{\mathrm{d}t}, \qquad u_{12} = \pm M \frac{\mathrm{d}i_2}{\mathrm{d}t}$$

在正弦交流电路中，有

$$\dot{U}_{21} = \pm \mathrm{j}\omega M \dot{I}_1, \qquad \dot{U}_{12} = \pm \mathrm{j}\omega M \dot{I}_2$$

当互感电压的参考方向和产生该互感电压的电流的参考方向相对同名端一致时，以上式中取"＋"号，反之取"－"号。

4. 互感元件的电压与电流的关系

$$u_1 = \pm L_1 \frac{\mathrm{d}i_1}{\mathrm{d}t} \pm M \frac{\mathrm{d}i_2}{\mathrm{d}t}$$

$$u_2 = \pm L_2 \frac{\mathrm{d}i_2}{\mathrm{d}t} \pm M \frac{\mathrm{d}i_1}{\mathrm{d}t}$$

在正弦交流电路中，有

$$\dot{U}_1 = \pm \mathrm{j}\omega L_1 \dot{I}_1 \pm \mathrm{j}\omega M \dot{I}_2$$

$$\dot{U}_2 = \pm \mathrm{j}\omega L_2 \dot{I}_2 \pm \mathrm{j}\omega M \dot{I}_1$$

当线圈电压与电流取关联参考方向时，以上式中自感电压项取"＋"号，反之取"－"号；当一个线圈电压和另一个线圈电流的参考方向相对同名端一致时，以上式中互感电压项取"＋"号，反之取"－"号。

5. 互感元件的串联和并联

（1）串联时

$$\dot{U} = \mathrm{j}\omega(L_1 + L_2 \pm 2M)\dot{I}$$

$$Z_{\mathrm{eq}} = \mathrm{j}\omega(L_1 + L_2 \pm 2M)$$

$$L_{\mathrm{eq}} = L_1 + L_2 \pm 2M$$

顺向串联，式中 $2M$ 前取"＋"号；反向串联，式中 $2M$ 前取"－"号。

（2）并联时

$$\dot{I}_1 = \frac{\mathrm{j}\omega L_2 \mp \mathrm{j}\omega M}{(\omega M)^2 - \omega^2 L_1 L_2}\dot{U}$$

$$\dot{I}_2 = \frac{j\omega L_1 \mp j\omega M}{(\omega M)^2 - \omega^2 L_1 L_2}\dot{U}$$

$$Z_{\text{eq}} = j\omega\frac{L_1 L_2 - M}{L_1 + L_2 \mp 2M}$$

$$L_{\text{eq}} = \frac{L_1 L_2 - M}{L_1 + L_2 \mp 2M}$$

同侧并联,式中取上面的正负号;异侧并联,式中取下面的正负号。

6. 具有互感元件电路的计算

具有互感元件的电路与无互感电路一样,可采用各种网络分析的方法进行分析计算。计算时注意,不要漏计互感电压,且要正确地确定其正负。

对于两互感线圈各有一端与第三条支路的一端连接在一起,构成三条支路共一节点的互感电路,可用互感消去法进行等效变换,将具有互感耦合的电路变成无互感电路进行计算。变换前后的电路如图5-9所示。

习 题

5-1 已知两互感线圈的自感分别为 $L_1=9\text{H}$, $L_2=4\text{H}$。

(1) 若互感 $M=3\text{H}$,求耦合系数 $K$;

(2) 若两线圈全耦合,求互感 $M$。

5-2 确定图5-11所示线圈的同名端。

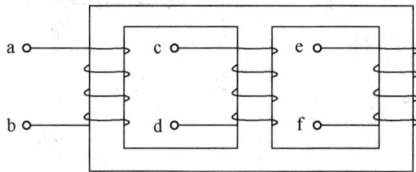

图5-11 习题5-2的图

5-3 写出图5-12所示互感元件的伏安特性方程。

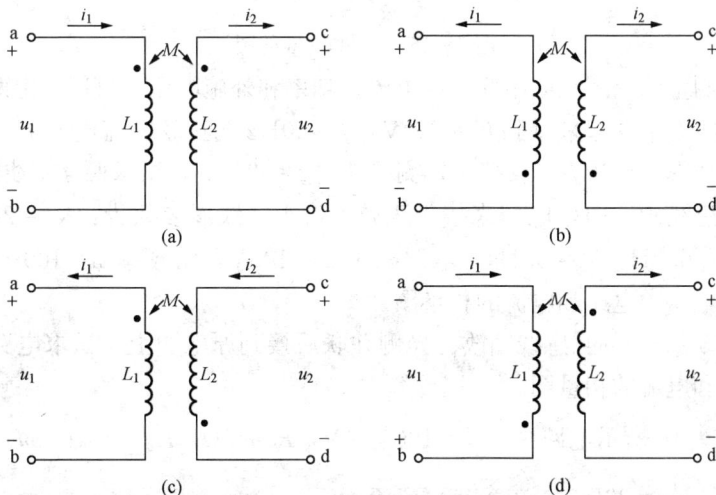

图5-12 习题5-3的图

5-4 在图 5-13 所示电路中，已知 $L_1=5H$，$L_2=2H$，$M=3H$，$i_1=2+5\sin(10t+30°)$ A，线圈 2 开路，忽略线圈电阻，不考虑磁路材料内的功率损耗，试求两线圈的端电压 $u_1$ 和 $u_2$。

5-5 在图 5-13 所示电路中，若电流 $i_1$ 的波形如图 5-14 所示，设 $M$、$L_1$、$L_2$ 均为定值，试定性地作出电压 $u_2$ 的波形。

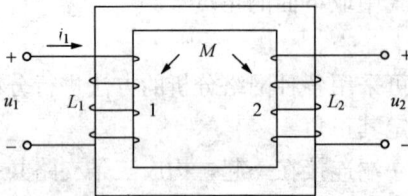

图 5-13 习题 5-4 的图

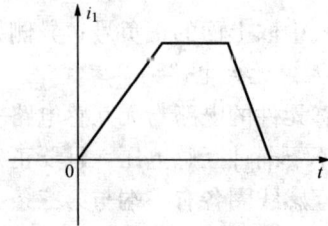

图 5-14 习题 5-5 的图

5-6 在图 5-15 所示电路中，$L_1=4mH$，$L_2=3mH$，$M=3mH$，$R_1=7\Omega$，$R_2=6\Omega$，电源角频率 $\omega=1000rad/s$，试求图中各电路的输入阻抗。

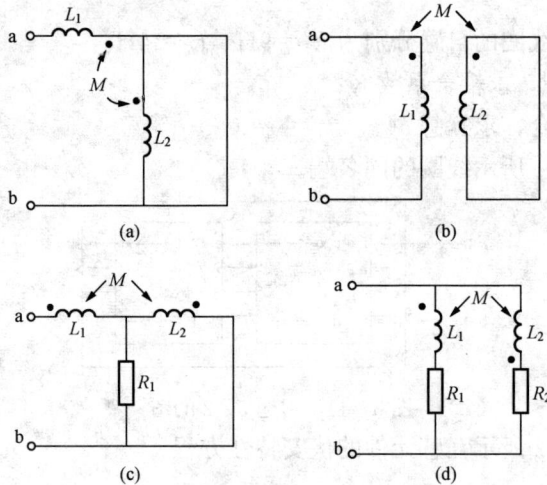

图 5-15 习题 5-6 的图

5-7 通过测量两互感线圈串联时的电流、功率和外施电压，可以确定两线圈之间的互感。若将两互感线圈串联起来接到 $U=220V$，$f=50Hz$ 的正弦交流电源上，顺向串联时测得电流 $I=3A$，功率 $P=90W$；反接时，测得功率 $P=250W$，试求两互感线圈的互感 $M$。

5-8 两互感线圈正向串联起来接于正弦电源上，线圈参数为：$R_1=20\Omega$，$R_2=30\Omega$，$L_1=0.25H$，$L_2=0.3H$，$M=0.1H$，电源电压 $U=100V$，角频率 $\omega=100rad/s$，试求电路中电流，并作出电路中电压和电流的相量图。

5-9 将题 5-8 中的互感线圈改为异侧并联后接到原电源上。试求电路中的电流，并作出电路中电压和电流的相量图。

5-10 图 5-16 所示电路中，$\dot{U}=100\angle0°V$，$R_1=5\Omega$，$R_2=10\Omega$，$\omega L_1=40\Omega$，$\omega L_2=30\Omega$，$\omega M=10\Omega$，$\frac{1}{\omega C}=30\Omega$，试求各支路电流。

5-11 图 5-17 所示电路中，$U=220\text{V}$，$R_1=12\Omega$，$R_2=4\Omega$，$\omega L_1=20\Omega$，$\omega L_2=6\Omega$，$\omega M=10\Omega$，$\dfrac{1}{\omega C}=10\Omega$，试求各支路电流。

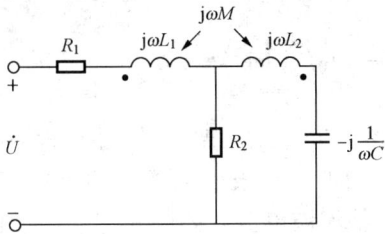

图 5-16 习题 5-10 的图          图 5-17 习题 5-11 的图

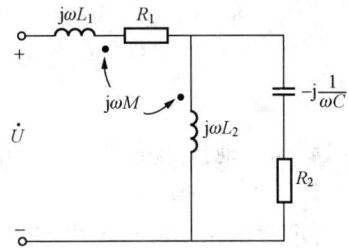

5-12 在图 5-18 所示电路中，已知 $U_S=100\text{V}$，$R_1=R_2=10\Omega$，$\omega L_1=30\Omega$，$\omega L_2=20\Omega$，$\omega M=10\Omega$，试求 $R_2$ 消耗的功率。

5-13 图 5-19 所示电路中，$C_2=5\mu\text{F}$，$L_1=0.5\text{H}$，$L_2=0.2\text{H}$，$M=0.01\text{H}$，$R_1=R_2=2\Omega$，$i_S=0.1\times\sqrt{2}\sin1000t\text{A}$；调节 $C_1$，使电路达到谐振。试求：

(1) $C_1$ 的值；

(2) 电路消耗的有功功率。

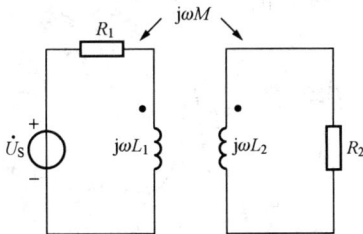

图 5-18 习题 5-12 的图          图 5-19 习题 5-13 的图

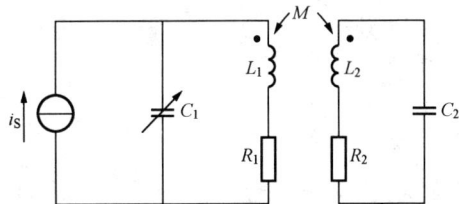

# 第六章　非正弦周期电流电路

## 第一节　非正弦周期信号

随时间周期性地按非正弦规律变化的信号称为非正弦周期信号。例如，方波信号发生器生成的矩形波电压，如图 6-1（a）所示；三角波信号发生器产生的三角波电压，如图 6-1（b）所示；单相半波整流电路输出的半波整流波电流，如图 6-1（c）所示；变压器空载运行时流过原线圈的尖顶波电流，如图 6-1（d）所示；这些电压和电流都是非正弦周期量。

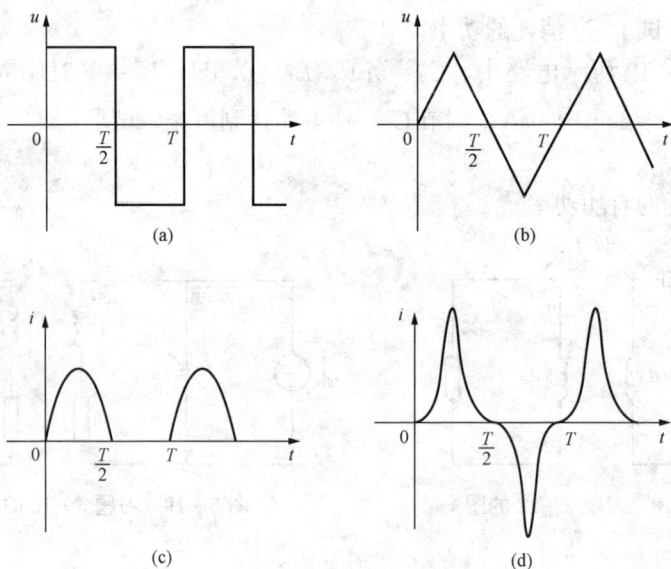

图 6-1　几种非正弦周期信号的波形

（a）矩形波电压；（b）三角波电压；（c）半波整流波电流；（d）尖顶波电流

电路中出现非正弦周期电压和电流的主要原因有两个。其一，电路中电源或信号源所产生的电信号是非正弦周期信号。例如，由于设计和制造上的原因，电力系统中交流发电机发出的电压波形并不是理想的正弦波；无线电通信系统中的信号源所产生的电信号也不是正弦波，因为由音响、图像等非电量信号转换而来的电信号都是非正弦信号；自动控制系统和计算机网络中大量使用的脉冲信号也都不是正弦信号。其二，由于电路中存在一些非线性元件，即使在正弦电源作用下，电路中也会产生非正弦周期的电压和电流。例如，当二极管两端施加正弦电压时，通过二极管的电流波形却是一个只有正半波的半波整流波［如图 6-1（b）所示］；变压器原线圈两端外加正弦电压时，其空载电流为一尖顶波［如图 6-1（d）所示］。

本章主要介绍非正弦周期量的有效值、平均值及电路的平均功率的概念；讨论在非正弦周期电压或电流作用下的线性电路的分析方法。

## 第二节　非正弦周期函数的分解

数学理论表明，任何一个满足狄里赫利条件❶的周期函数都可以展开成傅里叶级数。具体地说，若周期为 $T$，角频率 $\omega=2\pi/T$ 的周期函数 $f(t)$，满足狄里赫利条件，则 $f(t)$ 可展开为

$$f(t) = a_0 + a_1\cos\omega t + b_1\sin\omega t + a_2\cos2\omega t + b_2\sin2\omega t + \cdots + a_k\cos k\omega t + b_k\sin k\omega t + \cdots$$

$$= a_0 + \sum_{k=1}^{\infty}(a_k\cos k\omega t + b_k\sin k\omega t) \tag{6-1}$$

式（6-1）中等号右边的三角级数称为函数 $f(t)$ 的傅里叶级数，其中各项的系数称为函数 $f(t)$ 的傅里叶系数。$f(t)$ 的傅里叶系数的计算式为

$$a_0 = \frac{1}{T}\int_0^T f(t)\mathrm{d}t \tag{6-2}$$

$$a_k = \frac{2}{T}\int_0^T f(t)\cos k\omega t\,\mathrm{d}t = \frac{1}{\pi}\int_0^{2\pi}f(t)\cos k\omega t\,\mathrm{d}(\omega t) \tag{6-3}$$

$$b_k = \frac{2}{T}\int_0^T f(t)\sin k\omega t\,\mathrm{d}t = \frac{1}{\pi}\int_0^{2\pi}f(t)\sin k\omega t\,\mathrm{d}(\omega t) \tag{6-4}$$

式中，$k=1$，2，3，…。

将式（6-1）中角频率相同的正弦项和余弦项合并，便可以把 $f(t)$ 的傅里叶级数展开式变换成下面的形式，即

$$f(t) = A_0 + A_1\sin(\omega t+\psi_1) + A_2\sin(2\omega t+\psi_2) + \cdots + A_k\sin(k\omega t+\psi_k) + \cdots$$

$$= A_0 + \sum_{k=1}^{\infty}A_k\sin(k\omega t+\psi_k) \tag{6-5}$$

利用三角函数形式的变换，不难得出式（6-1）与式（6-5）系数之间的关系，即

$$A_0 = a_0$$
$$A_k = \sqrt{a_k^2+b_k^2}$$
$$\psi_k = \arctan\frac{a_k}{b_k}$$
$$a_k = A_k\sin\psi_k$$
$$b_k = A_k\cos\psi_k$$

这些系数间的关系可用图 6-2 所示的直角三角形来表示。

式（6-5）中，不随时间变化的常数项 $A_0$ 称为恒定分量或直流分量；频率与 $f(t)$ 相同的正弦量，即角频率为 $\omega$ 的正弦量，称为基波或一次谐波；角频率为 $2\omega$，$3\omega$，…的正弦量分别称为二次谐波、三次谐波……二次及以上的谐波称为高次谐波；谐波次数 $k$ 为偶数的谐

❶　狄里赫利条件：
以 $2\pi$ 为周期的周期函数 $f(x)$ 满足：
（1）在一个周期内连续或只有有限个第一类间断点；
（2）在一个周期内只有有限个极值点。
因为这些条件是数学家狄里赫利首先提出的，所以称为狄里赫利条件。电工技术中所遇到的周期函数，一般都满足这个条件。

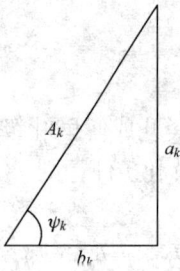

图 6 - 2　傅里叶系
数间的关系

波称为偶次谐波；谐波次数 $k$ 为奇数的谐波称为奇次谐波。

从理论上讲，非正弦周期函数的傅里叶级数应含有无穷多项，也就是说，必须取无穷多项方能准确地代表它。而从实际运算来看，只能截取有限项，这样就产生了误差问题。但由于非正弦周期函数的谐波分量的幅值总体上是随着谐波次数的增高而逐渐减小。因此，在工程上，一般只需要取为数不多的前几项进行计算，就能保证足够的精确度。截取项数的多寡，应视具体的精确度要求而定。

为了便于分析计算，我们将电工技术中常见的几种非正弦周期函数的傅里叶级数展开式列于表 6 - 1 中。

**表 6 - 1**　　　　　　　　几种非正弦周期函数的傅里叶级数

| 名　称 | 波　形 | 傅里叶级数 | 有效值 | 平均值 |
|---|---|---|---|---|
| 梯形波 |  | $f(t)=\dfrac{4A_{\mathrm m}}{\alpha\pi}\Big(\sin\alpha\sin\omega t$ $+\dfrac{1}{9}\sin3\alpha\sin3\omega t$ $+\dfrac{1}{25}\sin5\alpha\sin5\omega t+\cdots$ $+\dfrac{1}{k^2}\sin k\alpha\sin k\omega t+\cdots\Big)$ （式中 $\alpha=\dfrac{2\pi d}{T}$ , $k$ 为奇数） | $A_{\mathrm m}\sqrt{1-\dfrac{4\alpha}{3\pi}}$ | $A_{\mathrm m}\Big(1-\dfrac{\alpha}{\pi}\Big)$ |
| 三角波 |  | $f(t)=\dfrac{8A_{\mathrm m}}{\pi^2}\Big(\sin\omega t-\dfrac{1}{9}\sin3\omega t$ $+\dfrac{1}{25}\sin5\omega t+\cdots$ $+\dfrac{(-1)^{\frac{k-1}{2}}}{k^2}\sin k\omega t+\cdots\Big)$ （ $k$ 为奇数） | $\dfrac{A_{\mathrm m}}{\sqrt3}$ | $\dfrac{A_{\mathrm m}}{2}$ |
| 矩形波 |  | $f(t)=\dfrac{4A_{\mathrm m}}{\pi}\Big(\sin\omega t+\dfrac{1}{3}\sin3\omega t$ $+\dfrac{1}{5}\sin5\omega t+\cdots$ $\dfrac{1}{k}\sin k\omega t+\cdots\Big)$ （ $k$ 为奇数） | $A_{\mathrm m}$ | $A_{\mathrm m}$ |
| 半波整流波 |  | $f(t)=\dfrac{2A_{\mathrm m}}{\pi}\Big(\dfrac{1}{2}+\dfrac{\pi}{4}\cos\omega t$ $+\dfrac{1}{1\times3}\cos2\omega t$ $-\dfrac{1}{3\times5}\cos4\omega t$ $+\dfrac{1}{5\times7}\cos6\omega t-\cdots\Big)$ | $\dfrac{A_{\mathrm m}}{2}$ | $\dfrac{A_{\mathrm m}}{\pi}$ |

续表

| 名　称 | 波　形 | 傅里叶级数 | 有效值 | 平均值 |
|---|---|---|---|---|
| 全波整流波 | | $f(t) = \dfrac{4A_m}{\pi}\left(\dfrac{1}{2} + \dfrac{1}{1\times 3}\cos 2\omega t\right.$ $\left. -\dfrac{1}{3\times 5}\cos 4\omega t + \dfrac{1}{5\times 7}\cos 6\omega t\right.$ $\left.-\cdots\right)$ | $\dfrac{A_m}{\sqrt 2}$ | $\dfrac{2A_m}{\pi}$ |
| 锯齿波 | | $f(t) = A_m\left[\dfrac{1}{2} - \dfrac{1}{\pi}\times\right.$ $\left(\sin\omega t + \dfrac{1}{2}\sin 2\omega t\right.$ $\left.\left. +\dfrac{1}{3}\sin 3\omega t + \cdots\right)\right]$ | $\dfrac{A_m}{\sqrt 3}$ | $\dfrac{A_m}{2}$ |
| 矩形脉冲波 | | $f(t) = A_m\left[\alpha + \dfrac{2}{\pi}\left(\sin\alpha\pi\cos\omega t\right.\right.$ $\left. +\dfrac{1}{2}\sin 2\alpha\pi\cos 2\omega t\right.$ $\left.\left. +\dfrac{1}{3}\sin 3\alpha\pi\cos 3\omega t + \cdots\right)\right]$ | $\sqrt\alpha A_m$ | $\alpha A_m$ |

　　一个非正弦周期函数的傅里叶级数并非一定含有公式（6‑1）所列出的全部项目（因为计算结果有些项的傅里叶系数可能为零）。非正弦周期函数包含哪些谐波分量，取决于非正弦周期函数的波形及坐标原点的位置。根据非正弦周期函数波形的某些特点，可以直观地判断它含有哪些谐波分量，不含有哪些谐波分量，这样可使非正弦周期函数的分解得以简化。下面介绍几种波形具有对称性的周期函数的傅里叶级数。

　　1. 奇函数的傅里叶级数

　　若 $f(t) = -f(-t)$，则函数 $f(t)$ 称为奇函数。奇函数的波形对称于坐标系的原点。表6‑1中的梯形波、三角波、矩形波所对应的函数都是奇函数。

　　奇函数的傅里叶级数只含有正弦项，不含有恒定分量和余弦项［对式（6‑1）而言］，其傅里叶级数展开式为

$$f(t) = \sum_{k=1}^{\infty} b_k \sin k\omega t \qquad (k = 1,2,3\cdots) \tag{6-6}$$

　　2. 偶函数的傅里叶级数

　　若 $f(t) = f(-t)$，则函数 $f(t)$ 称为偶函数。偶函数的波形对称于纵轴。表6‑1中半波整流波、全波整流波及矩形脉冲波所对应的函数都是偶函数。

　　偶函数的傅里叶级数中只含有恒定分量和余弦项，不含有正弦项，其傅里叶级数展开式为

$$f(t) = a_0 + \sum_{k=1}^{\infty} a_k \cos k\omega t \qquad (k = 1,2,3\cdots) \tag{6-7}$$

　　3. 奇谐波函数的傅里叶级数

　　若 $f(t) = -f\left(t \pm \dfrac{T}{2}\right)$，则函数 $f(t)$ 称为奇谐波函数。表6‑1中的梯形波、三角波及

矩形波所对应的函数都是奇谐波函数。奇谐波函数的波形具有这样的特点：将奇谐波函数 $f(t)$ 的波形移动半个周期后所得到的波形与 $f(t)$ 的波形关于 $t$ 轴对称。

奇谐波函数的傅里叶级数中只含有奇次项，不含有偶次项（包括恒定分量），其傅里叶级数展开式为

$$f(t) = \sum_{k=1}^{\infty} a_k \cos k\omega t + \sum_{k=1}^{\infty} b_k \sin k\omega t$$
$$= \sum_{k=1}^{\infty} A_k \sin(k\omega t + \psi_k) \qquad (k = 1,3,5\cdots) \qquad (6 \cdot 8)$$

4. 偶谐波函数的傅里叶级数

若 $f(t) = f\left(t \pm \dfrac{T}{2}\right)$，则函数 $f(t)$ 称为偶谐波函数。表 6-1 中的锯齿波、全波整流波所对应的函数就是偶谐波函数。偶谐波函数的波形特点是：将前半周的波形向后移动半个周期后，便和后半周期的波形重合，即后半周期是前半周期的重复。

偶谐波函数的傅里叶级数中只有恒定分量和偶次项，而无奇次项，偶谐波函数的傅里叶级数展开式为

$$f(t) = a_0 + \sum_{k=1}^{\infty} a_k \cos k\omega t + \sum_{k=1}^{\infty} b_k \sin k\omega t$$
$$= A_0 + \sum_{k=1}^{\infty} A_k \sin(k\omega t + \psi_k) \qquad (k = 2,4,6\cdots) \qquad (6 \cdot 9)$$

需要指出，一个周期函数是不是奇函数或偶函数，不仅与该函数的波形有关，还与坐标原点的位置有关。但是一个周期函数是不是奇谐波函数或偶谐波函数，则仅与该函数的波形有关，而与坐标原点的位置无关。

**【例 6 - 1】** 试分析图 6-3 所示平顶波电压 $u$ 的傅里叶级数中的谐波分量。若 $u$ 的周期 $T = 1\text{ms}$，求 $u$ 的三次谐波分量和五次谐波分量的频率。

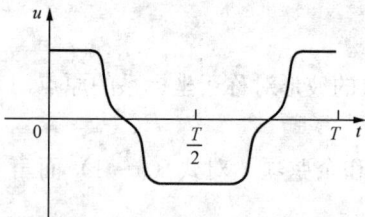

图 6 - 3 ［例 6 - 1］的图

**解** 因为 $u$ 的波形对称于纵轴，即有 $f(t) = f(-t)$，所以 $u$ 是偶函数，$u$ 的傅里叶级数中只含有恒定分量和余弦分量。又因为将 $u$ 的波形移动半个周期所得到的波形与 $u$ 的波形关于 $t$ 轴对称，即有 $f(t) = -f\left(t \pm \dfrac{T}{2}\right)$，所以 $u$ 是奇谐波函数，$u$ 的傅里叶级数中只含有奇次项。可见，$u$ 既是偶函数，又是奇谐波函数，$u$ 的傅里叶级数中只含有奇次余弦项。$u$ 的傅里叶级数展开式为

$$u = \sum_{k=1}^{\infty} a_k \cos k\omega t \qquad (k = 1,3,5\cdots)$$

$u$ 的基波频率为

$$f_1 = \frac{1}{T} = \frac{1}{10^{-3}} = 10^3 (\text{Hz})$$

$u$ 的三次谐波分量和五次谐波分量的频率分别为

$$f_3 = 3f_1 = 3 \times 10^3 (\text{Hz})$$
$$f_5 = 5f_1 = 5 \times 10^3 (\text{Hz})$$

### 第三节　非正弦周期量的有效值、平均值及非正弦周期电流电路的平均功率

#### 一、有效值

设非正弦周期电流 $i$ 的傅里叶级数展开式为

$$i = I_0 + \sum_{k=1}^{\infty} I_{mk}\sin(k\omega t + \psi_{ik})$$

将它代入有效值的定义式［式（3-4）］，得到此电流的有效值为

$$I = \sqrt{\frac{1}{T}\int_0^T i^2 \mathrm{d}t} = \sqrt{\frac{1}{T}\int_0^T \left[I_0 + \sum_{k=1}^{\infty} I_{mk}\sin(k\omega t + \psi_{ik})\right]^2 \mathrm{d}t}$$

通过数学运算，可得到下面的结果

$$I = \sqrt{I_0^2 + I_1^2 + I_2^2 + \cdots} \tag{6-10}$$

式中，$I_1$、$I_2$、$I_3$、…为各次谐波电流的有效值。

式（6-10）表明，非正弦周期电流的有效值等于直流分量的平方与各次谐波有效值的平方之和的平方根。此结论可以推广应用于非正弦周期电压和非正弦周期电动势。

【例 6-2】　已知非正弦周期电压、电流分别为

$$u = 10 + 100\sin100\pi t + 50\sin300\pi t \quad (\text{V})$$

$$i = 5 + 60\sin(100\pi t - 45°) + 20\sin(200\pi t + 15°) \quad (\text{A})$$

试求该电压、电流的有效值。

**解**　$U = \sqrt{U_0^2 + U_1^2 + U_2^2} = \sqrt{10^2 + \left(\frac{100}{\sqrt{2}}\right)^2 + \left(\frac{50}{\sqrt{2}}\right)^2} = 79.69 \ (\text{V})$

$I = \sqrt{I_0^2 + I_1^2 + I_2^2} = \sqrt{5^2 + \left(\frac{60}{\sqrt{2}}\right)^2 + \left(\frac{20}{\sqrt{2}}\right)^2} = 45 \ (\text{A})$

#### 二、平均值

在电工技术中，常把周期量的平均值定义为周期量的绝对值在一个周期内的平均值。以电流为例，其平均值的定义式为

$$I_{av} = \frac{1}{T}\int_0^T |i| \mathrm{d}t \tag{6-11}$$

周期量平均值的几何意义可从图 6-4 中看出。图 6-4（a）所示的是尖顶波电流 $i$ 的波

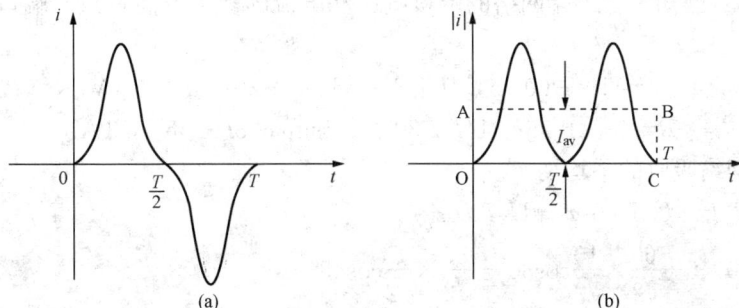

图 6-4　非正弦周期电流的平均值
（a）$i$ 的波形；（b）$|i|$ 的波形

形，它的绝对值$|i|$的波形如图 6 - 4（b）所示。在图 6 - 4（b）中作一矩形 ABCO（如图中虚线所示），它的面积等于一个周期内的$|i|$的函数曲线与横轴所包围的面积，矩形 ABCO 的高度就等于电流$i$的平均值。

应用式（6 - 11），可求得正弦电流$i = I_m \sin \omega t$的平均值为

$$I_{av} = \frac{1}{T} \int_0^T |i| \, dt = \frac{1}{T} \int_0^T |I_m \sin \omega t| \, dt = \frac{2 I_m}{T} \int_0^{\frac{T}{2}} \sin \omega t \, dt$$

$$= \frac{2 I_m}{T \omega} \left[ -\cos \omega t \right]_0^{\frac{T}{2}} = \frac{2}{\pi} I_m \approx 0.637 I_m \approx 0.9 I \quad (6 - 12)$$

上述结果表明，正弦量的平均值是幅值的$2/\pi$倍。

### 三、平均功率

若一个二端网络的端口电压和电流都是非正弦周期量，它们的参考方向选择一致，设它们的傅里叶级数展开式分别为

$$u = U_0 + \sum_{k=1}^{\infty} U_{mk} \sin(k \omega t + \psi_{uk})$$

$$i = I_0 + \sum_{k=1}^{\infty} I_{mk} \sin(k \omega t + \psi_{ik})$$

则该二端网络吸收的平均功率为

$$P = \frac{1}{T} \int_0^T p \, dt = \frac{1}{T} \int_0^T u i \, dt$$

$$= \frac{1}{T} \int_0^T \left[ U_0 + \sum_{k=1}^{\infty} U_{mk} \sin(k \omega t + \psi_{uk}) \right]$$

$$\times \left[ I_0 + \sum_{k=1}^{\infty} I_{mk} \sin(k \omega t + \psi_{ik}) \right] dt$$

通过积分运算可得

$$P = U_0 I_0 + \sum_{k=1}^{\infty} U_k I_k \cos \varphi_k \quad (6 - 13)$$

式中，$U_k$、$I_k$分别为第$k$次谐波电压、电流的有效值；$\varphi_k$为第$k$次谐波电压与电流之间的相位差，即$\varphi_k = \psi_{uk} - \psi_{ik}$。

式（6 - 13）表明，非正弦周期电流电路中任一二端网络的平均功率等于其直流分量构成的功率和各次谐波分量构成的平均功率之和。这一结果也表明，不同频率的电压谐波和电流谐波不能构成平均功率，只有同频率的电压谐波和电流谐波才能构成平均功率。

**【例 6 - 3】** 已知一个二端网络的端口电压和电流的参考方向一致，端口电压和电流的表达式分别为

$$u = 10 + 60 \sin 314 t + 30 \sin 628 t + 20 \sin 942 t \quad \text{(V)}$$

$$i = 5 + 10 \sin(314 t - 30°) + 5 \sin(628 t - 45°) \quad \text{(A)}$$

试计算该二端网络吸收的平均功率。

**解** $P = U_0 I_0 + U_1 I_1 \cos \varphi_1 + U_2 I_2 \cos \varphi_2$

$$= 10 \times 5 + \frac{60}{\sqrt{2}} \times \frac{10}{\sqrt{2}} \cos 30° + \frac{30}{\sqrt{2}} \times \frac{5}{\sqrt{2}} \cos 45°$$

$$= 362.83 \quad \text{(W)}$$

## 第四节 非正弦周期电流电路的计算

在非正弦周期电源电压或电流作用下的线性电路可以用傅里叶级数展开法和叠加定理来计算。首先将非正弦周期电源电压或电流展开成傅里叶级数，然后分别计算电源电压或电流的直流分量和各次谐波分量单独作用时在电路中所产生的电压和电流；最后把电源电压或电流的各分量所产生的对应的电压或电流叠加起来，从而求得在非正弦周期电源电压或电流作用下电路中的电压或电流。这种方法称为谐波分析法。计算在非正弦周期信号作用下的线性电路的具体步骤如下：

（1）将给定的非正弦周期电源电压或电流分解为傅里叶级数，并根据精确度的要求，截取有限项；

（2）分别计算出电源电压或电流的直流分量和各次谐波分量单独作用时电路中所产生的电压和电流；

（3）将计算出来的同一条支路的电压或电流的直流分量和各次谐波分量的瞬时值表达式相加，从而求得在非正弦周期电压或电流作用下的各支路电压和电流。

计算中应注意：

（1）电感和电容对于不同频率的谐波呈现不同的阻抗。对直流分量，电感相当于短路，电容相当于开路；对于 $k$ 次谐波，感抗 $X_{Lk}=k\omega L=kX_{L1}$，容抗 $X_{Ck}=\dfrac{1}{k\omega C}=\dfrac{1}{k}X_{C1}$。

（2）应用叠加定理求各支路电压或电流时，只能将同一支路的各电压或电流分量的瞬时值表达式相加，而不能将各电压分量或电流分量的相量相加。这是因为，不同频率正弦量的相量直接相加是没有意义的。

【例 6-4】 在图 6-5（a）所示电路中，$u_S=(10+100\sqrt{2}\sin\omega t+20\sqrt{2}\sin3\omega t)\text{V}$，$R=5\Omega$，$\omega L=2\Omega$，$\dfrac{1}{\omega C}=12\Omega$，求电流 $i$、电压 $u$ 和电压源 $u_S$ 输出的平均功率。

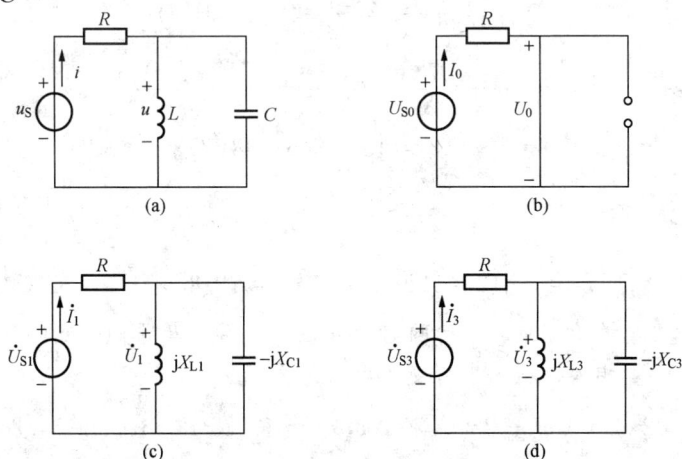

图 6-5 ［例 6-4］的图

(a) 原始电路；(b) $U_{S0}$ 单独作用时的等效电路；

(c) $u_{S1}$ 单独作用时电路的相量模型；(d) $u_{S3}$ 单独作用时电路的相量模型

**解** (1) 计算电源电压的直流分量单独作用时电路中的电压和电流。$U_{S0}=10V$ 单独作用时的等效电路如图 6-5 (b) 所示,这时电感相当于短路,电容相当于开路。于是,可得

$$I_0 = \frac{U_{S0}}{R} = \frac{10}{5} = 2(A)$$

$$U_0 = 0V$$

(2) 计算电源电压的基波分量单独作用时电路中的电压和电流。$u_{S1}=100\sqrt{2}\sin\omega t\,V$ 单独作用时的电路是一个正弦稳态电路,电路的相量模型如图 6-5 (c) 所示。用相量法计算该电路,计算过程为

$$\dot{U}_{S1} = 100\angle 0°(V)$$

$$X_{L1} = \omega L = 2(\Omega)$$

$$X_{C1} = \frac{1}{\omega C} = 12(\Omega)$$

$$Z_1 = R_1 + \frac{jX_{L1}(-jX_{C1})}{jX_{L1}-jX_{C1}} = 5 + \frac{j2(-j12)}{j2-j12}$$

$$= 5+j2.4 = 5.55\angle 25.64°(\Omega)$$

$$\dot{I}_1 = \frac{\dot{U}_{S1}}{Z_1} = \frac{100\angle 0°}{5.55\angle 25.64°} = 18.02\angle -25.64°(A)$$

$$\dot{U}_1 = jX_1\dot{I}_1 = j2.4\times 18.02\angle -25.64° = 43.25\angle 64.36°(V)$$

(3) 计算三次谐波电压单独作用时电路中的电压和电流。$u_{S3}=20\sqrt{2}\sin3\omega t\,V$ 单独作用时电路的相量模型如图 6-5 (d) 所示。用相量法计算的过程为

$$\dot{U}_{S3} = 20\angle 0°(V)$$

$$X_{L3} = 3\omega L = 3\times 2 = 6(\Omega)$$

$$X_{C3} = \frac{1}{3}\frac{1}{\omega C} = \frac{1}{3}\times 12 = 4(\Omega)$$

$$Z_3 = R + \frac{jX_{L3}(-jX_{C3})}{jX_{L3}-jX_{C3}} = 5 + \frac{j6(-j4)}{j6-j4}$$

$$= 5-j12 = 13\angle -67.38°(\Omega)$$

$$\dot{I}_3 = \frac{\dot{U}_{S3}}{Z_3} = \frac{20\angle 0°}{13\angle -67.38°} = 1.54\angle 67.38°(A)$$

$$\dot{U}_3 = jX_3\dot{I}_3 = -j12\times 1.54\angle 67.38° = 18.48\angle -22.62°(V)$$

(4) 将各次谐波分量的相量转化为瞬时值表达式,再将属于同一支路的电流或电压的直流分量和各次谐波分量相加,从而求得支路电流或电压。即

$$i_1 = 18.02\sqrt{2}\sin(\omega t - 25.64°)(A), u_1 = 43.25\sqrt{2}\sin(\omega t + 64.36°)(V)$$

$$i_3 = 1.54\sqrt{2}\sin(3\omega t + 67.38°)(A), u_3 = 18.48\sqrt{2}\sin(3\omega t - 22.62°)(V)$$

$$i = I_0 + i_1 + i_3 = [2 + 18.02\sqrt{2}\sin(\omega t - 25.64°) + 1.54\sqrt{2}\sin(3\omega t + 67.38°)](A)$$

$$u = U_0 + u_1 + u_2 = [43.25\sqrt{2}\sin(\omega t + 64.36°) + 18.48\sqrt{2}\sin(3\omega t - 22.62°)](V)$$

（5）由支路电压和支路电流求得其他变量。电压源 $u_S$ 输出的平均功率为

$$P = U_{S0}I_0 + U_{S1}I_1\cos\varphi_1 + U_{S3}I_3\cos\varphi_3$$
$$= 10 \times 2 + 100 \times 18.02\cos25.64° + 20 \times 1.54\cos(-67.38°)$$
$$= 20 + 1625.40 + 11.86 = 1657.26(\mathbf{W})$$

# 本 章 小 结

1. 电路中出现非正弦电压或电流的原因

（1）电源或信号源产生的电信号是非正弦的；

（2）电路中存在非线性元件。

2. 非正弦周期函数的傅里叶级数

在电工技术中所遇到的非正弦周期函数通常都能满足狄里赫利条件，都可以展开为傅里叶级数。角频率为 $\omega$ 的周期函数 $f(t)$ 的傅里叶级数展开式为

$$f(t) = a_0 + \sum_{k=1}^{\infty}(a_k\cos k\omega t + b_k\sin k\omega t)$$

或
$$f(t) = A_0 + \sum_{k=1}^{\infty}A_k\sin(k\omega t + \psi_k)$$

其中各项系数可用公式计算，也可通过查表获得。

3. 几种周期函数的傅里叶级数含有的谐波分量

根据周期函数 $f(t)$ 波形的对称性，可判断它的傅里叶级数含有的谐波分量。

（1）奇函数傅里叶级数中只含有正弦项。

（2）偶函数傅里叶级数中只含有恒定分量和余弦项。

（3）奇谐波函数傅里叶级数中只含有奇次项。

（4）偶谐波函数傅里叶级数中只含有偶次项（包括恒定分量）。

4. 非正弦周期量的有效值

非正弦周期量的有效值等于直流分量的平方与各次谐波有效值的平方之和的平方根。以电流为例，有

$$I = \sqrt{I_0^2 + I_1^2 + I_2^2 + \cdots}$$

5. 非正弦周期量的平均值

非正弦周期量的平均值定义为一个周期内的绝对值的平均值。以电流为例，有

$$I_{av} = \frac{1}{T}\int_0^T |i|\,\mathrm{d}t$$

正弦量的平均值等于幅值的 $2/\pi$ 倍。

6. 非正弦周期电流电路的平均功率

非正弦周期电流电路吸收的平均功率等于其直流分量的功率和各次谐波分量的平均功率之和，即

$$P = U_0I_0 + \sum_{k=1}^{\infty}U_kI_k\cos\varphi_k$$

应注意到，不同次谐波的电压和电流不构成平均功率，只有同次谐波的电压和电流才能

构成平均功率。

7. 计算在非正弦周期信号作用下的线性电路的步骤

(1) 将给定的非正弦周期电源电压或电流分解为傅里叶级数，并根据精确度的要求，截取有限项；

(2) 分别计算出电源电压或电流的直流分量和各次谐波分量单独作用时电路中所产生的电压和电流；

(3) 将计算出来的同一条支路的电压或电流的直流分量和各次谐波分量的瞬时值表达式相加，从而求得在非正弦周期电压或电流作用下的各支路电压和电流。

计算非正弦周期电流电路时应注意的问题是：

(1) 电感和电容对于不同频率的谐波呈现不同的阻抗。对直流分量，电感相当于短路，电容相当于开路；对于 $k$ 次谐波，感抗 $X_{Lk}=k\omega L=kX_{L1}$，容抗 $X_{Ck}=\dfrac{1}{k\omega C}=\dfrac{1}{k}X_{C1}$。

(2) 应用叠加定理求各支路电压或电流时，只能将同一支路的各电压分量或电流分量的瞬时值表达式相加，而不能将各电压分量或电流分量的相量相加。

# 习　　　题

6-1　下列说法中错误的是（　　　）

A. 非正弦周期电压 $u=\left[12\sqrt{2}\sin100\pi t+4\sqrt{2}\sin300\pi t\right]\text{V}$ 的周期为 $0.02\text{s}$。

B. 非正弦周期电流 $i=\left[5\sqrt{2}\sin\omega t+2\sqrt{2}\sin\left(3\omega t+60°\right)\right]\text{A}$ 的相量式为 $\dot{I}=(5\angle0°+2\angle60°)\text{A}$。

C. 若正弦电压 $u_1$ 和全波整流波电压 $u_2$ 的幅值相等，则它们的有效值 $U_1$ 和 $U_2$ 也一定相等。

D. 若非正弦交流二端网络的端口电压和端口电流的有效值均不为零，则其有功功率一定不为零。

6-2　周期函数 $f(t)$ 的波形如图 6-6 所示，$f(t)$ 的傅里叶级数展开式[式 (6-1)]中不含有（　　　）

A. 正弦项。　　　　B. 余弦项。　　　　C. 奇次项。　　　　D. 偶次项（含恒定分量）。

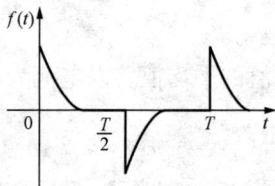

图 6-6　习题 6-2 的图　　　　　　　　　　图 6-7　习题 6-3 的图

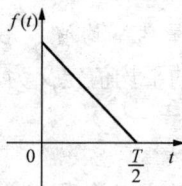

6-3　已知某周期函数 $f(t)$ 在 $0\sim\dfrac{T}{2}$ 期间的波形如图 6-7 所示。如果此函数为：①奇函数；②偶函数；③奇谐波函数；④偶谐波函数。试分别画出其整个周期的波形。

6-4　一个全波整流电压的振幅为 $310\text{V}$，频率为 $50\text{Hz}$，通过查表 6-1，把其他分解为傅里叶级数（取到六次谐波）。

6-5　根据图6-8所示各周期函数 $f(t)$ 的对称性特点，判断其傅里叶级数不含哪些谐波分量。

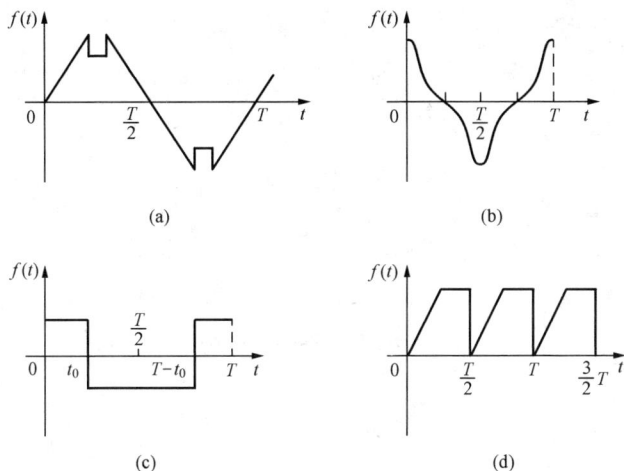

(a)　　　　(b)

(c)　　　　(d)

图6-8　习题6-5的图

6-6　已知电压 $u(t) = [50+100\sin314t-40\cos628t+10\sin(942t+20°)]$ V，试求此电压的有效值。

6-7　已知电压 $u(t)$ 在 0 到 $\frac{T}{3}$ 期间为 200V，在 $\frac{T}{3}$ 到 $T$ 期间为 -50V，试求此电压的平均值。

6-8　有一二端网络，其端口电压和电流的参考方向选择一致，端口电压和电流的表达式分别为

$$u(t) = [10+180\sin(\omega t-30°)-18\sin3\omega t+9\sin(5\omega t+30°)]V,$$
$$i(t) = [5+40\sin(\omega t+60°)+2\sqrt{2}\sin(5\omega t-15°)]A$$

试求该二端网络吸收的平均功率。

6-9　图6-9所示电路是一个半波整流电路，已知 $u=12\sqrt{2}\sin314t$V，$R_L=2$kΩ，电路中的二极管为理想二极管，电路中的电流表为磁电系电流表，试求电路中电流表的读数。

6-10　在图6-10所示电路中，已知 $R=6$Ω，$\omega L=2$Ω，$\frac{1}{\omega C}=18$Ω，$u=(10+80\sin\omega t+18\sin3\omega t)$ V，电路中电压表和电流表为电磁系仪表，试求电路中电压表、电流表及功率表的读数，并写出电流 $i$ 的表达式。

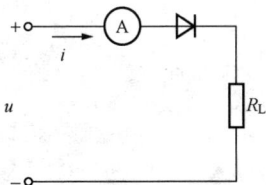

图6-9　习题6-9的图　　　图6-10　习题6-10的图

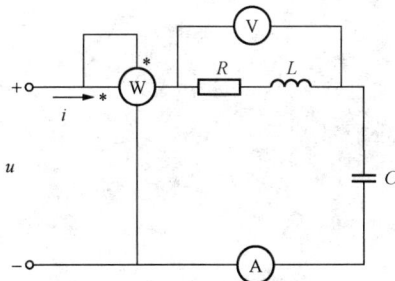

\* 6 - 11  在图 6 - 11 所示电路中，$R_1 = R_2 = 10\Omega$，$L = 1H$，$C = 0.01F$，$u_S = [10+20\sqrt{2}\cos(10t+30°)+5\sqrt{2}\cos(30t+60°)]V$。求电流 $i_1$ 和 $i_2$ 及电压源发出的有功功率。

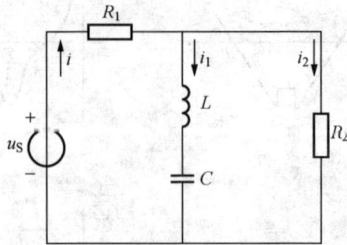

图 6 - 11  习题 6 - 11 的图

# 第七章 动态电路的暂态分析

按组成电路的元件的性质分类，电路可以分为电阻性电路和动态电路两大类。仅含有电阻性元件（包括独立电源和受控电源）的电路，称为电阻性电路；含有动态元件的电路，称为动态电路。描述电阻性电路的方程是代数方程，而描述动态电路的方程通常是微分方程。这是因为电阻元件的伏安关系是一种代数关系，而动态元件的伏安关系是通过电压和电流对时间的导数或积分的形式来描述的。根据描述电路的微分方程的阶数，可把动态电路分为一阶电路、二阶电路、高阶电路等。凡是能用一个一阶微分方程来描述的电路，称为一阶电路；凡是能用一个二阶微分方程来描述的电路，称为二阶电路；以此推理，凡是能用一个 $n$ 阶微分方程来描述的电路，称为 $n$ 阶电路。动态电路的阶数等于电路中独立的储能元件数目。所谓独立储能元件是指这样的电容元件和电感元件：电容元件的电压不能由其他电容元件的电压和电路中电压源电压推演而得；电感元件的电流不能由其他电感元件的电流和电路中电流源电流推演而得。

分析动态电路的方法之一是：选择合适的电路变量，根据基尔霍夫定律和元件的伏安关系，建立描述电路的微分方程；求解微分方程，从而求得有关电路变量；再根据这些电路变量求解其他待求变量。在这里，电路变量都是作为时间 $t$ 的函数加以研究的，这里所建立的电路方程以及所求得的电路变量也都以时间 $t$ 为自变量。这种以时间作为自变量来分析电路的方法，称为时域分析法。本书只讨论线性定常电路的时域分析法。由线性定常元件和独立电源组成的电路称为线性定常电路。

## 第一节 换路定律与初始值的计算

### 一、过渡过程的概念

若电路在直流或周期性电源作用下，所产生的各支路电压和电流都是直流或都是幅值恒定的周期性的电压和电流，则电路的这种工作状态称为稳定状态，简称稳态。

当电路结构或元件参数发生改变时，电路的工作状态将随之发生改变，电路将从一种稳定状态变化到另一种稳定状态。一般来说，这种变化不是瞬间完成的，而是需要经历一个过程的。电路从一种稳定状态转变到另一种稳定状态所经历的过程称为过渡过程。电路在过渡过程中的工作状态称为暂态。例如：图 7-1（a）所示电路，开关 S 闭合前处于一种稳定状态。在这种状态下，电容元件电压为零（设电容元件未曾充过电），储存的电场能量也为零。开关闭合后，当电路进入稳定状态时，电容元件的电压为 6V，储能为 18J。电容元件的电压从零变化到 6V，不可能瞬间完成。因为，如果电容元件的电压由零跃变（瞬间从一个值变为另一个值）为 6V，则意味着电容元件所储存的电场能量将由零跃变为 18J，能量的跃变需要无穷大的功率才能实现，而该电路中电源电压为定值，且电路中存在电阻，所以，电路中的电流不会是无穷大，电路中的电源不能提供无穷大的功率。因此，电容元件所储存的电场能量不能跃变，电容元件上的电压不能跃变。电容元件上的电压 $u_C$ 将按照图 7-1（b）

所示的规律变化。可见，电容元件的电压 $u_C$ 从开关闭合前的稳定状态的零值变化到开关闭合后的稳定状态的 6V，经历了一个过程，这个过程就称为过渡过程。从例中可知，电路的过渡过程正是电路中能量分布状态变化的过程，也就是电路中能量转移和转换的过程。电路的过渡过程的产生正是由于储能元件的能量不能跃变而造成的。

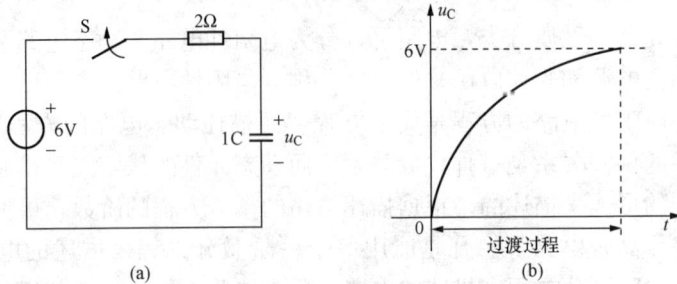

图 7 - 1　电路的过渡过程
(a) 电路；(b) 开关闭合后 $u_C$ 的变化规律

由以上分析可知，电路中产生过渡过程的必要条件是：①电路结构或电路元件参数值发生变化；②电路中存在储能元件。

研究电路过渡过程的分析方法，探讨过渡过程中出现的物理现象的规律，一方面是为了便于利用过渡过程的特性，以实现某种技术目的，另一方面则是为了便于采取措施，防止因过渡过程的出现而产生危害。例如：数字脉冲电路中的微分器、积分器、非正弦信号发生器，高压实验中所用的冲击电压发生器、内过电压发生器等设备或器件，就是利用电容器充、放电过程中的特性来实现它们的特定功能的。又如，在电力系统中，常因开关操作或发生事故，而导致系统在过渡过程中出现过电压或过电流，造成电气设备损坏。因此，我们必须认识和掌握这种现象的规律，设法预防这种现象的产生。

**二、换路定律**

电路结构和元件参数值的突然改变称为换路。电路结构的改变是指电路的接通、断开、短路及电路连接方式的变更；元件参数的改变是指电路中电阻、电感、电容元件的电阻、电感、电容及电压源的电压、电流源的电流（对于交流电源来说是指电压、电流的幅值）发生变化。

前面我们说到了，储能元件的能量不能跃变，确切地说，如果电容元件和电感元件的功率不是无穷大，则电容元件和电感元件中所储存的能量不能跃变。因为电容元件的电压和电感元件的电流不可能为无穷大，所以，若电容元件的电流和电感元件的电压为有限值（不是无穷大），则它们的功率一定不会是无穷大。我们知道，电容元件和电感元件所储存的电场能量和磁场能量分别为 $\frac{1}{2}Cu_C^2$ 和 $\frac{1}{2}Li_L^2$。由此可见，电容元件的能量不能跃变就意味着其电压不能跃变；电感元件的能量不能跃变就意味着其电流不能跃变。因此，可以得出下述结论：如果通过电容元件的电流为有限值，则电容元件上的电压不能跃变；如果电感元件两端的电压为有限值，则通过电感元件的电流不能跃变。这一结论也可以从电容元件和电感元件的电压、电流关系上来说明。因为

$$i_C = C \frac{\mathrm{d}u_C}{\mathrm{d}t}$$

$$u_L = L \frac{\mathrm{d}i_L}{\mathrm{d}t}$$

若 $i_C$ 和 $u_L$ 为有限值，即 $\frac{\mathrm{d}u_C}{\mathrm{d}t}$ 和 $\frac{\mathrm{d}i_L}{\mathrm{d}t}$ 为有限值，则表明 $u_C$ 和 $i_L$ 不会发生跃变；反之，若 $u_C$ 和 $i_L$ 发生跃变，即 $\frac{\mathrm{d}u_C}{\mathrm{d}t}$ 和 $\frac{\mathrm{d}i_L}{\mathrm{d}t}$ 为无穷大，则 $i_C$ 和 $u_L$ 必为无穷大，元件的功率必为无穷大。

我们用上述结论来分析换路瞬间的情况，假设换路在瞬间完成，并以换路的瞬间作为计时起点，即设换路瞬间 $t=0$。为区分换路前后的瞬间，把换路前的最后瞬间记为 $t=0_-$，把换路后的最初瞬间记为 $t=0_+$。由上述结论可知，若在 $t=0_-$ 到 $t=0_+$ 期间，电容元件的电流和电感元件的电压不是无穷大，则电容元件的电压 $u_C$ 和电感元件的电流 $i_L$ 在 $t=0$ 时不会发生跃变。那么，$u_C$ 和 $i_L$ 在 $t=0_+$ 时刻的值 $u_C(0_+)$ 和 $i_L(0_+)$ 应等于它们在 $t=0_-$ 时刻的值 $u_C(0_-)$ 和 $i_L(0_-)$，即

$$\left. \begin{array}{l} u_C(0_+) = u_C(0_-) \\ i_L(0_+) = i_L(0_-) \end{array} \right\} \tag{7-1}$$

上述分析结果表述如下：当电容元件中的电流在换路瞬间为有限值时，电容元件的电压在换路瞬间不会发生跃变；当电感元件的电压在换路瞬间为有限值时，电感元件中的电流在换路瞬间不会发生跃变。这一结论称为换路定律。

**三、初始值的计算**

由高等数学可知，确定微分方程的特解的条件，即确定微分方程通解中任意常数的条件，通常称为初始条件。确定描述动态电路的微分方程的特解所需要的条件，称为电路的初始条件。电路的初始条件总是可以归结为电路中特定变量的初始值。显然，初始值的计算是动态电路的暂态分析所不可缺少的内容。初始值就是电路变量在 $t=0_+$ 时刻的值。电容元件的电压或电荷的初始值称为电容元件的初始状态；电感元件的电流或磁链的初始值称为电感元件的初始状态。电路中所有独立储能元件的初始状态的全体，可称为电路的初始状态❶。我们以下面几个例子来说明初始值的计算方法。

**【例 7-1】** 图 7-2（a）所示电路在开关 S 打开之前处于稳定状态，在 $t=0$ 时，将开关 S 打开。试求电路中的电流、电容元件的电压和电阻元件的电压的初始值。

**解** 首先由换路前的稳态电路，计算换路前电容元件的电压 $u_C$，确定电容元件电压在 $t=0_-$ 时的值 $u_C(0_-)$。应注意，换路前直至换路前的最后瞬间，电路的工作状态是在直流电压源作用下的稳定状态，这期间电容元件相当于开路。因此，换路前电容元件的电压为

$$u_C = \frac{R_2}{R_1 + R_2} U_S = \frac{2}{4+2} \times 12 = 4(\mathrm{V})$$

$t=0_-$ 时电容元件的电压为

$$u_C(0_-) = 4(\mathrm{V})$$

---

❶ 电路的状态及初始状态的定义如下：

如果电路中一组最少数目的变量在任意时刻 $t_0$ 的值和 $t \geqslant t_0$ 时电路的输入量一起，能唯一地确定该电路在 $t \geqslant t_0$ 时的全部电路变量，则这样的一组变量在 $t=t_0$ 时刻的值的集合称为该电路在 $t_0$ 时刻的状态，这组最少数目的变量称为状态变量。状态变量在 $t=0_+$ 时的值的集合称为电路的初始状态。

一个电路的状态变量可以有不同的选择。可以选择独立电容元件的电压和独立电感元件的电流，也可以选择独立电容元件上的电荷和独立电感元件的磁链。

再根据换路定律，求出 $t=0_+$ 时电容元件的电压。因为开关打开瞬间通过电容元件的电流 $i$ 不是无穷大，所以电容元件的电压不会发生跃变。故有

$$u_C(0_+) = u_C(0_-) = 4(V)$$

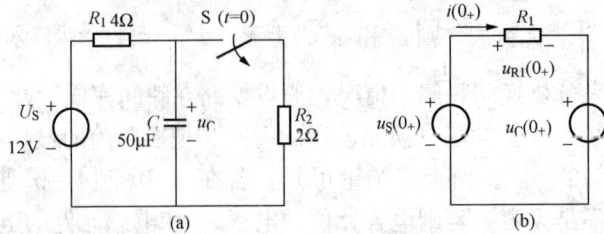

图 7 - 2　[例 7 - 1] 的图

(a) 原始电路；(b) $t=0_+$ 时的等效电路

为了计算其他元件的电压和电流的初始值，应画出换路后初始瞬间（$t=0_+$ 时）的等效电路，如图 7 - 2(b) 所示。其方法是：将电路中的电容元件，用一个电压为 $u_C(0_+)$ 的电压源来代替；将电路中电压源的电压，用该电压源电压在 $t=0_+$ 的数值 $u_S(0_+)$ 来代替；将原电路中的各个电阻，保留在它们原来的位置上。

应用电阻性电路的计算方法，计算 $t=0_+$ 时的等效电路，可求得各元件上的电压、电流的初始值，即

$$u_{R1}(0_+) = u_S(0_+) - u_C(0_+) = 12 - 4 = 8(V)$$

$$i(0_+) = \frac{u_{R1}(0_+)}{R_1} = \frac{8}{4} = 2(A)$$

【例 7 - 2】　在图 7 - 3(a) 所示电路中，$U_S=12V$，$R_1=2\Omega$，$R_2=4\Omega$，$R_3=6\Omega$，$t=0$ 时打开开关 S，设开关打开前电路已处于稳态，试求 $i_L(0_+)$、$i_C(0_+)$、$u_2(0_+)$、$u_L(0_+)$、$u_C(0_+)$。

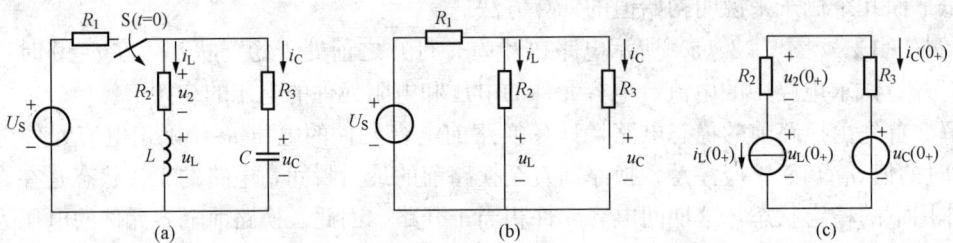

图 7 - 3　[例 7 - 2] 的图

(a) 原始电路；(b) 换路前的等效电路；(c) $t=0_+$ 时的等效电路

**解**　由换路前的电路计算电容元件的电压 $u_C$ 和电感元件的电流 $i_L$，确定 $u_C(0_-)$ 和 $i_L(0_-)$。换路前的电路为直流稳态电路，电路中的电感元件相当于短路，电容元件相当于开路，故换路前图 7 - 3(a) 所示电路的等效电路如图 7 - 3(b) 所示，所以

$$i_L = \frac{U_S}{R_1 + R_2} = \frac{12}{2+4} = 2(A)$$

$$u_C = R_2 i_L = 4 \times 2 = 8(V)$$

它们在 $t=0_-$ 时的值为

$$i_L(0_-) = 2(\text{A})$$
$$u_C(0_-) = 8(\text{V})$$

根据换路定律，求出电感元件电流和电容元件电压的初始值。开关 S 打开瞬间，电感元件上的电压和电容元件的电流均不是无穷大，根据换路定律可得

$$i_L(0_+) = i_L(0_-) = 2(\text{A})$$
$$u(0_+) = u_C(0_-) = 8(\text{V})$$

将电感元件用一个电流为 $i_L(0_+)$ 的电流源代替，将电容元件用一个电压为 $u_C(0_+)$ 的电压源代替，其他元件保持原样，这样便可得到 $t=0_+$ 时的等效电路，如图 7-3（c）所示。

计算该等效电路，可得

$$u_2(0_+) = i_L(0_+)R_2 = 2\times 4 = 8(\text{V})$$
$$i_C(0_+) = -i_L(0_+) = -2(\text{A})$$
$$u_L(0_+) = R_3 i_C(0_+) + u_C(0_+) - u_2(0_+) = 6\times(-2)+8-8 = -12(\text{V})$$

初始值的计算步骤可归纳如下：

（1）由换路前的电路计算出电容元件的电压 $u_C$ 和电感元件的电流 $i_L$，确定它们在 $t=0_-$ 时的值 $u_C(0_-)$ 和 $i_L(0_-)$。

（2）根据换路定律，确定电容元件电压和电感元件电流的初始值 $u_C(0_+)$ 和 $i_L(0_+)$。

（3）画出换路后初始瞬间（即 $t=0_+$ 时刻）的等效电路。在等效电路中，原电路中的电容元件用一个电压为 $u_C(0_+)$ 的电压源替代，电感元件用电流为 $i_L(0_+)$ 的电流源替代。

（4）采用计算电阻性电路的方法，计算换路后初始瞬间的等效电路，求出所要求的电路变量的初始值。

## 第二节　一阶电路的零输入响应

电路中所产生的电压、电流等信号，称为响应。能够在电路中产生响应的信号，称为激励。电路响应可由独立电源的电压或电流引起，也可由储能元件的初始状态引起，或由它们两者共同引起。独立电压源的电压和独立电流源的电流通常称为电路的输入信号。输入信号和初始状态都是电路的激励。电路输入信号为零，仅由初始状态产生的响应，称为零输入响应。电路的初始状态为零，仅由输入信号产生的响应，称为零状态响应。由输入信号和初始状态共同作用而产生的响应称为全响应。

### 一、RC 电路的零输入响应

我们以图 7-4 所示的电路为例，来讨论 RC 电路的零输入响应。图 7-4(a) 所示电路中开关 S 在 $t=0$ 时由位置 1 合至位置 2，在此之前电路已达到稳态。现从物理概念和数学分析两方面对换路后的电路进行分析。

1. 物理过程分析

换路后电路所经历的物理过程，实际上就是电容元件的放电过程。换路前，开关合

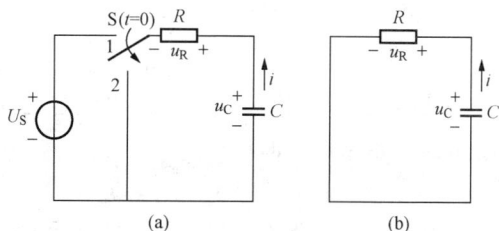

图 7-4　RC 电路的零输入响应

(a) RC 串联电路的短路；(b) 换路后的电路

于位置 1，电路处以稳态，电容元件已充电，其电压为 $U_0 (U_0 = U_S)$。开关合至位置 2 的最初瞬间，由于电路中的电流不是无穷大，所以，电容元件的电压不能跃变，电容元件中的电压仍保持为 $U_0$，即 $u_C(0_+) = U_0$。换路后，RC 电路脱离电源，这时电容元件负板极上的负电荷在电场力的作用下，脱离负极板，经电阻 $R$ 移至电容元件的正极板，与正极板上的正电荷中和。同时由于电荷的定向运动，电路产生电流 $i$。随着时间的推移，电荷不停地运动，电容元件两极板上的正负电荷不断地中和，两板极上储存的电荷不断减少，电场逐渐减弱，电容元件的电压逐渐下降，电路中的电流逐渐减小。直至电容元件两极板上的电荷全部中和，电路中电压和电流均为零时，电路暂态过程告以结束，电路进入稳态。

换路后的物理过程就是电容元件的放电过程，电容元件的放电过程实质上就是电容元件两极板上的电荷不断中和和减少的过程，也就是电容元件中所储存的电场能量不断释放和耗散的过程。电容元件在换路最初瞬间储存的能量为 $\frac{1}{2}CU_0^2$。换路后，电路中的电阻以 $i^2R$ 的速率不断吸收电场能量，并把它转换为热能而耗散掉。热能的不断耗散造成了电场能量的逐渐减小，最终导致电容元件中的储能完全消失。

2. 暂态过程的数学分析

欲确切地描述换路后电路的物理过程，确定暂态过程中电压、电流的变化规律，必须采用数学分析。换路后的电路如图 7-4(b) 所示。在图示参考方向下，根据 KVL，可得

$$u_R - u_C = 0$$

由元件的伏安关系得出

$$u_R = Ri$$

$$i = -C\frac{du_C}{dt}$$

将上述伏安关系式代入 KVL 方程，可得到一个以 $u_C$ 为变量的电路方程，即

$$RC\frac{du_C}{dt} + u_C = 0 \quad (t > 0) \tag{7-2}$$

这是一个一阶线性常系数齐次微分方程，由高等数学可知，求解这种微分方程通解的方法有好几种。其中之一是：写出微分方程的特征方程，求出特征根（特征方程的根），根据特征根写出微分方程的通解。上述微分方程的特征方程为

$$RCS + 1 = 0$$

特征根为

$$S = -\frac{1}{RC}$$

微分方程式（7-2）的通解为

$$u_C = Ae^{st} = Ae^{-\frac{t}{RC}} \quad (t > 0) \tag{7-3}$$

由换路前的电路，确定 $t=0_-$ 时电容元件的电压 $u_C(0_-) = U_0 = U_S$；根据换路定律，求得电路的初始条件，即

$$u_C(0_+) = u_C(0_-) = U_0$$

再根据电路的初始条件，确定微分方程通解中的积分常数。其过程如下：令 $t=0_+$，并代入式（7-3）得到 $u_C(0_+) = A$；结合初始条件 $u_C(0_+) = U_0$，可得

$$A = U_0$$

因此，微分方程式（7-2）的特解为

$$u_C = U_0 e^{-\frac{t}{RC}} \quad (t > 0) \tag{7-4}$$

由 $u_C$ 可求出电路中的其他响应，如

$$i = -C \frac{du_C}{dt} = \frac{U_0}{R} e^{-\frac{t}{RC}} \quad (t > 0) \tag{7-5}$$

$$u_R = Ri = U_0 e^{-\frac{t}{RC}} \quad (t > 0) \tag{7-6}$$

根据式（7-4）、式（7-5）和式（7-6），可画出 $u_C$、$u_R$ 和 $i$ 随时间变化的曲线，如图 7-5 所示。从 $u_C$、$u_R$ 和 $i$ 的表达式或它们的变化曲线可以看出，它们都是一个随时间衰减的指数函数。换路后，$u_C$、$u_R$ 和 $i$ 分别从初始值 $U_0$ 和 $U_0/R$ 开始按相同的指数规律逐渐下降，最后趋于零。

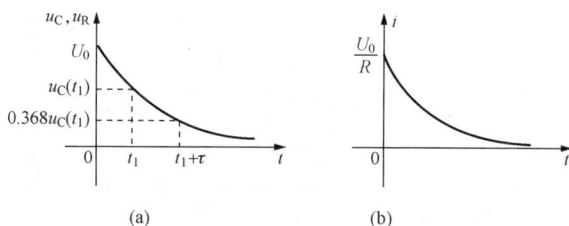

图 7-5 RC 电路零输入响应的变化曲线

(a) $u_C$，$u_R$ 的变化曲线；(b) $i$ 的变化曲线

3. 时间常数

上述衰减型指数函数衰减的速率取决于 $R$ 和 $C$ 的乘积。我们把 $R$ 和 $C$ 的乘积称为 RC 电路的时间常数，用 $\tau$ 来表示，即

$$\tau = RC \tag{7-7}$$

这样，式（7-4）、式（7-5）和式（7-6）可写成

$$u_C = U_0 e^{-\frac{t}{\tau}} \quad (t > 0) \tag{7-8}$$

$$u_R = U_0 e^{-\frac{t}{\tau}} \quad (t > 0) \tag{7-9}$$

$$i = \frac{U_0}{R} e^{-\frac{t}{\tau}} \quad (t > 0) \tag{7-10}$$

当 $R$ 的单位为 $\Omega$（欧姆），$C$ 的单位为 F（法拉）时，它们的乘积 $RC$ 的单位为 s（秒），所以时间常数 $\tau$ 的单位为 s（秒）。$\tau$ 的大小取决于电路的结构和元件参数。$\tau$ 的物理意义可以从下面的分析结果中获悉。

当 $t = t_1$ 时，电容元件的电压为

$$u_C(t_1) = U_0 e^{-\frac{t_1}{\tau}}$$

当 $t = t_1 + \tau$ 时，电容元件的电压为

$$u_C(t_1 + \tau) = U_0 e^{-\frac{t_1 + \tau}{\tau}} = U_0 e^{-\frac{t_1}{\tau}} e^{-1} = 0.368 u_C(t_1)$$

这表明，电路零输入响应经过 $\tau$ 时间后衰减为原来值的 36.8%。由此可见，时间常数 $\tau$ 就是按 $A e^{-\frac{t}{\tau}}$ 的指数规律衰减的电路响应从任一数值开始，衰减到原来值的 $1/e$（约 36.8%）所需要的时间。$\tau$ 的大小决定了指数函数 $A e^{-\frac{t}{\tau}}$ 衰减的快慢。对于初始值 $A$ 相同，$\tau$ 值不同的指数函数 $A e^{-\frac{t}{\tau}}$，$\tau$ 越小，其衰减的平均速率越大；反之，则平均速率越小。也就是说，$\tau$

越小，指数函数 $Ae^{-\frac{t}{\tau}}$ 衰减越快；反之，则衰减越慢。对于 RC 放电电路而言，$R$、$C$ 越小，$\tau$ 越小，$u_C$ 和 $i$ 衰减越快，放电越快。这是因为，对于同样大小的初始电压，$C$ 越小，电容元件储存的电荷越少，放电需要的时间越短；对于同样大小的初始电压，$R$ 越小，放电电流越大，放电所需要的时间也越短。

从理论上讲，换路后的电路一般需要经过无限长的时间（$t \to \infty$）才能达到稳定状态。但是，由于指数函数 $Ae^{-\frac{t}{\tau}}$ 开始衰减较快，往后逐渐减慢，实际上经过 $4\tau \sim 5\tau$ 的时间，就可以认为电路达到了稳定状态。

【例 7-3】　在图 7-6(a) 所示电路中，开关 S 打开前电路已处于稳态，在 $t=0$ 时，将 S 打开。试求 $t>0$ 时的电压 $u_C$ 和电流 $i$，并作出它们随时间变化的曲线。

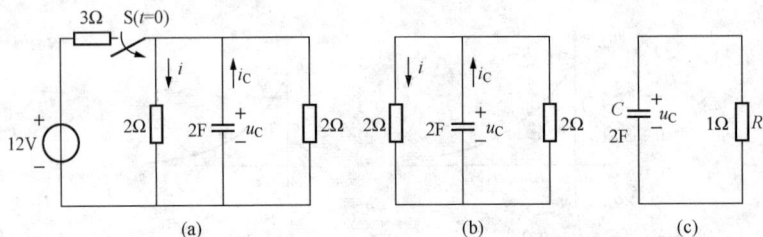

图 7-6　[例 7-3] 的图
(a) 原始电路；(b) 换路后的动态电路；(c) 换路后的等效电路

**解**　方法一：(1) 根据换路定律，确定电路的初始条件。根据换路前的电路，计算出电容元件电压在 $t=0_-$ 时的值为

$$u_C(0_-) = \frac{\frac{1}{2} \times 2}{3 + \frac{1}{2} \times 2} \times 12 = 3(\text{V})$$

开关 S 打开时，电容元件的电流不是无穷大，电容元件电压不会跃变。根据换路定律，确定电容元件电压的初始值为

$$u_C(0_+) = u_C(0_-) = 3(\text{V})$$

(2) 根据基尔霍夫定律和元件的伏安关系，列写出描述换路后的电路的微分方程。该例中，换路后的电路如图 7-6(b) 所示，根据 KVL 和元件的伏安关系，可得

$$2\frac{\mathrm{d}u_C}{\mathrm{d}t} + u_C = 0$$

(3) 求微分方程的通解。该微分方程的特征方程为

$$2S + 1 = 0$$

特征根为

$$S = -\frac{1}{2}$$

微分方程的通解为

$$u_C = Ae^{st} = Ae^{-\frac{t}{2}}$$

(4) 根据电路的初始条件，确定微分方程通解中的积分常数，从而求得微分方程的特解（即待求电路响应）。该例中，微分方程的通解中的积分常数为

$$A = u_{\mathrm{C}}(0_+) = 3$$

微分方程的特解为

$$u_{\mathrm{C}} = A\mathrm{e}^{-\frac{t}{2}} = 3\mathrm{e}^{-\frac{t}{2}}(\mathrm{V}) \quad (t > 0)$$

（5）由已求得的电路响应，求得其他响应。由 $u_{\mathrm{C}}$ 可求得电流为

$$i = \frac{u_{\mathrm{C}}}{2} = \frac{3}{2}\mathrm{e}^{-\frac{t}{2}}(\mathrm{A}) \quad (t > 0)$$

方法二：直接应用由前面分析得到的 RC 电路零输入响应的计算公式进行计算。计算电路的初始条件

$$u_{\mathrm{C}}(0_+) = u_{\mathrm{C}}(0_-) = \frac{1}{3+1} \times 12 = 3(\mathrm{V})$$

根据电路的初始条件，确定微分方程通解中的积分常数为

$$A = u_{\mathrm{C}}(0_+) = 3$$

将换路后的电路等效变换为只有一个电容元件和一个电阻元件的最简 RC 电路，变换后的等效电路如图 7 - 6(c) 所示。计算换路后的电路中的等效电阻，即

$$R = \frac{1}{2} \times 2 = 1(\Omega)$$

计算电路的时间常数，即

$$\tau = RC = 1 \times 2 = 2(\mathrm{s})$$

根据式（7 - 8），求得电容元件的电压为

$$u_{\mathrm{C}} = A\mathrm{e}^{-\frac{t}{2}} = 3\mathrm{e}^{-\frac{t}{2}}(\mathrm{V}) \quad (t > 0)$$

由电容元件的电压，求得电路中电流为

$$i = \frac{u_{\mathrm{C}}}{2} = \frac{3}{2}\mathrm{e}^{-\frac{t}{2}}(\mathrm{A}) \quad (t > 0)$$

## 二、RL 电路的零输入响应

我们以图 7 - 7(a) 所示电路为例，来说明 RL 电路的动态特性和零输入响应的求解方法。

1. 物理过程分析

电路中开关 S 闭合后，电压源 $U_{\mathrm{S}}$ 与电阻 $R_1$ 串联的支路被短路，它们对电阻 $R$ 与电感 $L$ 串联支路不起作用。这时 $R$ 与 $L$ 串联短接，构成独立回路。换路后原图中的右边电路，如图 7 - 7(b) 所示。换路后 RL 串联回路中没有维持恒稳电场的电源，因此回路中的电流必将减小。由于电流减小，电感元件中产生自感电动势，自感电动势阻碍着原电流的减小，趋向于维持电流继续

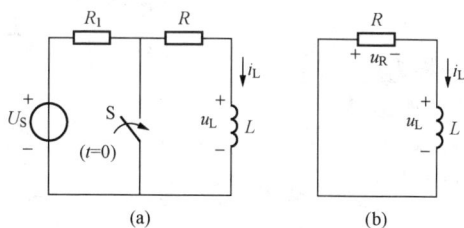

图 7 - 7　RL 电路的零输入响应
(a) RL 串联电路的短路；(b) 换路后的动态电路

依照原有的方向流动。因此，电流不会立刻消失。但自感电动势产生后，并不能使电路中的电流保持不变，因为电路中存在着耗能元件 $R$，因此，电流依然要减小。在开关 S 刚闭合瞬间，因电流不是无穷大，电阻 $R$ 上的电压不是无穷大，电感元件的电压不可能是无穷大，因而电感元件的电流不会跃变，所以电流的初始值 $i(0_+) = i(0_-) = I_0$。因为电感元件的电压在数值上等于电阻电压，故电感元件电压的初始值为 $-RI_0$（负号是因参考方向选择的原

因造成的)。换路后电路中的电流从初始值 $I_0$ 开始逐渐减小，电感元件电压的绝对值从初始值 $RI_0$ 开始按照同样的规律逐渐下降，最后趋于零，过渡过程结束，电路进入新的稳态。

从能量观点看，换路后电路的过渡过程就是电感元件中磁场能量不断释放的过程，即电感元件的灭磁过程。换路前电感元件中建立了稳定的磁场，储存的磁场能量为 $\frac{1}{2}LI_0^2$。由于能量不能跃变，换路后初始瞬间，电感元件储存的磁场能量仍为 $\frac{1}{2}LI_0^2$。换路后，电路失去了激励能源，仅靠电感元件的储能来维持电流。而电路中的电阻则以 $i^2R$ 的速率不断地从电感元件中吸取能量，并将这些能量转变为热能，使之耗散于周围空间。因此，电感元件中所储存的磁场能量将被消耗至尽。

2. 暂态过程的数学分析

根据换路前的电路，计算电感元件的电流，确定 $t=0_-$ 时电感元件中的电流，即

$$i_L(0_-)=I_0=\frac{U_S}{R_1+R}$$

根据换路定律，求得电感元件中电流的初始值（即电路的初始条件），即

$$i_L(0_+)=i_L(0_-)=I_0$$

对换路后的电路应用 KVL，求得

$$u_L+u_R=0$$

根据元件的伏安关系可得

$$u_R=Ri_L$$

$$u_L=L\frac{di_L}{dt}$$

将元件伏安关系式代入 KVL 方程，可以得到一个以 $i_L$ 为未知变量的电路方程，即

$$L\frac{di_L}{dt}+Ri_L=0\quad(t>0)\tag{7-11}$$

该方程也是一个一阶线性常系数齐次微分方程。由高等数学可知，它的特征方程为

$$LS+R=0$$

特征根为

$$S=-\frac{R}{L}$$

该微分方程的通解为

$$i_L=Ae^{-\frac{R}{L}t}$$

将电路的初始条件 $i(0_+)=I_0$ 代入上式，求得积分常数为

$$A=i(0_+)=I_0$$

将上式代入通解，从而求得微分方程的特解

$$i_L=I_0e^{-\frac{R}{L}t}=I_0e^{-\frac{t}{\tau}}\quad(t>0)\tag{7-12}$$

式中，$\tau=\frac{L}{R}$。

由电感元件的电流 $i_L$ 可求得电路中其他响应，如

$$u_R=Ri_L=RI_0e^{-\frac{t}{\tau}}\quad(t>0)\tag{7-13}$$

$$u_L = -u_R = -RI_0 e^{-\frac{t}{\tau}} \quad (t > 0) \tag{7-14}$$

从式（7-12）、式（7-13）和式（7-14）可见，RL 电路的零输入响应都是按指数规律衰减的，它们随时间变化的函数曲线如图 7-8 所示。

3. 时间常数

RL 电路中的电感 $L$ 与电阻 $R$ 的比值称为 RL 电路的时间常数，用 $\tau$ 表示，即

$$\tau = \frac{L}{R} \tag{7-15}$$

当 $L$ 的单位为 H（亨），$R$ 的单位为 $\Omega$（欧姆）时，$\tau$ 的单位为 s（秒）。RL 电路的时间常数 $\tau$ 的物理意义与 RC 电路的时间常数相同，即为零输入响应由任一数值开始，衰减到原来值的 $1/e$（约 36.8%）所需

图 7-8　RL 电路零输入响应的变化曲线

（a）$u_R$、$u_L$ 的变化曲线；（b）$i_L$ 的变化曲线

要的时间。RL 电路中的零输入响应衰减的快慢取决于 $L$ 和 $R$ 的大小。$L$ 越大，或 $R$ 越小，则 $\tau$ 越大，RL 电路的零输入响应衰减越慢；反之，$L$ 越小，或 $R$ 越大，则 $\tau$ 越小，零输入响应衰减越快。这是因为，在电感元件的初始电流相同的情况下，$L$ 越小就意味着电感元件储能越少，电阻消耗储能所需要的时间越短；在电感元件的初始电流相同的情况下，$R$ 越大，电阻消耗的功率越大，电阻耗能越快，消耗储能所需要的时间越短。

【例 7-4】　在图 7-9(a) 所示电路中，$t=0$ 时开关 S 由 1 合至 2，此前电路处于稳态。试求 $t>0$ 时的 $i_L$ 和 $u_L$。

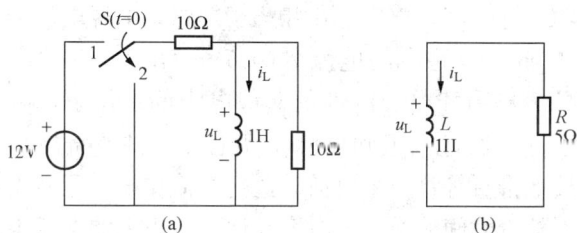

图 7-9　［例 7-4］的图

（a）原始电路；（b）换路后的等效电路

**解**　根据换路定律，确定电感元件电流的初始值为

$$i_L(0_+) = i_L(0_-) = I_0 = \frac{12}{10} = 1.2(A)$$

换路后的等效电路如图 7-9（b）所示，图中

$$R = \frac{1}{2} \times 10 = 5(\Omega)$$

电路的时间常数为

$$\tau = \frac{L}{R} = \frac{1}{5}S$$

根据式（7-12）和式（7-14），可得电感元件的电流和电压为

$$i_L = I_0 e^{-\frac{t}{\tau}} = 1.2e^{-5t}(A) \quad (t > 0)$$

$$u_L = -RI_0 e^{-\frac{t}{\tau}} = -5 \times 1.2e^{-5t} = -6e^{-5t}(V) \quad (t > 0)$$

**三、零输入响应的一般形式**

在零输入的情况下，只含有一个独立储能元件的电路总可以等效变换为 RC 或 RL 串联电路，其中 R 就是换路后的电路中从储能元件两端看出去的等效电阻。从 RC 和 RL 电路的

零输入响应的分析结果可以看出，一阶电路的零输入响应具有共同的形式，即

$$f(t) = f(0_+)e^{-\frac{t}{\tau}} \quad (t > 0) \tag{7-16}$$

式中，$f(0_+)$ 为响应变量的初始值，$\tau$ 为电路的时间常数。

　　式（7-16）表明，一阶电路的零输入响应总是由初始值开始按指数规律衰减，直至为零。零输入响应衰减的速率取决于电路的时间常数 $\tau$。在初始值一定的情况下，时间常数越小，衰减的平均速率越大；反之，平均速率越小。响应变量的初始值取决于电路初始状态、电路结构和元件参数。电路的时间常数取决于电路结构和元件参数。因此，零输入响应取决于电路初始状态、电路结构和元件参数值。当电路结构和元件参数值一定时，一阶线性定常电路的零输入响应依赖于初始状态。由式（7-16）可知，只要确定响应变量的初始值 $f(0_+)$ 和电路的时间常数 $\tau$，就可以确定该零输入响应的表达式。因此，一阶电路的零输入响应，可直接利用式（7-16）得出，而不必每次都建立电路方程，求解电路方程。

## 第三节　一阶电路的零状态响应

### 一、RC 电路的零状态响应

　　现讨论图 7-10 所示电路的零状态响应。电路的工作情况是这样：开关闭合前电容元件未曾充过电，$u_C(0_-) = 0$，$t = 0$ 时开关 S 闭合，直流电压源 $U_S$ 接入 RC 串联电路。

　　1. 物理过程分析

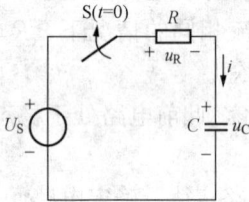

图 7-10　RC 电路的
零状态响应

　　RC 串联电路与直流电压源接通后，电路中所发生的电磁过程就是电容元件的充电过程。开关 S 刚合上的一瞬间，由于电源电压为有限值且电路中存在电阻，故电路中电流不会是无穷大，电容元件两端的电压不能跃变，因而电容元件两端的电压仍保持为零，即 $u_C(0_+) = 0$。此瞬间，电容元件相当于短路，电源电压全部加在电阻 $R$ 上，因此，电路中的电流 $i_L(0_+) = U_S/R$。开关闭合后，在电源外部的电场力和电源内部的非静电力的作用下，电容元件正极板上的负电荷（导体中的自由电子），通过电阻和电源移到电容元件的负极板上（这是从效果上看的），致使电容元件两极板上带有等量异号电荷。这些电荷在电容元件内部产生电场，从而在电容元件两端建立电压。随着时间的推移，电容元件两极板上的电荷不断地增加，储存于电容元件之中的电场能量逐渐增多，电容元件的端电压逐渐升高，电路中的电流逐渐减小。直至电容元件的电压 $u_C$ 等于电源电压 $U_S$ 时，电路中的电流减小至零，过渡过程结束，电路达到稳定状态。

　　从能量观点来看，电容元件的充电过程就是其电场能量不断积累的过程。换路后初瞬，电容元件中的电场能量为零；充电过程中，电容元件不断地从电源吸取能量，并把它转变为电场能量，储存于自身之中；充电结束时，电容元件所储存的电场能量为 $\frac{1}{2}CU_S^2$。充电过程中电源提供的能量，一部分转换成电场能量，储存于电容元件之中，另一部分被电阻吸收，转换为热能而耗散。

　　2. 暂态过程的数学分析

　　根据换路前的电路，确定 $t = 0_-$ 时电容元件的电压 $u_C(0_-) = 0$。换路后电路中的电流不

是无穷大，根据换路定律，可确定 $t=0_+$ 时电容元件的电压为

$$u_C(0_+) = u_C(0_-) = 0$$

根据 KVL，得

$$u_R + u_C = U_S$$

由元件的伏安关系得出

$$u_R = Ri$$

$$i = C \frac{\mathrm{d}u_C}{\mathrm{d}t}$$

代入整理得

$$RC \frac{\mathrm{d}u_C}{\mathrm{d}t} + u_C = U_S \tag{7-17}$$

这是一个一阶线性常系数非齐次微分方程，由高等数学可知，该方程的通解由两个分量组成，一个分量是该方程的任一特解 $u_C'$，另一个分量是该方程对应的齐次微分方程的通解 $u_C''$，即

$$u_C = u_C' + u_C''$$

非齐次微分方程式（7-17）所对应的齐次微分方程为

$$RC \frac{\mathrm{d}u_C}{\mathrm{d}t} + u_C = 0$$

其通解为

$$u_C'' = Ae^{st} = Ae^{-\frac{t}{RC}} = Ae^{-\frac{t}{\tau}}$$

式中，$S = -\frac{1}{RC}$ 为齐次微分方程的特征方程的根；$\tau = RC$ 称为电路的时间常数。

因为方程式（7-17）是描述 $t>0$（包括 $t\to\infty$）时电路的方程，所以换路后电路相应的稳态响应（$t\to\infty$ 时的响应）一定满足方程式（7-17）。因此，换路后电路相应的稳态响应就是非齐次微分方程式的一个特解。因为 $t\to\infty$ 时电容电压为

$$u_C(\infty) = U_S$$

所以，非齐次微分方程式（7-17）的一个特解为

$$u_C' = u_C(\infty) = U_S$$

因此，方程式（7-17）的通解为

$$u_C = u_C' + u_C'' = U_S + Ae^{-\frac{t}{\tau}}$$

根据初始条件 $u_C(0_+) = 0$，可确定积分常数为

$$A = -U_S$$

于是

$$u_C = U_S - U_S e^{-\frac{t}{\tau}} = U_S(1 - e^{-\frac{t}{\tau}}) \quad (t>0) \tag{7-18}$$

由此可求得电路中的其他响应为

$$u_R = U_S - u_C = U_S e^{-\frac{t}{\tau}} \quad (t>0) \tag{7-19}$$

$$i = \frac{u_R}{R} = \frac{U_S}{R} e^{-\frac{t}{\tau}} \quad (t>0) \tag{7-20}$$

根据式（7-18）、式（7-19）和式（7-20），画出 $u_C$、$u_R$ 和 $i$ 随时间变化的曲线，如

图 7 - 11 所示。

【例 7 - 5】 在图 7 - 12 所示电路中，$U_S=12V$，$R_1=12\Omega$，$R_2=6\Omega$，$C=0.5F$，$u_C(0_-)=0$，试求 $t>0$ 时的 $u_C$、$i_C$、$i_1$、$i_2$。

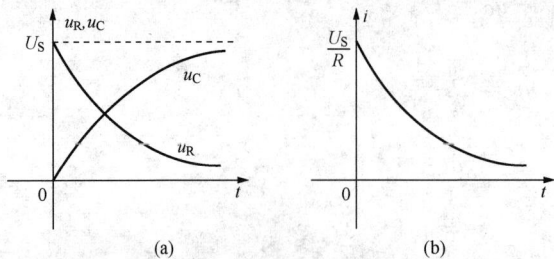

图 7 - 11  RC 电路零状态响应的变化曲线
(a) $u_R$、$u_C$ 的变化曲线；(b) $i$ 的变化曲线

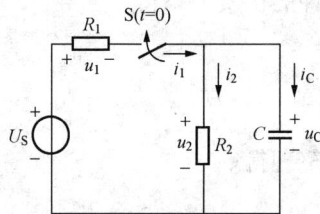

图 7 - 12  [例 7 - 5] 的图

**解**  (1) 根据换路定律，确定电路的初始条件。因为换路后最初时刻电容元件中的电流不是无穷大，所以电容元件的电压不会跃变。因此

$$u_C(0_+) = u_C(0_-) = 0$$

(2) 根据基尔霍夫定律和元件的伏安关系，建立描述换路后的电路的微分方程。由 KCL 得

$$i_1 = i_2 + i_C$$

由 KVL 得

$$u_1 + u_C = U_S$$

由元件的伏安关系得

$$u_1 = R_1 i_1$$
$$u_2 = u_C = R_2 i_2$$
$$i_C = C \frac{du_C}{dt}$$

由以上式代入整理后，可得到一个以 $u_C$ 为未知变量的一阶线性常系数非齐次微分方程，即

$$R_1 C \frac{du_C}{dt} + \frac{R_1 + R_2}{R_2} u_C = U_S$$

代入数据得

$$6 \frac{du_C}{dt} + 3u_C = 12$$

(3) 求非齐次微分方程所对应的齐次微分方程的通解 $u_C''$。上述方程对应齐次微分方程 $6\frac{du_C}{dt}+3u_C = 0$ 的特征方程为

$$6S + 3 = 0$$

其根为

$$S = -\frac{1}{2}$$

因此，该齐次微分方程的通解为

$$u_C = Ae^{st} = Ae^{-\frac{t}{2}}$$

（4）求非齐次微分方程的特解 $u_C'$，从而得出非齐次微分方程的通解。由 $t \to \infty$ 时的电路，求出电路的稳态响应为

$$u_C(\infty) = u_2(\infty) = \frac{R_2}{R_1+R_2}U_s = \frac{6}{6+12} \times 12 = 4(\text{V})$$

因为换路后电路相应的稳态响应就是非齐次微分方程的一个特解，所以

$$u_C' = u_C(\infty) = 4(\text{V})$$

于是

$$u_C = u_C' + u_C'' = 4 + Ae^{-\frac{t}{2}}$$

（5）根据电路的初始条件，确定非齐次微分方程通解中的积分常数，从而求得非齐次微分方程的特解 $u_C$。因为

$$u_C(0_+) = 4 + A = 0$$

所以

$$A = -4$$

于是

$$u_C = 4(1 - e^{-\frac{t}{2}})(\text{V}) \quad (t > 0)$$

（6）由已求得的电路变量求出其他电路变量。电路中的电流为

$$i_1 = \frac{U_s - u_C}{R_1} = \frac{12 - 4(1-e^{-\frac{t}{2}})}{12} = \left(\frac{2}{3} + \frac{1}{3}e^{-\frac{t}{2}}\right)(\text{A}) \quad (t > 0)$$

$$i_2 = \frac{u_C}{R_2} = \frac{2}{3}(1 - e^{-\frac{t}{2}})(\text{A}) \quad (t > 0)$$

$$i_C = C\frac{\mathrm{d}u_C}{\mathrm{d}t} = 0.5 \times 4 \times \frac{1}{2}e^{-\frac{t}{2}} = e^{-\frac{t}{2}}(\text{A}) \quad (t > 0)$$

### 二、RL 电路的零状态响应

这里讨论 RL 串联电路与直流电压源接通时的情况，电路如图 7-13 所示。电路中的开关 S 在 $t = 0$ 时闭合，开关闭合之前电感元件中的电流为零。

1. 物理过程分析

开关 S 闭合后，电路构成闭合回路，电路中产生电流 $i$，电流从零开始增大。由于电流变化，导致电感元件中产生自感电动势，使得电感元件两端产生电压（自感电压）。开关刚合上瞬间，电流的变化率 $\frac{\mathrm{d}i}{\mathrm{d}t}$ 很大，电感元件的电压很高。但是根据基尔霍夫电压定律可知，开关闭合后，电感元件的电压不可能大于电源电压 $U_s$。因为电感元件的电压不可能为无穷大，所以电感元件的电流不会跃

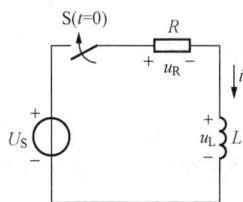

图 7-13　RL 电路的
零状态响应

变，因此，换路后初瞬，电路中的电流仍保持为零（此瞬间电感元件相当于开路）。这时电阻两端的电压也为零，电源电压全加在电感元件上，因而电感元件电压的初始值为 $U_s$。随着时间的推移，电流的变化率不断减小，电感元件中的自感电动势及其端电压不断下降，电流不断增大。当电流趋近于 $U_s/R$ 时，电流的变化率趋于零，电感元件的电压也趋于零，此时全部电源电压均加在电阻上，这时电路进入稳定状态。这种情况下电感元件相当于短路。

从能量观点来看，RL 串联电路接通直流电压源的过渡过程，就是电感元件中的磁场能量不断积累的过程。换路前电感元件中的储能为零，换路后电感元件不断地从电源吸取电能，并把它转变为磁场能量，储存于自身之中。过渡过程结束时，电感元件所储存的磁场能量为 $\frac{1}{2}L\,(U_\mathrm{S}/R)^2$。在整个过渡过程中，电源不断地向其外部电路提供能量，电源所提供的能量一部分转换为磁场能量，储存于电感元件的磁场中，另一部分则被电阻转变为热能而耗散掉。

2. 暂态过程的数学分析

根据换路前的电路，确定 $t=0_-$ 时电感元件的电流 $i(0_-)=0$。根据换路定律，确定 $t=0_+$ 时电感元件的电流为

$$i(0_+)=i(0_-)=0$$

根据 KVL，得

$$u_\mathrm{R}+u_\mathrm{L}=U_\mathrm{S}$$

由元件的伏安关系得出

$$u_\mathrm{R}=Ri$$

$$u_\mathrm{L}=L\frac{\mathrm{d}i}{\mathrm{d}t}$$

代入整理得

$$L\frac{\mathrm{d}i}{\mathrm{d}t}+Ri=U_\mathrm{S}\quad(t>0)\tag{7-21}$$

此方程也是一个一阶线性常系数非齐次微分方程，其通解同样等于它所对应的齐次微分方程的通解 $i''$ 与它的一个特解 $i'$ 之和，即

$$i=i'+i''$$

此非齐次微分方程所对应的齐次微分方程 $L\frac{\mathrm{d}i}{\mathrm{d}t}+Ri=0$ 的通解为

$$i''=Ae^{st}=Ae^{-\frac{R}{L}t}=Ae^{-\frac{t}{\tau}}$$

式中，$S=-\frac{R}{L}$ 为齐次微分方程的特征方程的根；$\tau=\frac{L}{R}$ 为电路的时间常数。

换路后电路进入稳定状态时，电感元件的电流为

$$i(\infty)=\frac{U_\mathrm{S}}{R}$$

因为换路后的电路相应的稳态响应就是非齐次微分方程式（7-21）的一个特解，所以

$$i'=i(\infty)=\frac{U_\mathrm{S}}{R}$$

于是

$$i=i'+i''=\frac{U_\mathrm{S}}{R}+Ae^{-\frac{t}{\tau}}$$

根据电路的初始条件 $i(0_+)=0$，可得

$$\frac{U_\mathrm{S}}{R}+A=0$$

从而求得

$$A = -\frac{U_S}{R}$$

因此，非齐次微分方程的特解为

$$i = \frac{U_S}{R} - \frac{U_S}{R}e^{-\frac{t}{\tau}} = \frac{U_S}{R}(1 - e^{-\frac{t}{\tau}}) \quad (t > 0) \tag{7-22}$$

进而求得

$$u_R = Ri = U_S(1 - e^{-\frac{t}{\tau}}) \quad (t > 0) \tag{7-23}$$

$$u_L = L\frac{di}{dt} = U_S e^{-\frac{t}{\tau}} \quad (t > 0) \tag{7-24}$$

$u_L$、$u_R$、$i$ 的变化曲线如图 7-14 所示。

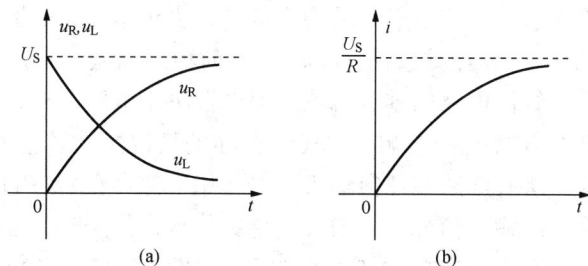

图 7-14　RL 电路零状态响应的变化曲线

(a) $u_L$、$u_R$ 的变化曲线；(b) $i$ 的变化曲线

**【例 7-6】**　在图 7-15（a）所示电路中，$t=0$ 时开关闭合，开关闭合前电感元件中的电流为零，试求 $t>0$ 时的 $i_L$ 和 $u_L$。

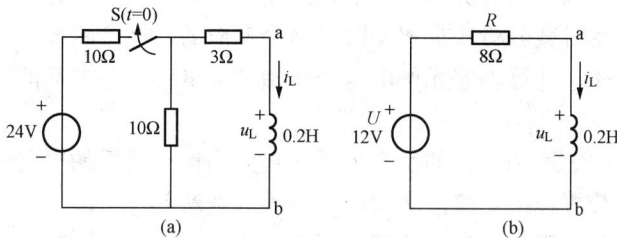

图 7-15　[例 7-6] 的图

(a) 原始电路；(b) 换路后的等效电路

**解**　首先应用戴维南定理，将图 7-15（a）所示电路等效变换为图 7-15（b）所示电路。戴维南等效电路中的电压源电压和戴维南等效电阻为

$$U = \frac{10}{10+10} \times 24 = 12 \,(\text{V})$$

$$R = 3 + \frac{1}{2} \times 10 = 8 \,(\Omega)$$

电路的时间常数为

$$\tau = \frac{L}{R} = \frac{0.2}{8} = 0.025(\text{s})$$

根据式（7-22），可得

$$i_L = \frac{U}{R}(1 - e^{-\frac{t}{\tau}}) = 1.5(1 - e^{-40t})(A) \quad (t > 0)$$

$$u_L = L\frac{di_L}{dt} = 0.2 \times 1.5 \times 40e^{-40t} = 12e^{-40t}(V) \quad (t > 0)$$

### 三、零状态响应的一般形式

由以上零状态响应的分析可以看出，对于存在稳态响应的一阶线性定常电路，其零状态响应可表示为

$$f(t) = f_S(t) - f_S(0_+)e^{-\frac{t}{\tau}} \quad (t > 0) \tag{7-25}$$

式中，$\tau$ 为电路的时间常数，它决定于电路结构和元件参数。$f_S(t)$ 为电路的稳态响应。稳态响应是电路达到稳定状态后的响应，也就是能够建立稳定状态的电路在 $t \to \infty$ 时的响应。处于零状态下的电路在输入信号作用下产生的稳态响应，决定于电路的输入、电路结构和元件参数。$f_S(0_+)$ 为电路的稳态响应的初始值，即 $t = 0_+$ 时稳态响应的值。在电路结构和元件参数值一定的情况下，一阶线性电路的零状态响应完全取决于电路的输入信号。

应当注意到，只有在电路的稳态响应 $f_S(t)$ 存在的情况下，才能直接应用式（7-25）来求解零状态响应。并非所有电路在任何输入信号作用下都存在稳态响应，当电路的时间常数为负值时，或在某些特殊输入信号（如增长型指数信号）作用时，电路有可能不能建立稳定状态，这时电路可能不存在稳态响应 $f_S(t)$，这种情况下式（7-25）就不能直接应用。

## 第四节　一阶电路的全响应

### 一、全响应的求解

求解一阶电路的全响应的方法与一阶电路的零状态响应的求解方法基本相同，区别仅在于初始条件不同。应用时域分析法求解一阶电路全响应的具体步骤如下：

（1）根据换路定律，计算电容元件电压的初始值或电感元件电流的初始值，确定电路的初始条件；

（2）根据基尔霍夫定律和元件的伏安关系，建立描述换路后的电路的微分方程；

（3）求非齐次微分方程所对应的齐次微分方程的通解；

（4）求非齐次微分方程的特解，从而求得非齐次微分方程的通解；

（5）由电路的初始条件，确定通解中的积分常数，从而求得非齐次微分方程的特解——待求响应变量；

（6）由已求出的响应变量求出其他待求响应变量。

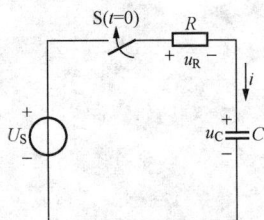

图 7-16　一阶电路的全响应

我们以图 7-16 所示电路为例，具体地说明全响应的求解方法。图中开关 S 在 $t = 0$ 时闭合，开关闭合前电容元件已充电，其电压为 $U_0$。试求 $t > 0$ 时的电压 $u_C$。

根据换路定律，求得电容元件电压的初始值为

$$u_C(0_+) = u_C(0_-) = U_0$$

根据 KVL 和元件的伏安关系，建立以电容元件电压 $u_C$ 为未知变量的微分方程，即

$$RC\frac{du_C}{dt} + u_C = U_S$$

此方程所对应的齐次微分方程的通解为

$$u''_C = A e^{-\frac{t}{\tau}}$$

其中，$\tau = RC$ 为电路的时间常数。

换路后电路达到稳态时，电容元件电压为

$$u_C(\infty) = U_S$$

因此，上述非齐次微分方程的一个特解为

$$u'_C = u_C(\infty) = U_S$$

非齐次微分方程的通解为

$$u_C = u'_C + u''_C = U_S + A e^{-\frac{t}{\tau}}$$

由电路的初始条件 $u_C(0_+) = U_0$ 得

$$U_S + A = U_0$$

所以

$$A = U_0 - U_S$$

从而得出

$$u_C = U_S + (U_0 - U_S) e^{-\frac{t}{\tau}} \quad (t > 0) \tag{7-26}$$

根据式（7-26）可知，开关 S 闭合后，可能出现三种情况：①$U_0 > U_S$，电容元件放电；②$U_0 < U_S$，电容元件充电；③$U_0 = U_S$，开关闭合后电路立即进入稳定状态。这三种情况下，$u_C$ 的变化曲线如图 7-17 所示。

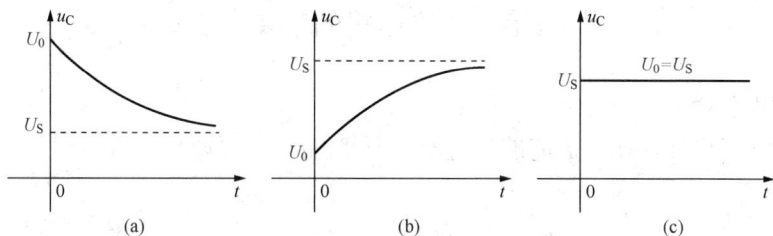

图 7-17　RC 电路全响应的变化曲线

（a）$U_0 > U_S$；（b）$U_0 < U_S$；（c）$U_0 = U_S$

## 二、全响应的分解

1. 全响应可分解为零输入响应和零状态响应的叠加

将 RC 电路中的全响应 $u_C$，即式（7-26），改写成

$$u_C = U_0 e^{-\frac{t}{\tau}} + U_S(1 - e^{-\frac{t}{\tau}}) \quad (t > 0)$$

可见，式中右边第一项 $U_0 e^{-\frac{t}{\tau}}$ 就是电路的零输入响应；右边第二项 $U_S(1 - e^{-\frac{t}{\tau}})$ 就是电路的零状态响应。由此可知，RC 电路的全响应等于零输入响应和零状态响应的叠加。这一结论可以推广到任意线性电路，对于任一线性电路，全响应等于零输入响应和零状态响应的叠加，即

$$全响应 = 零输入响应 + 零状态响应$$

因此，一阶线性定常电路的全响应可以表示为

$$\underbrace{f(t)}_{全响应} = \underbrace{f(0_+) e^{-\frac{t}{\tau}}}_{零输入响应} + \underbrace{f_S(t) - f_S(0_+) e^{-\frac{t}{\tau}}}_{零状态响应} \quad (t > 0) \tag{7-27}$$

将全响应分解为零输入响应和零状态响应的叠加，使我们看到了电路的响应与激励之间的因果关系。引起电路的响应的原因不仅有电路的输入，而且还有电路的初始状态。因此，电路的输入和电路的初始状态是电路的两种激励。这两类激励在线性电路中产生的响应符合于叠加定理，即它们共同作用所产生的响应等于它们单独作用时所产生的响应的叠加。所以，线性电路的全响应等于零输入响应和零状态响应的叠加。

2. 全响应可分解为暂态分量和稳态分量的叠加

从式（7-26）可以看出，其右边第一项 $U_S$ 是电路达到稳态后依然存在的响应，它是电路的稳态响应，即全响应的稳态分量；右边第二项 $(U_0 - U_S)e^{-\frac{t}{\tau}}$ 随时间的增长而逐渐衰减为零，它是仅在电路的暂态过程中存在的响应，称为全响应的暂态分量或瞬态分量。式（7-26）表明，一阶线性定常电路的全响应可以分解为稳态分量和暂态分量的叠加，即

$$\text{全响应} = \text{稳态分量} + \text{暂态分量}$$

根据这一结论和式（7-27），可将一阶线性定常电路的全响应分解为如下形式

$$\underbrace{f(t)}_{\text{全响应}} = \underbrace{f_S(t)}_{\text{稳态分量}} + \underbrace{[f(0_+) - f_S(0_+)]e^{-\frac{t}{\tau}}}_{\text{暂态分量}} \quad (t > 0) \tag{7-28}$$

把全响应分解为稳态分量和暂态分量，这种分解方法只适用于 $t \to \infty$ 时能够建立稳定状态的电路。若电路不能建立稳定状态，则电路的稳态响应不存在，因而无法把全响应分解为稳态分量和暂态分量。因此，式（7-28）只适用于能够建立起稳定状态的一阶线性定常电路。

# 第五节 一阶电路的三要素法

## 一、三要素公式

由前面的分析可知，换路后能够建立起稳定状态的一阶线性定常电路的全响应的一般表达式为

$$f(t) = f_S(t) + [f(0_+) - f_S(0_+)]e^{-\frac{t}{\tau}} \quad (t > 0) \tag{7-29}$$

式中，$f(t)$ 为电路的响应变量，它可以是电路中任一支路的电流，任意两节点间的电压；$f(0_+)$ 为响应变量的初始值；$f_S(t)$ 为响应变量的稳态分量；$f_S(0_+)$ 为响应变量稳态分量的初始值；$\tau$ 为电路的时间常数。

由此可知，一阶线性定常电路的全响应是由 $f_S(t)$、$f(0_+)$ 和 $\tau$ 三个量决定的，这三个量称为全响应的三要素。只要确定出这三个量的数值，就可以根据式（7-29）直接写出电路全响应的函数式，不必再建立电路方程，求解电路方程。式（7-29）称为三要素公式。求出三个要素，根据三要素公式直接写出全响应表达式，这种方法称为三要素法。

## 二、三要素的确定

应用三要素法求解电路响应的关键在于正确地计算出三个要素。关于初始值的计算，我们已在前面讨论了。下面分别介绍时间常数和稳态响应的计算方法。

1. 时间常数 $\tau$ 的计算

计算时间常数的方法如下：

（1）计算换路后的电路中从储能元件两端向其外部电路看进去的戴维南等效电路或诺顿等效电路的等效电阻 $R$。计算此等效电阻的具体方法已在第二章第九节中叙述。

（2）应用 RC 串联电路或 RL 串联电路的时间常数的计算公式 $\tau=RC$ 或 $\tau=\dfrac{L}{R}$，计算出电路的时间常数 $\tau$。

2. 稳态分量 $f_S(t)$ 及其初始值 $f_S(0_+)$ 的计算

计算响应变量的稳态分量和稳态分量的初始值的方法如下：

（1）画出换路后的稳定状态的等效电路。若换路后电路中的独立电源都是直流电源，则换路后达到稳态时的电路是一个直流稳态电路，电路中的电容元件相当于开路，电感元件相当于短路；将电容元件用开路替代，电感元件用短路替代，替代后的电路即为稳态等效电路。若换路后电路中的独立电源都是同频率的正弦交流电源，则换路后达到稳态时的电路是一个正弦稳态电路；这种情况下的稳态电路可用相量模型来表示。

（2）应用稳态电路的计算方法，计算稳态等效电路，求出待求响应变量的稳态分量 $f_S(t)$。

（3）将 $t=0_+$ 代入响应变量的稳态分量 $f_S(t)$ 的函数式中，求出稳态分量的初始值 $f_S(0_+)$。

### 三、三要素法的应用举例

**【例 7-7】**　图 7-18（a）所示电路换路前已达到稳态，$t=0$ 时开关闭合，试求 $t>0$ 时的电流 $i$。

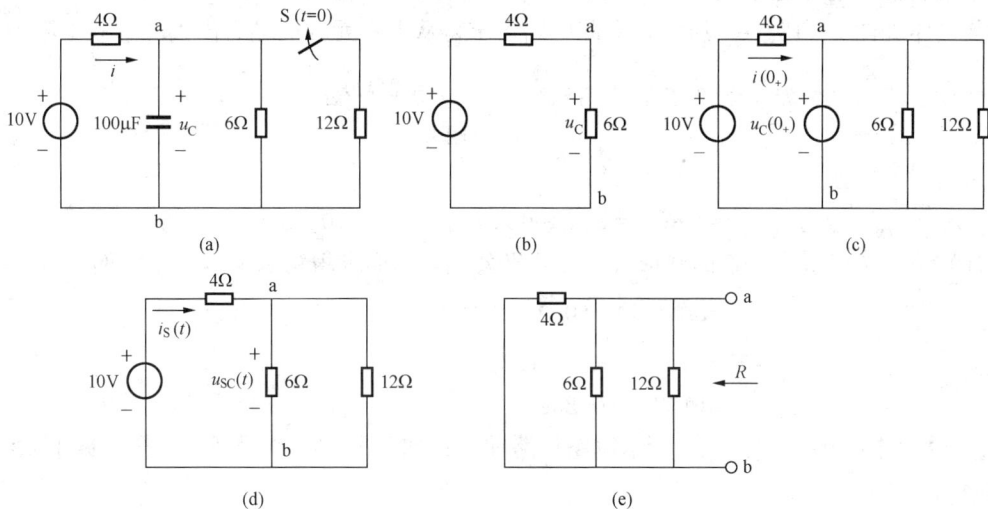

图 7-18　［例 7-7］的图

（a）原始电路；（b）换路前稳态等效电路；（c）$t=0_+$ 时的等效电路；（d）$t=\infty$ 时的等效电路；（e）求 $\tau$ 等效电路

**解**　（1）根据换路前的电路，计算换路前电容元件电压 $u_C$，将 $t=0_-$ 代入 $u_C$ 的表达式，从而确定 $u_C(0_-)$。本例中换路前的稳态电路中电容元件相当于开路，换路前的稳态等效电路如图 7-18（b）所示。由此电路可求得

$$u_C(t)=\frac{6}{4+6}\times10=6(\text{V})\qquad(t\leqslant0)$$

所以

$$u_C(0_-)=6\text{V}$$

（2）根据换路定律确定电容元件电压的初始值 $u_C(0_+)$。因为换路瞬间电容元件的电流不

是无穷大，所以

$$u_C(0_+) = u_C(0_-) = 6\text{V}$$

（3）画出 $t=0_+$ 时刻的等效电路，应用计算电阻性电路的方法，计算出响应变量的初始值。本例中 $t=0_+$ 时刻的等效电路如图 7-18（c）所示，由此电路可求得

$$i(0_+) = \frac{10-6}{4} = 1(\text{A})$$

（4）画出换路后的稳态等效电路，应用稳态电路的分析方法，计算出响应变量的稳态分量；将 $t=0_+$ 代入稳态分量的函数式，求得稳态分量的初始值。本例中，$t=\infty$ 时，电容元件相当于开路，此时的等效电路如图 7-18（d）所示。由此等效电路，可求得

$$i_S(t) = \frac{10}{4 + \dfrac{6 \times 12}{6 + 12}} = 1.25(\text{A})$$

所以

$$i_S(0_+) = 1.25\text{A}$$

（5）画出求 $\tau$ 的等效电路，计算出从储能元件两端向其外部电路看进去的戴维南等效电阻 $R$，进而求得电路的时间常数 $\tau = RC$ 或 $\tau = \dfrac{L}{R}$。将换路后的电路中的储能元件移去，并将电路中所有独立电源置零，经过这样处理后所得到的电路就是求 $\tau$ 的等效电路。本例中求 $\tau$ 的等效电路如图 7-18（e）所示，由此电路可求得从电容元件两端看出去的等效电阻为

$$R = \frac{1}{\dfrac{1}{4} + \dfrac{1}{6} + \dfrac{1}{12}} = 2(\Omega)$$

进而求得时间常数

$$\tau = RC = 2 \times 100 \times 10^{-6} = 2 \times 10^{-4}(\text{s})$$

（6）将所求得三个要素的数值代入三要素公式，从而求得待求响应变量。例中有

$$\begin{aligned}i &= i_S(t) + [i(0_+) - i_S(0_+)]\text{e}^{-\frac{t}{\tau}}\\&= [1.25 + (1 - 1.25)\text{e}^{-\frac{t}{2 \times 10^{-4}}}]\\&= (1.25 - 0.25\text{e}^{-5000t})(\text{A}) \qquad (t > 0)\end{aligned}$$

**【例 7-8】**　图 7-19（a）所示电路换路前已达到稳态，$t=0$ 时开关闭合，试求 $t>0$ 时电路中的电压 $u$。

**解**　（1）根据换路前的电路，计算换路前电感元件电流 $i_L(t)$，将 $t=0_-$ 代入 $i_L(t)$ 的表达式，从而确定 $i_L(0_-)$。本例中换路前稳态电路中电感元件相当于短路，换路前的稳态等效电路如图 7-19（b）所示。由此电路可求得

$$i_L(t) = \frac{3}{3+6} \times 3 = 1(\text{A}) \qquad (t \leqslant 0)$$

所以

$$i_L(0_-) = 1(\text{A})$$

（2）根据换路定律确定电感元件电流的初始值 $i_L(0_+)$。因为换路瞬间电感元件的电压不是无穷大，所以

$$i_L(0_+) = i_L(0_-) = 1\text{A}$$

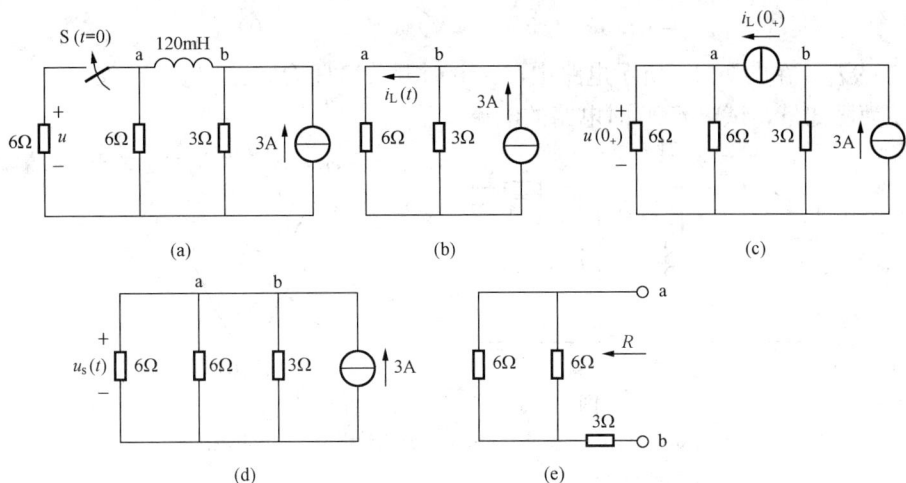

图 7 - 19　［例 7 - 8］的图

（a）原始电路；（b）换路前稳态等效电路；（c）$t=0_+$ 时的等效电路；
（d）$t=\infty$ 时的等效电路；（e）求 $\tau$ 等效电路

（3）画出 $t=0_+$ 时刻的等效电路，应用计算电阻性电路的方法，计算出响应变量的初始值。本例中 $t=0_+$ 时刻的等效电路如图 7 - 19（c）所示，由此电路可求得

$$u(0_+) = 1 \times \frac{1}{2} \times 6 = 3(\text{V})$$

（4）画出换路后的稳态等效电路，应用稳态电路的分析方法，计算出响应变量的稳态分量；将 $t=0_+$ 代入稳态分量的函数式，求得稳态分量的初始值。本例中，$t=\infty$ 时，电感元件相当于短路，此时的等效电路如图 7 - 19（d）所示。由此等效电路，可求得

$$u_{\text{S}}(t) = 3 \times \frac{1}{\frac{1}{6} + \frac{1}{6} + \frac{1}{3}} = 4.5(\text{V})$$

所以

$$u_{\text{S}}(0_+) = 4.5\text{V}$$

（5）画出求 $\tau$ 的等效电路，计算出从电感元件两端向其外部电路看进去的戴维南等效电阻 $R$，进而求得电路的时间常数 $\tau = \dfrac{L}{R}$。将换路后的电路中的电感元件移去，并将电路中所有独立电源置零，经过这样处理后所得到的电路就是求 $\tau$ 的等效电路。本例中求 $\tau$ 的等效电路如图 7 - 19（e）所示，由此电路求得从电感元件两端看出去的等效电阻为

$$R = 3 + \frac{1}{2} \times 6 = 6(\Omega)$$

进而求得时间常数

$$\tau = \frac{L}{R} = \frac{120 \times 10^{-3}}{6} = 20 \times 10^{-3}(\text{s})$$

（6）将所求得三个要素的数值代入三要素公式，从而求得待求响应变量。例中有

$$u = u_{\text{S}}(t) + [u(0_+) - u_{\text{S}}(0_+)]\text{e}^{-\frac{t}{\tau}}$$
$$= [4.5 + (3 - 4.5)\text{e}^{-\frac{t}{20 \times 10^{-3}}}]$$

$$= (4.5 - 1.5e^{-50t})(V) \qquad (t > 0)$$

**【例 7 - 9】** 在图 7 - 20 所示电路中，$t = 0$ 时开关 S 闭合，已知 $u_S = \sqrt{2}U\sin(\omega t + \psi_u)$，设 $R$ 和 $L$ 为已知量，试求 $t > 0$ 时电路的电流 $i$。

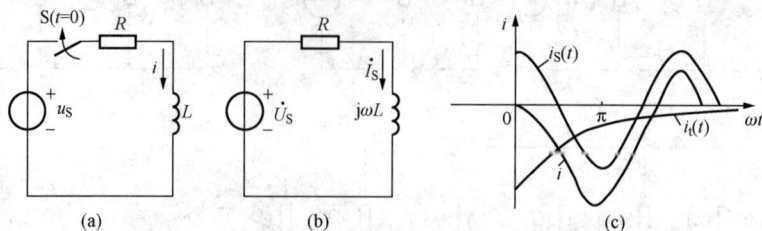

图 7 - 20 ［例 7 - 9］的图

(a) 原始电路；(b) 换路后的稳态电路相量模型；(c) 电流波形

**解** (1) 根据换路前的电路计算电感元件的电流 $i$，确定 $t = 0_-$ 时电感元件的电流 $i(0_-)$。开关闭合前，$i = 0$，所以

$$i(0_-) = 0$$

(2) 根据换路定律，确定电感元件电流的初始值 $i(0_+)$。因为开关闭合时电感元件的电压不可能是无穷大，所以

$$i(0_+) = i(0_-) = 0$$

(3) 画出换路后的稳态等效电路，应用稳态电路的分析方法，计算出响应变量的稳态分量；将 $t = 0_+$ 代入稳态分量的函数式中，求得稳态分量的初始值。本例中换路后的稳态电路是一个正弦电路，可用相量模型表示，如图 7 - 20 (b) 所示。该电路中的稳态响应可按正弦稳态电路的计算方法来求解。

电路的复阻抗为

$$Z = R + j\omega L = |Z| \angle \varphi$$

式中，$|Z| = \sqrt{R^2 + \omega^2 L^2}$；$\varphi = \arctan \dfrac{\omega L}{R}$。

电源电压的相量为

$$\dot{U}_S = U \angle \psi_u$$

稳态电流的相量为

$$\dot{I}_S = \frac{\dot{U}_S}{Z} = \frac{U \angle \psi_u}{|Z| \angle \varphi} = \frac{U}{|Z|} \angle (\psi_u - \varphi) = I \angle (\psi_u - \varphi)$$

其中，稳态电流的有效值为

$$I = \frac{U}{|Z|}$$

稳态电流的函数式为

$$i_S(t) = \sqrt{2}I\sin(\omega t + \psi_u - \varphi)$$

将 $t = 0_+$ 代入稳态电流的函数式，求得稳态电流的初始值为

$$i_S(0_+) = \sqrt{2}I\sin(\psi_u - \varphi)$$

(4) 计算换路后的电路的时间常数，即

$$\tau = \frac{L}{R}$$

（5）将所求得的三个要素的数值代入三要素公式，写出待求响应变量的表达式。电路电流的表达式为

$$i = i_S(t) + [i(0_+) - i_S(0_+)]e^{-\frac{t}{\tau}}$$
$$= \sqrt{2}I\sin(\omega t + \psi_u - \varphi) - \sqrt{2}I\sin(\psi_u - \varphi)e^{-\frac{t}{\tau}} \quad (t > 0)$$

从上式可以看出，RL 串联电路与正弦电压接通时，电路中电流的暂态分量的大小与开关闭合时电源电压的初相有关，也就是说，换路后电路的过渡过程与换路时电源电压的初相有关。若开关闭合时，有 $\psi_u = \varphi$，则电流的暂态分量为

$$i_t(t) = -\sqrt{2}I\sin(\psi_u - \varphi)e^{-\frac{t}{\tau}} = 0$$

所以，电路中的电流等于其稳态分量，即

$$i = i_S(t) = \sqrt{2}I\sin\omega t$$

这种情况下，电流中没有暂态分量。这表明，电路没有过渡过程，开关闭合后立即进入稳定状态。

若开关闭合时，有 $\psi_u - \varphi = 90°$，则电流的暂态分量为

$$i_t(t) = -\sqrt{2}I\sin(\psi_u - \varphi)e^{-\frac{t}{\tau}} = -\sqrt{2}Ie^{-\frac{t}{\tau}}$$

电路中的电流为

$$i = i_S(t) + i_t(t) = \sqrt{2}I\sin(\omega t + 90°) - \sqrt{2}Ie^{-\frac{t}{\tau}}$$
$$= \sqrt{2}I\cos\omega t - \sqrt{2}Ie^{-\frac{t}{\tau}} \quad (t > 0)$$

电流的波形如图 7-20（c）所示。从上式和波形图中可以看出，若电路的时间常数很大，电流的暂态分量衰减缓慢，则当 $\omega t = \pi$ 时，$i \approx -2\sqrt{2}I$。以上分析表明，若开关闭合时，$\psi_u - \varphi = 90°$，则合闸后电流的暂态分量的起始值最大，等于稳态分量的幅值；合闸后大约经过半个周期的时间，电路中电流的瞬时绝对值达到最大，其值接近于稳态电流幅值的两倍。

## 第六节　RLC 串联电路的零输入响应

我们以图 7-21 所示电路为例来说明二阶电路的分析方法及 RLC 串联电路暂态过程的特性。

图 7-21 所示电路中含有两个独立的储能元件，称为二阶电路。图中开关 S 在 $t=0$ 时打开，开关打开前电路达到稳态。

### 一、暂态过程的数学分析

二阶线性电路的时域分析的具体方法如下：

（1）选择合适的电路变量作为直接求解变量，根据基尔霍夫定律和元件的伏安关系，建立描述电路的微分方程。通常以电容元件电压 $u_C$ 或电感元件电流 $i_L$ 作为直接求解的变量，这里选择 $u_C$ 作为直接求解变量。在图示参考方向下，根据 KVL 得

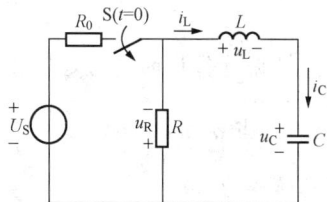
图 7-21　RLC 串联电路的零输入响应

$$u_L + u_R + u_C = 0$$

由元件的伏安关系得

$$u_{\mathrm{L}} = L\,\frac{\mathrm{d}i_{\mathrm{L}}}{\mathrm{d}t}$$

$$i_{\mathrm{L}} = i_{\mathrm{C}} = C\,\frac{\mathrm{d}u_{\mathrm{C}}}{\mathrm{d}t}$$

$$u_{\mathrm{R}} = Ri_{\mathrm{L}}$$

代入 KVL 方程，整理后得

$$LC\,\frac{\mathrm{d}^2 u_{\mathrm{C}}}{\mathrm{d}t} + RC\,\frac{\mathrm{d}u_{\mathrm{C}}}{\mathrm{d}t} + u_{\mathrm{C}} = 0 \tag{7-30}$$

　　(2) 根据换路定律，确定电路的初始条件。根据换路前的电路，求出换路前电容元件的电压和电感元件的电流，确定 $t=0_-$ 时电容元件的电压和电感元件的电流。对于图 7-21 所示电路，有

$$u_{\mathrm{C}}(0_-) = \frac{R}{R_0 + R}U_{\mathrm{S}} = U_0$$

$$i_{\mathrm{L}}(0_-) = 0$$

　　根据换路定律，确定电容元件电压和电感元件电流的初始值为

$$u_{\mathrm{C}}(0_+) = u_{\mathrm{C}}(0_-) = U_0$$

$$i_{\mathrm{L}}(0_+) = i_{\mathrm{L}}(0_-) = 0$$

　　(3) 求齐次微分方程的通解。式 (7-30) 是一个二阶线性常系数齐次微分方程。由高等数学可知，求其通解的过程如下：

　　写出微分方程的特征方程，即

$$LCS^2 + RCS + 1 = 0$$

求出特征方程的特征根为

$$\left.\begin{array}{l} S_1 = -\dfrac{R}{2L} + \sqrt{\left(\dfrac{R}{2L}\right)^2 - \dfrac{1}{LC}} \\[3mm] S_2 = -\dfrac{R}{2L} - \sqrt{\left(\dfrac{R}{2L}\right)^2 - \dfrac{1}{LC}} \end{array}\right\}$$

我们定义：$a = -\dfrac{R}{2L}$，称为阻尼系数；$\omega_0 = \dfrac{1}{\sqrt{LC}}$，称为谐振角频率。于是有

$$\left.\begin{array}{l} S_1 = -a + \sqrt{a^2 - \omega_0^2} \\[2mm] S_2 = -a - \sqrt{a^2 - \omega_0^2} \end{array}\right\}$$

　　根据特征根的情形，写出齐次微分方程的通解：

　　1) 当 $a > \omega_0$，即 $R > 2\sqrt{\dfrac{L}{C}}$ 时，称为过阻尼，$S_1$ 和 $S_2$ 为两个不相等的负实数，微分方程的通解为

$$u_{\mathrm{C}} = A_1 \mathrm{e}^{S_1 t} + A_2 \mathrm{e}^{S_2 t} \tag{7-31}$$

　　2) 当 $a = \omega_0$，即 $R = 2\sqrt{\dfrac{L}{C}}$ 时，称为临界阻尼，$S_1$、$S_2$ 为两个相等的负实数，即

$$S_1 = S_2 = -a$$

这种情况下微分方程的通解为

$$u_{\mathrm{C}} = (A_1 + A_2 t)\mathrm{e}^{-at} \tag{7-32}$$

3）当 $a < \omega_0$，即 $R < 2\sqrt{\dfrac{L}{C}}$ 时，称为欠阻尼，$S_1$、$S_2$ 为一对共轭复数，即

$$S_1 = -a + j\omega_d, S_2 = -a - j\omega_d$$

式中，$\omega_d = \sqrt{\omega_0^2 - a^2}$，称为自由谐振角频率。

这种情况下微分方程的通解为

$$u_C = A_1 e^{S_1 t} + A_2 e^{S_2 t}$$

也可写成

$$u_C = A_1 e^{-at} \cos \omega_d t + A_2 e^{-at} \sin \omega_d t$$

或

$$u_C = A e^{-at} \sin(\omega_d t + \psi) \qquad (7 \text{-} 33)$$

4）当 $a = 0$ 及 $R = 0$ 时，称为无阻尼或无损耗，$S_1$、$S_2$ 为模相等的两个虚数，即

$$S_1 = j\omega_0, S_2 = -j\omega_0$$

这种情况下微分方程的通解为

$$u_C = A \sin(\omega_0 t + \psi) \qquad (7 \text{-} 34)$$

（4）根据电路的初始条件，确定微分方程通解中的积分常数，从而求出微分方程的特解——待求响应变量，再由此响应求出其他响应变量。

1）过阻尼情况。根据初始条件：$u_C(0_+) = U_0$，$i_L(0_+) = 0$，由式（7-31）可得

$$u(0_+) = A_1 + A_2 = U_0$$
$$\left. i_L(0_+) = i_C(0_+) = C\frac{du_C}{dt}\right|_{t=0_+} = CS_1 A_1 + CS_2 A_2 = 0 \Bigg\}$$

求解上述方程组，可得

$$A_1 = -\frac{S_2}{S_1 - S_2} U_0 \Bigg\}$$
$$A_2 = \frac{S_1}{S_1 - S_2} U_0$$

将上边两式代入式（7-31），得到微分方程的特解，即电容元件电压的表达式为

$$u_C = -U_0 \frac{S_2}{S_1 - S_2} e^{S_1 t} + U_0 \frac{S_1}{S_1 - S_2} e^{S_2 t}$$
$$= \frac{U_0}{S_2 - S_1}(S_2 e^{S_1 t} - S_1 e^{S_2 t}) \quad (t > 0) \qquad (7 \text{-} 35)$$

进而求得

$$i_L = i_C = C\frac{du_C}{dt} = \frac{U_0}{L(S_2 - S_1)}(e^{S_1 t} - e^{S_2 t}) \quad (t > 0) \qquad (7 \text{-} 36)$$

$$u_L = L\frac{di_L}{dt} = \frac{U_0}{S_2 - S_1}(S_1 e^{S_1 t} - S_2 e^{S_2 t}) \quad (t > 0) \qquad (7 \text{-} 37)$$

$$u_R = Ri_L = \frac{RU_0}{L(S_2 - S_1)}(e^{S_1 t} - e^{S_2 t}) \quad (t > 0) \qquad (7 \text{-} 38)$$

$u_C$、$u_L$、$u_R$ 和 $i_L$ 的波形如图 7-22 所示，图中 $t_m$ 是电流 $i_L$ 绝对值达到最大值的时刻。由 $\dfrac{di_L}{dt} = 0$ 可确定，$t_m = \dfrac{1}{S_1 - S_2}\ln\dfrac{S_2}{S_1}$。由 $\dfrac{du_L}{dt} = 0$ 可确定，$t = 2t_m$ 时，$u_L$ 达到极大值。

2）临界阻尼情况。根据初始条件：$u_C(0_+) = U_0$，$i_L(0_+) = 0$，由式（7-32）可得

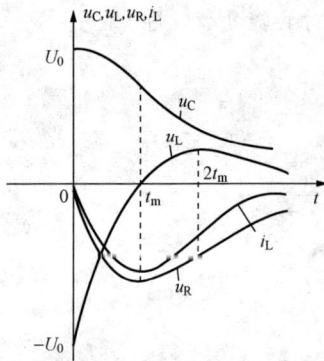

图 7-22　过阻尼情况下的
$u_C$、$u_L$、$u_R$ 和 $i_L$ 的波形

$$u_C(0_+) = A_1 = U_0$$

$$i_L(0_+) = i_C(0_+) = C\frac{du_C}{dt}\Big|_{t=0_+} = -aA_1 + A_2 = 0$$

求解上述方程组，可得

$$A_1 = U_0$$
$$A_2 = aU_0$$

将上边两式代入式（7-32），得到微分方程的特解，即电容
元件电压的表达式为

$$u_C = U_0(1+at)e^{-at} \quad (t>0) \qquad (7-39)$$

求得其他响应分别为

$$i_L = i_C = C\frac{du_C}{dt} = -\frac{U_0}{L}te^{-at} \quad (t>0) \qquad (7-40)$$

$$u_L = L\frac{di_L}{dt} = U_0(at-1)e^{-at} \quad (t>0) \qquad (7-41)$$

$$u_R = Ri_L = -\frac{R}{L}U_0te^{-at} \quad (t>0) \qquad (7-42)$$

$u_C$、$u_L$、$u_R$ 和 $i_L$ 的波形如图 7-23 所示。由 $\frac{di_L}{dt}=0$ 可确定 $t=\frac{1}{a}$，此时电流 $i_L$ 绝对值

达到最大值。由 $\frac{du_L}{dt}=0$，可确定 $t=\frac{2}{a}$，此时 $u_L$ 具有极大值。

3）欠阻尼情况。根据初始条件：$u_C(0_+)=U_0$，$i_L(0_+)=$
0，由式（7-33）可得

$$u_C(0_+) = A\sin\psi = U_0$$
$$i_L(0_+) = -aA\sin\psi + A\omega_d\cos\psi = 0$$

解上述方程组得

$$A = U_0\frac{\omega_0}{\omega_d}$$
$$\psi = \arctan\frac{\omega_d}{a}$$

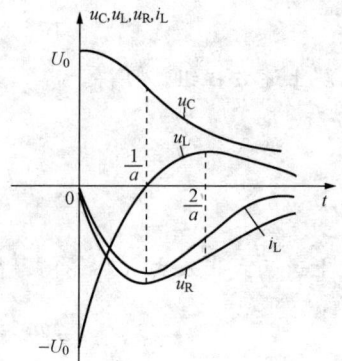

图 7-23　临界阻尼情况下的
$u_C$、$u_L$、$u_R$ 和 $i_L$ 的波形

将上边两式代入式（7-33），得到

$$u_C = \frac{\omega_0}{\omega_d}U_0e^{-at}\sin(\omega_dt+\psi) \quad (t>0) \qquad (7-43)$$

由 $u_C$ 可求得

$$i_L = i_C = C\frac{du_C}{dt} = -\frac{U_0}{L\omega_d}e^{-at}\sin\omega_dt \quad (t>0) \qquad (7-44)$$

进而求得

$$u_R = Ri_L = -\frac{RU_0}{L\omega_d}e^{-at}\sin\omega_dt \quad (t>0) \qquad (7-45)$$

$$u_L = L\frac{di_L}{dt} = \frac{\omega_0}{\omega_d}U_0e^{-at}\sin(\omega_dt-\psi) \quad (t>0) \qquad (7-46)$$

$u_C$、$u_L$、$u_R$ 和 $i_L$ 的波形如图 7-24 所示。

4）无损耗情况。根据初始条件：$u_C(0_+)=U_0$，$i_L(0_+)=0$，由式（7-34）可得

$$\left.\begin{array}{r} A\sin\psi = U_0 \\ C\omega_0 A\cos\psi = 0 \end{array}\right\}$$

解上边方程组得

$$\left.\begin{array}{r} A = U_0 \\ \psi = 90° \end{array}\right\}$$

将上边两式代入式（7-34）得

$$u_C = U_0\sin(\omega_0 t + 90°)\quad(t>0)\quad(7\text{-}47)$$

由 $u_C$ 可求得

$$i_L = i_C = C\frac{\mathrm{d}u_C}{\mathrm{d}t} = -\frac{U_0}{L\omega_0}\sin\omega_0 t\quad(t>0)$$

$$(7\text{-}48)$$

进而求得

$$u_L = L\frac{\mathrm{d}i_L}{\mathrm{d}t} = U_0\sin(\omega_0 t - 90°)\quad(t>0)$$

$$(7\text{-}49)$$

$$u_R = Ri_L = 0\quad(t>0)\qquad\qquad(7\text{-}50)$$

$u_C$、$u_L$ 和 $i_L$ 的波形如图7-25所示。

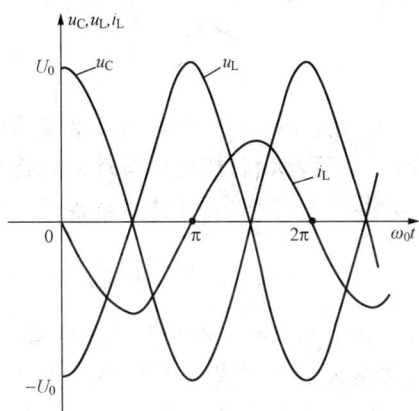

图7-24　欠阻尼情况下的 $u_C$、$u_L$、$u_R$ 和 $i_L$ 的波形

## 二、物理过程分析

### 1. 过阻尼情况

从式（7-35）、式（7-36）和波形图7-22可见，在图7-21所示参考方向下，在 $0<t<\infty$ 期间，$u_C>0$，$i_L = i_C \leqslant 0$。这表明，换路后 $u_C$ 和 $i_C$ 的实际方向相反，电容元件始终发出功率，输出电能，电容元件一直处于放电状态。这是因为，换路后电路脱离电源，电路中无电源激励，电路中的电流是由初始条件激励产生的，即在电容元件电压初始值 $u_C(0_+)$ 的作用下产生的，因而换路后电容元件始终释放能量。放电过程中，电容元件上的电荷不断减少，它所储存的电场能量逐渐减少，直至为零。因此，过渡过程中电容元件电压 $u_C$ 从 $U_0$ 开始单调减小，直至消失；电路中的电流 $i_C$ 是单一方向的，$t\to\infty$ 时，电流也等于零。

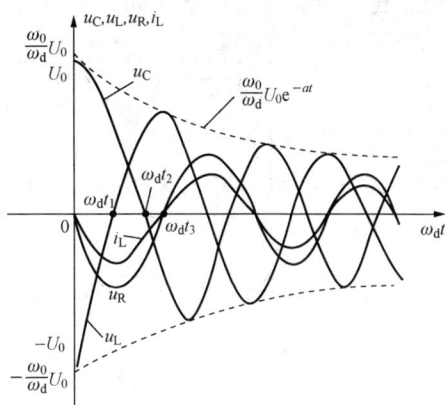

图7-25　无损耗情况下的 $u_C$、$u_L$ 和 $i_L$ 的波形

此放电过程可分为 $0<t<t_m$ 和 $t>t_m$ 两个阶段。$0<t<t_m$ 阶段，电路中电流逐渐减小（其绝对值增大），电流的变化率为负，且变化率的绝对值逐渐减小，因而电感元件的电压 $u_L = L\frac{\mathrm{d}i_L}{\mathrm{d}t} < 0$，$u_L$ 逐渐上升（其绝对值减小）。这期间 $u_L$ 和 $i_L$ 的实际方向相同，表明电感元件吸收功率。电流绝对值增大，表明电感元件的磁场增强，所储存的磁场能量增加。电阻元件的电流和电压的实际方向总是一致的，它总是吸收功率，消耗电能。由以上分析可知，在 $0<t<t_m$ 阶段电容元件释放出来的电场能量，一部分转化为磁场能量储存于电感元件之中，另一部分以发热的形式消耗于电阻元件之中。图7-26（a）展示了 $0<t<t_m$ 期间电路内能量的转换

过程，图中所示电压和电流的方向为实际方向。

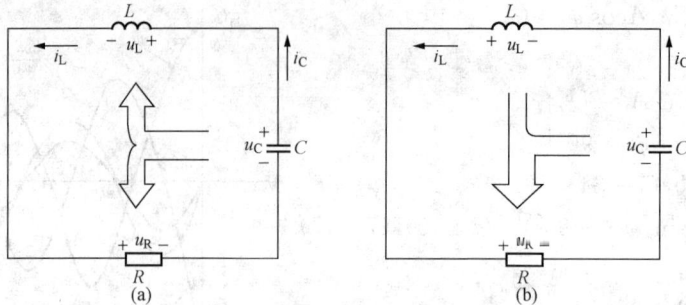

图 7 - 26　过阻尼情况下的能量转换过程

(a) $0<t<t_m$；(b) $t>t_m$

$t>t_m$ 阶段，电容元件继续放电，其电压 $u_C$ 继续下降。电路中的电流 $i_C$ 依然为负，但其绝对值减小，变化率为正。因此，电感元件的电压 $u_L$ 为正，$u_L$ 和 $i_L$ 的实际方向相反，电感元件发出功率，释放能量。从电流数值的变化情况来看，电流 $i_L$ 的绝对值减小，表明电感元件中的磁场减弱，它所储存的磁场能量减少，释放磁能。可见，在 $t>t_m$ 阶段，电容元件和电感元件同时释放能量，它们同时向电阻元件提供能量。它们所释放出来的磁场能量和电场能量在电阻元件中转换为热能而耗散掉。图 7 - 26 (b) 展示了 $t>t_m$ 阶段电路中的能量转换过程。

在过阻尼情况下，电容元件始终处于放电状态。放电过程中电容元件上的电压和电路中的电流大小变化而方向不变，它们的变化是非周期性的。过渡过程中电容元件与电感元件之间的能量传递是单向的，而不是往返的周期性的互换。因此，这种过程称为非周期放电过程或非振荡放电过程。

2. 临界阻尼情况

从图 7 - 22 和图 7 - 23 可以看出，临界阻尼情况下 $u_C$、$u_L$、$u_R$ 和 $i_L$ 的波形与过阻尼情况下相应的波形是相似的。因此，临界阻尼情况下，电路中所发生的物理过程与过阻尼情况下电路中的物理过程也是类似的。临界阻尼情况下，电路中的过渡过程仍是非周期性的，非振荡的，称为临界的非振荡放电过程。

3. 欠阻尼情况

从式 (7 - 43) ～式 (7 - 46) 及图 7 - 24 所示的 $u_C$、$u_L$、$u_R$ 和 $i_L$ 的波形图可以看出，欠阻尼情况下，电路中的电压和电流幅值都是按指数规律衰减的正弦量。在整个过渡过程中，电容元件反复交替地进行"充电"与"放电"，电感元件反复交替地进行"增磁"与"减磁"，电容元件与电感元件之间进行着往返的周期性的能量互换，这种现象称为电磁振荡。在这种振荡过程中，由于电路中没有电源补充能量，且电路中的电阻不断地消耗能量，因此，电路中所储存的能量将逐渐减少，直至能量全部消耗殆尽，振荡便告终结。这一物理性质反映为电路中的电压和电流的幅值逐渐减小，直至为零。欠阻尼情况下，电路中的过渡过程为减幅振荡过程或阻尼振荡过程。

阻尼振荡过程中的能量转换关系，以半个周期情况而论，可分三个阶段来讨论。在第一阶段，即在 $0<t<t_1$ 期间，$u_C>0$，$i_L=i_C<0$，$u_L<0$。这期间 $u_C$ 和 $i_C$ 的实际方向相反，电容元件发出功率，电容元件放电，电场能减少；$u_L$ 和 $i_L$ 的实际方向相同，电感元件吸收功率，电感元件中的磁场能量增加。这阶段电容元件释放出来的能量，一部分转化为磁场能量

储存于电感元件之中，另一部分被电阻元件吸收，转变为热能而耗散。这阶段电路中的能量转换过程如图 7-27（a）所示。

在第二阶段，即在 $t_1 < t < t_2$ 期间，$u_C > 0$，$u_L > 0$，$i_L = i_C < 0$。这期间 $u_C$ 和 $i_C$ 的实际方向依然相反，电容元件继续放电；$u_L$ 和 $i_L$ 的实际方向相反，电感元件发出功率，电感元件中的磁场能量减少。这阶段电容元件和电感元件均释放能量，它们所提供的能量均为电阻所消耗。这阶段电路中的能量转换过程如图 7-27（b）所示。

第三阶段，即在 $t_2 < t < t_3$ 期间，$u_C < 0$，$u_L > 0$，$i_L = i_C < 0$。这期间 $u_C$ 和 $i_C$ 的实际方向相同，电容元件吸收功率，反向充电，电场能增加；$u_L$ 和 $i_L$ 的实际方向仍相反，电感元件发出功率，电感元件中的磁场能量继续减少，直至 $t = t_3$ 时，$i_L = 0$，磁场能为零。这阶段电感元件所释放出来的能量，一部分转化为电场能量储存于电容元件之中，另一部分被电阻元件吸收并转换为热能而耗散。这阶段电路中的能量转换过程如图 7-27（c）所示。在 $t = t_3$ 后，进入另一半周期，电容元件继续反向充电，物理过程与上述第一半周期相似，电路中的能量转化过程开始了一个新的循环。如此周而复始，循环往复，直至电路中的能量全部被电阻元件消耗殆尽，过渡过程才告结束。

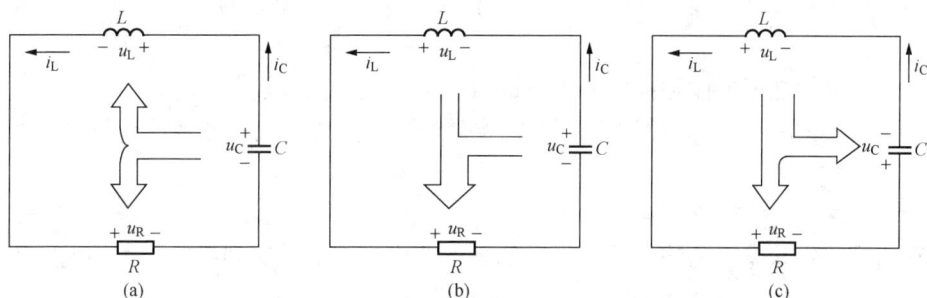

图 7-27 欠阻尼情况下的能量转换过程

(a) $0 < t < t_1$；(b) $t_1 < t < t_2$；(c) $t_2 < t < t_3$

4. 无损耗情况

从式（7-47）～式（7-50）及图 7-25 所示 $u_C$、$u_L$ 和 $i_L$ 的波形图可以看出，无损耗情况下 $u_C$、$u_L$ 和 $i_L$ 为幅值恒定的正弦量。这种情况下，电容元件与电感元件之间永不停息地进行着往返的周期性的能量互换。因为，电路中没有电阻元件，没有能量损耗，所以，电场总能量才能保持不变，能量互换才能永不停止，电路中的电流和电压的幅值才会不衰减。无阻尼情况下的电磁振荡过程称为无阻尼振荡过程或等幅振荡过程。

# 本 章 小 结

1. 换路定律

换路定律的内容：若换路瞬间电容元件的电流为有限值，则电容元件的电压在换路瞬间不可能发生跃变；若换路瞬间电感元件的电压为有限值，则电感元件的电流在换路瞬间不可能发生跃变。

换路定律的数学表达式为

$$u_C(0_+) = u_C(0_-)$$

$$i_L(0_+) = i_L(0_-)$$

**2. 初始值的计算**

(1) 由换路前的电路计算出电容元件的电压 $u_C$ 和电感元件的电流 $i_L$，确定它们在 $t = 0_-$ 时的值 $u_C(0_-)$ 和 $i_L(0_-)$；

(2) 根据换路定律，确定电容元件电压和电感元件电流的初始值 $u_C(0_+)$ 和 $i_L(0_+)$；

(3) 画出换路后初始瞬间（即 $t=0_+$ 时刻）的等效电路，在等效电路中，原电路中的电容元件用 个电压为 $u_C(0_+)$ 的电压源替代，申感元件用电流为 $i_L(0_+)$ 的电流源替代；

(4) 采用计算电阻性电路的方法，计算换路后初始瞬间的等效电路，求出所需要的电路变量的初始值。

**3. 时间常数 $\tau$**

时间常数 $\tau$ 就是按衰减型指数函数 $Ae^{-\frac{t}{\tau}}$ 衰减的物理量，从其任一数值开始，衰减到原来值的 $1/e$（约 $36.8\%$）所需要的时间。时间常数 $\tau$ 越小，$Ae^{-\frac{t}{\tau}}$ 衰减越快。

一阶 RC 电路的时间常数 $\tau=RC$；一阶 RL 电路的时间常数 $\tau=L/R$。对于只含有一个储能元件的电路或经等效变换能够变换为只有一个储能元件的电路，计算时间常数的方法如下：

(1) 计算从储能元件两端向其外部电路看讲去的戴维南等效电阻 $R$；

(2) 应用 RC 电路的时间常数计算公式 $\tau=RC$ 或 RL 电路的时间常数计算公式 $\tau=L/R$，计算出时间常数 $\tau$。

**4. 电路的稳态响应**

电路达到稳定状态时的响应称为电路的稳态响应。不能够达到稳定状态的电路不存在稳态响应。稳态响应的计算方法如下：

(1) 画出换路后的稳态等效电路；

(2) 应用稳态电路的计算方法，如应用直流稳态电路、正弦稳态电路的计算方法，计算换路后的稳态等效电路，求得待求的稳态响应。

**5. 用经典法分析动态电路过渡过程的一般步骤**

(1) 根据换路定律，确定电路的初始条件；

(2) 根据基尔霍夫定律和元件的伏安特性，建立描述换路后的电路的微分方程；

(3) 求解微分方程，求出微分方程的通解；

(4) 根据电路的初始条件，确定通解中的积分常数，从而求得微分方程的特解，即求得电路的响应；

(5) 由直接求解的电路响应求得其他待求响应。

**6. 一阶电路全响应的分解**

$$全响应 = 零输入响应 + 零状态响应$$
$$全响应 = 暂态分量 + 稳态分量$$

**7. 一阶电路的三要素法**

三要素公式为

$$f(t) = f_S(t) + [f(0_+) - f_S(0_+)]e^{-\frac{t}{\tau}} \quad (t > 0)$$

式中，$f(t)$ 为待求变量；$f_S(t)$ 为待求变量的稳态分量；$f(0_+)$ 为待求变量的初始值；$f_S(0_+)$

为待求变量稳态分量的初始值；$\tau$ 为电路的时间常数。

三要素法：求出响应变量的三要素 $f_S(t)$、$f(0_+)$ 和 $\tau$，根据三要素公式直接写出响应变量。

8. 二阶 RLC 电路

用经典法分析二阶电路过渡过程的一般步骤与分析一阶电路的一般步骤相同。二阶线性定常 RLC 电路的过渡过程可分为四种情况：过阻尼情况（非振荡情况）、临界阻尼情况（临界非振荡情况）、欠阻尼情况（衰减振荡情况）和无损耗情况（无阻尼振荡情况或等幅振荡情况）。RLC 串联电路零输入情况下的过渡过程为：

(1) $R > 2\sqrt{\dfrac{L}{C}}$ 时，为非振荡放电过程或过阻尼放电过程；

(2) $R = 2\sqrt{\dfrac{L}{C}}$ 时，为临界非振荡放电过程或临界阻尼放电过程；

(3) $R < 2\sqrt{\dfrac{L}{C}}$ 时，为衰减振荡放电过程或欠阻尼放电过程；

(4) $R = 0$ 时，为等幅振荡过程或无阻尼振荡过程。

习　　题

7-1　下列说法中错误的是（　　）

A. 只当电路结构或元件参数突然改变时，电路中才可能产生过渡过程。

B. 对于含有储能元件的电路，当电路结构或元件参数突然改变时，电路中一定会产生过渡过程。

C. 电路的过渡过程实质上就是电路中能量转移、转换和重新分布的过程。

D. 能量不能跃变是电路产生过渡过程的根源。

7-2　若电路（指线性定常电路）中所有元件都不可能提供无穷大功率，则下列关于电路中的物理量在换路瞬间的变化情况的说法中错误的是（　　）

A. 电容电流和电感电压是不能跃变的。

B. 电阻上的电压和电流是能跃变的。

C. 电压源的电流、电流源的电压是能跃变的。

D. 各个元件的功率都是能跃变的，但是它们所吸收或发出的能量是不能跃变的。

7-3　如果一个电路（指线性定常电路）中的所有元件在换路瞬间的功率均不可能为无穷大，则换路瞬间该电路中的电感电流和电容电压（　　）

A. 一定不会跃变。

B. 一定会跃变。

C. 可能跃变，也可能不跃变。

7-4　下列关于一阶电路的时间常数的说法中错误的是（　　）

A. 时间常数 $\tau$ 的大小只取决于电路结构和元件参数，而与激励数值无关。

B. 在同一个一阶电路中，决定各个电压和电流的暂态分量衰减速率的时间常数都是相同的。

C. 对于 RC 和 RL 串联电路，$R$ 越大，它们的时间常数 $\tau$ 越大。

D. 对于只含有一个储能元件的电路，决定其时间常数 $\tau$ 的电阻 $R$ 就是接在储能元件两端的二端网络的戴维南等效电阻。

7-5　下列关于一阶线性定常电路的响应分量的说法中错误的是（　　）

  A. 电路中各响应的稳态分量只与电路结构、元件参数及输入信号有关，而与电路的初始状态无关。

  B. 电路中各响应的暂态分量任何瞬时的数值以及它随时间变化的规律只取决于电路结构、元件参数及初始条件而与输入信号无关。

  C. 电路中各响应的零输入响应分量只与电路的初始状态、电路结构及元件参数有关而与输入信号无关。

  D. 电路中各响应的零状态响应分量只与电路结构、元件参数及输入信号有关，而与电路的初始状态无关。

7-6　下列关于动态电路的阶数的说法中错误的是（　　）

  A. 动态电路的阶数等于电路中的动态元件个数。

  B. 动态电路的阶数等于描述动态电路的微分方程的阶数。

  C. 动态电路的阶数等于电路的独立的初始条件数目。

  D. 动态电路的阶数等于电路的状态变量的数目（状态矢量中元素的个数）。

7-7　RLC 串联电路中 $R=3\Omega$，$L=2H$，$C=1F$，该电路在初始条件不为零的情况下发生短路，短路后的电路中的电压和电流是（　　）

  A. 非振荡的。　　　　　　　　　　B. 临界非振荡的。

  C. 减幅振荡的。　　　　　　　　　　D. 等幅振荡的。

7-8　图 7-28 所示各电路在 $t=0$ 时换路，试求各电路中所标示的电压、电流的初始值。

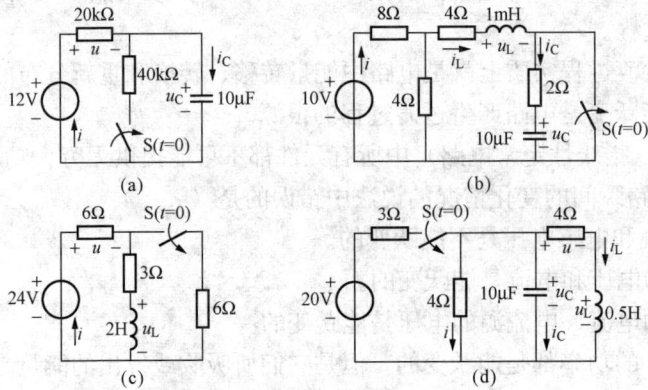

图 7-28　习题 7-8 的图

7-9　在图 7-29 所示电路中，$t<0$ 时开关 S 合在位置 1，电路处于稳定状态，$t=0$ 时开关 S 合向位置 2。已知 $U_S=5V$，$R_1=250\Omega$，$R_2=1000\Omega$，$R_3=1000\Omega$，$C=10\mu F$，试求换路后的 $u_C$ 和 $i_C$，并画出其波形。

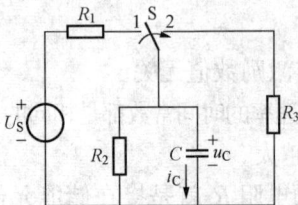

图 7-29　习题 7-9 的图　　　　图 7-30　习题 7-10 的图　　　　图 7-31　习题 7-11 的图

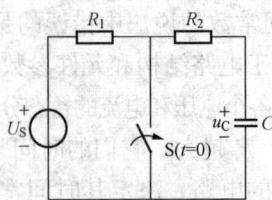

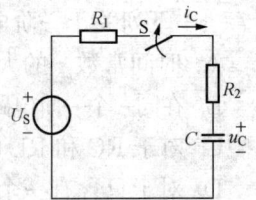

7-10　图7-30所示电路中，$U_S=120\text{V}$，$R_1=R_2=10\Omega$，$C=100\mu\text{F}$，$t=0$时开关S闭合，试求：

(1) 开关闭合后的$u_C$；

(2) $u_C$降低至$100\text{V}$所需要的时间。

7-11　图7-31所示电路中，$U_S=10\text{V}$，$R_1=3\text{k}\Omega$，$R_2=2\text{k}\Omega$，$C=10\mu\text{F}$，$t=0$时开关S闭合，$u_C(0_-)=0$。求开关S闭合后的$u_C$和$i_C$，并画出其波形。

7-12　图7-32所示电路中，电源电压$U_S=220\text{V}$，$R$、$L$分别为一电感线圈的电阻和电感，$R=4\Omega$，$L=2\text{H}$，放电电阻$R_f=40\Omega$。V是一理想二极管，正常工作时（开关S闭合时），二极管在反向电压作用下，处于截止状态；当开关S断开时，电感线圈放电，二极管导通。试求：

(1) 开关S断开后的$i$和$u$，并画出其波形；

(2) 若其他参数不变，仅改变放电电阻$R_f$，使开关S断开后的最初瞬时线圈电压不超过正常工作电压的5倍，$R_f$的取值范围如何？

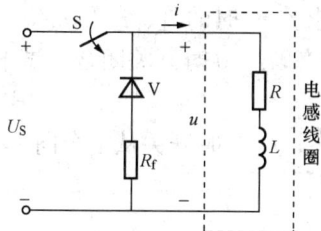

图7-32　习题7-12的图

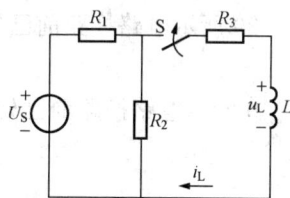

图7-33　习题7-13的图

7-13　图7-33所示电路中，$U_S=24\text{V}$，$R_1=R_2=4\Omega$，$R_3=6\Omega$，$L=0.4\text{H}$，开关S在$t=0$时闭合，$i_L(0_-)=0$。试求：

(1) 开关闭合后的$u_L$和$i_L$，并画出其波形；

(2) $i_L$升至$1\text{A}$所需要的时间。

7-14　图7-34 (a) 所示电路中，N为一直流电压源与一个电阻串联组成的二端网络，$C=5\mu\text{F}$，$u_C(0_-)=0$，$t=0$时开关S闭合，开关闭合后的电流随时间按指数规律衰减，其波形如图7-34 (b) 所示，试确定网络N中两元件的参数。

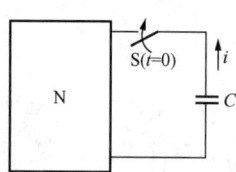

(a)

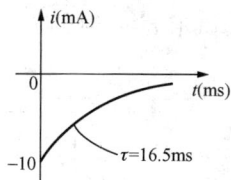

(b)

图7-34　习题7-14的图

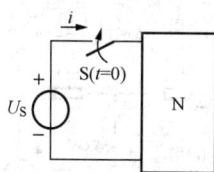

(a)

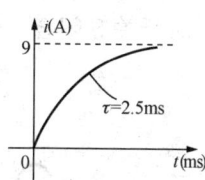

(b)

图7-35　习题7-15的图

7-15　图7-35 (a) 所示电路中，网络N为一个动态元件与一个电阻元件串联组成的二端网络，电压源电压$U_S=36\text{V}$，$t=0$时开关S闭合，开关闭合前动态元件无储能，开关闭合后，电流$i$的波形如图7-35 (b) 所示，试确定网络N中两元件的参数。

7-16　图 7-36 所示电路原来处于稳态，$t=0$ 时开关 S 闭合。已知 $U_S=24V$，$R_1=10k\Omega$，$R_2=30k\Omega$，$C=2\mu F$，试求换路后的 $u_C$ 和 $i_1$。

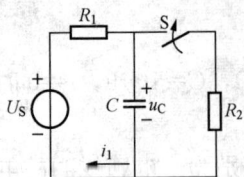

图 7-36　习题 7-16 的图　　图 7-37　习题 7-17 的图　　图 7-38　习题 7-18 的图

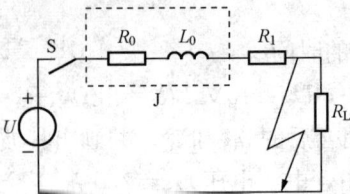

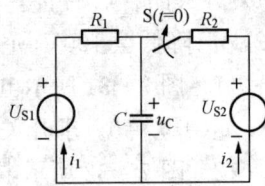

7-17　图 7-37 所示电路中的 J 为电流继电器的铁心线圈，当通过其中的电流达到 30A 时，它将动作，使开关 S 断开，让输电线脱离电源，从而起到保护作用。若负载电阻 $R_L=20\Omega$，输电线电阻 $R_1=1\Omega$，继电器线圈电阻 $R_0=1\Omega$，线圈电感 $L_0=0.2H$，电源的电压为 220V。试问当负载短路时，继电器经过多长时间才能动作？

7-18　在图 7-38 所示电路中，$U_{S1}=12V$，$U_{S2}=6V$，$C=500\mu F$，$R_1=6\Omega$，$R_2=3\Omega$。$t=0$ 时开关 S 闭合，开关闭合前电路已处稳态。试求 $t>0$ 时的 $i_1$、$i_2$ 和 $u_C$。

7-19　图 7-39 所示电路换路前已处于稳定状态，$t=0$ 时开关闭合，试求 $t>0$ 时电路中的电压 $u$。

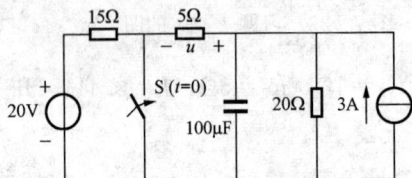

7-20　图 7-40 所示电路换路前已处于稳定状态，$t=0$ 时开关从 1 合向 2，试求 $t>0$ 时电路中的电压 $u$。

图 7-39　习题 7-19 的图　　　　图 7-40　习题 7-20 的图

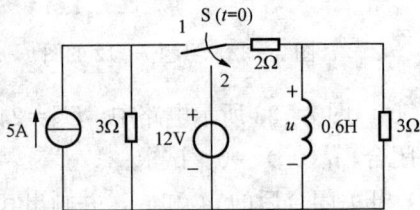

7-21　图 7-41 所示电路换路前已处于稳定状态，$t=0$ 时开关闭合，试求 $t>0$ 时电路中的电压 $u$。

7-22　在图 7-42 所示电路中，$U_S=24V$，$R_1=40\Omega$，$R_2=20\Omega$，$R_3=40\Omega$，$L=0.5H$。$t=0$时开关 S 闭合，开关闭合前电路已处稳态。试求 $t>0$ 时的 $i_L$。

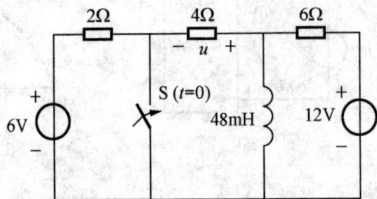

图 7-41　习题 7-21 的图　　　　图 7-42　习题 7-22 的图

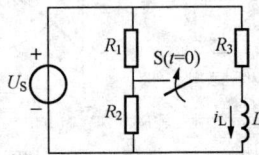

7-23　在图 7-43 所示电路中，$t<0$ 时 $S_1$、$S_2$ 均打开，$t=0$ 时 $S_1$ 闭合，$t=0.5s$ 时 $S_2$ 闭合。试求 $t>0$ 时的 $i_L$，并画出其波形。

7 - 24　$t=0$ 时，将 RL 串联电路与正弦电压源接通。已知正弦电压源电压 $u_S=220\sqrt{2}$ $\times\sin(314t+40°)$ V，$R=3\Omega$，$L=12.74\text{mH}$。试求 $t>0$ 时电路中的电流 $i$。

7 - 25　图 7 - 44 所示电路为一变压器副边短路时的等效电路，$r_k$ 和 $L_k$ 为变压器的等效电阻（称为短路电阻）和等效电感（称为短路电感），$r_k=0.007\Omega$，$L_k=1.14\text{mH}$。设电源电压 $u_1=18\sqrt{2}\sin 314t\text{kV}$，$t=0$ 时变压器副边发生短路，短路前变压器电流为零，即 $i_k(0_-)=0$。试求短路后电路中的电流的表达式。

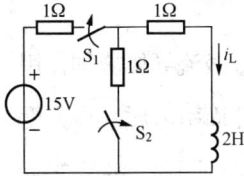

图 7 - 43　习题 7 - 23 的图　　　　　图 7 - 44　习题 7 - 25 的图

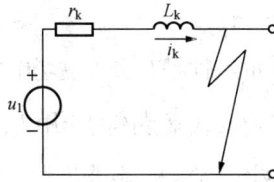

# 第八章 磁路与交流铁心线圈

## 第一节 磁场的基本物理量

磁场特性可用下述几个基本物理量来描述。

### 一、磁感应强度

磁场最基本的特性是对引入磁场中的其他运动电荷或载流导体施加作用力。因此,我们可以用磁场对运动电荷或载流导体的作用力来描述磁场,由此而引入磁感应强度矢量$\vec{B}$。磁感应强度矢量$\vec{B}$是描述磁场性质的基本物理量,$\vec{B}$的大小表示磁场的强弱,$\vec{B}$的方向代表磁场方向。

实验表明,运动电荷在磁场中受到的作用力的大小不仅与运动电荷的电荷量和运动速度的大小有关,而且还与电荷在磁场中的运动方向有关。在磁场中任一点处,当运动电荷以同一速率沿着不同方向运动时,电荷受到的磁场力的大小是不同的,但磁场力的方向总是与电荷的运动方向垂直。在磁场中任一点处总存在着这样一个特定的方向,在运动电荷的电荷量和速度的大小一定的情况下,当电荷沿着这个特定方向运动时,所受到的磁场力为最大。设电荷量为$q$的正电荷在磁场中某点处,以速率$v$沿着那个特定的方向运动时,受到的磁场力为最大,此力为$\vec{F}_{\mathrm{m}}$,如图8-1(a)所示。实验表明,这个最大磁场力$F_{\mathrm{m}}$与$qv$成正比,但比值$\dfrac{F_{\mathrm{m}}}{qv}$在指定点处具有确定的量值,而与$q$和$v$的大小无关。比值$\dfrac{F_{\mathrm{m}}}{qv}$的大小反映该点磁场的强弱,$\dfrac{F_{\mathrm{m}}}{qv}$越大,表明该点的磁场越强。我们将这一比值定义为该点的磁感应强度的大小,即

$$B = \frac{F_{\mathrm{m}}}{qv} \tag{8-1}$$

磁感应强度$\vec{B}$的方向由下述右手螺旋定则规定:将右手四指弯曲,拇指伸直,令四指弯曲的方向为从正电荷所受最大磁场力$\vec{F}_{\mathrm{m}}$的方向,沿小于$\pi$的角度转向正电荷运动速度$\vec{v}$的方向,则伸直的拇指所指的方向便是磁感应强度$\vec{B}$的方向,如图8-1(b)所示。

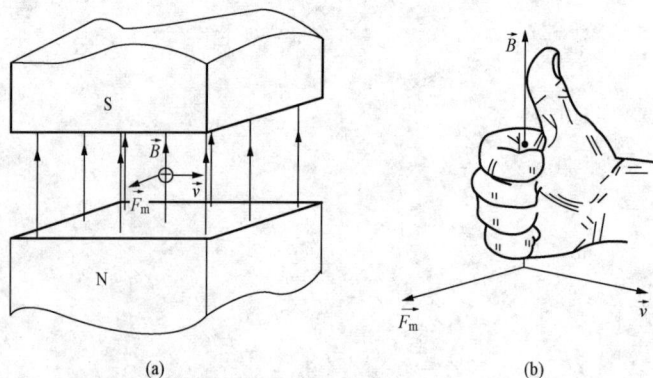

图8-1 磁感应强度的方向
(a) 最大磁场力$\vec{F}_{\mathrm{m}}$;(b) 右手螺旋定则

　　人们规定，可以自由转动的小磁针在磁场中某点处处于静止时，其 N 极所指的方向就是磁场方向。因此，磁场中某点处磁感应强度 $\vec{B}$ 的方向也就是小磁针在该点处，处于静止状态下，N 极所指的方向。

　　在国际单位制中，磁感应强度的单位为 T（特斯拉）；在实际中还沿用另一单位——Gs（高斯）。两个单位的换算关系是

$$1\mathrm{T} = 10^4 \mathrm{Gs}$$

　　如果磁场中各点的磁感应强度的大小相等、方向相同，则这样的磁场称为均匀磁场。

**二、磁通量**

　　磁场的分布可用磁感应线来描述。磁感应线是用以描绘空间各点处磁场的强弱和方向的一些有向曲线。磁感应线上每一点的切线方向代表该点的磁场方向，磁感应线的疏密程度表示磁场的强弱。磁感应线密集的地方磁场较强，磁感应线稀疏的地方磁场较弱。由磁感应线和磁感应强度的概念可知，磁感应线上任一点的切线方向就是该点磁感应强度的方向；磁感应线的疏密程度代表磁感应强度的大小。因此，人们规定：磁场中某点的磁感应强度 $\vec{B}$ 的量值等于通过该点处垂直于 $\vec{B}$ 矢量的单位面积的磁感应线数。可见，磁场中某点处的磁感应强度 B 就是该点处的磁感应线的密度。

　　通过某一给定曲面的总磁感应线数，称为通过该曲面的磁通量❶，用 $\phi$ 表示。在磁场中，任意取一曲面 S，如图 8 - 2（a）所示。若通过曲面 S 的磁感应线数为 $\phi$，则通过曲面 S 的磁通量即为 $\phi$。在磁感应强度为 $\vec{B}$ 的均匀磁场中，取一垂直于 $\vec{B}$ 矢量的平面 S，如图 8 - 2（b）所示。根据上述规定和磁通量的定义，可求得通过平面 S 的磁通量，即

$$\phi = BS \qquad\qquad (8 - 2)$$

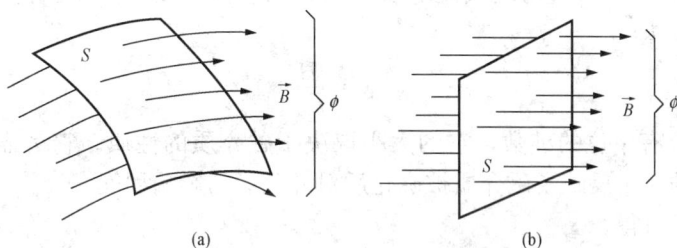

图 8 - 2　磁通量

（a）磁通量的定义；（b）均匀磁场中的磁通量与磁感应强度的关系

　　磁通量 $\phi$ 是标量，而不是矢量，因而严格来说，它没有方向。但是，当磁感应线通过某一给定的曲面时，存在两种可能的穿透方向，即从曲面一侧穿入，从另一侧穿出，或反之。为了区分这两种情况，我们把其中一个方向选定为参考方向，称为 $\phi$ 的参考方向；把磁感应线穿过该曲面的穿透方向规定为 $\phi$ 的实际方向。这样，当 $\phi$ 的实际方向与其参考方向一致时，$\phi$ 为正值；当 $\phi$ 的实际方向与其参考方向相反时，$\phi$ 为负值。可见，$\phi$ 是一个具有正负之分的代数量。在参考方向一定的情况下，$\phi$ 的正负表示磁感应线通过给定曲面的穿透

---

　　❶　磁通量的数学定义为：磁感应强度矢量场穿过给定曲面的通量，称为磁感应通量，或称为磁通量。矢量场 $\vec{B}$ 向着积分所沿一侧穿过曲面 S 的通量的定义式为 $\phi = \int_S \vec{B} \cdot \mathrm{d}\vec{S}$。

方向。

在国际单位制中，磁通量 $\phi$ 的单位为 Wb（韦伯）；在工程上，$\phi$ 的单位有时也用 Mx（麦克斯韦），两者的换算关系是

$$1\text{Wb} = 10^8 \text{Mx}$$

### 三、磁导率

一空心长直密绕螺线管［如图 8-3（a）所示］，通有电流 $I$，每单位长度上的匝数为 $n$，管内磁感应强度为 $\vec{B}_0$，其大小为 $B_0 = \mu_0 n I$[1]，式中 $\mu_0$ 称为真空磁导率，其值为

$$\mu_0 = 4\pi \times 10^{-7} (\text{H/m})$$

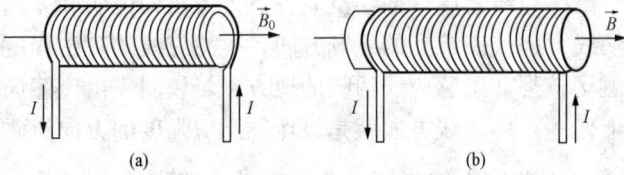

图 8-3　磁介质内的磁感应强度
(a) 空心螺线管；(b) 充满磁介质的螺线管

如果在此空心螺线管内填满某种均匀物质［如图 8-3（b）所示］，则这种物质在载流螺线管的磁场的作用下将产生磁性。在磁场中能够产生磁性的物质称为磁介质。磁介质在外磁场作用下显示出磁性的现象，称为磁介质的磁化。

处于磁化状态的磁介质将产生一个附加磁场，从而使管内总的磁场发生变化。设磁介质磁化后所产生的附加磁感应强度为 $\vec{B}'$，有磁介质时管内任一点的磁感应强度 $\vec{B}$ 等于 $\vec{B}_0$ 与 $\vec{B}'$ 的矢量和，即

$$\vec{B} = \vec{B}_0 + \vec{B}'$$

我们将充满各向同性的均匀磁介质的长直密绕载流螺线管内的磁感应强度 $B$ 与空心（严格地说，应是真空）长直密绕载流螺线管内的磁感应强度 $B_0$ 之比称为磁介质的相对磁导率，用 $\mu_r$ 表示，即

$$\mu_r = \frac{B}{B_0} \tag{8-3}$$

其中，$\mu_r$ 是一个没有单位的纯数，它的大小取决于磁介质的性质。它是描述磁介质磁化特性的物理量，它的大小反映了磁介质被磁化后对外磁场的影响程度。

由式（8-3）可得

$$B = \mu_r B_0 = \mu_r \mu_0 n I = \mu n I$$
$$\mu = \mu_r \mu_0 \tag{8-4}$$

式中，$\mu$ 称为磁介质的磁导率，它的大小也是由磁介质的性质决定的。它也是描述磁介质磁化特性的物理量，它的大小标志着磁介质的导磁能力。不同类型的磁介质的磁导率是不同的。对于各向同性的线性磁介质，$\mu$ 是一个常数。对于铁磁性物质，$\mu$ 不是常数，它随磁场强度 $H$ 的变化而变化。$\mu$ 和 $\mu_0$ 的单位相同，为 H/m（亨利/米）。

### 四、磁场强度

研究存在磁介质的磁场问题时，引入磁场强度 $\vec{H}$ 这一物理量。它的定义[2]是

---

[1] 此式可由安培环路定理导出。

[2] 电磁学中 $\vec{H}$ 的定义为：$\vec{H} = \dfrac{\vec{B}}{\mu_0} - \vec{M}$。式中，$\vec{M}$ 称为磁化强度，它等于单位体积内的磁矩的矢量和。

$$\vec{H} = \frac{\vec{B}}{\mu} \qquad (8-5)$$

即磁场中任一点的磁场强度 $\vec{H}$ 等于该点的磁感应强度 $\vec{B}$ 除以磁介质的磁导率 $\mu$。

真空中各点处的磁场强度为

$$\vec{H} = \frac{\vec{B}}{\mu_0}$$

式中各量均用国际单位制，磁场强度 $H$ 的单位为 A/m（安培/米）。$H$ 的另一种单位为 Oe（奥斯特）。两者的换算关系是

$$1\text{A/m} = 4\pi \times 10^{-3} \text{Oe}$$

可以证明，磁场强度 $\vec{H}$ 与磁场中的电流 $i$ 之间的定量关系为

$$\oint_L \vec{H} \cdot \mathrm{d}\vec{l} = \sum i \qquad (8-6)$$

式（8-6）表示，在磁场中，磁场强度 $\vec{H}$ 沿任一闭合曲线 $L$ 的曲线积分等于穿过该闭合曲线所围面积的电流的代数和。这一结论称为安培环路定理。式中 $i$ 是穿过以闭合曲线 $L$ 为边界的任一曲面的电流。当 $i$ 的参考方向与环路 $L$ 的绕行方向符合右手螺旋定则时，式中 $i$ 前面取正号，反之取负号。若电流不穿过上述曲面，则 $\sum i$ 中不含此电流。环路 $L$ 的绕行方向是指为计算 $\vec{H}$ 沿闭合曲线 $L$ 的曲线积分而选定的积分路线的方向。所谓电流参考方向与环路绕行方向符合右手螺旋定则是指符合下述情形：将右手四指弯曲，拇指伸直，使四指弯曲的方向与环路绕行方向一致，拇指指向电流的参考方向。例如，在某磁场中任取一闭合曲线 $L$，如图 8-4 所示。环路绕行方向如图中曲线上的箭头所示；以曲线 $L$ 为边界的任一曲面 $S$ 如图中阴影所示。穿过曲面的电流为 $I_1$、$I_2$，其中 $I_2$ 两次穿过曲面 $S$；电流 $I_3$ 不穿过曲面 $S$。电流 $I_1$ 的参考

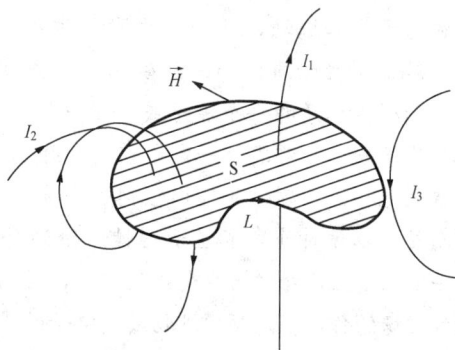

图 8-4 安培环路定理

方向与环路绕行方向符合右手螺旋定则，而 $I_2$ 的参考方向与环路绕行方向不符合右手螺旋定则。因此，有

$$\oint_L \vec{H} \cdot \mathrm{d}\vec{l} = I_1 - 2I_2$$

## 第二节 铁磁性物质的磁化

### 一、铁磁性物质的磁化机理

按照物质的磁性分类，磁介质大体上可以分为三种。

（1）抗磁性物质。这种物质受到外磁场作用后，显示出微弱的磁性。磁化后其内部产生的附加磁感应强度的方向与外加磁场的磁感应强度方向相反，其相对磁导率 $\mu_r < 1$。例如，金、银、铜、锌、铅、铋、硫、氢，氯化物等物质都属于抗磁性物质。

(2) 顺磁性物质。这种物质受到外磁场作用后，其内部产生的附加磁感应强度的方向与外磁场的磁感应强度的方向相同，其相对磁导率 $\mu_r > 1$，磁化后显示的磁性也很微弱。抗磁性物质和顺磁性物质的相对磁导率 $\mu_r \approx 1$，而且都是与 $H$ 无关的常数。例如，锰、铬、铂、氮等物质都属于顺磁性物质。

(3) 铁磁性物质。这类物质在外磁场作用下，内部产生很强的附加磁场，磁化后，显示出很强的磁性。它的相对磁导率 $\mu_r \gg 1$，且 $\mu_r$ 是 $H$ 的函数。铁、钴、镍、钆等物质就是典型的铁磁性物质。

从根本上讲，物质磁性主要起源于电子的轨道运动和自旋运动，但是宏观物体的磁性不仅与这些微观粒子运动所产生的磁矩❶有关，还与各种物质特定的微观结构所决定的微观粒子之间、微观粒子与外界的相互作用有关。不同物质的微观结构不同，微观粒子之间、微观粒子与外界的相互作用不同，因而它们在磁场中表现出不同的磁性。

置于磁场中的物质内部的每一个电子都要受到磁场力（称为洛仑兹力）的作用。在洛仑兹力的作用下，电子除作原来的轨道运动和自旋运动之外，还要以一定的角速度绕磁场方向作进动。因电子在外磁场作用下作进动而产生的磁矩，称为附加磁矩。

在抗磁性物质中，每个原子或分子中各个电子的轨道磁矩和自旋磁矩的方向不同、相互抵消，每个原子或分子中所有电子的轨道磁矩和自旋磁矩的矢量和等于零。因此，在无外磁场作用时，抗磁性物质宏观上不显示磁性。当抗磁性物质处于磁场中时，物质内部的电子绕外磁场方向作进动，从而产生附加磁矩，由于附加磁矩的方向总是与外磁场方向相反，所以磁化后抗磁性物质内部的总磁场有所减弱，故 $\mu_r < 1$。因附加磁矩很小，故 $\mu_r \approx 1$。

顺磁性物质的每个原子或分子中各个电子的轨道磁矩和自旋磁矩并不是完全相互抵消的，每个原子或分子都具有一定量值的磁矩。无外磁场作用时，由于热运动，各原子磁矩或分子磁矩取向无序，顺磁性物质内任何一个宏观体积元中所有原子磁矩或分子磁矩的矢量和等于零，因而整个物体对外界不显示磁性。受到外磁场作用后，顺磁性物质内的原子磁矩或分子磁矩，在一定程度上沿外磁场方向排列起来，因而磁化后顺磁性物质内部的总磁场有所增强，故 $\mu_r > 1$。在外磁场的作用下，顺磁性物质内电子的进动虽然存在，但每个原子或分子中因电子进动而产生的附加磁矩，比起原子或分子中的轨道磁矩和自旋磁矩要小得多，以至附加磁矩可以略去不计。

在铁磁性物质中，原子核外围的电子受外界电子或原子的影响很大，一个原子中的电子要受到邻近原子的原子核和电子的库仑场的作用。这种库仑场的作用使电子轨道运动的磁效应消失或部分消失。因此，铁磁性物质中的电子轨道磁矩很小，甚至为零，铁磁性物质的磁性主要来源于电子自旋磁矩。在铁磁性物质中，相邻原子中的电子间存在着一种静电交换相互作用（一种量子效应），使得邻近原子中的电子自旋磁矩在小范围内自发地平行一致取向，从而形成一个个小的具有单一磁化方向的区域。这种由于静电交换相互作用而形成的自发磁化区域称为磁畴。由于相邻的两个磁畴内的磁化方向不同，相邻两磁畴之间电子的自旋磁矩方向从一个畴的取向转变为另一个畴的取向是逐渐改变的，因而，铁磁体内相邻两磁畴间存在着一个自旋磁矩方向的过渡层，这个过渡层称为磁畴壁，简称畴壁。

无外磁场作用时，铁磁性物质中的磁畴无序地排列，磁畴的磁化方向各不相同，铁磁性物

---

❶ 平面环形电流 $i$ 的磁矩定义为 $\vec{m} = i S \vec{n}$，其中 $S$ 为电流回路（环形）所包围的面积，$\vec{n}$ 为环形电流所在平面的右旋单位法线矢量。

质在客观上不显示出磁性，如图 8-5（a）所示。铁磁性物质的磁化过程可归结为畴壁位移和磁畴转动两种运动。试验表明，铁磁性物质从原始退磁状态到饱和磁化状态的磁化过程，要经历畴壁位移和磁畴转动两个过程，一般是畴壁位移在先，磁畴转动在后。在外磁场不断增强的过程中，起初磁化方向与外磁场方向相同或两者之间夹角较小的那些磁畴的畴壁向外移动，扩大自己的疆域，把邻近的那些磁化方向与外磁场方向相反或两者之间夹角较大的磁畴并吞过来。随着外磁场的不断增强，磁化方向与外磁场方向相同或接近相同的磁畴体积不断增大，而磁化方向与外磁场方向相反或接近相反的磁畴体积不断缩小，如图 8-5（b）所示。当外磁场增大到一定程度时，磁化方向与外磁场方向相反或接近相反的磁畴全部消失，如图 8-5（c）所示。上述过程就是畴壁位移磁化过程，畴壁位移可简称为壁移。若外磁场继续增强，磁畴内的所有磁矩一致向着外磁场方向转动，如图 8-5（d）所示。当所有磁畴的磁化方向都沿着外磁场方向整齐排列时，铁磁性物质的磁化达到了饱和，如图 8-5（e）所示。这时铁磁性物质内产生很强的、方向与外磁场相同的附加磁场，从而使得铁磁性物质内部的磁场大大增强。因此，铁磁性物质具有很高的导磁性，故有 $\mu_r \gg 1$。在外磁场作用下，磁畴内磁矩方向向着外磁场方向转动的过程，称为磁畴转动磁化过程。磁畴转动可简称为畴转。

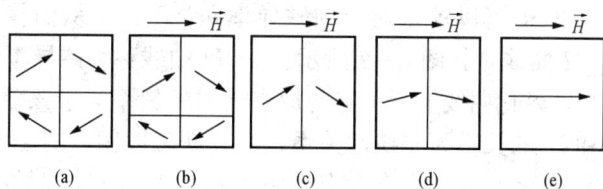

图 8-5　铁磁体磁化过程示意图

（a）无外磁场作用；（b）畴壁位移；（c）、（d）畴转过程；（e）饱和状态

## 二、铁磁性物质的磁化曲线

磁介质的磁化曲线通常是指磁介质中的磁感应强度 $B$ 与磁场强度 $H$ 的关系曲线。磁介质的磁化曲线可用实验来测定。测量铁磁性物质的磁化曲线的装置如图 8-6 所示。用待测铁磁材料制成截面均匀的环形铁心，其截面积为 $S$，平均长度为 $l$，铁心上绕有匝数为 $N_1$ 的励磁线圈和匝数为 $N_2$ 的测量线圈。励磁线圈均匀地分布在铁心上，并通过双掷开关 SA 接至直流电源上，测量线圈接于磁通计上。

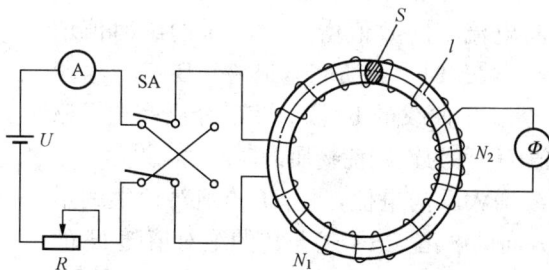

图 8-6　测定磁化曲线的装置

由安培环路定理可以证明，充满均匀介质的均匀密绕环形螺线管管内各点的磁感应强度的量值相等，其值为 $B = \Phi/S$；管内各点的磁场强度的量值也相等，其值为 $H = N_1 I/l$。实验时，合上开关 SA，使励磁线圈中通入电流 $I$，以建立磁场。利用电流表和磁通计分别测

出励磁线圈中的电流 $I$ 和铁心中的磁通 $\Phi$，再利用公式计算出 $B$ 和 $H$。调节可变电阻 $R$，改变励磁电流 $I$，可以测得对应于不同励磁电流的磁通 $\Phi$，进而计算出一系列对应的 $B$ 和 $H$ 值。以 $B$ 为纵坐标，$H$ 为横坐标，描点作图，可绘出 $B$—$H$ 曲线。

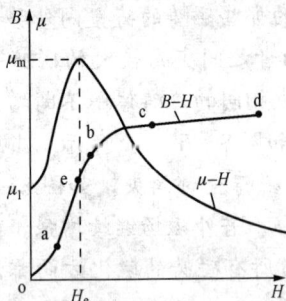

图 8-7　起始磁化曲线和磁导率曲线

**1. 起始磁化曲线**

若铁磁性物质处于未磁化状态（即 $B=0$），实验时调节励磁电流 $I$，使之由零开始逐次增大，直至铁磁性物质达到饱和状态。测出每次调节后的 $I$ 和 $\Phi$，计算出对应的 $B$ 和 $H$，画出 $B$—$H$ 曲线，如图 8-7 所示。从未磁化到饱和磁化的这段磁化曲线 od 称为铁磁性物质的起始磁化曲线。在曲线的 oa 段，$H$ 增大，$B$ 随之增大，但 $B$ 增加得较缓慢；进入 ab 段，$H$ 增大，$B$ 迅速增大；在 bc 段，$H$ 增大，$B$ 的增加又变得缓慢起来；到达 c 点之后，$H$ 增大，$B$ 几乎不再变化，这时介质的磁化达到了饱和状态。

**2. 磁导率曲线**

由实验获得的 $B$ 和 $H$ 值可以求得对应的磁导率 $\mu=B/H$，从而找到 $\mu$ 与 $H$ 的对应关系，这样便可画出 $\mu$—$H$ 曲线，如图 8-7 所示。$\mu$—$H$ 曲线称为磁导率曲线。

由式 $\mu=B/H$ 可知，磁化曲线上任一点与原点连线的斜率等于该磁化状态下的磁导率。由于铁磁性物质的 $B$ 和 $H$ 的关系为非线性关系，所以铁磁性物质的磁导率是一个变量，它随磁场强度 $H$ 的变化而变化。当 $H$ 的数值从 0 开始增大时，$\mu$ 从起始磁导率 $\mu_1$ 开始增大；当 $H=H_e$ 时，$\mu$ 达到最大值 $\mu_m$；若 $H$ 继续增大，则 $\mu$ 急剧减小，并逐渐趋近于真空磁导率 $\mu_0$。

**3. 磁滞回线**

当铁磁性物质的磁化到达饱和点 a（$H=H_m$，$B=B_m$）之后，逐渐地减小励磁电流 $I$，使磁场强度 $H$ 逐渐减小，直至 $I=0$，$H=0$。测得这一过程 $B$ 与 $H$ 的关系曲线如图 8-8 中曲线的 ab 段。这是一段去磁过程，这期间 $H$ 减小，$B$ 也减小，但并不沿原来的起始磁化曲线下降。当 $H=0$ 时，$B$ 并不等于零，而是保留一定的值 $B_b$，$B_b$ 称为剩余磁感应强度。这就是铁磁性物质的剩磁现象。

要使 $B$ 继续减小，必须在励磁线圈中通入反向电流，即加反向磁场（$H<0$）。当反向电流 $I$ 的数值增大时，$H$ 的绝对值增大，$B$ 随之减小。当 $H=-H_c$ 时，介质完全退磁，$B=0$。这段过程的 $B$—$H$ 曲线如图 8-8 中曲线的 bc 段。使磁介质完全退磁所需的反向的磁场强度值 $H_c$ 称为铁磁性物质的矫顽力。

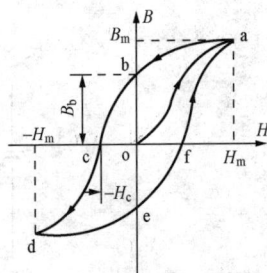

图 8-8　磁滞回线

介质退磁后，若继续增大反向电流，使 $H$ 的绝对值继续增大，则磁介质将发生反方向的磁化（$B<0$）。$B$ 的绝对值随 $H$ 的绝对值的增大而增大。当 $H=-H_m$ 时，磁化达到反向饱和，$B=-B_m$。这段过程的 $B$—$H$ 曲线如图 8-8 中曲线的 cd 段。

此后，若使 $H$ 由 $-H_m$ 变化到零，则 $B$ 由 $-B_m$ 变到 $-B_b$，这段过程的 $B$—$H$ 曲线如图 8-8 中曲线的 de 段。若再使 $H$ 沿正方向增加，使之由零增大至 $H_m$，则 $B$ 将由 $-B_b$ 变化到零，再由零增大到 $B_m$，回到正向饱和磁化状态点 a（实际略低一些）。这一过程的 $B$—$H$

曲线如图 8-8 中 efa 段曲线。由此我们看到，当磁化场在正、负两个方向往复变化时，铁磁性物质在正、反两个方向上反复磁化。若磁化场完成一个循环的变化，则铁磁性物质的磁化也经历一个循环过程，对应的 B—H 曲线为一闭合曲线，这种闭合的磁化曲线称为磁滞回线。从图中可以看出，在交变磁化过程中，磁感应强度 B 的变化总是滞后（指相应的数值）于磁场强度 H 的变化，这种现象称为磁滞现象，简称磁滞。

4. 基本磁化曲线

实验时取不同的 $H_m$ 值，可得到一系列磁滞回线。将各个不同数值的 $H_m$ 下的磁滞回线的正顶点连接起来所形成的曲线，称为基本磁化曲线，如图 8-9 所示。基本磁化曲线比较稳定，工程上常用它进行磁路计算。

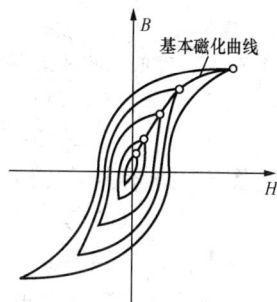

**三、铁磁性物质的分类**

按矫顽力的大小，可将铁磁材料分为软磁材料和硬磁材料两大类。

1. 软磁材料

矫顽力 $H_c$ 小于 $10^3 \text{A/m}$ 的铁磁材料叫做软磁材料。软磁材料的特点是：矫顽力很小，磁滞回线狭长，磁滞损耗小。软磁材料的磁滞回线如图 8-10 所示。软磁材料易于磁化，也易于退磁，适用于交变磁场。

2. 硬磁材料

矫顽力大于 $10^4 \text{A/m}$ 的铁磁材料叫做硬磁材料，也称永磁材料。硬磁材料的特点是：矫顽力大，剩磁大，磁滞回线肥大，磁滞损耗大。硬磁材料的磁滞回线如图 8-11 所示。硬磁材料适合于制作永磁体。

矫顽力在 $10^3 \text{A/m}$ 与 $10^4 \text{A/m}$ 之间的铁磁材料，叫做半硬磁材料。

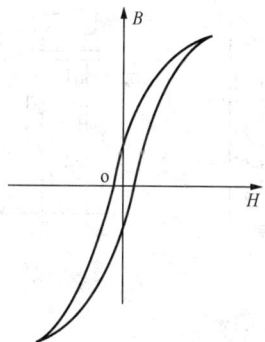

图 8-9　基本磁化曲线

图 8-10　软磁材料的磁滞回线　　　　图 8-11　硬磁材料的磁滞回线

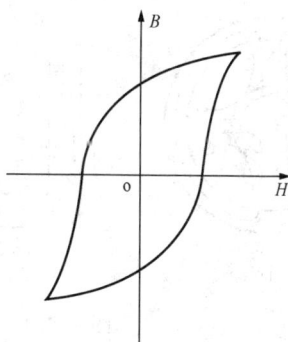

# 第三节　磁路与磁路定律

**一、磁路**

在电机、变压器及其他各种电磁器件中，常用铁磁材料做成一定形状的铁心。这样做的目的是：①使较小的励磁电流（用于产生磁化场的电流）能够产生足够大的磁通；②将磁通限定在一定的范围之内。例如，图 8-12（a）中，空心载流线圈产生的磁感应线弥散在整个

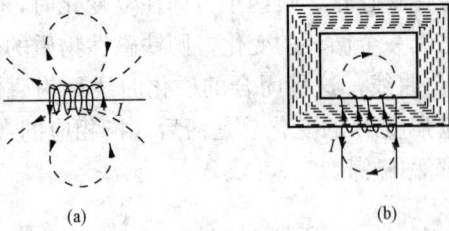

图 8-12　空心线圈和铁心线圈的磁感应线的分布

(a) 空心线圈；(b) 铁心线圈

空间。若把同样的线圈绕在一个闭合的铁心上，让其通入同样大小的电流，则不仅磁通的数值大大增加，而且能使磁通集中到铁心的内部，如图 8-12 (b) 所示。这是因为铁心材料的磁导率远远大于周围空气的磁导率，铁心对磁通的阻碍作用远远地小于空气对磁通的阻碍作用，故绝大部分的磁感应线沿铁心形成回路。这种由铁磁材料构成的、让磁感应线集中通过的通道称为磁路。

图 8-13 示出了几种常见的磁路，图 (a) 是四极直流电机的磁路，图 (b) 为三相变压器的磁路，图 (c) 为电磁型继电器的磁路。与电路相似，磁路也有节点、支路和回路。磁路的分支处称为磁路的节点，如图 8-13 (b) 中 a、b 两点处为磁路的节点。连接在两节点之间的部分磁路称为磁路的支路，如图 8-13 (b) 中 ab、adcb、afeb 为三条支路。磁路中由若干条支路所组成的闭合路径称为磁路的回路。只有一个闭合回路的磁路称为无分支磁路，图 8-13 (c) 所示磁路就是无分支磁路。具有分支的磁路称为分支磁路，图 8-13 (a)、(b) 所示磁路就是分支磁路。

虽然利用铁磁性物质可以把磁感应线极大程度地约束在铁心范围内，但仍可能有少量磁感应线穿出铁心，经过铁心外部的物质形成闭合回路。因此，磁路中的磁通可以分为两部分：沿铁心形成闭合回路的磁感应线所形成的磁通称为主磁通，如图 8-13 (c) 中的磁通 $\phi$；穿出铁心，经过铁心外部物质而形成闭合回路的磁感应线所形成的磁通，称为漏磁通，如图 8-13 (c) 中的磁通 $\phi_\sigma$。

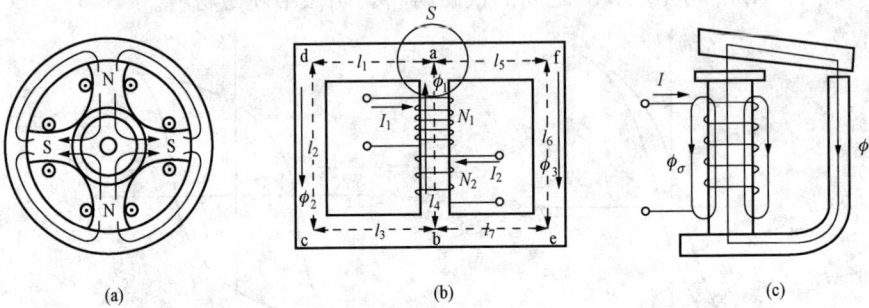

图 8-13　常用电工设备中的磁路

(a) 四极直流电机的铁心；(b) 三相变压器的铁心；(c) 电磁型继电器的铁心

## 二、磁路的基尔霍夫定律

### 1. 磁路的基尔霍夫第一定律

物理学阐明，磁感应线是无头无尾的闭合曲线，由此可以想象到，从一个闭合曲面的某处穿进去的磁感应线必定要从另一处穿出来。所以穿入闭合曲面的磁感应线数必然等于穿出该闭合曲面的磁感应线数，也就是说，通过空间任意闭合曲面的总磁通量必然是零。例如，在图 8-13 (b) 所示磁路的节点 a 处，任取一闭合面 S，穿入闭合面 S 的磁通 $\phi_1$ 必然等于穿出闭合面 S 的磁通（$\phi_2 + \phi_3$），即

$$\phi_1 = \phi_2 + \phi_3 \text{ 或 } \phi_2 + \phi_3 - \phi_1 = 0$$

由此可见，在磁路中，进入任一节点的磁通一定等于离开该节点的磁通。也就是说，磁路中任一节点所连接的各支路中的磁通的代数和恒等于零，即

$$\sum \phi = 0 \tag{8-7}$$

式（8-7）称为磁路基尔霍夫第一定律。应用式（8-7）时，若将离开节点的磁通前面取正号，则进入节点的磁通前面取负号，反之也可。

2. 磁路的基尔霍夫第二定律

磁路的基尔霍夫第二定律表述如下：在磁路的任一回路中，各段磁路的磁位差的代数和等于各磁动势的代数和。其数学表达式为

$$\sum U_m = \sum F \tag{8-8}$$

通电线圈在其周围所产生的磁场的强弱与线圈的电流和匝数有关，电流越大，磁场越强，所产生的磁通量越大；线圈的匝数越多，磁场越强，所产生的磁通量越大。也就是说，通电线圈所产生的磁通随着线圈电流与线圈匝数的乘积增大而增大。人们把线圈中的电流 $I$ 与线圈的匝数 $N$ 的乘积 $NI$ 称为线圈的磁动势，用 $F$ 表示，即 $F = NI$。磁动势的单位为 A。若在某段磁路中，沿磁路的中心线（即平均长度线）各点的磁场强度 $\vec{H}$ 的大小相同，且 $\vec{H}$ 的方向又处处与中心线的切线方向一致，则磁场强度 $H$ 与该段磁路的平均长度 $l$ 的乘积 $Hl$ 称为该段磁路的磁位差，用 $U_m$ 表示，即 $U_m = Hl$。磁位差的单位也为 A。这样，式（8-8）可写成

$$\sum Hl = \sum NI \tag{8-9}$$

确定式（8-8）和式（8-9）中各项前面的正负号的规则如下：任选一回路绕行方向，当某段磁路中的磁通参考方向与回路绕行方向一致时，该段磁路的磁位差前面取正号，反之取负号；当线圈电流的参考方向与回路绕行方向符合右手螺旋定则时，该磁动势前面取正号，反之取负号。

下面我们以图 8-13（b）中的磁路为例来说明磁路基尔霍夫第二定律的内容。设磁路为分段均匀磁路。将磁路中的 adcba 回路分为四段，其中心线长度分别为 $l_1$、$l_2$、$l_3$、$l_4$，每段磁路中各处的横截面相等，材料相同。忽略漏磁通后，每段磁路中各个横截面的磁通相同。若磁感应线在横截面上均匀分布且磁感应线均与中心线平行，则每段磁路中的磁场为均匀磁场，每段磁路中 $\vec{H}$ 处处相同且 $\vec{H}$ 的方向均与中心线平行。在这种情况下，每段磁路的磁位差 $U_m$ 为该段磁路中的磁场强度 $H$ 与磁路中心线长度 $l$ 的乘积，即 $U_m = Hl$。设上述四段磁路中的磁场强度分别为 $H_1$、$H_2$、$H_3$、$H_4$，则它们的磁位差分别为 $H_1 l_1$、$H_2 l_2$、$H_3 l_3$、$H_4 l_4$。回路中线圈 1 的磁动势为 $F_1 = N_1 I_1$，线圈 2 的磁动势为 $F_2 = N_2 I_2$。若选择逆时针方向为回路绕行方向，则因 $\phi_1$ 和 $\phi_2$ 的参考方向均与回路绕行方向相同，故 $H_1 l_1$、$H_2 l_2$、$H_3 l_3$、$H_4 l_4$ 前面应取正号；因电流 $I_1$ 的参考方向与回路绕行方向之间符合右手螺旋定则，故 $N_1 I_1$ 前面取正号；因 $I_2$ 的参考方向与回路绕行方向之间不符合右手螺旋定则，故 $N_2 I_2$ 前面应取负号。这样，对回路 adcba 应用磁路基尔霍夫第二定律，可得到

$$H_1 l_1 + H_2 l_2 + H_3 l_3 + H_4 l_4 = N_1 I_1 - N_2 I_2$$

对图 8-13（b）所示磁路中的回路 afeba 应用磁路基尔霍夫第二定律，可列出方程为

$$H_4 l_4 + H_5 l_5 + H_6 l_6 + H_7 l_7 = N_1 I_1 - N_2 I_2$$

### 三、磁路的欧姆定律

设一段均匀磁路的横截面积为 $S$，长度为 $l$，材料的磁导率为 $\mu$，通过横截面的磁通为 $\Phi$。若磁感应线在横截面上均匀分布且磁场方向处处与横截面垂直，则磁路中各点的磁感应强度大小 $B = \Phi / S$。因为 $H = B / \mu$，所以

$$U_{\mathrm{m}} = Hl = \frac{B}{\mu}l = \Phi \frac{l}{\mu S} = \Phi R_{\mathrm{m}} \qquad (8\text{-}10)$$

$$R_{\mathrm{m}} = \frac{l}{\mu S}$$

式中，$R_{\mathrm{m}}$ 为该段磁路的磁阻，$1/\mathrm{H}$。

式（8-10）表明，一段磁路的磁位差等于其磁阻与磁通的乘积。这就是磁路的欧姆定律。由于铁磁性物质的磁导率不是常数，所以磁路的磁阻也不是常数。因此，一般情况下不能利用式（8-10）来进行磁路计算，但可用来对磁路进行定性的分析。

应用式（8-10）可导出长直密绕螺线管自感的计算公式（1-25），即

$$L = \frac{\psi}{i} = \frac{N\phi}{i} = \frac{NU_{\mathrm{m}}}{iR_{\mathrm{m}}} = \frac{N^2 i}{iR_{\mathrm{m}}} = \frac{N^2}{R_{\mathrm{m}}} = \frac{\mu S}{l}N^2$$

## 第四节　交流铁心线圈

### 一、电磁关系

图 8-14 所示的铁心线圈的匝数为 $N$，线圈电阻为 $R$。当线圈接到电压为 $u$ 的交流电源上时，线圈中便有电流 $i$ 流过，于是便产生变化的磁动势 $Ni$，建立交变的磁场。这一磁场的绝大部分磁感应线沿铁心形成闭合回路，这部分磁感应线对应的磁通为主磁通 $\phi$；另有一小部分磁感应线从铁心中出来，经铁心外部空间再回到铁心中去，这部分磁感应线所对应的磁通为漏磁通 $\phi_\sigma$。主磁通在线圈中感应出电动势 $e$，称为线圈的主磁电动势，可简称线圈电动势。漏磁通在线圈中感应出电动势 $e_\sigma$，称为线圈的漏磁电动势。此外，电流 $i$ 通过线圈电阻 $R$，将产生电阻压降 $Ri$。上述电磁关系可表示如下：

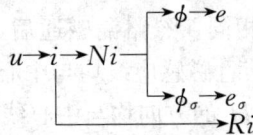

$$u \rightarrow i \rightarrow Ni \begin{array}{c} \nearrow \phi \rightarrow e \\ \rightarrow \phi_\sigma \rightarrow e_\sigma \\ \searrow Ri \end{array}$$

在图 8-14 所示的参考方向下，设主磁通 $\phi = \Phi_{\mathrm{m}}\sin\omega t$，根据电磁感应定律，可求得线圈感应电动势为

$$e = -N\frac{\mathrm{d}\phi}{\mathrm{d}t} = -N\omega\Phi_{\mathrm{m}}\cos\omega t = E_{\mathrm{m}}\sin(\omega t - 90°) \qquad (8\text{-}11)$$

$$E_{\mathrm{m}} = N\omega\Phi_{\mathrm{m}}$$

线圈感应电动势的有效值为

$$E = \frac{E_{\mathrm{m}}}{\sqrt{2}} = \frac{N\omega\Phi_{\mathrm{m}}}{\sqrt{2}} = \frac{2\pi f N\Phi_{\mathrm{m}}}{\sqrt{2}} = 4.44 f N\Phi_{\mathrm{m}} \qquad (8\text{-}12)$$

由电磁感应定律，可求得线圈的漏磁电动势为

$$e_\sigma = -N\frac{\mathrm{d}\phi_\sigma}{\mathrm{d}t} = -L_\sigma\frac{\mathrm{d}i}{\mathrm{d}t} \qquad (8\text{-}13)$$

$$L_\sigma = \frac{N\phi_\sigma}{i}$$

式中，$L_\sigma$ 为线圈漏电感。

在图 8 - 14 所示的参考方向下，应用基尔霍夫电压定律，可列出交流铁心线圈的电动势平衡方程式，即

$$u = -e - e_\sigma + Ri \qquad (8 - 14)$$

由于线圈电阻 $R$ 和漏磁通 $\phi_\sigma$ 较小，因而电阻压降 $Ri$ 及漏磁电动势 $e_\sigma$ 也较小，相对于主磁电动势 $e$ 而言，电阻压降和漏磁电动势均可忽略不计，于是有

$$u \approx -e \qquad (8 - 15)$$

若主磁通 $\phi$ 为正弦量，由式（8 - 15）可导出电压有效值与主磁通最大值的关系，即

$$U \approx E = 4.44 f N \Phi_m \qquad (8 - 16)$$

图 8 - 14　交流铁心线圈

式（8 - 16）表明，当电源频率和线圈匝数一定时，铁心中主磁通的最大值与线圈电压的有效值成正比。这就意味着，在电源频率和线圈匝数一定的情况下，交流铁心线圈铁心中主磁通的大小只取决于线圈电压的大小。

## 二、电压、电流及磁通的波形

### 1. 正弦电压作用下的磁通和电流的波形

由式（8 - 15）可知，忽略线圈电阻和漏磁通后，若铁心线圈两端外加的电压 $u$ 为正弦量，则电动势 $e$ 也是正弦量。由电磁感应定律可知，若感应电动势为正弦量，则产生感应电动势的磁通也一定是正弦量。因此，忽略线圈电阻和漏磁通，当线圈端电压为正弦量时，铁心中的主磁通 $\phi$ 也将是正弦量。

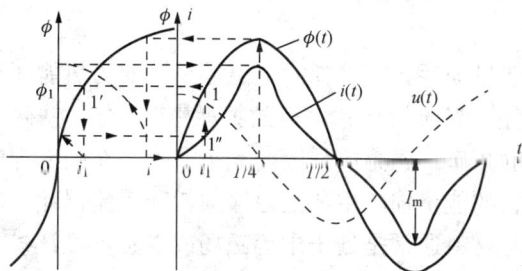

图 8 - 15　正弦电压作用下的磁通和电流的波形

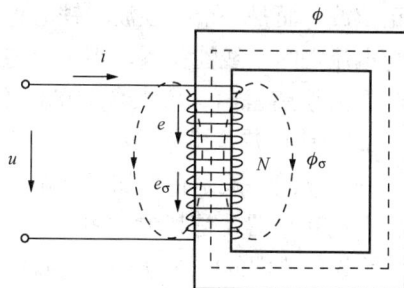

在主磁通 $\phi$ 的波形已知的情况下，欲确定线圈电流 $i$ 的波形，需要知道 $\phi$ 与 $i$ 的函数关系。$\phi$ 与 $i$ 的关系可通过 $B$ 与 $H$ 的关系来确定。为简化分析，忽略磁滞和涡流的影响，此时，铁心材料的 $B$—$H$ 曲线即为基本磁化曲线。设每段磁路中磁场为均匀磁场且各段磁路中的磁感应强度均与磁路中心线平行，故铁心中的磁场强度 $H$ 与磁动势 $Ni$ 成正比，磁感应强度 $B$ 与主磁通 $\phi$ 成正比。因此把基本磁化曲线的纵坐标和横坐标各乘以相应的比例常数，就可得到与 $B$—$H$ 曲线相似的 $\phi$—$i$ 曲线。若主磁通 $\phi$ 的波形已知，利用 $\phi$—$i$ 曲线，应用逐点描绘的作图方法，可求得线圈电流 $i$ 的波形，具体作法如图8 - 15所示。首先设主磁通为

$$\phi(t) = \Phi_m \sin\omega t$$

作出 $\phi(t)$ 曲线和 $\phi$—$i$ 曲线。应注意到，两坐标系中坐标轴上的 $\phi$ 和 $i$ 应分别采用同一比例尺，两坐标系的横轴应在同一条直线上。然后从 $\phi(t)$ 曲线上找出各个瞬时的磁通值，根据磁通的瞬时值，在 $\phi$—$i$ 曲线上找出与该磁通瞬时值相对应的同一瞬时的电流值。例如，对于 $t_1$ 瞬时，先在 $\phi(t)$ 曲线上找出此瞬时的磁通 $\phi_1$（对应于点 1），再从 $\phi$—$i$ 曲线上找出对

应于 $\phi_1$ 的电流值 $i_1$ (对应于点 $1'$), $i_1$ 就是 $t=t_1$ 瞬时线圈中的电流, 这就得到了 $i(t)$ 曲线上的一个点 (点 $1''$)。用同样的方法可得到不同的时刻 $t$ 所对应的电流 $i$。最后描点作图, 便可画出 $i(t)$ 曲线。

由图 8 - 15 可知, 当铁心线圈的主磁通为正弦波时, 由于磁路饱和的影响, 线圈电流不是正弦波, 而是一个尖顶波。铁心饱和程度越高, 电流波形就越尖。若铁心未饱和, 则主磁通与电流之间呈线性关系, 当主磁通为正弦波时, 线圈电流也将是正弦波。

有关考虑磁滞和涡流影响时的电流波形问题, 这里不作讨论, 若需要了解, 可参阅其他教材。

2. 正弦电流作用下的磁通和电压的波形

铁心线圈一般是在外加正弦电压的情况下工作的, 但也有在通入正弦电流的情况下工作的, 电流互感器就是其中一例。

设铁心线圈的电流为 $i(t) = I_m \sin\omega t$, 略去磁滞和涡流的影响, 根据 $\phi$—$i$ 曲线, 应用逐点描绘的作图法可作出主磁通 $\phi(t)$ 的波形。具体作法如图 8 - 16 所示。

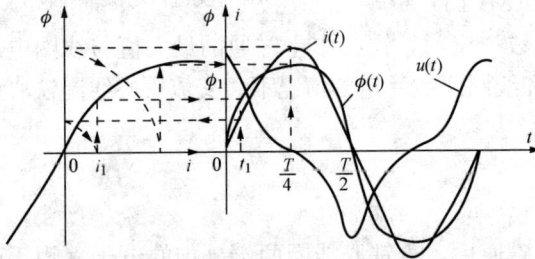

图 8 - 16　正弦电流作用下磁通和电压的波形

作出 $\phi(t)$ 曲线后, 求出 $\phi(t)$ 曲线上各点的磁通变化率, 根据电磁感应定律计算出对应的感应电动势的瞬时值, 便可作出感应电动势的波形。忽略线圈电阻和漏磁通, 感应电动势的波形就是线圈电压 $u(t)$ 的波形, 如图 8 - 16 所示。

从图 8 - 16 可见, 当铁心线圈的电流 $i(t)$ 的波形为正弦波时, 由于磁饱和的影响, 主磁通 $\phi(t)$ 的波形为平顶波, 电压 $u(t)$ 的波形为尖顶波。若铁心未饱和, 当线圈中的电流 $i(t)$ 为正弦波时, 主磁通 $\phi(t)$ 和电压 $u(t)$ 也为正弦波。

### 三、铁心损耗

在交变磁场作用下, 铁磁材料中要产生能量损耗, 所消耗的电磁能量转变为热能而导致铁心发热。铁磁材料的能量损耗包括磁滞损耗、涡流损耗和磁后效损耗[1]三部分。铁磁材料的能量损耗与材料的性质、结构, 交变磁场的频率, 磁感应强度的大小有关。在频率为 50~500Hz 的中等磁场和强磁场作用下, 铁磁材料的能量损耗主要是磁滞损耗和涡流损耗。电力设备中, 如发电机、电动机、变压器中的铁心材料通常是处于中等磁场或强磁场 ($B \geqslant 1.5T$ 或更大) 作用下的。因此, 运行时其中的能量损耗主要是磁滞损耗和涡流损耗。

1. 磁滞损耗

由磁滞效应引起的能量损耗称为磁滞损耗。具体地说, 所谓磁滞损耗是指在不可逆磁化过程中克服各种阻力而消耗外磁场供给的一部分能量。在外磁场作用下, 磁化从起始状态过渡到另一个磁化状态, 当外磁场消失, 即 $H=0$ 时, 如果这个磁化状态能够按照原来的磁化路径又回复到起始磁化状态, 则这种磁化过程称为可逆磁化过程; 如果不是按照原来同一路径又不回到原来的起始磁化状态, 则这种磁化过程称为不可逆磁化过程。壁移磁化和畴转磁化都存在不可逆磁化过程。产生不可逆壁移磁化过程的原因是铁磁材料内部存在应力、杂质、晶格缺陷及

---

[1]　由磁后效应引起的能量损耗, 称为磁后效损耗, 也称剩余损耗。当磁场强度发生突变时, 铁磁体内的磁感应强度的变化总是落后 (在时间上) 于磁场强度的变化, 这种现象称为铁磁体中的磁后效应。

晶界等结构的起伏变化；产生不可逆畴转磁化过程的原因是铁磁材料内部存在磁晶各向异性、应力各向异性、形状各向异性等磁各向异性。铁磁材料的磁滞损耗主要由两部分组成，一是在不可逆壁移磁化过程中，克服由铁磁质内存在的应力、杂质、晶格缺陷和晶界等结构上的起伏变化分布所形成的阻力而消耗的能量；二是在不可逆畴转磁化过程中，克服铁磁质内部存在的磁晶各向异性、应力各向异性、形状各向异性等所形成的阻力而消耗的能量。在不可逆磁化过程中，克服铁磁材料内部各种阻力而消耗的能量均转换为热量而耗散掉。

理论证明，铁磁材料在交变磁化一个循环过程中所产生的磁滞损耗与静态磁滞回线（在直流磁场作用下测定的磁滞回线）所包围的面积成正比。磁滞损耗的大小取决于材料性质、材料体积、最大磁感应强度和磁化场的变化频率。通常将单位时间的磁滞损耗即磁滞损耗功率称为磁滞损耗。磁滞损耗可用下列经验公式计算，即

$$P_h = K_h f B_m^n V \qquad\qquad (8-17)$$

式中，$P_h$ 为磁滞损耗，W；$K_h$ 为与铁磁材料性质有关的系数；$V$ 为铁磁材料的体积，$m^3$；$f$ 为交变磁场的频率，Hz；$B_m$ 为磁感应强度的最大值，T；$n$ 为指数，$B_m < 1T$ 时，$n=1.6$，$B_m > 1T$ 时，$n=2$。

欲减少磁滞损耗，应减小磁滞回线的面积。如果铁磁材料的剩磁 $B_b$ 和矫顽力 $H_c$ 都很小，则磁滞回线的面积一定较小。因此，减小 $B_b$ 和 $H_c$，可以减少磁滞损耗。

2. 涡流损耗

由法拉第电磁感应定律可知，对于任何闭合导体回路，不论什么原因，当穿过回路的磁通量发生变化时，其中都会产生感应电流。由此可以想到，当大块的金属体处在变化的磁场中或相对于磁场运动时，金属体内部也会产生感应电流。在与磁场方向垂直的每一金属体的横截面上，这种感应电流的流线环环相套，呈涡旋状，故称为涡电流，简称涡流。例如，当图 8-17（a）所示圆柱形铁心线圈通有交变电流时，铁心内部也将产生感应电流。我们可以把圆柱形铁心看成是由一层层半径不同的圆筒状薄壳套装而成，每层薄壳各自形成一个闭合回路。当线圈中通有交变电流时，铁心处在交变磁场中，穿过每层薄壳腔内的磁通量都在不断地变化。因此，每一层壳壁中都将产生感应电动势，在感应电动势

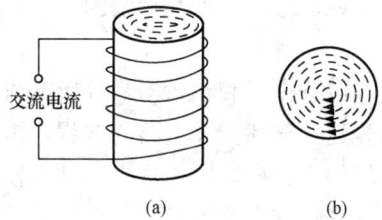

图 8-17 涡流产生原理图
(a) 圆柱形铁心；(b) 涡流

的作用下，每层壳壁中都将产生感应电流。从铁心的上端俯视，铁心中电流的流线一环套一环，呈涡旋状，如图 8-17（b）所示，这种电流就是涡流。

涡流在金属体内流动时，在所经回路的导体电阻上产生的能量损耗，称为涡流损耗。通常将单位时间的涡流损耗即涡流损耗功率简称为涡流损耗。涡流损耗的能量也转换为热能而耗散掉。涡流损耗与材料性质、材料体积、铁片厚度、磁通的波形、最大磁感应强度和磁化场的变化频率等因素有关。对于体积为 $V$ 的一段均匀铁心，其中的涡流损耗可用下列经验公式计算，即

$$P_e = K_e f^2 B_m^2 V \qquad\qquad (8-18)$$

式中，$P_e$ 为涡流损耗，W；$K_e$ 为与铁磁材料的电阻率、铁片厚度、磁通波形有关的系数；$f$ 为交变磁场的变化频率，Hz；$B_m$ 为磁感应强度的最大值，T；$V$ 为铁心的体积，$m^3$。

由于大块金属的电阻很小，所以涡流的数值很大。强大的涡流在铁心中流动时，将产生

很大的涡流损耗，释放出大量的热量。工业上利用涡流的热效应制成各种类型的感应炉，用于金属的冶炼及一些机械零件和金属材料的热处理。

　　在外力作用下，在磁场中运动的金属体内产生的涡流，要受到磁场力的作用，这个力总是要阻碍金属体相对磁场的运动，这就是涡流的电磁阻尼作用。利用涡流的这种阻尼作用可以制造各种电磁阻尼器，如电磁仪表中的阻尼器、电力机车中的电磁制动器等。相对金属体运动的磁场在金属体内产生的涡流所受到的磁场力，能够作为驱动力驱使金属体运动，这就是涡流的电磁驱动作用。异步电动机、磁性式转速表等就是利用这一原理制成的。

　　涡流在一些场合是有益的，是可以利用的；而在某些场合则是有害的，是要限制的。例如，变压器、电动机、发电机等电气设备正常运行时，铁心中都将产生很大的涡流损耗。这种涡流损耗的存在，一方面会造成能量的浪费，降低设备的效率；另一方面会释放出大量热量，引起铁心发热，减少设备使用寿命，甚至烧毁设备。显然，在这种情况下，应该尽量减少涡流损耗。减少涡流损耗的途径有两种：一是减小铁片厚度，通常采用表面通过绝缘处理的薄钢片叠装铁心；二是提高铁心材料的电阻率，通常采用掺杂的方法来提高材料的电阻率，例如，在铁中加入少量的硅，能使其电阻率大大提高。

　　磁滞损耗和涡流损耗的总和称为铁心损耗，简称铁损或铁耗。实际计算时，往往不需要分别计算磁滞损耗和涡流损耗，而只需计算总的铁心损耗。计算铁心损耗的实用经验公式为

$$P_{\text{Fe}} = P_{1/50} \left(\frac{f}{50}\right)^{1\,3} B_{\text{m}}^2 m \tag{8-19}$$

式中，$P_{1/50}$ 是频率为 50Hz、最大磁感应强度为 1T 时，每 kg 铁心的铁心损耗；$B_{\text{m}}$ 为铁心中磁感应强度的最大值，T；$f$ 为磁场的变化频率，Hz；$m$ 为铁心的质量，kg。

### 四、电路模型和相量图

#### 1. 电路模型

　　电路模型和相量图是分析交流铁心线圈的两个工具。建立电路模型的方法有两种：一种是先建立描述实际电路的方程，再根据方程确定电路模型；另一种是从实际电路的物理结构出发加以分析，再用理想元件来模拟其物理过程，从而给出电路模型。这里我们采用第二种方法来建立电路模型。

　　由前面分析可知，当铁心线圈两端外加正弦电压时，由于磁饱和的影响，线圈中的电流不是正弦量，其波形为尖顶波。为了便于分析计算，工程上常常把非正弦量用相应的等效正弦量来代替。用等效正弦量代替非正弦量之后，各量均可用相量表示。用相量表示后的交流铁心线圈的电路如图 8-18 (a) 所示。用等效正弦量代替非正弦量之后，式 (8-14) 可用相量表示，即

$$\dot{U} = -\dot{E} - \dot{E}_\sigma + R\dot{I} = \dot{U}_{\text{e}} + \dot{U}_\sigma + \dot{U}_{\text{R}} \tag{8-20}$$

式中

$$\dot{E} = -\text{j}4.44 f N \dot{\Phi}_{\text{m}} \tag{8-21}$$

　　式 (8-20) 表示出交流铁心线圈的电压和电流的关系。由式 (8-20) 可知，交流铁心线圈的电压 $\dot{U}$ 可分为三个分量：①$\dot{U}_{\text{R}} = R\dot{I}$ 是电流 $\dot{I}$ 在线圈的导线电阻 $R$ 上所产生的电压降；②$\dot{U}_\sigma = -\dot{E}_\sigma$ 是平衡漏磁电动势的电压分量；③$\dot{U}_{\text{e}} = -\dot{E}$ 是与主磁电动势相平衡的电压分量。

　　交流铁心线圈的有功功率损耗主要包括两部分：①电流通过线圈时，在线圈电阻上所产

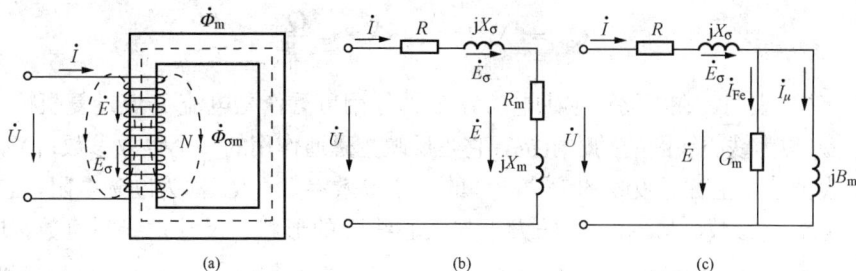

图 8 - 18　交流铁心线圈的电路模型

（a）用相量表示后的交流铁心线圈；（b）用阻抗表示励磁特性；（c）用导纳表示励磁特性

生的功率损耗，称为铜损耗，用 $P_{\mathrm{Cu}}$ 表示，即 $P_{\mathrm{Cu}}=RI^2$；②磁滞效应和涡流所引起的功率损耗，即铁心损耗 $P_{\mathrm{Fe}}$。因此，交流铁心线圈从电源吸收的有功功率为

$$P = P_{\mathrm{Cu}} + P_{\mathrm{Fe}} = RI^2 + P_{\mathrm{Fe}}$$

交流铁心线圈吸收的无功功率也包括两部分：①建立漏磁场，产生漏磁通 $\dot{\Phi}_{\sigma \mathrm{m}}$ 所需的无功功率 $Q_\sigma$；②建立主磁场，产生主磁通 $\dot{\Phi}_{\mathrm{m}}$ 所需要的无功功率 $Q_{\mathrm{m}}$。因此，交流铁心线圈从电源吸收的无功功率为

$$Q = Q_\sigma + Q_{\mathrm{m}}$$

作为交流铁心线圈的电路模型，不仅能够反映交流铁心线圈的端部特性，还能反映其中所发生的物理过程。因此，交流铁心线圈的电路模型中电压与电流的关系以及电路中的功率均应与交流铁心线圈相同。由此可知，交流铁心线圈的电路模型可由三个部分串联组成。

（1）阻值为 $R$ 的电阻元件。它的电压降等于线圈电阻上的电压降 $R\dot{I}$，它所引起的有功功率损耗等于铁心线圈的铜损耗 $RI^2$。

（2）电抗为 $X_\sigma = \omega L_\sigma$（设电源的角频率为 $\omega$）的电感元件。该电抗上的电压降 $-\mathrm{j}X_\sigma \dot{I}$ 等于铁心线圈的漏磁电动势 $\dot{E}_\sigma$，该电抗所吸收的无功功率 $X_\sigma I^2$ 等于建立漏磁场所需的无功功率 $Q_\sigma$，即

$$\dot{E}_\sigma = -\,\mathrm{j}X_\sigma \dot{I} \qquad\qquad (8-22)$$

$$Q_\sigma = X_\sigma I^2 \qquad\qquad (8-23)$$

式（8-22）也可由式（8-13）导出。式（8-22）表明，在电路中，漏磁电动势 $\dot{E}_\sigma$ 的作用可用一个负电抗压降 $-\mathrm{j}X_\sigma \dot{I}$ 来代替。$X_\sigma$ 称为线圈的漏电抗，简称线圈的漏抗；$X_\sigma$ 是反映漏磁通作用的一个等效参数；$X_\sigma$ 的大小与铁心线圈的形状、尺寸，线圈匝数和电源频率有关。因为漏磁通主要通过非磁性材料，而非磁性材料的磁导率是常数，所以漏电抗 $X_\sigma$ 与电压大小无关。

（3）复阻抗 $Z_{\mathrm{m}}=R_{\mathrm{m}}+\mathrm{j}X_{\mathrm{m}}$，该复阻抗上的电压降 $-Z_{\mathrm{m}}\dot{I}$ 等于铁心线圈的主磁电动势 $\dot{E}$，电阻 $R_{\mathrm{m}}$ 所消耗的有功功率 $R_{\mathrm{m}}I^2$ 等于铁心线圈的铁心损耗 $P_{\mathrm{Fe}}$，电抗 $X_{\mathrm{m}}$ 所吸收的无功功率 $X_{\mathrm{m}}I^2$ 等于建立铁心中的主磁通所需的无功功率 $Q_{\mathrm{m}}$，即

$$\dot{E} = -Z_{\mathrm{m}}\dot{I} \qquad\qquad (8-24)$$

$$P_{\mathrm{Fe}} = R_{\mathrm{m}}I^2, \qquad R_{\mathrm{m}} = \frac{P_{\mathrm{Fe}}}{I^2} \qquad\qquad (8-25)$$

$$Q_{\mathrm{m}} = X_{\mathrm{m}} I^2, \qquad X_{\mathrm{m}} = \frac{Q_{\mathrm{m}}}{I^2} \qquad (8\text{-}26)$$

式 (8-24) 表明，在电路中主磁电动势 $\dot{E}$ 的作用可看作是电流 $\dot{I}$ 流过复阻抗 $Z_{\mathrm{m}}$ 所产生的电压降。$Z_{\mathrm{m}}$ 称为铁心线圈的励磁阻抗，它是反映主磁通作用的一个等效参数；$X_{\mathrm{m}}$ 称为励磁电抗，它是表征建立主磁通吸收的无功功率的一个等效参数；$R_{\mathrm{m}}$ 称为励磁电阻，它是表征铁心损耗的一个等效参数。$R_{\mathrm{m}}$ 和 $X_{\mathrm{m}}$ 的大小与铁心线圈的形状、尺寸，线圈匝数，电源频率，铁心材料性质和铁心的饱和程度有关。因为主磁通 $\dot{\Phi}_{\mathrm{m}}$ 沿铁心闭合，而铁心材料的磁导率不是常数，它随铁心的饱和程度变化，所以，$R_{\mathrm{m}}$ 和 $X_{\mathrm{m}}$ 随电源电压 $U$ 的大小变化而变化。

以上分析表明，图 8-18 (b) 所示电路能够较准确地反映交流铁心线圈的电磁关系和其中所发生的物理过程。这就是说，可用图 8-18 (b) 所示电路来模拟交流铁心线圈。因此，图 8-18 (b) 所示电路可作为图 8-14 所示交流铁心线圈的电路模型。

根据复阻抗与复导纳的等效变换条件，可将图 8-18 (b) 所示电路等效变换为图 8-18 (c) 所示电路。这表明，图 8-18 (c) 所示电路也可作为交流铁心线圈的电路模型。图中 $Y_{\mathrm{m}} = G_{\mathrm{m}} + jB_{\mathrm{m}}$ 称为励磁导纳；$G_{\mathrm{m}}$ 称为励磁电导；$B_{\mathrm{m}}$ 称为励磁电纳；$\dot{I}_{\mathrm{Fe}}$ 称为铁损电流分量；$\dot{I}_{\mu}$ 称为磁化电流分量。

**2. 相量图**

设线圈电阻 $R$、漏抗 $X_{\sigma}$、线圈电流的有效值 $I$、主磁通最大值 $\Phi_{\mathrm{m}}$、线圈的匝数 $N$、电源电压的频率 $f$ 及 $\dot{I}$ 超前 $\dot{\Phi}_{\mathrm{m}}$ 的相位角 $\alpha$ 为已知（这些物理量可通过实验测定或通过计算求得），不难作出相量 $\dot{\Phi}_{\mathrm{m}}$、$\dot{I}$、$\dot{E}$、$\dot{U}$ 的相量图。作图步骤如下：

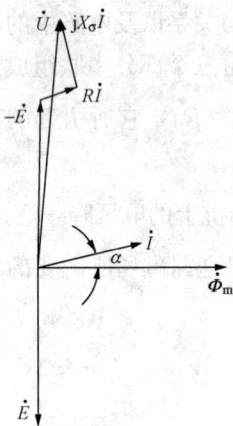

图 8-19 交流铁心线圈的相量图

(1) 作参考相量 $\dot{\Phi}_{\mathrm{m}}$；

(2) 作滞后 $\dot{\Phi}_{\mathrm{m}}$ 90° 的相量 $\dot{E}$；

(3) 作出与 $\dot{E}$ 反相的相量 $-\dot{E}$；

(4) 作超前 $\dot{\Phi}_{\mathrm{m}}\alpha$ 角的相量 $\dot{I}$；

(5) 以 $-\dot{E}$ 的终点作为相量 $R\dot{I}$ 的起点，作平行于 $\dot{I}$ 的相量 $\dot{I}R$；

(6) 以 $R\dot{I}$ 的终点作为相量 $jX_{\sigma}\dot{I}$ 的起点，作超前于 $\dot{I}$ 90° 的相量 $jX_{\sigma}\dot{I}$；

(7) 作从 $-\dot{E}$ 的起点指向 $jX_{\sigma}\dot{I}$ 的终点的相量 $\dot{U}$。

交流铁心线圈的相量图如图 8-19 所示。

## 本 章 小 结

**1. 常用的磁场物理量**

(1) 磁感应强度 $\vec{B}$。$\vec{B}$ 的大小的定义式为

$$B = \frac{F_{\mathrm{m}}}{qv}$$

磁场中某点 $\vec{B}$ 的大小也等于通过该点处垂直于 $\vec{B}$ 矢量的单位面积的磁感应线数。$\vec{B}$ 的方向为小磁针在磁场中该点处静止时 N 极的指向，也就是磁场的方向。$B$ 的单位为 T（特斯拉）或 Gs（高斯）。

（2）磁通量 $\phi$。穿过某一给定曲面的磁感应线数，称为通过该曲面的磁通量。在均匀磁场中有

$$\phi = BS$$

磁通量 $\phi$ 的方向为磁感应线穿过曲面时的穿透方向。$\phi$ 的单位为 Wb（韦伯）及 Mx（麦克斯韦）。

（3）磁导率 $\mu$。相对磁导率定义为

$$\mu_{\mathrm{r}} = \frac{B}{B_0}$$

磁导率为　　　　　　　　　　　　$\mu = \mu_{\mathrm{r}} \mu_0$

$\mu$ 的单位为 H/m（亨利/米）。

（4）磁场强度 $\vec{H}$。本书中 $\vec{H}$ 的定义为

$$\vec{H} = \frac{\vec{B}}{\mu}$$

$\vec{H}$ 的单位为 A/m（安培/米）及 Oe（奥斯特）。

2. 物质的磁化机理

物质的磁性主要来源于物质内部电子的轨道运动、自旋运动及其在外磁场作用下产生的进动。在外磁场作用下，顺磁性物质中的电子的轨道磁矩和自旋磁矩在一定程度上沿外磁场方向排列，从而在宏观上显示磁性，所以顺磁性物质 $\mu_{\mathrm{r}} > 1$。

抗磁性物质每个原子或分子中电子的轨道运动和自旋运动所产生的磁矩相互抵消，合成磁矩等于零。在外磁场作用下，抗磁性物质中的电子绕外磁场方向作进动，从而产生附加磁矩。因附加磁矩的方向与外磁场方向相反，故抗磁性物质 $\mu_{\mathrm{r}} < 1$。

铁磁性物质的磁性主要来源于电子的自旋运动。由于铁磁性物质内相邻原子中的电子间存在很强的静电交换相互作用，使得电子的自旋磁矩在小范围内同向排列，从而形成一个个小的具有单一方向的磁化区域，这种现象称为自发磁化。这种自发磁化区域称为磁畴。在外磁场作用下，铁磁性物质从原始退磁状态到饱和磁化状态，经历了畴壁位移和磁畴转动两个磁化过程。在外磁场作用下，磁畴沿外磁场方向排列，形成很强的附加磁场，从而使得合成磁场大大增强，故 $\mu_{\mathrm{r}} \gg 1$。

3. 铁磁性物质的磁化特性

常用的铁磁性物质的磁化曲线有：起始磁化曲线、磁滞回线、基本磁化曲线。从铁磁性物质的磁化曲线和磁化机理可以看出，铁磁性物质具有下列磁性能：

（1）高导磁性。铁磁性物质的磁导率 $\mu$ 很大，其值为真空磁导率 $\mu_0$ 的数百、数千乃至数万倍。

（2）磁饱和性。当磁化场的磁场强度 $H$ 增大到一定数值后，若 $H$ 再增大，则磁感应强度 $B$ 几乎不再增大，即磁化达到饱和状态。由于具有磁饱和特性，因而铁磁性物质的 $B$ 与 $H$ 之间呈非线性关系，磁导率 $\mu$ 不是常数。

（3）磁滞性。在交变磁化过程中，铁磁性物质的磁感应强度 $B$ 的变化总是滞后于磁场强度 $H$ 的变化。由于具有这种磁滞性，因而铁磁性物质的 $B$ 与 $H$ 之间不是单值函数关系；当外磁场停止作用（$H=0$）时，铁磁性物质中仍保留剩余磁感应强度（$B=B_b$）。

4. 磁路定律

由铁磁材料构成的、让磁感应线集中通过的通道称为磁路。

（1）磁路的基尔霍夫第一定律。磁路中任一节点所连接的各支路中的磁通的代数和为零，即

$$\sum \phi = 0$$

（2）磁路的基尔霍夫第二定律。磁路中任一回路的各段磁路的磁位差的代数和等于各磁动势的代数和，即

$$\sum Hl = \sum NI$$

（3）磁路的欧姆定律。一段磁路的磁位差等于该段磁路的磁阻与磁通的乘积，即

$$U_m = \Phi R_m, R_m = \frac{l}{\mu S}$$

应用磁路定律时应注意定律的条件。磁路基尔霍夫第一定律的条件是设磁通全部集中在磁路中，即不计漏磁通。磁路基尔霍夫第二定律的条件是每段磁路中沿磁路中心线各点的磁场强度大小相同，且磁场强度的方向处处与磁路中心线的切线方向一致。书中所述的磁路欧姆定律是对一段磁路而言的，该段磁路中各处应具有相同的截面积、相同的磁介质，磁通在任一截面积上都是均匀分布的，磁场方向处处与磁路横截面垂直，且忽略漏磁通。

5. 交流铁心线圈

（1）磁通、电流和电压的波形。铁心线圈是一个非线性元件。由于磁饱和现象的存在，导致交流铁心线圈的磁通和电流的波形发生畸变。忽略磁滞和涡流的影响，当磁通的波形为正弦波时，由于磁饱和的影响，线圈电流的波形为尖顶波；当通过线圈的电流的波形为正弦波时，由于磁饱和的影响，铁心中的磁通波形为平顶波，线圈电压的波形为尖顶波。

（2）铁心损耗。由磁滞效应引起的功率损耗为磁滞损耗，磁滞损耗与铁心材料的性质、材料体积、最大磁感应强度和磁通的变化频率等因素有关。由涡流引起的功率损耗为涡流损耗，涡流损耗与铁心材料的性质、材料的体积、叠片的厚度、磁通的波形、最大磁感应强度和磁通的变化频率等因素有关。计算磁滞损耗、涡流损耗和铁心损耗的经验公式为

$$P_h = K_h f B_m^n V$$

$$P_e = K_e f^2 B_m^2 V$$

$$P_{Fe} = P_{1/50} \left(\frac{f}{50}\right)^{1.3} B_m^2 G$$

（3）交流铁心线圈中的电磁关系。用等效正弦量代替非正弦量之后，交流铁心线圈中的电磁关系可表达为

$$\dot{U} = -\dot{E} - \dot{E}_\sigma + R\dot{I}$$

$$\dot{E} = -j4.44 fN\dot{\Phi}_m$$

$$\dot{E} = -Z_m \dot{I}, Z_m = R_m + jX_m$$

$$\dot{E}_\sigma = -jX_\sigma \dot{I}, X_\sigma = \omega L_\sigma$$

（4）交流铁心线圈的电路模型及相量图。交流铁心线圈的电路模型如图 8-19（b）和（c）所示，相量图如图 8-20 所示。

## 习 题

8-1 下列情况中一定能够导致磁路磁阻增大的是（ ）

　A. 磁路的长度增加。

　B. 磁路的截面积增大。

　C. 磁路中的磁通增加。

　D. 含有气隙的铁心磁路中的气隙增加。

8-2 适合于制作永久磁铁的材料是（ ）

　A. 顺磁性材料。　　　B. 抗磁性材料。　　　C. 软磁性材料。　　　D. 硬磁性材料。

8-3 为减少交流铁心线圈的涡流损耗，制作铁心时应选用（ ）

　A. 磁滞回线所包围的面积较小的铁磁材料。

　B. 电阻率较大的铁磁材料。

　C. 剩磁较小的铁磁材料。

　D. 矫顽力较小的铁磁材料。

8-4 工程上常用很薄的硅钢片制作变压器和电机的铁心，采用薄片制作铁心的目的是（ ）

　A. 减少磁滞损耗。　　　　　　　　　B. 减少涡流损耗。

　C. 减少铜损耗。　　　　　　　　　　D. 便于制造和安装。

8-5 下列关于交流铁心线圈的电流和磁通的波形的说法中错误的是（ ）

　A. 忽略交流铁心线圈的线圈电阻和漏磁通，当外加电压的波形为正弦波时，主磁通的波形一定是正弦波。

　B. 忽略磁滞和涡流的影响，当流入线圈的电流的波形为正弦波时，铁心中的主磁通的波形也是正弦波。

　C. 引起交流铁心线圈的电流和磁通的波形畸变的原因是铁心材料的 $B$ 和 $H$ 关系的非线性。

　D. 外加电压越高，交流铁心线圈的电流波形畸变的程度越大。

8-6 交流铁心线圈的铁心工作在饱和状态，若线圈两端外加电压升高，下述结论中错误的是（ ）

　A. 线圈中电流增大。

　B. 线圈电阻 $R$、漏抗 $X_\sigma$ 不变。

　C. 励磁电阻 $R_m$ 和励磁电抗 $X_m$ 增大。

　D. 主磁通增大。

　E. 铁心损耗增大。

8-7 交流铁心线圈外加电压的频率降低，下述结论中错误的是（ ）

　A. 线圈中的电流增大。

　B. 铁心中的主磁通增大。

　C. 励磁电阻 $R_m$ 和励磁电抗 $X_m$ 减小。

　D. 铁心损耗减小。

8-8　交流铁心线圈的线圈匝数减少，下述结论中错误的是（　　）

A. 线圈电流增大。　　　　　　　　　　B. 漏抗 $X_\sigma$ 和励磁电抗 $X_m$ 减小。

C. 励磁电阻 $R_m$ 减小。　　　　　　　D. 铁心损耗减小。

8-9　环形螺线管的中心线周长为20cm，截面积为1cm²，环上均匀密绕着200匝导线，线圈中通有电流220mA。试求：

（1）螺线管为空心时，管内的磁感应强度 $B_0$、磁通量 $\Phi_0$ 和磁场强度 $H_0$；

（2）管内充满磁导率 $\mu = 3.6 \times 10^{-3}$ H/m 的硅钢时，管内的磁感应强度 $B$、磁通量 $\Phi$ 和磁场强度 $H$。

8-10　环形螺线管的中心线周长为30cm，环上均匀密绕着300匝导线，线圈中通入0.03A电流时，管内磁感应强度为 $2.0 \times 10^{-2}$ T。试求：

（1）螺线管内的磁场强度；

（2）管内铁磁材料的磁导率和相对磁导率。

8-11　已知磁路如图8-20（a）所示，图中尺寸单位为mm，磁路用硅钢片叠成，线圈匝数为200匝，磁路中的磁通量为 $16 \times 10^{-4}$ Wb，硅钢片的基本磁化曲线如图8-20（b）所示。不考虑气隙边缘磁通的扩散作用和硅钢片间的空隙的影响，试求：

（1）铁心磁路和气隙的磁阻及磁位差；

（2）线圈中的电流。

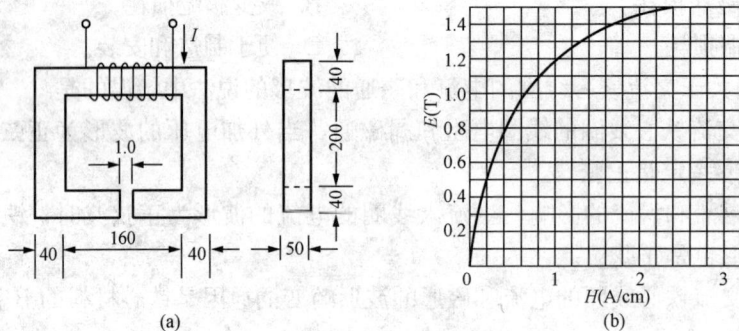

图8-20　习题8-11的图

8-12　一个40W的日光灯电磁式镇流器的铁心截面为4.5cm²，它的工作电压为165V，电源电压的频率为50Hz，铁心中的磁感应强度最大值为1.18T，忽略线圈电阻和漏磁通，试求线圈的匝数。

8-13　将一个空心线圈先后接到直流电源和交流电源上，然后在这个线圈中插入铁心，再接到上述直流电源和交流电源上。如果交流电源电压的有效值和直流电源电压相等，试比较上述四种情况下线圈电流的大小。

8-14　交流铁心线圈在其他条件不变的情况下，仅改变以下物理量之一：电源电压有效值、电源频率、线圈匝数、铁心截面，对铁心中的磁通量、线圈中的电流、线圈漏抗、励磁电抗、励磁电阻及铁心损耗有何影响？

# 习 题 参 考 答 案

## 第一章

1-1　C

1-2　D

1-3　D

1-4　A

1-5　D

1-6　(2) 元件 3、4、5 是负载；元件 1、2 是电源。

1-7　(a) 24W，网络吸收的功率为 24W。

　　(b) $-144$W，网络发出的功率为 144W。

　　(c) 24W，网络发出的功率为 24W。

　　(d) $-144$W，网络吸收的功率为 144W。

1-8　1.37kW，0.34kW·h。

1-9　31.304V。

1-10　220V、60W 的灯泡亮些。

1-11　$0 < t < 2$ms，$i = 100$mA；

　　　$2$ms $< t < 3$ms，$i = 0$；

　　　$3$ms $< t < 5$ms，$i = -200$mA；

　　　$5$ms $< t < 6$ms，$i = 0$；

　　　$t > 6$ms，$i = 100$mA。

1-12　在关联参考方向下，(1) $i = -5e^{-5t}$mA；(2) $p = -0.1e^{-10t}$W；(3) $W = 3.68 \times 10^{-3}$J。

1-13　(1) 11$\mu$F；(2) $U_1 = U_2 = 110$V，$U_3 = 132$V，$U_4 = 88$V；(3) 250V。

1-14　(a) $\phi = \dfrac{Li}{N}$，$e = N\dfrac{\mathrm{d}\phi}{\mathrm{d}t}$，$u = -N\dfrac{\mathrm{d}\phi}{\mathrm{d}t}$，$e = L\dfrac{\mathrm{d}i}{\mathrm{d}t}$，$u = -L\dfrac{\mathrm{d}i}{\mathrm{d}t}$；

　　　(b) $\phi = -\dfrac{Li}{N}$，$e = N\dfrac{\mathrm{d}\phi}{\mathrm{d}t}$，$u = -N\dfrac{\mathrm{d}\phi}{\mathrm{d}t}$，$e = -L\dfrac{\mathrm{d}i}{\mathrm{d}t}$，$u = L\dfrac{\mathrm{d}i}{\mathrm{d}t}$。

1-15　$u = 628\sin(314t + 90°)$ V；$W_{\max} = 10 \times 10^{-3}$J。

1-16　(1) 10mH；(2) 0W；(3) 1.25J。

1-17　线性电容元件，电容 $C = 0.5$F。

1-18　线性电感元件，电感 $L = 0.8$H。

1-19　3A，0A，0V，30V

1-20　(a) $U = U_S$；(b) $U = U_{S1} - U_{S2}$；(c) $I = I_{S1} - I_{S2}$；(d) $U = E_S - R(I + I_S)$。

1-21　(a) $I_R = 2$A，$I_{US} = 4$A，$U_{IS} = 6$V，$P_R = 12$W，$P_{US} = 24$W，$P_{IS} = 12$W。

　　　(b) $I_{R1} = 6$A，$U_{R2}6$V，$U_{IS} = 18$V，$I_{US} = 4$A；

　　　　　　　　$P_{R1}=72W$，$P_{R2}=12W$，$P_{US}=48W$，$P_{IS}=36W$。

　　　　(c) $I_{R1}=1.2A$，$I_{US1}=2A$，$I_{US2}=0.8A$；

　　　　　　$P_{R1}=7.2W$，$P_{R2}=8W$，$P_{US1}=20W$，$P_{IS}=4.8W$。

1 - 22　(a) $-1A$；(b) $-2A$，9V；(c) $-9A$，9V。

1 - 23　$R_0=0.1\Omega$，$E=6V$。

1 - 24　(1) 电路发生断路故障，故障点在灯泡处；

　　　　(2) 电路发生短路故障，故障点在灯泡处；

　　　　(3) 电路发生断路故障，故障点在电流表处或者在电池和滑线变阻器处；

　　　　(4) 电路中电阻过大，灯泡电压很低，因接触点处接触不良或滑线电阻电阻值过大。

1 - 25　$V_c=8V$，$V_d=10V$。

1 - 26　$U_{ab}=-6V$。

1 - 27　$U_S=30V$。

1 - 28　$R=6.5\Omega$。

1 - 29　4A，7A，3A，4A，1A，8A。

*1 - 30　$U_0=5.06V$，$I_1=14.94mA$。

## 第二章

2 - 1　A

2 - 2　A

2 - 3　B

2 - 4　B

2 - 5　A

2 - 6　A

2 - 7　D

2 - 8　(a) $R_{ab}=4.4\Omega$；(b) $R_{ab}=1\Omega$；(c) $R_{ab}=4\Omega$；(d) $R_{ab}=2.5\Omega$；(e) $R_{ab}=3\Omega$；(f) $R_{ab}=1.41\Omega$。

2 - 9　(1) $R_1=3\Omega$，$R_2=6\Omega$ 或者 $R_1=6\Omega$，$R_2=3\Omega$；

　　　　(2) $\dfrac{P_{R1}}{P'_{R1}}=9$，$\dfrac{P_{R2}}{P'_{R2}}=2.25$。

2 - 10　$I=-\dfrac{30}{7}A$。

2 - 11　两个电阻串联后与一个电阻并联，再与另一电阻串联。

2 - 12　12V，$7.5\Omega$。

2 - 13　(a) $U_{oc}=4.8V$，$I_{sc}=0.43A$，$R_{eq}=11.2\Omega$；

　　　　(b) $U_{oc}=9V$，$I_{sc}=3A$，$R_{eq}=3\Omega$。

2 - 14　$I=5A$，$U=22V$。

2 - 15　$-0.8A$。

2 - 16　$-1.875A$，$6.25A$，$-4.375A$。

2-17  4.6A，−0.4A，5A。

2-18  8.72A，−18.54A，9.82A。

2-19  2.29A，−0.47A，−1.82A，3.10A，2.63A，0.81A。

2-20  同 2-17。

2-21
$$21I_{m1}-6I_{m2}-10I_{m3}+U=-30$$
$$-6I_{m1}+21I_{m2}-U=-10$$
$$-10I_{m1}+20I_{m3}=60$$
$$I_{m2}-I_{m1}=2$$

2-22  0，2A，−2A，1.333A，3.333A。

2-23  9.4A。

2-24  4.6A，−0.4A，5A。

2-25  4.75A，4.75A，16.75A，26.25A。

2-26
$$0.4U_1-0.1U_2-0.1U_3=13$$
$$-0.1U_1+0.1U_2-I=-1$$
$$-0.1U_1+0.167U_3+I=-10$$
$$U_2-U_3=10$$

2-27
$$1.3U_1-0.7U_2=-5$$
$$-0.7U_1+0.8U_2=12$$

2-28  39.2V。

2-29  $U=6V$，$I=4A$。

2-30  $U'=27.5V$，$U''=-9V$，$U=18.5V$。

2-31  (a) $U_{oc}=20V$，$I_{sc}=4A$，$R_{eq}=5\Omega$；

(b) $U_{oc}=-7V$，$I_{sc}=-1.167A$，$R_{eq}=6\Omega$；

(c) $U_{oc}=56V$，$I_{sc}=5.6A$，$R_{eq}=10\Omega$；

(d) $U_{oc}=-6V$，$I_{sc}=-1.5A$，$R_{eq}=4\Omega$；

(e) $U_{oc}=50V$，$I_{sc}=5A$，$R_{eq}=10\Omega$。

2-32  −1A。

2-33  $R_L=4\Omega$，$P_{max}=0.25W$。

*2-34  $I_1=2A$，$I_2=1.2A$，$I_3=0.8A$。

*2-35  (a) $U_{OC}=-6V$，$I_{sc}=-0.9375A$，$R_{eq}=6.4\Omega$。

(b) $U_{OC}=-1.8V$，$I_{sc}=2.4A$，$R_{eq}=-0.75\Omega$。

*2-36  $U_{OC}=70V$，$I_{SC}=7A$，$R_{eq}=10\Omega$，$P_{max}=122.5W$。

## 第三章

3-1  B

3-2  A

3-3  A D

3-4  B D

3-5　B

3-6　A，C

3-7　B

3-8　B

3-9　A

3-10　C

3-11　(1) $U_m=537V$，$U=380V$，$\omega=314rad/s$；$f=50Hz$，$T=0.02s$，$\psi_u=-\dfrac{\pi}{3}$。

　　　(3) $-268.5V$。

　　　(4) $0.0083s$。

　　　(5) $u_{ba}=-537\sin\left(314t-\dfrac{\pi}{3}\right)=537\sin\left(314t+\dfrac{2}{3}\pi\right)$ (V)。

3-12　$u=366.78\sin(100\pi t+25°)V$。

3-13　(1) $\dfrac{7\pi}{12}$，电流 $i$ 超前电压 $u$ 的相位角为 $\dfrac{7\pi}{12}$；

　　　(2) $\dfrac{5\pi}{6}$，电压 $u$ 超前电流 $i$ 的相位角为 $\dfrac{5\pi}{6}$；

　　　(3) $-\dfrac{\pi}{12}$，电压 $u_2$ 在相位上滞后电压 $u_1$ 的相位角为 $-\dfrac{\pi}{12}$；

　　　(4) $\dfrac{\pi}{3}$，电流 $i_1$ 在相位上超前电流 $i_2$ $\dfrac{\pi}{3}$。

3-14　(1) $\dot{U}=10\angle 0°kV$；(2) $\dot{I}=50\sqrt{2}\angle -\dfrac{\pi}{6}A$；

　　　(3) $\dot{U}=380\angle -\dfrac{\pi}{2}V$；(4) $\dot{I}=10\angle \dfrac{2\pi}{3}A$。

3-15　(1) $\dot{I}=4\angle 30°A$

　　　$i=4\sqrt{2}\sin(\omega t+30°)$ A

　　　(2) $\dot{I}=5\angle -53.13°A$

　　　$i=5\sqrt{2}\sin(\omega t-53.13°)$ A

　　　(3) $\dot{U}=100\angle 120°V$

　　　$u=100\sqrt{2}\sin(\omega t+120°)$ V

　　　(4) $\dot{I}=5\angle -143.13°A$

　　　$i=5\sqrt{2}\sin(\omega t-143.13°)$ A

　　　(5) $\dot{U}=380\angle 0°V$

　　　$u=380\sqrt{2}\sin\omega t$ V

　　　(6) $\dot{I}=8\angle 90°A$

　　　$i=8\sqrt{2}\sin(\omega t+90°)$ A

　　　(7) $\dot{U}=220\angle -90°V$

$u=220\sqrt{2}\sin\ (\omega t-90°)$ V

(8) $\dot{U}=10\ 000\angle-180°$V

$u=-10\ 000\ \sqrt{2}\sin\omega t$V

3 - 16 (1) $i\neq10\mathrm{e}^{\mathrm{j}45°}$A$\Rightarrow$应有$\dot{I}=10\mathrm{e}^{\mathrm{j}45°}$A；

(2) $\dot{U}\neq100\ \sqrt{2}\sin\ (\omega t+30°)$ V$\Rightarrow$应为$u=100\ \sqrt{2}\sin\ (\omega t+30°)$ V；

(3) $U\neq220\angle30°$V$\Rightarrow$应有$\dot{U}=220\angle30°$V；

(4) $\dot{I}\neq5\mathrm{e}^{30°}$A$\Rightarrow$应有$\dot{I}=5\mathrm{e}^{\mathrm{j}30°}$A；

(5) 应为$u=220\sin100\pi t$V。

3 - 17 $i=1.1\sqrt{2}\sin(314t+75°)$A，$P=242$W；

3 - 18 $i=99.04\sin(314t+145°)$A ，$Q=15.39$kvar；

3 - 19 $u=220\sqrt{2}\sin(314t+135°)$V，$L=70$mH；

3 - 20 $i=6.91\sqrt{2}\sin(314t-65°)$A ，$Q=1.52$kvar。

3 - 21 $I=45.45$A，$C=658\mu$F。

3 - 22 $i=55\sin(100\pi t-30°)$A ；$u_R=220\sin(100\pi t-30°)$V；$u_L=220\sin(100\pi t+60°)$V。

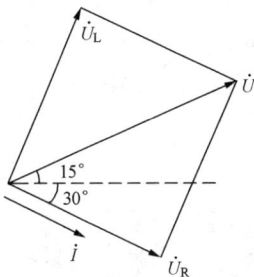

3 - 23 $i=0.83\sin(100\pi t+57.87°)$A；$u_R=166\sin(100\pi t+57.87°)$V；$u_C=264.33\sin(100\pi t-32.13°)$V。

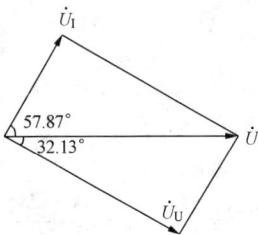

3 - 24 $I=4.4$A，$\lambda=\cos\varphi=0.6$，$U_R=132$V，$U_L=528$V，$U_C=352$V。

3 - 25 (1)$Z=20\Omega$，$Y=0.05$S；

(2)$Z=40\angle-45°\Omega$，$Y=0.025\ \angle45°$S；

(3)$Z=38\angle90°\Omega$，$Y=0.026\ \angle-90°$S；

(4)$Z=40\angle53.13°\Omega$，$Y=0.025\ \angle-53.13°$S。

3 - 26 (a)$U=100\sqrt{2}$V；(b)$U=100\sqrt{2}$V；(c)$U=100$V。

3-27　$R=22.19\text{W}$，$L=1.64\text{H}$。

3-28　$\lambda=0.965$，$I=18.32\text{A}$，$W=3.89\text{kW}\cdot\text{h}$。

3-29　$\lambda=1$，$\dot{I}=10\text{A}$，$\dot{I}_1=-\text{j}10\text{A}$，$\dot{I}_2=14.14\angle45°\text{A}$。

3-30　$I=7.07\text{A}$，$U=100\text{V}$，$\lambda=0.707$，$P=499.85\text{W}$，$Q=-499.85\text{var}$，$S=707\text{VA}$。

3-31　$Z=10-\text{j}10\Omega$，$\dot{U}_{OC}=-10\angle0°\text{V}$。

3-32　(1)$C=646\mu\text{F}$；(2)$Q_C=9817.65\text{var}$；(3)补偿前的电流 $I=90.91\text{A}$，补偿后的电流 $I'=56.82\text{A}$。

3-33　$\omega_0=5\times10^5\text{rad/s}$，$f_0=79\ 618\text{Hz}$，$I_0=2.2\text{A}$，$Q=100$，$U_L=U_C=22\ 000\text{V}$。

3-34　$\omega_0=6.86\times10^6\text{rad/s}$，$f_0=1.0924\text{MHz}$，$I_0=1.87\text{mA}$，$I_C=128\text{mA}$，$I_{RL}=128\text{mA}$。

3-35　$C=0.5\text{F}$。

3-36　(a)$\omega_0=\dfrac{1}{\sqrt{LC}}$，$f_0=\dfrac{1}{2\pi\sqrt{LC}}$；

(b)$\omega_0=\dfrac{1}{\sqrt{LC}}\dfrac{1}{\sqrt{1-\dfrac{L}{R_2^2C}}}$，$f_0=\dfrac{1}{2\pi\sqrt{LC}}\dfrac{1}{\sqrt{1-\dfrac{L}{R_2^2C}}}$；

(c)$\omega_0=\dfrac{1}{\sqrt{LC}}\sqrt{1-\dfrac{L}{R_2^2C}}$，$f_0=\dfrac{1}{2\pi\sqrt{LC}}\sqrt{1-\dfrac{L}{R_2^2C}}$。

## 第四章

4-1　A

4-2　B C

4-3　A B C D

4-4　B C D

4-5　C D

4-6　D

4-7　(1)$u_W=220\sqrt{2}\sin(100\pi t+60°)\text{V}$，$u_V=-220\sqrt{2}\sin100\pi t\text{V}$；

(2)$\dot{U}_U=220\angle-60°\text{V}$，$\dot{U}_V=-220\text{V}$，$\dot{U}_W=220\angle60°\text{V}$；

(3)

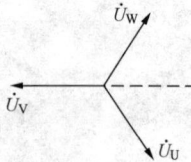

(4)

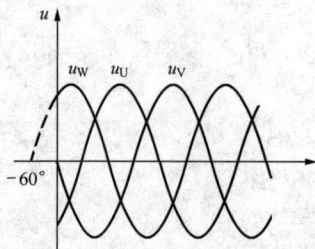

(5)0。

4-8 (1)正序对称电压;(2)不对称;(3)不对称;(4)零序对称电压;(5)负序对称电压。

4-9 先任设两相绕组的首尾端,将设定两相绕组的尾端连在一起,使发电机空载运行。用万用表测量这两相绕组首端电压,若此电压为 $230\sqrt{3}$V,则说明上述两绕组的首尾端的设定是正确的;若测出的电压为 230V,则表明上述首尾端的设定是错误的,将其中一相绕组首尾标号交换即可。用同样的方法可以确定另一相绕组的首尾端。

(a)正确的首尾端:

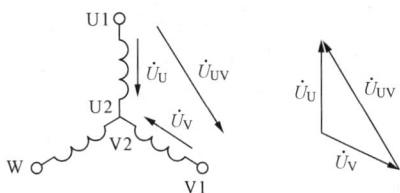

$\dot U_{UV}=\dot U_U-\dot U_V$,$U_{UV}=\sqrt{3}U_U$。

(b)V 相首尾错接:

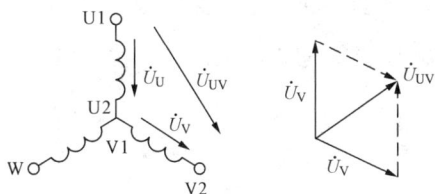

$\dot U_{UV}=\dot U_U+\dot U_V$,$U_{UV}=U_U$。

4-10

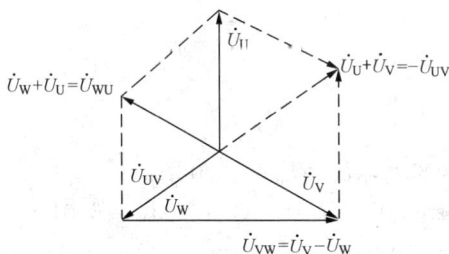

$U_{UV}=U_W=7.97$kV;

$U_{VW}=\sqrt{3}U_W=7.97\sqrt{3}$kV$=13.8$kV;

$U_{WU}=U_W=7.97$kV。

4-11 $I_{\triangle}=26\,645.35$A,发电机烧坏。

4-12 $\dot U_U=220\angle 0°$V,$\dot I_{Ul}=\dot I_{UP}=8.8\angle -36.9°$A。

$\dot I_{Vl}=\dot I_{VP}=8.8\angle -156.9°$A,$\dot I_{Wl}=\dot I_{WP}=8.8\angle 83.1°$A。

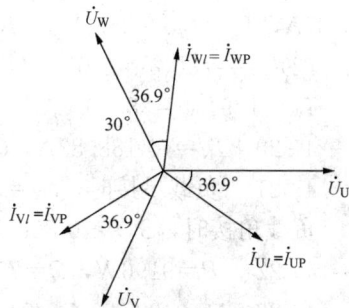

4-13　设 $\dot{U}_{UV}=380\angle0°$ V，$\dot{I}_{UV}=26.87\angle-45°$ A，$\dot{I}_{VW}=26.87\angle-165°$ A，$\dot{I}_{WU}=26.87\angle75°$A；$\dot{I}_U=46.54\angle-75°$ A，$\dot{I}_V=46.54\angle165°$ A，$\dot{I}_W=46.54\angle45°$ A。

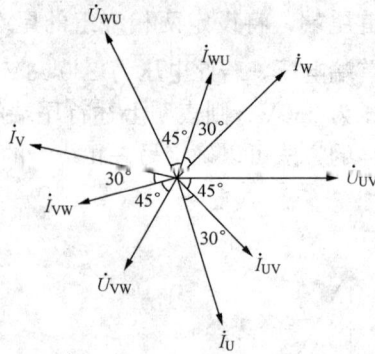

4-14　$I_l=18.02$A，$U_l'=312$V。

4-15　$I_l=10.45$A，$U_P'=212.87$V，$U_l'=368.69$V。

4-16　(1)$\dot{I}_U=44\angle0°$A，$\dot{I}_V=44\angle120°$ A，$\dot{I}_W=22\angle120°$ A，$\dot{I}_N=22\angle-60°$A；

(2)$\dot{U}_U'=201.63\angle10.89°$ V，$\dot{I}_U=40.326\angle10.89°$ A；$\dot{U}_V'=201.63\angle-130.89°$ V，$\dot{I}_V=40.326\angle-130.89°$A；$\dot{U}_W'=263.99\angle120°$V，$\dot{I}_W=26.399\angle120°$A。

4-17　$\dot{I}_{UV}=38\angle0°$A，$\dot{I}_{VW}=38\angle150°$A，$\dot{I}_{WU}=38\angle-150°$A；$\dot{I}_U=73.41\angle15°$A，$\dot{I}_V=73.41\angle165°$A，$\dot{I}_W=38\angle-90°$A。

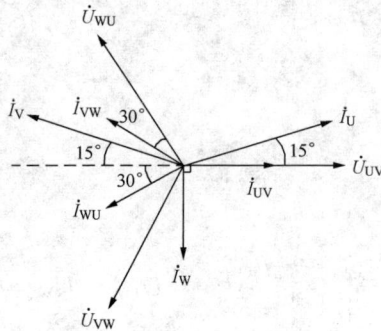

4-18　(1)$U_U'=0$，$U_V'=U_W'=380$V；$I_U=20.82$A，$I_V=I_W=12.02$A。

(2)$U_U'=330$V(指断口两端的电压)，$U_V'=U_W'=190$V；$I_U=0$A，$I_V=I_W=6.01$A。

4-19　(1)$U_{UV}'=U_{VW}'=U_{WU}'=380$V；$I_{UV}'=0$A，$I_{VW}'=I_{WU}'=25.33$A，$I_U=I_{WU}'=25.33$A，$I_V=I_{VW}'=25.33$A，$I_W=43.87$A。

(2)$U_{UV}'=U_{WU}'=190$V，$U_{VW}'=380$V；$I_{UV}'=I_{WU}'=12.67$A，$I_{VW}'=25.33$A，$I_U=0$V，$I_V=I_W=1.5I_{VW}'=38.00$A。

4-20　$I_N=10\,188.83$A，$Q_N=185.929$Mvar，$S_N=352.94$MVA。

4-21　负载星接时，$S_Y=3606.72$VA，$P_Y=2885.38$W，$Q_Y=2146.03$var；
负载角接时，$S_\triangle=10\,826.73$VA，$P_\triangle=8661.38$W，$Q_\triangle=6496.04$var。

4-22　$P=9196$W，$Q=7744$var，$S=12\,022.31$VA。

4-23　$\lambda=0.8274$，$Q=74.451$kvar，$S=132.948$kVA。

4 - 24   (1)将对称三角形负载 $Z_4$ 变换为等效星形负载 $Z_{4Y}$；

(2)将对称三相电源变换成等效星形电源；

(3)画出经等效变换后的一相计算电路；

(4)计算阻抗为 $Z_{4Y}$ 的三相负载的一个线电流；

(5)根据对称三角形负载的相电流与线电流的关系，求出负载阻抗为 $Z_4$ 的三角形负载的相电流有效值；

(6)由阻抗为 $Z_4$ 的三角形负载的相电流有效值，计算出其相电压的有效值；

(7)根据负载阻抗 $Z_4$ 确定其阻抗角；

(8)由对称三相电路功率的计算公式计算出阻抗为 $Z_4$ 的三相负载的功率。

## 第五章

5 - 1   (1)$K = \dfrac{1}{2}$；(2)$M = 6\mathrm{H}$。

5 - 2   a 与 d；c 与 f；a 与 f 为同名端。

5 - 3   (a)$\begin{cases} u_1 = L_1 \dfrac{\mathrm{d}i_1}{\mathrm{d}t} - M \dfrac{\mathrm{d}i_2}{\mathrm{d}t} \\ u_2 = -L_2 \dfrac{\mathrm{d}i_2}{\mathrm{d}t} + M \dfrac{\mathrm{d}i_1}{\mathrm{d}t} \end{cases}$；    (b)$\begin{cases} u_1 = -L_1 \dfrac{\mathrm{d}i_1}{\mathrm{d}t} - M \dfrac{\mathrm{d}i_2}{\mathrm{d}t} \\ u_2 = -L_2 \dfrac{\mathrm{d}i_2}{\mathrm{d}t} - M \dfrac{\mathrm{d}i_1}{\mathrm{d}t} \end{cases}$；

      (c)$\begin{cases} u_1 = -L_1 \dfrac{\mathrm{d}i_1}{\mathrm{d}t} - M \dfrac{\mathrm{d}i_2}{\mathrm{d}t} \\ u_2 = L_1 \dfrac{\mathrm{d}i_2}{\mathrm{d}t} + M \dfrac{\mathrm{d}i_1}{\mathrm{d}t} \end{cases}$；    (d)$\begin{cases} u_1 = -L_1 \dfrac{\mathrm{d}i_1}{\mathrm{d}t} - M \dfrac{\mathrm{d}i_2}{\mathrm{d}t} \\ u_2 = -L_2 \dfrac{\mathrm{d}i_2}{\mathrm{d}t} - M \dfrac{\mathrm{d}i_1}{\mathrm{d}t} \end{cases}$。

5 - 4   $u_1 = 250\sin(10t + 120°)\mathrm{V}$，$u_2 = 150\sin(10t + 120°)\mathrm{V}$。

5 - 5

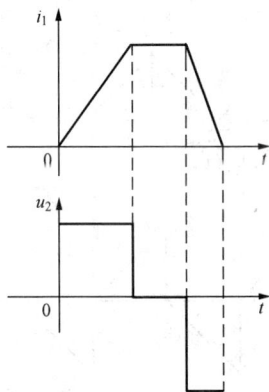

5 - 6   (a)$Z = \mathrm{j}\Omega$；(b)$Z = \mathrm{j}\Omega$；(c)$Z = \mathrm{j}\Omega$；

(d)$Z = 3.24\angle 4.09°\Omega$。

5 - 7   $M = 0.024\mathrm{H}$。

5 - 8   $\dot{I} = 1.11\angle -56.31°\,\mathrm{A}$。

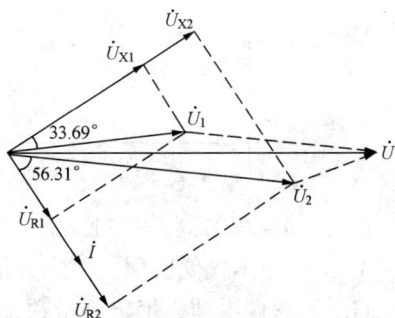

5-9  $\dot{I}=6.66\angle-35.81°$ A  $\dot{I}_1=3.70\angle-39.02°$ A  $\dot{I}_2=2.98\angle-32.12°$ A。

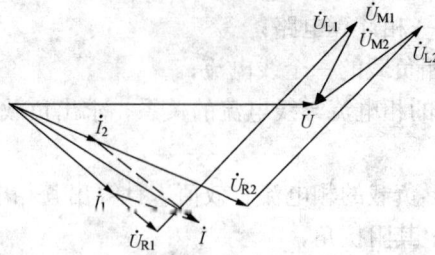

5-10  $\dot{I}_1=4\angle-53.13°$ A,$\dot{I}_2=4\angle-143.13°$,$\dot{I}_3=4\sqrt{2}\angle-8.13°$ A。

5-11  $\dot{I}_1=13.65\angle-29.74°$ A,$\dot{I}_2=9.65\angle15.26°$ A,$\dot{I}_3=9.65\angle-74.74°$ A。

5-12  $P_{R2}=82.05$ W。

5-13  $(1)C_1=1.978\mu F$;$(2)P=46.85$ W。

# 第六章

6-1  B D

6-2  D

6-3

(a)

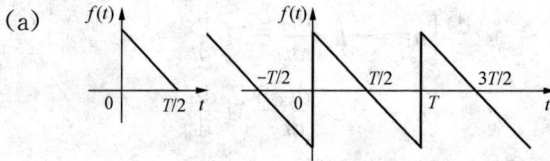

(b)

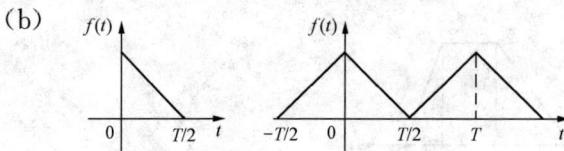

(c)

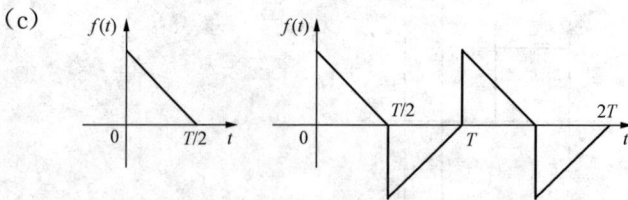

(d)

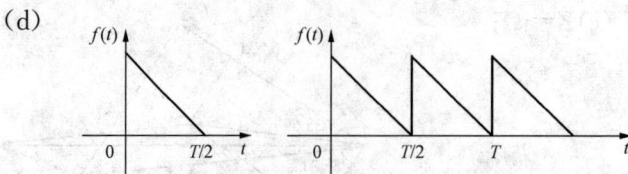

6-4  $u=(197.45+131.63\cos200\pi t-26.33\cos400\pi t+11.28\cos600\pi t)$ V。

6-5  (a)不含偶次项、恒定分量和余弦项,只含奇次正弦项。

(b)不含偶次项、恒定分量和正弦项,只含奇次余弦项。

(c)不具有对称性，可含各种谐波成分。

(d)不含奇次项，只含恒定分量和偶次项。

6-6　$U=91.38\text{V}$。

6-7　$U_{av}=100\text{V}$。

6-8　$P=59\text{W}$。

6-9　$U_{av}=5.40\text{V}$，$I_{av}=2.70\text{mA}$。

6-10　$U=27.59\text{V}$，$I=3.93\text{A}$，$P=92.52\text{W}$，$i=4.68\sin(\omega t+69.44°)+3\sin3\omega t\text{A}$。

*6-11　$i_1=[2\sqrt{2}\cos(10t+30°)+0.09\sqrt{2}\cos(30t-19.40°)]\text{A}$，$i_2=[0.5+0.24\sqrt{2}\cos(30t+70.6°)]\text{A}$，$P=46.28\text{W}$。

## 第七章

7-1　B

7-2　A

7-3　A

7-4　C

7-5　B

7-6　A

7-7　A

7-8　(a)$u_C(0_+)=12\text{V}$，$u(0_+)=0$，$i(0_+)=0$，$i_C(0_+)=-0.3\times10^{-3}\text{A}$；

(b)$u_C(0_+)=\dfrac{10}{3}\text{V}$，$i_L(0_+)=0$，$i(0_+)=0.83\text{A}$，$i_C(0_+)=-1.67\text{A}$，$u_L(0_+)=3.32\text{V}$；

(c)$i(0_+)=2\text{A}$，$u(0_+)=12\text{V}$，$u_L(0_+)=6\text{V}$；

(d)$i_L(0_+)=2\text{A}(t>0)$，$u_C(0_+)=8\text{V}$，$u(0_+)=8\text{V}$，$u_L(0_+)=0\text{V}$，$i_C(0_+)=-4\text{A}$，$i(0_+)=2\text{A}$。

7-9　$u_C=4\text{e}^{-200t}\text{V}(t>0)$，$i_C=-8\text{e}^{-200t}\text{mA}$。

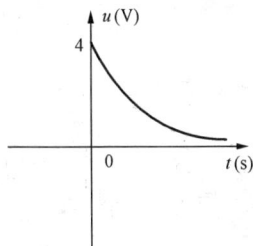

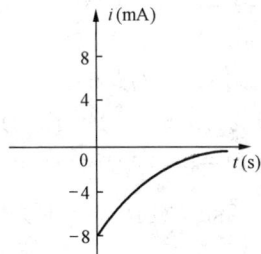

7-10　(1)$u_C=120\text{e}^{-1000t}\text{V}(t>0)$；(2)$t=0.182\text{ms}(t>0)$。

7-11　$u_C=10(1-\text{e}^{-20t})\text{V}(t>0)$，$i_C=2\text{e}^{-20t}\text{mA}(t>0)$。

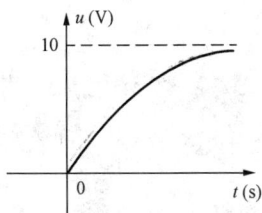

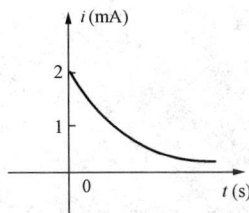

7 - 12　　(1)$i_L=55e^{-22t}$ A$(t>0)$，$u_L=-2420e^{-22t}$ V$(t>0)$；

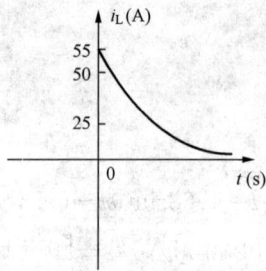

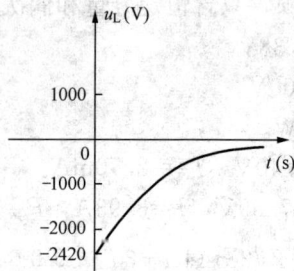

(2)$R_f=16\Omega$。

7 - 13　　(1)$i_L=1.5(1-e^{-20t})$ A$(t>0)$，$u_L=12e^{-2t}$ V$(t>0)$；

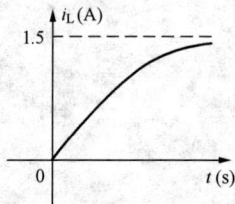

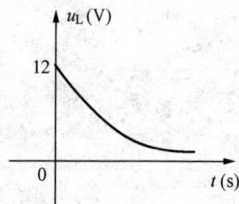

(2)$t=0.056s$。

7 - 14　　$R=3.3\times10^3\Omega$，$u_S=33V$。

7 - 15　　$R=4\Omega$，$L=10mH$。

7 - 16　　$u_C=(18+6e^{-66.67t})$V$(t>0)$，$i_1=(0.6-0.6e^{-66.67t})$mA$(t>0)$。

7 - 17　　$t=0.0223s$。

7 - 18　　$u_C=(8+4e^{-1000t})$V$(t>0)$，$i_1=\frac{2}{3}(1-e^{-1000t})$A$(t>0)$，$i_2=\left(-\frac{2}{3}-\frac{4}{3}e^{-1000t}\right)$A$(t>0)$。

7 - 19　　$u=(12+28e^{-2500t})$V$(t>0)$。

7 - 20　　$u=3.6e^{-2t}$V$(t>0)$。

7 - 21　　$u=-2.4e^{-50t}$V$(t>0)$。

7 - 22　　$i_L=(1.2-0.6e^{-20t})$A$(t>0)$。

7 - 23　　$i_L=7.5(1-e^{-t})$A$(0<t<0.5s)$，$i_L=[5-2.075e^{-0.75(t-0.5)}]$A$(t>0.5s)$。

7 - 24　　$i=[44\sqrt{2}\sin(314t-13.1°)+16.61e^{-235.29t}]$A$(t>0)$。

7 - 25　　$i_k=[50.28\sqrt{2}\sin(314t-88.88°)+70.08e^{-6.13t}]$A$(t>0)$。

# 第八章

8 - 1　A D

8 - 2　D

8 - 3　B

8 - 4　B

8 - 5　B

8 - 6　C

8-7  D

8-8  D

8-9  (1)$H_0 = 220\text{A/m}$，$B_0 = 2.763 \times 10^{-4}\text{T}$，$\phi_0 = 2.763 \times 10^{-8}\text{Wb}$。

(2)$H = 220\text{A/m}$，$B = 0.792\text{T}$，$\phi = 7.92 \times 10^{-5}\text{Wb}$。

8-10  (1)$H = 30\text{A/m}$；

(2)$\mu = 0.67 \times 10^{-3}\text{H/m}$，$\mu_r = 533$。

8-11  (1)$R_m = 231.32 \times 10^2 \dfrac{1}{H}$，$R_{m0} = 3.98 \times 10^5 \dfrac{1}{H}$；

(2)$F = 673.918$ 安匝，$I = 3.370\text{A}$。

8-12  $N = 1400$ 匝

8-13  接在直流电源上的空心线圈和插入铁心的线圈的电流相等；接在直流电源上的线圈电流比接在交流电源上的空心线圈电流要大很多；接在交流电源上的插入铁心的线圈的电流比空心线圈的电流要小。

8-14  (1)电源电压的有效值增大时，铁心中的磁通量增大，线圈中的电流增大，线圈漏抗基本不变；若铁心原先已处于饱和状态，则励磁电抗减小，铁心损耗增加。

(2)电源频率减低时，铁心中磁通量增大，线圈中的电流增大，线圈漏抗减小，励磁电抗和励磁电阻减小，铁心损耗增加。

(3)线圈匝数增加时，铁心中磁通量减小，线圈中的电流减少，线圈漏抗增大，励磁电抗和励磁电阻增大，铁心损耗减小。

(4)铁心截面增大时，铁心中的磁通量不变，线圈中的电流减小，线圈漏抗(线圈高度、宽度不变)基本不变，励磁电抗增大，励磁电阻减小，铁心损耗减小。

# 参 考 文 献

[1] 林争辉 . 电路理论：第一卷 . 北京：高等教育出版社，1988.

[2] 邱关源 . 电路 . 4 版 . 北京：高等教育出版社，1999.

[3] 江泽佳 . 电路原理 . 3 版 . 北京：高等教育出版社，1992.

[4] 狄苏尔 CA，葛守仁 . 电路基本理论 . 林争辉，译 . 北京：高等教育出版社，1979.

[5] 裴留庆 . 电路理论基础 . 北京：北京师范大学出版社，1982.

[6] 俞大光 . 电工基础 . 北京：高等教育出版社，1965.

[7] 赵凯华，陈熙谋 . 电磁学 . 北京：高等教育出版社，1984.

[8] 宛德福，罗世华 . 磁性物理 . 北京：电子工业出版社，1987.